全国硕士研究生入学考试备考指南

传播学理论基础与实战练习

CHUANBOXUE LILUN JICHU YU SHIZHAN LIANXI

北京师范大学出版社 组编

阴 艳 张彦华 巩云丽 编

北京师范大学出版集团
BEIJING NORMAL UNIVERSITY PUBLISHING GROUP
北京师范大学出版社

图书在版编目(CIP)数据

传播学理论基础与实战练习/北京师范大学出版社组编，
阴艳，张彦华，巩云丽编.—北京：北京师范大学出版社，
2013.4

（全国硕士研究生入学考试备考指南）

ISBN 978-7-303-15659-7

I.①传… Ⅱ.①北…②阴…③张…④巩… Ⅲ.①传播
学－研究生－入学考试－自学参考资料 Ⅳ.① G206

中国版本图书馆 CIP 数据核字（2012）第 269291 号

营 销 中 心 电 话	010-58802181 58805532
北师大出版社高等教育分社网	http://gaojiao.bnup.com.cn
电 子 信 箱	beishida168@126.com

出版发行：北京师范大学出版社 www.bnup.com.cn
北京新街口外大街 19 号
邮政编码：100875

印　　刷：北京京师印务有限公司
装　　订：三河万利装订厂
经　　销：全国新华书店
开　　本：184 mm × 260 mm
印　　张：21
字　　数：480 千字
版　　次：2013 年 4 月第 1 版
印　　次：2013 年 4 月第 1 次印刷
定　　价：38.00 元

策划编辑：王　强	责任编辑：王　强 于　乐
美术编辑：毛　佳	装帧设计：毛　佳
责任校对：李　菌	责任印制：孙文凯

前　言

　　目前市场上考研复习资料很多，并且对考试的各种题型一一列举，但在内容的全面性上往往有所缺失，因此，我们的这本备考指南主要以知识的全面性为重点，力求为学习者提供全面性的帮助，使其可以根据自己的学习要求各取所需。题型包括名词解释、简答和论述三类。通过对本书提供的三种类型试题的学习，对于一般的选择题应该是能够应付自如的，所以选择题不再作为本书的内容单独列出，以免造成内容重复和学习者时间和精力的浪费。一些基本的文化知识不再作为需要解释的内容收入。本书除适合于参加研究生入学考试的考生复习参考外，对于在校普通全日制学生、自学考试考生和参加同等学力申请硕士学位的考生亦具有参考价值。

　　本书的编写主要参考了以下书籍：郭庆光：《传播学教程》，中国人民大学出版社；邵培仁：《传播学》，高等教育出版社；胡正荣：《传播学总论》，清华大学出版社；张国良：《传播学原理》，复旦大学出版社。

目　　录

第一章　传播学研究对象与基本问题

一、名词解释

1. 传播：指社会信息的传播或社会信息系统的运行。其实质是一种社会互动行为，人们通过传播保持相互影响、相互作用的关系。　　　　　　　　　　　　（郭庆光）

【参考知识点】

（1）传播：传播是人类通过符号和媒介交流信息以期发生相应变化的活动。

（邵培仁）

（2）传播：就是信息的流动过程。　　　　　　　　　　　　　　　　（胡正荣）

2. 传播学：研究社会信息系统及其运行规律的科学。　　　　　　　　（郭庆光）

【参考知识点】

传播学：是一门探索和揭示人类传播本质和规律的科学，也是传播研究者在最近几十年对人类传播现象和传播研究成果进行系统分析和有机整合而发展成的知识体系。

（邵培仁）

3. 信息：是物质的普遍属性，是一种客观存在的物质运动形式。信息既不是物质，也不是能量，它在物质运动过程中所起的作用是表述它所属的物质系统，在同其他任何物质系统全面相互作用（或联系）的过程中，以质、能波动的形式所呈现的结构、状态和历史。根据信息系统和作用机制的不同，有的学者把信息分为非分类信息和人类信息两大类；也有的学者将其分成三类，即物理信息、生物信息和社会信息。　　（郭庆光）

【参考知识点】

（1）信息：即事物（物质和能量）的存在方式（运动状态）以及对这种方式（状态）的直接或间接的表述。　　　　　　　　　　　　　　　　　　　　　　（张国良）

（2）信息：是在一种情况下能够减少或消除不确定性的任何事物，它是人类的精神创造物。这种创造物是人脑收集、加工、处理的结果，它可以是内储形态的人的精神创造物，也可以是外化形态的人的精神创造物。具体而言，它既包括人内向自我传播所用的材料，也包括外化出来的、用符号形态流通的消息、新闻、文献、资料、数据等。　　　　　　　　　　　　　　　　　　　　　　　　　　　　　　（胡正荣）

4. 双重偶然性：是德国社会学家鲁曼提出的概念，指的是传播的双方都存在着不确定性，因此，通过传播所做出的选择有受到拒绝的可能性。　　　　　　　（郭庆光）

5. 传播障碍：指阻碍社会信息系统正常运行的因素，它包括结构与功能障碍，如传播制度是否合理、传播渠道是否畅通，信息系统的各部分功能是否正常等。　（郭庆光）

6. 传播隔阂：传播上无意的误解或有意的曲解，包括个人之间的隔阂，个人与群体的隔阂，成员与组织的隔阂以及群体与群体、组织与组织、世代与世代、文化与文化间的隔阂等。由于社会信息系统的参与者，无论是个人、群体还是组织，都是具有特定利益、价值、意识形态和文化背景的主体，这里的传播隔阂既包括无意的误解，也包括有意的曲解。传播障碍与传播隔阂的存在造成社会成员的认识、判断、决策和行动的混乱，带来一系列的问题，这些问题如果不加以妥善地处理，必然会影响社会的正常发展，严重的甚至会造成社会混乱和国家解体。然而它们的存在是社会信息系统的必然现象。 （郭庆光）

7. **马克思主义的传播观**：即不能忽视物质生产和物质交往的基础作用，也不能无视作为精神生产和精神交往的信息生产与传播的特殊规律。 （郭庆光）

8. **社会信息**：指除了人的生物和生理信息以外的、与人类的社会活动有关的一切信息。作为信息类型的一种，社会信息也是以质、能波动的形式表现出来的，精神内容的载体如语言、文字、图片等都表现为一定的物质讯号，这些讯号以可视、可听、可感的形式作用于人的感觉系统，经神经系统传递到大脑得到处理并引起反馈，这是它的物质属性，是社会信息与其他信息的共同特点。

社会信息及其传播与其他信息的不同性质，是它伴随着人的精神活动。第一，它并不单纯地表现为人生理层次上的作用和反作用，而且伴随着人的复杂的精神和心理活动，伴随着人的态度、感情、价值和意识形态；第二，即便是作为社会信息的物质载体——符号系统本身，也是人与物质劳动密切相关的精神劳动的创造物。

（郭庆光）

9. **信息学**：信息学是研究信息及其运动、传播规律的科学。它以信息现象作为主要研究对象，以信息运动的要素作为主要研究内容，以现代科学方法论作为主要研究方法，以提高传送信息的效能和保证传送信息的完整作为主要研究目标。 （郭庆光）

10. **系统**：系统是指由相互联系、相互制约的若干部分结合在一起并且具有特定功能的有机整体。 （郭庆光）

11. **符号化**：即人们在进行传播之际，将自己要表达的意思转换成语言、声音、文字或其他形式的符号。 （郭庆光）

12. **符号解读**：是指信息接受者对传来的符号加以阐释，理解其意义的活动。反馈是在符号解读的基础上，再次符号化的活动。 （郭庆光）

13. **共同的意义空间**：意味着传受双方必须对符号的意义有共同的理解，否则传播过程本身就不能成立，或者是传而不通，或导致误解。广义上共同的意义空间还包括人们大体一致或接近的生活经验和文化背景。 （郭庆光）

14. **传播研究**：是人类对传播现象和问题的审视、探究和思考，是通过"事实陈述"而得出"价值判断"的一个命题论述。这个命题论述可以是对传播活动的描述、对传播关系的分析，也可以是对传播行为的约定、对传播难题的探讨；它可以是只言片语、零散讨论，也可以是长篇大论、系统论述。因此，人们在思考传播事件如何发生的过程中所产生的任何想法都可以被视为传播研究。 （邵培仁）

15. **传播理论**：是传播研究者对某传播现象和问题的系统解释和集中探讨，是由与该现象有关的一组命题组成的体系，是有助于弄清该现象的任何一种思想。任何传播理论都具有突出和遮蔽的双重性，即总是以自己独特的观察和分析的角度、方式以及指导思想，着重关注研究对象的某些方面，而忽视另一些方面。也正是在这种意义上，它创造了一个属于"它自己的理论世界"，尽管它没有笼罩全部传播现象，也没有解释出全部传播真谛。 （邵培仁）

16. 交往：交往是一个体现人的总体活动之关系的概括性范畴。它不仅是指以物质为媒介的交往，同时也指以"语言"为媒介的精神交往关系。　　（郭庆光）

17. 精神生产：表现在某一民族的政治、法律、道德、宗教、形而上学等的语言中的生产，与此相应的则是人与人之间的交往。　　（郭庆光）

18. 物质生产：即生产必需的物质生活资料的生产，与此相对应的是人与人之间的物质交往活动。　　（郭庆光）

19. 约哈里窗口：约哈里系两位学者的名字合成。该窗口由"自己了解"、"自己不了解"、"他人了解"、"他人不了解"四个元素组合为 A（开放区域）、B（盲目区域）、C（秘密区域）、D（未知区域）四个部分，指出了人际传播过程中常见的有关自我信息管理的四种情况。A 属于完全可公开资料，如一个人的相貌等；B 的典型，即所谓"隐私"。当然，事实上也有不少非"隐私"内容（如思想观念等）；C 显然就是不能正确认识、评价自己，缺乏自知之明，由此可造成两种正相反但都是消极的结果，即自以为是和盲目自卑；D 则可理解为一个人的潜质、潜能。一般来说，宜积极扩大开放区域（亦即强化公关意识）；适当调整秘密区域（该扩大则扩大，该缩小则缩小）；尽量缩小盲目区域；主要开发未知区域。　　（张国良）

【参考知识点】

约哈里之窗：美国心理学家约瑟夫·勒夫特和哈林顿·英翰姆提出了一个模式，有助于我们理解自我表露。这个模式画成一个窗格，以两位提出者的名字命名，称为"约哈里之窗"。这个窗格将人们进行自我表露的内容分成四个部分，按照自己或对方是否了解分为开放区域、盲目区域、秘密区域和未知区域。由于人们相互交往过程中自我表露的情况不同，各个区域的大小也不同，而且受时间、地点、交往对象等制约。一般而言，扩大对他人的自我开放区域可以提高人际互动的效率，自我表露是扩大这一区域最为有效的办法。故此，扩大人际间的信息交流互动可以扩大开放区域、缩小未知区域。可以说，自我表露的过程实际上就是未知区域向开放区域过渡的过程。这一过程不仅向对方展现了自身、沟通了信息，也促进了个人对自身的了解，进一步使人认识和实现自身，并建立和谐的人际关系。　　（胡正荣）

20. "三论"：所谓"三论"，指的是三门现代信息技术的基础性理论学科，即信息论、控制论和系统论。　　（胡正荣）

二、简答题

1. 简述传播学与信息科学的关系

传播学与信息科学是相互影响和相互渗透的。信息科学对传播学的巨大贡献，一是把信息概念引进传播学领域，提高了传播学理论表达的科学性和严谨性；二是拓宽了传播学的视野，使它能够把人类社会的传播活动放在更大的系统和环境中加以考察，这有助于探索人类社会传播的一般规律和特殊规律。　　（郭庆光）

2. 社会环境适应过程需要的要素有哪些？

一般社会系统理论的著名学者布克里指出，社会的环境适应过程需要五种要素：（1）要有不断向社会系统内引进"复杂性"（多样性）的源泉；（2）要有既保持系统内的"紧张"状态又不断满足社会成员需求的机制；（3）要有将社会系统的各组成部分适当连接的双向传播网络；（4）要有面对外部环境和内部状况的变化而进行自主决策的系统；（5）要有保存并普及意义、象征和价值体系的有效机制。　　　**（郭庆光）**

3. 人类社会传播的基本特点是什么？

（1）社会传播是一种信息共享的活动。社会传播是一个将单个人或少数人所独有的信息化为两个人或更多人所共有的过程，这里的共享意味着社会信息的传播具有交流、交换和扩散的性质。

（2）社会传播是在一定社会关系中进行的，又是一定社会关系的体现。传播产生于一定的社会关系，这种关系可能是横向的也可能是纵向的，它又是社会关系的体现，传受双方表述的内容和采用的姿态与措辞等，无不反映着各自的社会角色和地位，社会关系是人类传播的本质属性，通过传播人们保持既有的社会关系，并建立新的社会关系。

（3）从传播的社会关系性而言，它又是一种双向的社会互动行为。信息的传递总是在传播者与传播对象之间进行的。在传播过程中，传播行为的发起人——传播者通常处于主动地位，但传播对象也不是单纯的被动角色，他可以通过信息反馈来影响传播者。任何一种传播都必然是一种通过信息的接受和反馈而展开的社会互动行为。

（4）传播成立的重要前提之一，是双方必须要有共同的意义空间。信息的传播要经过符号的中介，这意味着传播也是一个符号化和符号解读的过程。共同的意义空间意味着传受双方必须对符号的意义有共同的理解，还包括人们大体一致或接近的生活经验和文化背景；传受双方必须对符号的意义有共同的理解，否则传播过程本身就不能成立，或传而不通，或导致误解。

（5）传播是一种行为，是一种过程，也是一种系统。行为、过程、系统是人们解释传播时的三个常用概念，它们从不同角度概括人传播的另一些重要属性。当我们将传播理解为"行为"的时候，我们把社会传播看做是以人为主体的活动，在此基础上考察人的传播行为与其他社会行为的关系。当我们将传播理解为"过程"的时候，着眼于传播的动态和运动机制，考察从信源到信宿的一系列环节和因素的相互作用与相互影响关系。当我们将传播理解为"系统"的时候，我们是在更加综合的层面上考虑问题，这就是把社会传播看做是一个复杂的"过程的集合体"，不但考虑某种具体传播过程，而且考察各种传播过程的相互作用及其所引起的总体变化。　　　**（郭庆光）**

【参考知识点】

（1）传播的特点

传播是人类的表征，也是人类的特权。不能将它与人类的其他行为（如吃、穿、住、行等）一并分析，因为它有其相对的独立性和特殊性。

第一，社会性和阶级性。人类的传播活动从来就是社会性的，而不是在真空中进行的，也不是一种本能反应和自然现象。传播活动是在人与人之间进行的一种社会活动。作为社会成员，不论是传播者、守门人，还是中介者、受传者，他们都是有思想、有感情、有立场、有信仰和生活在一定的社会文化环境之中、隶属于一定的群体、集团、阶级的人。他们的传播活动必然具有一定的社会性和阶级性。

第二，目的性和计划性。人类的传播活动从来不会是无目的和无计划的。也就是说，人类的传播活动不是受本能所驱使，而是在一定意识的支配下，表现为一种有目的的、有动机的和有对象的活动。传播活动的发生、运行、终止的全部过程，无不带有明显的或隐蔽的目的性和计划性。

第三，主动性和创造性。传播活动是人与人之间进行的一种自觉自愿、自择自控、自知自发的信息传播活动，是主动的而不是被动的。就是说，传播活动的参加者，不论其行为是对还是错、是善还是恶，他们对自己的传播目的和过程有清楚的认识，所采取的传播计划和传播方式也是出于其主观选择。另外，传播活动都是创造性的。在传播活动中，从信息的采集、鉴别、选择到加工、传递，无不闪耀着人类创造性的火花，无不渗透着人类的创造性睿智。

第四，协同性和互动性。信息传播的过程是传播者与受传者之间符号汇聚的过程和信息共享的过程，也是他们之间相互影响、相互作用、相互尊重、协同操作、共同完成沟通、传播的过程。传播首先是双向性的，即表现为传播者和受传者两大传播要素的双向鼎力，和传、受两者之间的信息双向沟通与交流；其次是互动性的，即传、受两者不仅共享信息，而且互传信息和一起创造信息，并且相互作用，相互影响；再次是共同性的，即传播者与受传者之间真正传通致效，必须有共同的经验系统和符号系统；最后是协作性，即传播是传播组织内部协同操作完成的，也是传、受两者在相互协调中一起完成的。

第五，永恒性和历史性。传播不是暂时的社会现象，而是长久、永恒的人类活动。信息是人类的基本需要，而传播则是满足人类基本需要的基本手段。信息需要的永久性导致了信息传播的永恒性，而信息传播的永恒性又沉淀为信息传播的历史性。

（邵培仁）

（2）传播有哪些特性？

传播精神内容的传播行为与饮食等物质行为一样重要，是人类赖以生存、发展的基础性活动之一。它具有以下特性：

①形态多样性。事实上，传播是我们最熟悉的现象之一。根据使用符号的不同，传播有各种形态或类型——口语传播、文字传播、图像传播。

②时空遍布性。传播具有广泛性、普遍性。事实上，传播是一种无时不有、无处不在的现象。从时间上看，传播从古到今，纵贯了整个人类历史；从空间上看，传播从东到西、从南到北，横跨整个人类社会。

③行为伴随性。不但开会等精神行为属于传播，衣、食、住、行等物质行为也属于传播。这是因为，其一，这些行为的进行和完成都离不开传播。其二，这些行为本身就是传播，即总是携带、发散着某种信息。这种实物传播的作用十分重要，与口语、文字、图像这三类传播一般来说均是"有意"的相比，实物传播有"无意"和"有意"的区分。

④极端重要性。传播是人类赖以生存和发展的基本行为之一，人类的一切行为都离不开传播。

（张国良）

4. 传播有哪些类型？

分类，即类型的划分，是深入研究的前提。根据角度或侧重点的不同，传播有各种分类方法，可分成许多种类型。例如，为了说明传播的形态多样性，就可以从使用符号的角度出发，把传播分成口语、文字、图像、实物等类型，而它们又可以进一步概括为两种，即语言传播和非语言传播。这种分类有助于考察传播的内容。

【参考知识点】

传播学的研究对象是"人类传播"。由于人类是一种社会存在，因此，其似乎等同于"社会传播"。但细究起来，两者还是有区别的。因为，在人类传播的各种类型中，有一种自我传播不能算社会传播，而属于非社会传播。那么，究竟如何划分人类传播的类型？较有代表性的有以下两种。

（1）二分法。即分为亲身传播和大众传播。这里的着眼点是传播的技术和手段。亲身传播指的是以人体自身为媒介，尤以语言为主要手段，而以表情和动作等为辅助手段的传播方式。大众传播指的是以机械化、电子化的大众媒介即报刊、广播电视的等为手段的传播方式。这样的分类优点是简明扼要，缺点是过于笼统。

（2）四分法。即分为自我传播、人际传播、组织传播和大众传播。这里变换了视角，以传播的范围、规模为着眼点，其排列自左至右，由小到大。

其中，自我传播从规模上看是最小的一种。每个正常人都可以说是一架集传送、接收、储存、加工等机能于一身的、精巧无比的"信息处理器"。这种以思考为核心的内向型自我传播构成了一切外向型（人际、组织、大众）传播的前提和基础。其对于人类的生存和成长的极端重要性是不言而喻的。但由于它是非社会传播，也由于它早已成了心理学即思维科学的研究对象，因此被划出了传播学的研究领域。

人际传播即个人与个人之间的传播活动。它作为人际关系的基础，把社会黏合成形，其使用的材料即是信息。它的规模扩大为至少两人以上，但下限明确，上限模糊。也就是说，只要没有正式的组织参与其中，参加者再多也还是人际传播。

组织传播，从总体上说，不外乎纵式（包括上向下式、下向上式）和横式（包括斜式，即不同层级之间）的传播。具体地说，又有多种情况。

大众传播即职业化的传播机构利用机械化、电子化的技术手段向不特定的多数人传送信息的行为或过程。其主要优点是快——传播的速度快；广——传播的范围广；多——传播的信息数量多；好——传播的信息质量好。主要缺点是反馈不及时、不直接、不充分。

（张国良）

5. 简述各类传播的特点

各类传播不但在手段、规模方面存在差异，而且在其他方面也各有特点。

（1）周期，即传播的节奏、频率如何。三类传播的情况分别为：人际传播为偶发、最没有规律，随时随地都可能发生。组织传播有一定规律，大众传播最有规律，凡媒介都必须定期发送信息，并严守纪律。但由于网络的出现，某种混合体已经诞生。

（2）角色，即在传播过程中扮演的是"传者"还是"受者"。人际传播的传者和受者可随时交替。一般来说，传、受的机会是均等的，当然，兴趣、能力未必相同。至于组织传播，其传者和受者所受限定，机会往往不均等。总之，角色被组织的结构所限定。传统的大众传播的传者和受者大体固定。机会完全不均等，通常，媒介是专职的传者，而大众是固定的受者。诚然，大众有时也能在某种程度上参与，但那只是例外。不过，新兴的网络在此同样带来了一种"传者"与"受者"角色能随时替换的可谓革命性的变化。

（3）反馈，即信息的流动是单向的还是双向的，这与角色相关。人际传播的反馈很容易，可随时做出灵活反应。组织传播的反馈比较困难，大众传播的反馈就更加困难。幸运的是，在这方面，由于网络技术具有双向交流的特点，也已开始突破传统的僵硬格局。

（4）信息，即表达得是否规范。人际传播的信息表达最不规范，只要双方领会就行。组织传播的表达则有所规范，因为必须使本团体、本组织成员都能了解。大众传播的表达最为规范，因为面向大众，非如此不可。但媒介作为一种"规范转换器"，在一定条件下，将"非规范符号"转化为"规范符号"的情形屡见不鲜。尤其值得注意的是，网络把这种"转换"效应空前地扩张、放大了。　　　　　　　　　　（张国良）

6. 如何理解社会传播的系统性？

系统指的是由相互联系、相互制约的若干部分结合在一起并且具有特定功能的有机整体。人类社会的传播也具有普遍的系统性。

传播学通常把社会传播分为五种基本类型，即人内传播、人际传播、群体传播、组织传播和大众传播。这五种不同的类型实际上也是五种不同的传播系统。

人内传播是个人接收外部信息并在人体内部进行处理的活动。人内传播具有典型的系统性，这主要表现在人体本身就是一个完整的信息系统，它既有接收装置，又有传递装置；既有处理装置，又有输出装置。人内传播正是由相互联系、相互制约的各组成部分所构成，执行个人信息处理功能的有机整体。

人际传播是由两个个体系统的相互连接所形成的新的信息系统。群体传播则是更大的系统，这里不仅存在着许多个体系统的活动，这些个体系统的有机结合还产生了新的输出物——群体价值和群体规范。至于组织传播，组织本身就是一个执行特定功能的系统。

大众传播是伴随着近现代印刷、电子传播技术的发展而产生的一种特殊的社会信息系统。它是专业传播机构从事的有组织的传播活动，传播对象的范围广泛而分散，采用现代化技术手段大量生产、复制和传播信息，传播内容公开，同时有反馈机制，但是这种反馈是迟延的。

综上所述，任何传播活动都是在一定的信息系统中进行的，传播的系统性是普遍存在的。　　　　　　　　　　　　　　　　　　　　　　　（郭庆光）

7. 如何理解传播与信息的关系？

所谓信息，即事物（物质和能量）的存在方式（运动状态）以及对这种方式（状态）的直接或间接的表述。这是一个被普遍认同的定义。信息还有一个广为人知的定义（实际上是对其本质的表述）：与物质和能量并列，从而构成世界的三个要素之一。它和上述定义可以相互对照、补充。前者侧重表明信息的作用和特点，后者侧重表明信息的意义和地位。它作为"事物"（即"物质和能量"）的表征，使人类能借此而认识世界。不言而喻，只有在此前提下，人类才谈得上立足世界进而改造世界。

传播是人类赖以生存和发展的基本行为之一。信息和传播的关系是密不可分的"两位一体"，在本质上也是相通的。如果说，授受"物质和能量"的行为可概括为"衣、食、住、行"等，则授受"信息"的行为就称"传播"。正是从这个意义上说，"传播"和"认知"、"有意传播"和"无意传播"之间虽有差异，但作为信息行为，它们并没有本质的区别。

实际上，将传播定义为"信息"传受行为就已经隐约说明了它们的关系，即"传播"＝"信息"的运动；"信息"＝"传播"的材料。世界上既没有不"传播"的"信息"，也没有无"信息"的"传播"。简言之，一为形式，一为内容，两者密不可分。凡有"信息"处，必有"传播"；反之亦然。信息是无时不有、无处不在的，它普遍存在于包括人类社会在内的整个自然界之中。

第一，与信息形影相随的传播同样遍布整个自然界。第二，传播同样可以分为物理传播、生物传播和人类传播。第三，传播学的研究对象并不是这种广义的传播，而只是其中一部分，即人类传播。从这个意义上讲，所谓传播学，就是人类传播学。第四，如此看来，传播的定义应做两个层面的理解：广义——系统（自身及相互之间）传受信息的行为；狭义——人（自身及相互之间）传受信息的行为（即人类传播）。

应该说，只有从这一理论高度看待传播现象，才算达到了比较透彻的科学境界。概言之，传播学首先应当承认"传播"的广义性，然后在这个前提下，声明自己的研究对象及"人类传播"的狭义性。 （张国良）

【拓展知识点】

信息研究的纵向研究与断面研究

第一，信息研究的纵向扫描。

（1）技术信息论

技术信息论是指将通信系统传输信息能力和可靠性进行研究的观点用于描述、解释社会信息传播中的某些现象的观点。其中主要有信息论和控制论两种理论。

信息论由美国贝尔电话研究所的数学家香农和韦弗于1948年在《贝尔系统技术杂志》上发表的著名论文《通讯的数学原理》一文提出，它标志着技术信息论的萌芽和诞生。1949年，香农与韦弗合作出版了《通讯的数学原理》一书，对同名论文中的基本内容进行了引申性的系统研究。他俩提出的直线的单向的信息传输过程图解模式（如图1-1所示）被引进了传播学领域，受到人们的高度重视。

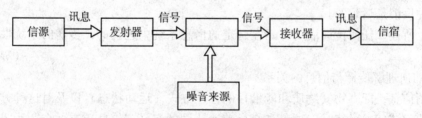

图1-1　香农—韦弗的通讯数学理论

控制论是由维纳于1948年发表的著作《控制论》一书中提出的概念，它是从控制和通讯的角度研究了信息问题，用自动控制的观点研究信号被噪音干扰时的信号处理问题，从而建立了"滤波理论"。1950年，维纳在《人当做人来使用》的著作中，提出了信息量的概念和测量信息量的数学公式，叙述了信息概念形成的思想前提，同时把信息的概念又进一步推广，认为信息不仅是通信领域研究的对象，而且与控制系统有密切的联系。维纳的控制论中提出了"控制"、"反馈"的概念，可以用来描述、解释社会信息传播中的某些现象，如图1-2所示。

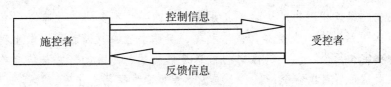

图1-2 信息的控制系统

（2）语义信息论

语义信息论是指研究信息交流中"被传输的符号怎样准确地运载欲表达的意义"的理论。语义信息论侧重强调人类语言表达信息的语义性的问题，因而更适用于交流问题的研究，也有助于启发大众传播学者从语义学、符号学和解释学等当代新兴学科中吸取有益的营养。

卡尔纳普在1964年的著作中提出了信息中所包含的意义问题，以为任何载体所发出的讯息必须具有一定的意义，如果用语言表述，则指讯息的语义，即语言的含义。哥廷格尔在1974年的著作中提出物概率信息问题，认为人类通过语言表述的主观信息比起那些适合用通信技术传输的客观方面的信息要复杂得多。

（3）效用信息论

效用信息论是指研究信源所发出的信息被信宿收到后所起的效果和作用的理论，即研究信息的实效、效用问题。信源发出信息后，对不同的接收者、使用者，其效用或价值是不同的，同样的信息对于不同的对象，在不同的时间、地点和条件下，其价值可以不同甚至完全不同，效用信息亦称相对信息。

美国学者贝里斯、高艾斯和皮卡德、夏尔马先后在1968年、1978年，加拿大学者詹玛利在1977年，苏联学者茹科夫在1963年，捷克学者斯麦泰西克在1979年，都分别从不同角度对信息传递中的效用、价值和效果等问题做了较有意义的探讨。

第二，信息研究的断面观照。

（1）信息过程论

过程论者从信息研究中看到了大众传播媒介操纵人心、增强传播效果的巨大可能性。过程论者视信息为传播的出发点和最终目的，常运用题材分类法和符号编码法两种内容分析的方法，对传播者与受众之间的信息互动进行研究，一边有效地、广泛地、快速地将最多的信息传播给最多的人。结果，过程论者发现：不仅信息的真实性和可靠性直接影响信息传播效果，而且信息来源的权威性和专业性以及信息传播的方法和技巧等，也都影响着受众对信息认同、接收的程度。由于这种研究多服务于具体的战争宣传、竞选宣传的目的，批判学派的学者常讥其为"行政研究"和"实用研究"。

（2）信息仪式论

"仪式"论者对研究怎样更多、更快、更远地传播信息没有兴趣，而十分关注新闻和消息是如何维护社会和文化传统的。人们读新闻并不是通过它了解现实世界，而是通过履行这种仪式得到类似于参加宗教仪式或民间传统活动所取得的满足感和安全感。因此研究新闻的形式，研究特定的新闻形式与社会、文化传统的关系，有助于更深刻地认识新闻和信息的特点与功能。"仪式"论者还认为，新闻具有导向性、群体性、故事性以及仪式性。"客观"的新闻是不存在的，因为一个新闻事实的发生与这一新闻事实的报道并不是一回事，其中经历的采访、理解、记事以及叙事的加工和选择，都受到社会与文化的规范和制约，从而形成井然有序、一成不变的"故事"结构，是受众在参与"仪式"活动中知晓是非，认清利弊，辨明曲直，权衡轻重，做出符合特定文化价值观的决定和行为。仪式传播中的信息是模糊的、隐蔽的，并与传媒构成难以分开的关系，而这正好可以在统一行动、操纵思想方面发挥巨大作用。

在"仪式"论者詹姆斯卡里看来，新闻不是信息，而是戏剧。因此，"仪式性看法所针对的不是信息在空间里的扩散，而是社会在时间上的存续；不是传播信息的行为，而是共同信仰的代表"；"媒介的力量不仅仅是在于它提供的真实的内容，更在于它提供真实内容的形式"。

（3）信息崇拜论

信息崇拜论者西奥多·罗斯扎克在《信息崇拜》一书中首先提出了关于信息崇拜的问题，他认为，信息本质上是平淡的，具有舒适、安全、模棱两可的特点，既不使人紧张也没有高尚的追求。它只是简单有用的、无可辩驳的事实的积累。不论信息时代的前景多么诱人，我们付出的代价从未超出过所得到的东西。但是人的可贵之处，"不是用数据思考，而是用思想思考……"作者的观点有其偏激、片面之处，但也给人启迪：信息固然是财富，并具有能量，但若不慎用，也会带来灾难。

（4）信息经济论

"信息经济"的概念由美国经济学家马克卢普和波瑞特所发展出来的，后来日本的梅棹忠夫、前川良博等人对这一理论进行了发展。

信息论者认为，正像自然资源需要开发一样，信息资源也亟待开发，而且现代社会正是通过大力开发信息资源来推动其他资源的开发，进而实现经济的飞跃和社会的发展。

西方信息经济论者对商品性的过分强调和着意渲染，从总体上揭示了信息商品化的现状和趋势，但也暴露了他们面对本国工业产品在国际贸易中缺乏竞争力而试图通过信息产品的销售继续保持"大国经济"地位的真实动机。从某种意义上说，这也是在为超级大国进行"文化侵略""信息辐射"出谋划策、鸣锣开道。

（5）信息社会论

社会学者从信息研究中预测到未来是以信息及知识的生产与消费为动力的信息社会。"信息社会"的概念似乎源于20世纪60年代的日本。进入信息社会之后，知识密集型产业将会代替劳动密集型产业，人们的日常生活将会越来越强调精神生活和信息分享的质量。在信息社会中，信息是这个社会的动力，是人类生活的重要内容。信息论者认为，人类社会由工业社会进入信息社会是一个重大的历史转折。

围绕信息传播对人类社会的影响，乐观者对未来社会寄予无限希望，热烈欢呼各种传播新科技的诞生与普及；而悲观论者则把未来社会描绘成灰色和黑色，惊呼人类前景黯淡，不堪设想，唯有暂时停止技术进步，把各种增长控制到零增长，才能保持社会发展的均衡，拖延社会崩溃的速度。

我们认为，面对未来既不应该盲目乐观，也不要一味地悲观，而应该在正确地认识过去、理解现在的基础上，对未来社会进行科学预测，提前做好应对准备，让人们满怀信心地迎接未来社会的挑战。

（6）信息公平论

信息公平论也可以叫做信息均衡理论或世界新秩序，是指在全球传播进程中或世界文化关系中专门由发展中国家提出的一系列试图改变信息不平衡或文化帝国主义状态的改革理论。

（邵培仁）

8. 信息与物质、媒介、符号的关系

（1）信息与物质

哈佛大学欧廷格曾描述："没有物质，就什么东西也不存在；没有能量，就什么事情也不发生；没有信息，就什么东西也没意义。"假如可以把物质与能量看做同一性质的话，那么宇宙就是由物质和信息构成的。从这个意义上讲，信息不像物质那样具有实物或质量。信息是抽象的，它没有形体、没有尺寸、没有重量，在保存、处理、传播时，也只需要极其微小的能量和空间。信息不像能量那样具有"做功"、"推送"、"放电"的作用，也不用遵守能量守恒定律。信息凭借能量而发生或传递，但却可以无限复制，长期保存。

（2）信息与媒介

信息与物质既有区别又有联系。信息的传播依赖物质，信息的贮存也只有借助物质才能实现。信息是不能脱离物质尤其不能离开媒介而独立存在的。媒介是负载和传递信息的物质实体。没有媒介，信息就无所依附，无法传播。但是信息所要表征的不是它的物质载体的属性，而是被反映物的属性。信息作为一种反映客观存在的本质部分，它是与物质载体没有本质关系的反映，它的内容、意义和效用同物质载体的形态和性质无直接关系。信息具有复制性、重复性、无限性的特点。

（3）信息与符号

信息需要以物质（如纸张、胶片）为载体，以符号（如语言）来表现。在传播学中，符号是表达特定信息的方式或形式，媒介是传播或负载符号的物质实体，而信息则是指人与人之间通过符号和媒介相互交换的特殊内容。对于同一种符号，人们可以用各种各样的媒介来传播。同样对于同一个信息，人们也可以用各种各样的符号来表现。

（邵培仁）

9. 信息与讯息、文本、知识、数据的关系

（1）信息与讯息、文本

讯息原意为音讯、文电、文告、消息等。在传播学中，讯息指由一系列有序性符号（语言、文字、图像等）组成的表达特定信息的符号系统，包括信息和符号两个部分。传播者通过编制有序性符号传输信息，受传者则通过译读有序性符号还原信息。但是，在传播过程中，传播者传出讯息并不意味着接受者就一定收到讯息；接受者收到讯息，也不能保证"翻译"、还原成传播者意欲传递的信息。传受两者共享信息的前提是拥有基本相同等级的符号系统和经验系统。

讯息与文本是两个经常交换使用的术语，讯息"是指传播活动中必不可少的符号与符码所组成的某一表意结构"。文本是指那种具有自身的物质形态，由表述性符号所组成的一则讯息。

（2）信息与知识数据

信息不同于知识和数据，数据是组成信息的素材。数据是从自然现象和社会现象中搜集的原始材料，根据使用数据人的目的按一定的形式加以处理，找出其中的联系，就形成了信息。知识是一种信息，但它是人们理解了数据和信息的意思之后，以高度

活用的形式加以编排和提炼的系统信息，是人类在对自然和社会运行形态与规律的认识和掌握基础上形成的信息高级形态。

从定义的形式看，数据是以"怎样、多少、哪个、是或是不是"的描述方式来表现的；信息是以"何事、何时、何地、谁"来表现的；而知识是以"怎么办、为什么"的追问方式形成的。数据成为信息的量是很少的，有严格的限制，而且要进行科学的验证、处理和提炼，才能成为信息进入传播媒介。人脑是一个接收、加工、存储、组合并输出信息的特殊机构，知识是人脑通过思维重新组合的系统化了的信息集合，是一种特定的压缩信息，是信息的高级形态，并非原来一般意义上的信息。　　　　　　　（邵培仁）

10. 马克思、恩格斯的精神交往理论和西方的行为主义传播学之间的区别是什么？

马克思、恩格斯的精神交往理论和行为主义传播学之间的区别表现在以下几个方面。

（1）在行为主义传播学那里，传播基本上是作为孤立的精神或心理现象来看待的，它们往往单纯地就信息研究信息，就传播研究传播。而马克思主义精神交往理论则不同，它要求把精神交往放在人类社会交往的大系统中加以考察，不但要研究人的精神本身，而且要研究精神活动与物质活动的关系、与物质生产和物质交往的关系。

（2）马克思、恩格斯认为，精神交往是与精神生产相联系的，离开了精神生产，就谈不上精神交往。美国行为主义传播学有意无意地回避这些重大问题，因而不能从根本上解释人与人之间的传播关系的本质。

（3）从马克思主义观点来看，精神生产既然是一种生产，就必然有它的产品。精神生产的产品在现代社会更多地表现为信息，信息产品凝结着人的劳动，有其价值和使用价值，信息又有与物质产品不同的个性，信息产品的消费是精神内容。美国行为主义传播学虽然不否认信息包含思想、观念和价值倾向，然而却不想从信息的生产过程和生产结构中去寻找这些倾向产生的原因。　　　　　　　（郭庆光）

11. 一般信息的特点

（1）客观性

信息是宇宙间的普遍现象，是一种不以人的意志为转移的客观存在。不管人类是否承认它的存在，是否已经感知到它或认识到它，它都客观存在着。

（2）抽象性

信息作为物质存在和运动的反映，具有物质的属性，但它不同于物质，是一个既没有大小，也没有重量的非实体的抽象的内容。这种抽象性使信息可以浓缩，可以积累，可以继承，可以遗传。

（3）感知性

信息是能够通过人的感官被接受与识别的。其感知的方式与识别的手段因信息载体不同而各异：物质、文字上的信息由视觉器官感知，音响、声音中的信息由听觉器官识别，水火和天气冷热的信息则由触觉器官感知。人的各种器官就是各种接收器。

（4）传递性

信息作为事物运动状态的情况，只有经过传递、交流，才能为人们所感知和接收，才能转化为知识并发挥作用。信息传递可以是人与人之间近距离的眉目传情、口语交流，可以通过电报、电话、书信、传真来沟通，还可以通过报纸、杂志、广播、电视、网络等来实现。

（5）存贮性

信息可以借助物质载体长期累积存放，一刹那随时提取。信息存贮有两种方式：一是通过人的大脑进行记忆存贮；二是利用各种物质载体进行记录存贮。这种存贮性使人类的知识得以继承发展、延绵千年。

（6）共享性

信息一旦生成、传播出去，就可为众多的人所接收、占有和享有。交流和传播并未使信息本身的"质量"和效用受到影响，传播者会失去对原有信息的占有和享用。信息共享的人数多寡，往往同信息传播效果和价值的大小成正比。　　　　　　（邵培仁）

12. 简述社会信息系统的特点

人类社会本身就是一个极为复杂的系统，社会学家将之称为社会系统。社会系统的功能在于它保证社会结构的整合性，通过与外部环境的交换（互动）来实现自我调节，以适应环境变化，维持社会的运行和发展。社会信息系统是社会的一个基本系统。作为一种系统，社会信息系统既有其他一般系统所具有的共性，又有一般系统所不具有的特殊性。其特点包括以下几个方面。

第一，社会信息系统是一个开放的系统。社会信息系统的主要功能是保持社会内部的联系与协调，收集与整合传达系统内部和外部环境变化的信息，由此保证社会的正常运行和发展。因此它必须对内形成有效的渠道，对外伸出普遍的触角。开放性是社会信息系统执行其功能的一个重要前提。

第二，社会信息系统是各种子系统相互连接，相互交织构成的整体。在社会信息系统中，每个子系统既具有相对独立的结构和功能，与其他子系统互为环境，又与其他子系统相互交织，相互作用，其总体运动形成了社会信息系统的大运行。

第三，社会信息系统是一个具有双重偶然性的系统。双重偶然性由德国社会传播学家鲁曼提出，指传播双方都存在不确定性，因此通过传播所做出的选择都有受到拒绝的可能性。双重偶然性是人类社会信息系统所特有的属性，这与它以人为主体的活动有关，双重偶然性的存在说明，社会信息系统是一个多变量的系统，这些变量如果处理不当便会引起传播障碍和传播隔阂。

第四，社会信息系统是一个自我创造、自我完善的系统。　　　　　　（郭庆光）

13. 社会信息的本质是什么？

作为信息类型的一种，社会信息也是以质、能波动的形式表现出来的，精神内容的载体如语言、文字、图片等都表现为一定的物质讯号，这些讯号以可视、可听、可感的形式作用于人的感觉系统，这是它的物质属性，是社会信息与其他信息的共同特点。

社会信息及其传播与其他信息的不同性质，是它伴随着人的精神活动。第一，它并不单纯地表现为人的生理层次上的作用和反作用，而且伴随着人的复杂的精神和心理活动，伴随着人的态度、感情、价值和意识形态；第二，即便是作为社会信息的物质载体——符号系统本身，也是人的与物质劳动密切相关的精神劳动的创造物。

因此，我们把社会信息看做物质载体和精神内容的统一、主体和客体的统一、符号和意义的统一。　　　　　　（郭庆光）

14. 大众媒介信息的种类有哪些？

对大众传播媒介中的信息，我们可以依据不同的分类标准和研究需要将其分为各种不同种类。

依据信息的内容特征可以将传播中的信息分为政治信息、经济信息、文化信息、教育信息、体育信息、科技信息等。

依据信息的活动状态，可以将进入媒介的信息分为静态信息和动态信息。

依据符号的载体特点，可以将媒介信息分为文字信息、声音信息、图像信息。

从研究目的和需要看，可以把所传播的信息分为地方信息、外地信息、中央信息、国际信息。

倘若要分析新闻媒介如何发挥舆论监督作用，则可以将其中的信息分为批评性信息和非批评性信息。

假如要研究大众媒介如何贯彻"以正面宣传为主"方针的情况，则又可以将所传播的信息分为积极信息、消极信息、中性信息。　　　　　　　　　　（邵培仁）

【拓展知识点】

（1）过去信息、现在信息和未来信息

过去信息是一种回顾性、历史性的社会信息，是对早已发生的自然现象和社会现象的记录、描述和反映。现在信息是一种报道性、现时性的社会信息，是对已经发生或刚刚发生、正在发生的事实和信息的报道与传播。未来信息是一种展望性、方向性、预测性的社会信息，是对可能发生的事实和信息的预报。　　　　　　　（邵培仁）

（2）意见性信息、事实性信息和情绪性信息

意见性信息是对客观事物所做的价值判断、因果分析和理性抉择，着重回答"为什么"和"怎么办"的问题。事实性信息是对客观事物所做的客观、公正、准确的报道和反映，主要回答"是什么"和"怎么样"的问题。情绪性信息是对社会生活中大众的情感体验、精神状态所做的真实、直观的表达和陈述。　　　　　（邵培仁）

（3）指导性信息、确认性信息和娱乐性信息

各种法律条文、命令、禁令、警告、通知、报告、讲话、教科书等，传播的都是指导性信息。指导性信息有利于确定与调整人们共同活动及其关系的原则，维持良好的社会秩序，继承优秀的文化遗产，保持经济发展和社会稳定。新闻报道中故意"无所谓"的叙述、政治宣传中明明白白的劝说、商品行销中大张旗鼓的宣传，其目的都是为了使人相信之、听从之、接受之、确认之，它们所传播的都是确认性信息。确认性信息只希望人们相信它所说的是事实，是否采取行动则由受众自己决定。娱乐性信息既不需要受众遵守什么，也不需要他们确认什么，而只是想让受众轻松、愉悦一下。

（邵培仁）

15. 大众媒介信息的特征

大众传播信息作为信息的一种，是传播者对社会信息所做的有目的的选择性的抽样，也是受众对抽样传播所做的目的性、选择性的抽样。这样的信息既具有一般信息所固有的特征，又具有大众传播信息本身所具有的特点。

（1）新闻性

大众媒介中的信息具有新闻性，因为信息传播就是告诉人们不知道的或正在发生的事情。讯息出现的意外性越大，即出现的概率越小，其信息量越大。大众媒介中未知性、意外性、新颖性的信息所具有的信息量越大，新闻性越强。

（2）愉悦性

在大众传播媒介中，消遣愉悦的信息所占的比例正呈日益上升的趋势。它适应了世界各国工作时间日益缩短、闲暇时间日益增长后对娱乐性信息的需求。随着时间的推移，愉悦性将成为大众传播信息的一个越来越鲜明的特征，新闻媒介正日益成为新闻与娱乐的媒介。

（3）知识性

信息社会也是知识社会，信息爆炸也意味着知识的增长。传播知识交流经验，传承文化遗产，介绍最新科技，历来是大众媒介的主要任务。当代人知识仓库的许多知识主要来源于各种大众传播媒介。今后，大众媒介信息的知识性，只会增强不会削弱。

（4）价值性

大众媒介中的信息都应该是有意义的和有价值的，否则，它就没有加工、传播、存贮、再创的必要。判断信息是否有价值，不取决于传播者和传播媒介，而取决于受众，取决于信息对受众有用的程度和对受众接收目的的投合程度。信息价值的大小与对受众有用程度和投合程度成正比。信息价值主要表现在理论价值、经济价值、美学价值、社会价值、政治价值、宗教价值六个主面。这种价值体系基本上反映了大众媒介的信息价值的实际。

（5）真实性

媒介信息的真实性是指按照事物运动的状态和方式做真正客观、准确的描述和反映，而不能凭人们的主观臆想和推断做夸大、缩小和虚假的信息传播。不真实的虚假的信息会导致受众对外在的变化做出错误的反映，造成决策失误。

（6）时效性

这里指信息从大众媒介发出到受众接收、利用的时间间隔及其效率。随着大众传播科技的飞速发展，人们对信息时效性有增无减的需求将会得到进一步满足，信息传播与接收将会越来越快。在时间面前，信息是易碎品。即使是十分真实的、很有价值的信息，一旦失去了时效，它就会变成无人问津的东西。人们对时效的追求是无止境的。

（邵培仁）

16. 如何理解"三论"中的信息概念？

我们可以从三个层面来理解"三论"中的信息概念。

（1）信息是构成客观世界的一个基本要素

客观世界由物质、能量和信息三种基本要素构成。如果在客观世界中，有一个东西既不是物质，也不是能量，那么它就是信息。

物质可以认为是由原子构成的，而原子是由原子核（质子和中子）以及围绕在它外面的电子构成的。这些最基本的微粒按照不同的方式排列组合，就形成了我们现在千姿百态的物质世界。同时，微粒之间的相互作用产生了能量的源泉。在物质和能量变化的同时，我们也发现，还有另外一种客观东西的存在，它使得物质和能量的变化拥有了秩序，也使得这种变化可以传递和表达，这种东西就是信息。

（2）信息是两次不确定性之差

信息就是两次不确定性之差，也就是能减少或者消除不确定性的任何东西。

（3）信息是事物运动、变化、联系、差异的产物

如果要讨论信息的起源，大概跟讨论物质、能量的起源一样困难。但是，我们也

可以大致发现，在当前的自然界和人类社会的变动中，总会产生大量的信息。事物的运动、变化、联系、差异产生了不确定性，为了与外部环境进行协调，它必然要进行表达，以减少这种不确定性。它与外部环境交换的东西就是信息。所以，信息是事物运动、变化、联系、差异的产物，也是这种变化的表达。它是可以流通、传递和繁殖的，这对于人类来说尤为重要。正因如此，它搭建了人类主观世界与客观世界之间的桥梁。

以上是信息论、控制论、系统论中对"信息"的认识。随着"三论"影响的扩大，信息概念也广泛渗透到许多科学领域，这些领域都将其作为一个重要的概念乃至范畴进行研究。由于每门学科的研究领域、研究方法等的差异，导致了对信息的解释有不同的侧面和观点。到目前为止，还没有一个较为公认的普遍适用的定义。

（胡正荣）

17. 如何理解社会信息系统的双重偶然性？

社会信息系统是一个具有双重偶然性的系统。双重偶然性是德国社会传播学家鲁曼提出的，指传播双方都存在不确定性，因此通过传播所做出的选择都有受到拒绝的可能性。双重偶然性是人类社会信息系统所特有的属性，这与它以人为主体的活动有关。人类的活动不仅受到生物运动规律的制约，而且受到精神和心理的运动规律的制约，这样影响社会信息系统运动及其结果的变量就更多、更复杂。双重偶然性的存在说明，社会信息系统是一个多变量的系统，这些变量如果处理不当便会引起传播障碍和传播隔阂。

（郭庆光）

18. 如何理解马克思、恩格斯的"精神交往"理论是唯物论传播观的出发点？

因为马克思、恩格斯的"精神交往"概念与现代的"传播"概念之间存在着密切的联系。在马克思和恩格斯那里，精神交往指的是以"语言"为媒介的人与人的社会关系，而在现代传播学中，传播指的是以"信息"为媒介的人与人的社会关系，两者涉及的对象和范畴并没有多大差异。

我们不能孤立地考察传播，而应该把它放在人类生产和交往活动的总体中加以考察；我们也不能抽象地考察人与人之间的信息互动，而应该把它放在具体条件下，放在与其他社会因素的普遍联系和相互作用的关系中加以考察，这是马克思、恩格斯的"精神交往"理论给予我们的重要启发，也是我们考察社会信息系统及其运行规律的基本出发点。

（郭庆光）

19. 简述信息的特征和功能

（一）客观世界中信息的特征

在客观世界中，信息是一切事物的普遍属性。它具有一系列基本特征，使其与物质、能量这两个基本构成要素区分开来。

（1）客观性。信息是物质变化、运动、联系、差异的产物。既然物质是客观的，物质运动也是客观的，一切事物在不断的运动变化中表现出的不同特征和差异也是客观存在的，因此，信息也是客观存在的。

（2）普遍性。事物的运动普遍存在，信息也就具有了普遍性。世界上任何运动着的事物无时无刻不在生成信息，只要有事物存在，只要有事物在运动，就存在着信息。信息无处不在，无时不在。信息是无限的。

（3）表达性。信息是事物运动及存在状态的反映。它一方面表达了物质运动的状态，表达了运动变化的方向性，表达了物质系统的组织程度、有序化程度以及系统朝着有序或无序方向发展的状况；另一方面表达了物质系统的差异性。没有差异就没有信息，而信息也是事物差异的表达。通过对信息的表达，我们可以区分开客观事物，也可以把握事物运动的状态和方向。这正是信息对于人类的价值所在。

（4）流动性。事物运动会带来物质与能量的传递和交换，同时也伴随着信息的流动。事物运动所产生的信息必然会向周围环境流动。这种信息的流动过程就是信息获取、传递、变换、存储的过程。人类之所以能够获取信息，正是由于信息具有流动性。正是由于信息可以流动、可以传递，人们才有可能认识和理解外部世界。信息扮演了主观世界和客观世界的桥梁作用。

除了以上的四大基本特征之外，信息还有一些其他性质，如有的学者认为，信息的特征包括内容表述性、可分享性、可选择性、信息与载体的不可分性等。其中有两个性质值得我们思考。

（1）载体性。信息不同于物质和能量，它是看不见摸不着的。为了得以进行传递和交换，它必须依附在某种物质载体之上。它是不能独立存在的，也是不能与其附着的物质载体完全分割的。这种物质载体就是符号。

（2）分享性。信息的变化不是守恒的。换句话说，信息可以在不减少持有的情况下传递给另外的人，它具有分享性。

（二）人类社会中的信息的特点

客观世界产生的信息进入人类社会及人的主观世界，就具有了一些不同的特点。

（1）客观性与主观性。人类社会的信息也具有物质属性，也是物质系统（自然、社会）运动过程的表现。既然社会信息的来源一部分来自于自然环境，这一部分无疑具有物质的属性。另一部分来自于人类社会本身，其中有的来自社会物质生产过程，来自一定的生产方式，而有的则来自于人类的精神活动与生产，如政治、法律等，但是它们也是社会生产方式的反映。因此，人类社会的信息也具有了物质的属性。

然而，在人类社会中，不论信息是来自自然界还是人类社会本身，只要为人们所获取和利用，就必然经过大脑的加工。客观外界的信息经过人脑的选择、加工、处理，已经不是客观物质世界的信息的原型，而是经过人脑加工、在人脑中形成的、对客观现实信息的反映的信息。客观物质世界的信息是第一性的，人脑中反映的信息是第二性的，是观念形态的，属于意识范畴。

（2）多样性与复杂性。比较起客观世界中具有某种单纯化色彩的信息来说，人类社会的信息要更加丰富和复杂，它的接收、理解和使用过程具有多样性和复杂性。这主要是因为人类社会的社会形态、经济形态、文化体制、科技水平等存在差异。同时，在同一社会中，人们的群体、个体差异也非常巨大。因此，社会及人们接收、理解、使用信息时存在着相当大的差异。这涉及信息主观性、客观性的认识，涉及人的主观因素问题。

（三）信息的功能

信息在我们人类社会中扮演着日益重要的角色。它发挥着不可替代的、重要的功能。

（1）认识功能。我们对客观物质世界的认识无不依赖于我们对客观物质运动及存在的信息的收集、加工、处理和传播、交流。客观世界充满信息，人类的感觉器官对外界信息进行接收，通过思维器官将收集到的信息进行选择、归纳、提炼、存贮而形成不同层次的感性认识和理性认识。在这一认识过程中，人是认识的主体，客观世界及其信息是认识的客体。

（2）社会功能。这表现在资源功能、启迪功能、教育功能、方法论功能、娱乐功能以及舆论功能等。

（胡正荣）

20. 从唯物史观出发，如何看待人类社会的传播活动？

针对从唯物史观出发，应该如何看待人类社会传播活动的问题，马克思和恩格斯的精神交往理论为我们提出了几条重要原则。

第一，在人类交往活动的大系统中把握传播。

在马克思和恩格斯的精神交往理论中，生产和交往是有机的成对概念。他们在《德意志意识形态》中指出，人类的生产活动可以分为两类：一类是物质生产，与此相对应的是物质交往活动；另一类是精神生产，与此相应的则是人与人之间的精神交往。我们不能孤立地考察传播，而应该把它放在人类生产和交往活动的总体（社会大系统）中加以考察；我们也不能抽象地考察人与人之间的信息互动，而应该把它放在具体条件下，放在与其他社会因素的普遍联系和相互作用关系中加以考察，这是马克思、恩格斯的精神交往理论给予我们的重要启发，也是我们考察社会信息系统及其运行规律的基本出发点。

第二，从物质交往和精神交往的辩证关系中把握传播。

一定的精神生产和精神交往与一定的物质生产和物质交往相适应，这是唯物史观的一个重要前提，也是历史唯物论的传播观的一个方面。马克思和恩格斯的精神交往理论还告诉我们，上述两者并不是简单的物质决定精神的关系，而是一种辩证的相互作用关系。辩证的相互作用意味着精神生产和精神交往除了受到物质生产和物质交往制约的一面以外，还有其独立性和能动性的一面。

马克思的精神交往理论并不取代传播学，但它为传播学提供了科学的传播观。这种传播观就是我们既不能忽视物质生产和物质交往的基础作用，也不能无视作为精神生产和精神交往的信息生产与传播的特殊规律。仅强调前者，会导致一种简单的"经济基础还原论"；仅强调后者，也只能使传播学成为一种"头重脚轻"的理论。只有从普遍联系和相互作用的系统观点出发，我们才能对人类社会的信息生产与传播做出科学的阐释。

第三，研究传播学，为中国的社会发展服务。

建设有中国特色的社会主义传播学并不是一句简单的口号，而是一项需要我国学者付出大量辛勤劳动的工作。这个任务要比翻译和引进艰巨得多。概括起来说，完成这项任务，需要我们坚持以下几项原则：第一，正确处理"批判"和"借鉴"的关系；第二，实现传播学的本土化和中国化；第三，研究传播学，要从为我国社会主义物质文明和精神文明建设服务这一基本宗旨出发。

要使传播学成为对中国社会的发展具有普遍意义的学科，我们必须把传播学研究与中国国情、与中国现实密切结合起来。简言之，我们应该把处于社会主义初级阶段的中国社会信息系统及其运行状况作为主要考察对象，探索中国社会信息传播活动中的各种理论和实践课题，来推动社会主义物质文明和精神文明建设等重大问题。建设有中国特色的社会主义传播学是一项艰巨的任务，需要中国学者为此付出不懈的努力才能完成。

（郭庆光）

21. 简述传播学的现状和发展趋势

在多学科背景下发生的传播学，从一开始就是以大众传播现象为主要研究对象的，但同时也出现了重视人际传播、组织传播作用的旨趣。从大处着眼，早期传播学的主要取向有传播的结构和过程研究（拉斯韦尔、拉扎斯菲尔德等），传播（宣传、劝服）的技巧和效果研究（拉斯韦尔、霍夫兰等），传播与群体，社会关系研究（米德、卢因、拉扎斯菲尔德等），方法研究（盖洛普等），综合研究（施拉姆）。

20世纪50年代以后，传播学继续向前发展，并日趋成熟。一方面，上述各项成果进一步得到深化；另一方面，又可以看到研究领域扩大化、研究取向多样化的显著态势。例如，传播制度研究、发展传播研究、媒介功能研究、受众研究、大众文化研究等。近年来，尤为热门的两大课题则是全球（包括跨文化、国际）传播研究和信息化社会（也称新媒体或数字化传播）研究。由此可见，进入成长阶段的当代传播学，其研究深度、广度，都远远超过了初创阶段。

当然，我们也不应忽略这个领域中的问题和偏向。正是由于传统学派存在着很大的缺陷，才会有批判学派的奋起。顾名思义，所谓批判学派的最大特征，就在于"批判"，即注重从宏观上研究传播和社会制度、政治经济结构的关系，对资本主义体制下的政府和传媒持严厉的批判态度。在它看来，传统学派的"症状"，一是过分偏重微观研究；二是过分依赖定量方法；三是很多人站在维护现行体制的立场上。应该说，这确实击中了传统学派的痛处。不过平心而论，批判学派也有不足，即往往走向过分轻视微观、中观研究和定量、实证方法这样一个极端。因此，越来越多的人倾向于认为，如果将两者的长处综合起来，则必能使传播学有一个飞跃的进步。

进入21世纪的传播学，依托浩浩荡荡的全球化、信息化潮流，正可以说是方兴未艾，前途无量。

（张国良）

22. 为什么说传播研究不等于传播学？

传播研究不等于传播学，这是两个既有联系，又有区别的概念。

广义地说，凡是对传播现象的关注和探索都可成为传播研究。这种研究早已有之，可以说是源远流长。从这个意义上说，传播研究的历史应相当于或稍短于传播的历史。

正因为传播与人类的生存、发展密不可分，始终贯穿于各项活动中，我们的祖先早就注意到传播的存在和作用，并对此展开了长期不懈的研究。这主要表现为两个方面：一方面，从语言、文字到号角、烽火，再到报刊、网络等，这一切有关传播符号、传播媒介的改进和革新都可以看做传播技术（硬件）研究的成果；另一方面，探索人与人之间的传播规范、技巧（软件）的智慧火花也层出不穷，散见于中外大量的民谚俗语和汗牛充栋的各种文献中，其中，有许多涉及传播问题的精辟见解，至今仍令人叹服。

可是，狭义地说，如果把"传播研究"理解为"传播学"，情况就大不相同了。作为一门独立学科的传播学，问世迄今不过半个世纪多。对此，也可以这样理解：广义的传播研究包含着两个部分：一是比较不成熟的部分（不等于传播学）；二是比较成熟的部分（等于传播学）。

那么，所谓成熟的标准，即构成独立学科的必要条件至少有自觉性、一般性、系统性、科学性等。换言之，古代传播研究的缺陷在于不具有明确的传播研究意识，没有完成从"特殊"到"一般"的飞跃，失之于零散，夹杂着许多不科学的成分。无疑，不解决这些问题，研究就无法上升为学科。

造成上述缺陷的主要原因则在于：第一，从主观因素看，人类的认识能力还十分低下，因此，难以对传播现象做出全面、科学的观察和分析。第二，从客观因素看，传播对人类的作用虽极端重要，但还不是很明显，因此，还未受到应有的重视。这里又有两个理由：一是早期的传播活动比较简单，无论方式、内容，都不复杂；二是如前所述，传播具有行为伴随性的特点——总是贯穿于各类行为之中，故通常被人们看做各种行为的组成部分。特别重要的是，由于早期的传播活动尚未相对独立化、职业化，即未出现专门的传播机构，因此，也就不可能引起整个社会的注意。

总之，从古代初始的传播研究到现代成型的传播学，其间经历了一个差不多相当于人类从古到今全部历史的漫长发展过程。直到20世纪40年代，作为一个独立学科的传播学才应运而生。其原因无非是直到此时，上述状况才发生了根本性的改观，从而为传播学的诞生提供了必要的条件。

（张国良）

三、论述题

1. 试述精神生产和精神交往与物质生产和物质交往的辩证关系

第一，一定的精神生产和精神交往与一定的物质生产和物质交往相适应，这是唯物史观的一个重要前提。

（1）人类精神生产和精神交往起源于物质生产与物质交往活动。物质生产劳动既然创造了人本身，那么作为人的重要属性的精神活动也不外乎是物质生产劳动的产物。

（2）物质生产力的发展水平对精神生产和精神交往起着重要的制约作用。也就是说，精神生产和精神交往的发展是以物质生产力的发展为基础的，没有物质生产的发展，也就不会有精神生产的发展。信息社会只能是人类社会物质生产力高度发达的产物。

（3）精神生产和精神交往的关系反映着物质生产和物质交往的关系。马克思和恩格斯认为，个人的真正的精神财富完全取决于他的现实关系的财富，而人们在精神生产和精神交往中的地位和作用也是他们在物质生产和物质交往中的地位和作用的具体体现。这就是，一个阶级是社会上占统治地位的物质力量，同时也是社会上占统治地位的精神力量。支配着物质生产资料的阶级同时也支配着精神生产资料。

第二，一定的精神生产和精神交往与一定的物质生产和物质交往相适应，只是历史唯物论的一方面，精神生产和精神交往除了受到物质生产和物质交往制约的一面外，还有其独立性和能动性的一面，这主要表现在以下几个方面。

（1）精神生产和精神交往的发展，反过来也推动着物质生产和物质交往的发展。按照马克思和恩格斯的观点，精神劳动和物质劳动的分工程度是社会发展的重要标志之一。分工程度越高，精神生产和精神交往的独立性越强，对社会整体发展的推动作用也就越大。

（2）在物质生产达到一定的发达程度之际，精神生产的状态如何将会成为制约社会发展的主要矛盾。例如，在信息社会中，信息成为主要的资源，这并不排斥物质生产的重要性，而是说不发展信息产业，物质生产和整个社会就不能得到进一步发展。在信息社会中，信息的生产与传播是制约社会发展的主要因素。

（3）精神生产和精神交往既然与物质生产和物质交往相区别，就意味着它具有与物质生产和物质交往不同的特殊规律。必须考虑它作为人类精神和心理活动的复杂性及特殊性。
（郭庆光）

2. 美国成为传播学发源地的原因是什么？

从主观方面看，人类的认识能力空前提高。伴随着封建专制时代的消亡，无论自然科学、社会科学，皆面目一新，并日趋"整体化"，人类对物质世界和精神世界的了解越来越正确，各种新理论、新学说大量出现。在此背景下，对传播现象的全面把握和系统、科学的认识终于成为可能。

从客观方面看，传播行为的作用和影响极端凸显。工业化使整个世界连成一片，其必然结果之一是传播活动的日益频繁化和复杂化。特别是传播活动的相对独立化、职业化，给人类带来了一种全新的、重大的冲击，这种冲击终于唤起全社会对传播现象的高度重视。换言之，可能（学科背景）与需要（媒介背景）一旦结合，就顺理成章地产出了19—21世纪众多新兴学科之一的传播学。

传播学诞生在美国是有原因的。近代以来，西方先进而东方落后。西方各国中，又数美国最为发达，作为资本主义世界的头号强国，在许多领域都处于领先地位。在传播实践和传播研究的领域也不例外。由于它在上述条件（大众传媒的发达程度、科学认识的水准）方面最为先进、完备，于是理所当然地成了传播学的先驱者和诞生地。

（1）媒介背景

在人类历史的长河中，传播活动与其他活动分离是相对独立化、职业化的过程。传播依（信息）内容的不同，可分成实用性传播和娱乐性传播两类。前者又可分为新闻性、宣传性和教育性传播。相对而言，除了新闻性传播之外，其他几种传播活动的独立化、职业化都开始得相当早。但是，细究起来，所有这些传播活动都是单一型而非复合型的传播，因此，无论在人们的通常观念中，还是就其实际功能看，它们都确实不是一般意义上的传播机构或媒介。事实上，这种所谓的传播机构或媒介，最初是以报纸的面目出现的，由此实现了新闻性传播活动的独立化和职业化。但更为重要的是，报纸并不满足于此，而是很快地从单一型传播机构发展成复合型传播媒介，从新闻事业转化为大众传播事业，从而推动了整个世界。

报纸诞生于17世纪初的西欧，直到17世纪初，美国才出现报纸。但作为资本主义世界的后起之秀，它快速追上并超过了先行者。伴随着工业化、都市化的巨大成功，到19世纪中叶，美国率先孕育出世界上最早、最成功的大众化报纸；进入20世纪后，又创立了最早的广播电台；"第二次世界大战"后的发展更为迅猛，在雄厚的经济和科技基础上，建成了全世界最发达的大众传播事业。从大部分相关指标看，美国皆名列前茅。它还拥有美联社、合众社、《纽约时报》《华盛顿邮报》《时代周刊》以及三个广播电视网等一批全球闻名的媒介。这种状况对美国政治、经济、社会等各方面都产生了前所未有的巨大冲击和影响。于是，对大众传播的利用和研究就成为美国社会各界急迫而重大的课题。

从政治角度看，从建国前后起，报纸，后来又加上广播和电视等，就被纳入美国的政治体制中，一贯扮演着举足轻重的角色。其具体表现为：平时，每个政治家都不能不依赖媒介引导舆论，争取民心，获得选票或维持已有的权力。正因如此，有关议员竞选尤其是总统大选的报道及其研究构成了美国政治及媒介文化的一大特色；战时则更离不开媒介对群众的发动、对士气的鼓舞。尤其是在此期间，"第一次世界大战"、"第二次世界大战"的相继爆发使这种紧迫性、重要性变得突出。事实上，这方面课题在早期传播学的经典研究中占据了十分显著的位置，如拉斯韦尔等人有关战争宣传的研究等；另外，政治家还发现，无论平时、战时，欲向国内外大众宣扬自身的价值观念、生活方式等，媒介都是十分合适、有用的工具。

从经济角度看，媒介主要有两个方面的作用：第一，以其传播的大量经济信息特别是广告，构成了社会化大生产过程中一个不可缺少的环节。美国的广告业在世界上首屈一指，其中的大多数业务由媒介承担。从这个意义上说，称媒介为资本主义大厦的支柱之一，可谓恰如其分。第二，为各种企业服务的媒介本身也成为一种企业，为媒介资本家创造出丰厚的利润。如果说，市场经济离不开媒介的协作，反过来，媒介也离不开市场经济的滋养。由此可以理解，为何媒介在美国不仅被政界看重，也一贯受到商界的青睐。

从社会角度看，媒介给大众带来的利与弊都十分显著。就好处而言，大量实用信息的快速传播极大地方便了人们的生活和工作；各种娱乐信息的提供充实了人们的余暇。就坏处而言，暴力、低俗、色情和煽情信息的泛滥，污染了人们尤其是未成年人的心灵；不真实、不恰当信息的流传造成了社会的混乱。这就形成了一种强大的舆论压力，迫使学界给出正确认识和解决问题的答案。

概而言之，美国人最早、最强烈地感受到传播的莫大威力，因此，最先萌生了对其追根究底的愿望。这可以说是自然而然的逻辑起点。

（2）学科背景

19世纪后半期至20世纪中叶的美国，在多种因素（诸如相对和平的社会环境、相对自由的学术氛围以及雄厚的物质、技术力量等）作用下，逐渐成为当时世界上最适宜开展科学研究的一方沃土。各国、各地区的优秀人才纷至沓来。颇有讽刺意味的是，在"第二次世界大战"期间，正是在法西斯大国暴政的驱赶下，欧洲各国知识界的大批精英被迫流亡美国，为营造这一得天独厚的繁荣局面做出了不可磨灭的贡献。仅就传播学领域而言，他们当中早期的四位奠基人中就有两位——卢因和拉扎斯菲尔德来自欧洲，这足以证明其影响不可低估。

于是，人类几千年智慧的积淀和碰撞，在这里孕育出一大批新思想、新科学之硕果。特别需要指出，其中许多成果与传播现象有天然的密切联系，如社会学、心理学等，由此奠定了传播学的学科基础。换言之，如果人类（以美、欧学者为代表）未取得这些成果，即认识能力尚未达到这个高度，那么，毫无疑问，上述愿望再美好、再迫切，也难以实现。在这种学科背景下诞生的传播学还因此而具有了一种"边缘性"

或称"交叉性"、"多学科性"的特色。 （张国良）

3. 论述传播学兴起的背景

传播学孕育于 20 世纪初，诞生于 20 世纪四五十年代。它是在美国诞生的。传播学的形成有其基本前提条件，之所以在美国出现，也有其特定的历史背景。

任何一门学科学科的兴起与形成，必然要有其社会基础、社会需要以及学科基础的需要。传播学的兴起与形成也是如此。首先，20 世纪初是资本主义从自由竞争走向垄断的时代。工业化大生产使资本主义的生产活动和范围大大延伸。企业从国内市场走向国际市场，走向跨国经营，因而对信息的要求就更高。其次，19 世纪已经形成的报业，加上新兴的电影、广播、电视等新媒介，逐步形成资本主义社会一个独立的产业——传播业，这给社会产生了强烈的冲击。因此，社会亟须关注和思考传播带给人们的一切。另外，传播学的形成还必须有科学发展做基础。到 20 世纪初，资本主义社会已经经历了两次科学革命，实则经历了两次思想革命。人类对物质和精神世界的认识能力有了大幅度的提高，认识广度和认识深度有了大幅度的扩展。研究方法日益科学化，学说日益多样化，因此人们能够科学而全面地研究影响日益扩大的传播活动。

传播学的最初提出和形成是在美国。作为当时资本主义阵营中最为发达的美国之所以能成为传播学诞生的摇篮，除了具备上述的基本社会、学科前提条件之外，还有其具体而独特的社会、学科条件。

具体而言，传播学诞生在美国，有其政治、经济、社会、学科四个方面的背景。

第一，政治背景。

在政治上，美国的政治家无论是在日常的政治活动中还是在四年一次的竞选中，都比较重视利用传播媒介宣传自己的政治主张、树立形象、争取支持。另外在战争时期，政治家对传播媒介的依附更明显。

美国传播学的诞生是与两次世界大战密不可分的。"第一次世界大战"是有史以来的第一次世界规模的战争，同盟国与协约国在战场展开厮杀的同时，在另一领域也展开了较量，即"宣传战"。美国于 1917 年正式参战后，威尔逊总统就下令成立了一个机构，即"公共信息委员会"，专门负责美国的战时宣传。它为了宣传美国参战的意义，向社会倾泻了大量有关战争的广告、宣传小册子等，还组织演讲进行宣传。协约国之间为了协调战时宣传，还组建了协约国联合宣传委员会，定期召开宣传工作会议。

"第一次世界大战"结束之后，人们对宣传在现代战争中的作用以及宣传对社会生活的巨大影响有了相当的认识。英、法、德、美等国的学者从各自的研究领域出发研究"第一次世界大战"中的宣传，产生了一系列较有影响的研究著作。美国对宣传的研究起步较晚，但是对后来的影响最大。其中，被称为传播学奠基人之一的哈罗德·拉斯韦尔的研究影响最大。在"第一次世界大战"后的宣传研究中，美国成立的"宣传分析研究所"引人注目，它是第一个研究宣传的学术机构。该所最著名的研究成果是艾尔费雷德·李与伊丽莎白·李编辑的《宣传的艺术》。书中归纳整理了七种常用的宣传手法，流传甚广。这些宣传手法"可以被看做为对态度改变的初期理论探讨"。"第一次世界大战"结束到"第二次世界大战"爆发间的这二十余年的宣传分析与研究，虽然不直接是传播学研究，但是大大推进了人们对传播在战争中的作用的认识。

由于在"第一次世界大战"中宣传起了重大的作用，又经过战后各国宣传研究学者的总结和分析，到了"第二次世界大战"，参战各国普遍有意识地重视战时的宣传工作。在"第二次世界大战"期间，美国军队空前广泛地利用电影和其他大众传播媒介客观地推动了传播研究的深入，为传播学的研究奠定了相当坚实的基础。

从对历史的分析中可以看出，两次世界大战中的传播活动和实践直接催化了传播学的形成。虽然传播研究在两次大战中有了长足发展，但是战争毕竟是一种特殊的政治状态。到了和平时期，美国的政治界也需要传播及传播研究。

战争中传播的威力已有目共睹，传播研究提出的观点和成果为实践所应用，并产生了相当的作用，也被世人，特别是政治家们所共知。和平时期，美国政治家们除了日常的施政宣传、形象工程外，最重要的便是四年一次的总统竞选及各种各类的竞选。在竞选中，为了赢得选民的好感，争取选民的投票率，所有候选人都求助于传播媒介，大张旗鼓地利用一切宣传手段，包括广告、公关、新闻等，在所有的媒介上展开攻势。会不会利用传播媒介塑造形象，宣传施政主张已经成为衡量美国政治家的一个相当重要的标志。

在美国历史上，传播媒介一直在政治生活中扮演着重要的角色。这一传统使得美国的各级政治家都非常重视传播，进而重视对传播的研究。这便推动了传播研究在美国的开展。

第二，经济背景。

在经济上，美国是资本主义阵营中唯一在两次世界大战中加强了经济实力的国家。战争使整个资本主义世界的生产能力的三分之二都集中在美国。经济的发展使得美国的自由市场竞争更加激烈。

传播学的兴起与大众传播在美国经济活动中的地位和作用密切相关。一方面，在美国自由市场经济条件下，经济发展需要垄断资本家向国内、国际市场扩展，生产扩大，产品增多，随之而来的市场拓展和营销行为就前所未有地增加了。因此，美国在20世纪20年代应运而生了大量的广告公司等机构，并且形成了一种新兴的产业，这正是市场经济不可或缺的。"第二次世界大战"后，这一行业有了空前发展。为了判断传播媒介对消费者购买行为、购买需要和心理的影响，广告商、公关专家等在垄断财团和企业的资助下不断对广告、公关、消费者以及媒介的经营竞争进行研究。其研究成果对于工商企业来说价值甚大。因此，企业普遍较关注营销环节中的各种传播问题。

另一方面，美国的大众传播业在两次世界大战前后日益壮大，成为一个相对独立而完善的经济实体，形成了一个独立的产业——大众传播业。美国大众传播业的私营产业特征使其将对市场的研究视为生存和发展的根本。随着各媒介的竞争日趋激烈，得到受众的青睐，拥有更高的发行量、收听（视）率也越来越成为所有媒介追求的目标。因为只有这样才可以从广告客户手中拉来广告，以维持生存和继续发展。这种客观的竞争压力变成了大众传播业关心和思考传播技巧、传播效果、受众等问题的动力。大众传播业客观上和主观上都需要进一步研究传播规律，改进传播行为，扩大传播效果。

美国自由市场经济及生存于其中的大众传播业为传播学的兴起提供了丰厚的经济土壤，从而使美国的传播学研究从第一天起便带有较为浓厚的商业色彩和实用气息。

第三，社会背景。

在社会上，美国的大众传播与社会生活的关系日益密切。互动中媒体给社会生活带来的负面作用也显示出来。

美国在"第二次世界大战"之后，挟本土未卷入战争而经济却大发战争财之优势，其科学技术有了空前发展，出现了科技革命。新的传播技术推动了传播业的大发展。原有的报纸、书籍、杂志等印刷业持续存在，而广播、电影，特别是电视业的发展最引人注目。新媒介的出现带来了一系列的新的问题：一方面受众可以从更多的渠道获取信息，促进社会繁荣；另一方面，媒介中的暴力、色情等内容对受众特别是少年儿童产生了严重影响。因此，美国的社会学家、心理学家等纷纷关注和研究传播业提出的新问题，如媒介与受众和社会的关系及媒介如何影响青少年的观念和行为等，发表了众多研究成果。

从上面的分析可以看到，传播学是在美国特定的政治、经济和社会条件下兴起和发展的。更重要的是可以看到传播学研究的对象均为现实的传播实践。关注实践，研究实践才是传播学兴起的根本。

第四，学科背景。

传播学作为一门研究人类信息传播活动及其规律的科学，是在借鉴、吸收其他学科研究成果的基础上形成的。因此，传播学具有多学科综合而成的特点，这种多学科交叉性使传播学成为边缘学科。它既属社会科学，又被视为人文科学，而且带有明显的自然科学的痕迹；它既有传播学自己的理论范畴、学术话语，又更多地借用了其他学科的理论范畴。因此不同学科的学者都可以从自己的角度研究传播学，从而使传播学的研究成果异彩纷呈，各成体系。

具体而言，传播学的学科基础主要是新闻学，社会学，心理学，"三论"（信息论、控制论、系统论）及政治学等。随着传播学的兴起及研究的深化，许多学科都与传播学建立了联系、交叉，出现了许多新兴的研究领域。

在大众传播学产生之前，新闻学是唯一专门研究大众传播现象和活动的学科，因此可以说，新闻学是传播学的基础和前身。新闻学起源于19世纪的德国，到19世纪末在美国兴盛起来。随着新闻实践的逐步深化，新闻媒介种类不断增多，新闻学原有的研究范围已经无法涵盖日益发展的新闻业。新闻事业逐步扩大至大众传播媒介业，"新闻"概念也逐步让位于"大众传播"概念。这时便出现了大众传播学。它以人类社会的所有大众传播行为为研究对象。大众传播学研究进一步深化的结果便是传播学，即从个别的传播规律——大众传播，再深入研究，上升为普遍的传播规律，即人类的传播活动过程及其规律。因此可以看出，传播学的基本法则轨迹是新闻学→大众传播学→传播学。三者既相互关联，又有明显的区别。

新闻学是"研究人类社会新闻活动规律的一门科学。新闻学研究的中心课题便是人类社会的各要素对人类新闻活动的决定和影响以及新闻活动的自身发展、新闻活动对社会的反作用"。大众传播学则是一门边缘科学，它借鉴了心理学、社会学和政治学等学科的假设、理论和方法，聚焦于大众传媒及相关的人的活动，以期得到关于大众传播过程和效果的可靠知识。而传播学就是要"解释人类传播过程的基本性质，从诸如语义学、文化人类学、社会学和社会心理学这样一些领域中得出许多很有研究价值的线索。需要把它们结合起来，充分描述整个的人类传播，然后方可以估量出使用复杂媒介的大众传播的地位"。

新闻学经历了一个多世纪的变迁、发展，自己也出现了某种程度上的变革。施拉姆分析整理了 1937 年到 1956 年《新闻学》季刊的内容，指出了新闻学发展的四个趋势：

第一，从定性分析到定量分析。一般而言，定量分析较具客观性，因为它能以精确数字辨明一个普遍的现象或事实，而定性分析则失之主观。

第二，从人文科学方法到行为科学方法。传统报学以哲学、文学为基础，而大众传播学亦属行为科学之一支，它是以社会学、心理学、统计学为基础走向实验的阶段的。

第三，从伟人研究到过程与结构。传统新闻学只以人文科学的方法对报业经营者做传记性描述，而大众传播受牵制的因素变化多端，以致形成环境相连、交错复杂的因果关系。

第四，从区域性角度到国际性角度。由于国际传播的发展，新闻学的研究范围已不能局限于一国或一个区域，它必须延伸至国际范围。

实际上，传播学的许多研究成果、概念、范畴和方法等也被近年来的新闻学研究所应用，我们可以从中看出新闻学研究与传播学研究的交融。

传播学的产生可以说是派生于新闻学，但是传播学理论基础却是许多相关学科共同奠定的。其中，尤为重要的学科有社会学，心理学和"三论"（信息论、控制论和系统论）。

社会学对传播学的贡献表现在两个方面：一方面，传播学借用许多社会学研究范例，其中借鉴较多的是孔德的集体有机体概念等；另一方面，传播学利用社会学方法进行研究，如早期传播学研究中对舆论的研究、对宣传的分析、对股票行为的研究等。传播学所用的研究方法大部分来自于社会学。

心理学对传播学的贡献也表现在两个方面：一方面，传播学借用了许多心理学研究范例，如心理学中的学习理论和模仿理论等；另一方面，传播学从心理学中借鉴了实验法等研究方法。20 世纪 40 年代起兴起的信息论、控制论和系统论都属于技术科学，但是它们在哲学和方法论层面给众多的社会科学、人文科学研究提供了新的价值和意义。

除社会学、心理学、"三论"之外，对传播学影响较大的还有统计学、数学、政治学、符号学、语言学等。正是这些学科的研究成果为传播学提供了丰富的理论、方法。这些学科的学者也都在各自领域涉猎过传播现象的研究。　　　　　　　（胡正荣）

4. 国外传播学研究的三个阶段分别是什么？

国外传播学研究经历了早期、中期、当代三个阶段。

第一，早期的传播学研究。

第一阶段（20 世纪 20 年代至 30 年代）。人们将传播研究的对象放在传播效果上，产生了最高的传播学理论，即效果研究中的"枪弹论"。这是受当时行为主义"刺激—反应"理论的影响。

第二阶段（20 世纪 40 年代至 50 年代）。这时的传播学研究开始兴盛。一方面形成了传播学，研究者众多，并且纷纷提出自己的传播模式，"50 年代证明是模式建立的鼎盛时期"；另一方面，经过学者们深入的研究，提出了许多新的理论，动摇了早先的"枪弹论"，从而出现了传播的"有限效果论"。甚至有学者由此而断言，传播学的研究都没有必要再进行下去了。

第二，中期的传播学研究（20 世纪 60 年代至 70 年代）。

这个时期是传播学研究突破传统局限，拓展范围，深化内容的时期。一方面，这时的传播学研究已从早期的传播效果研究拓展到传播过程的各个方面。"传播研究及有关模式建立的兴起焦点，已经从寻求对整个大众传播过程的一般理解逐渐转向研究整个过程的各个具体方面：长期的社会、文化和意识形态效果；媒介组织及其同社会和受众的关系，受众之选择和反映的社会基础和心理基础；特有的内容模式（尤其是新闻和'现实'信息）的构造等。"另一方面，传播学研究在多个地区开始进行并出现不同的派别。发达国家如英、法等国家的传播学快速发展。第三世界国家也从早期照搬和模仿以美国为代表的西方传播学研究中意识到，它们必须解决自身在传播领域中面临的问题。

这一时期是传播学研究空前繁荣的时期，各种理论纷呈，研究中的问题也暴露不少。

第三，当代的传播学研究（20 世纪 80 年代以来）。

这一时期的传播学研究继承了 20 世纪 70 年代传播学研究领域扩大的传统，将传播学研究扩展到政治、经济、文化等各个领域，因为"大众传播与其他信息处理方式和传递系统（尤其是以电话和电脑为基础的系统）的界限正在日益变得不那么分明"，"传播流动的总图可能随着新的传播功能和期望的出现而改变"。因此，传播学的范围也就不那么明显了。与此同时，传播学研究中派别分流日益明显。在 20 世纪 60 年代至 70 年代开始出现的欧洲传播学派以其对社会文化的批判性备受人们的关注，被称为"批判学派"，与注重实证分析，强调传播实践的美国传播学派相并峙，人们称后者为"经验学派"。

传播学中的批判学派萌芽于 20 世纪 60 年代，70 年代开始兴盛，及至 80 年代已经成为传播学研究中的主流之一。批判学派的传播学研究起源于欧洲，植根于欧洲悠久的历史和文化的传统之中，但是其影响和发展已波及许多国家和地区。美国、加拿大等注重经验学派的国度也有一些卓有建树的批判学派的学者。

批判学派的理论基础主要有"法兰克福学派"和"西方马克思主义"，其主要的流派有政治经济学派和文化研究学派。

（胡正荣）

四、考研真题

一、名词解释

1. 传播（中国传媒大学 2001 研、2002 研、2006 研，中国社会科学院 2004 研，四川大学 2006 研，华中师范大学 2005 研，华东师范大学 2005 研）

2. 双重偶然性（厦门大学 2006 研）

3. 人们不能不传播（北京师范大学 2006 研）

4. 精神交往（南京大学 2006 研）

5. 马克思主义的精神交往论（北京大学 2001 研）

6. 信息（清华大学 2002 研，中国传媒大学 2002 研）

7. 精神交往论（清华大学 2002 研）

8. 社会信息系统的"双重偶然性"（清华大学 2001 研）

9. 信息环境（清华大学 2001 研）

二、简答题

1. 传播学的学术渊源有哪些？至少举出两个学科为例。它们是如何影响了传播学的发展的？（北京大学 2002 研）

2. 传播学产生在美国受到了哪些因素的影响？（中国传媒大学 2004 研）

三、论述题

1. 传播学的基础学科（社会科学）有哪些？试述传播学与其中一门学科的渊源与互动。（中国传媒大学 2005 研）

2. 传播学与新闻学的关系。（中山大学 2009 研，重庆大学 2008 研复试题）

3. 谈谈你对我国当前传播学（含新闻学）教育现状的了解与评价。（北京大学 2004 研）

4. 试论"研究传播学"与"中国的社会发展"的关系。（北京大学 2001 研）

第二章　人类传播活动的历史与发展

1. 信息社会：指信息成为与物质和能源同等重要甚至比之更加重要的资源，整个社会的政治、经济和文化以信息为核心价值而得到发展的社会。　　　　（郭庆光）

2. 示现的媒介系统：人们面对面传递信息的媒介，主要指人类的口语，也包括表情、动作、眼神等非语言符号，它们是由人体的感官或器官本身来执行功能的媒介系统。　　　　（郭庆光）

3. 再现的媒介系统：包括绘画、文字、摄影等。在这一类系统中，对信息的生产和传播者来说需要使用物质工具或机器，但对信息接收者来说则不需要。　　（郭庆光）

4. 机器媒介系统：包括电话、唱片、电影等。这些媒介不但传播一方需要使用机器，接收一方也必须使用机器。　　　　（郭庆光）

5. 媒介即讯息：这是加拿大传播学者麦克卢汉提出的一个著名的观点。这个观点的核心思想是，从人类社会的漫长发展过程来看，真正有价值的讯息不是各个时代的具体传播内容，而是这个时代所使用的传播工具的性质及其开创的可能性。（郭庆光）

6. 媒介是人的延伸：这是加拿大传播学家麦克卢汉的一个观点，指不同的传播媒介也就是人的不同感官和器官向外部世界的"延伸"，这个过程不断扩大了人类征服自然和改造世界的能力。不过从另外一个角度看，媒介从人体"延伸"出去的过程，也是媒介不断获得独立性和自主性的过程。任何一种媒介对我们来说都是外在化的客观事物，它们会拥有自己的运动规律，以自己的独特方式反过来制约和影响人类社会的发展，带来社会结构的变化，改变人类的观念和生活方式。以媒介为核心的社会信息系统越巨大化，结构越复杂化，人类对它的控制就越间接、越需要在更大范围内的合作。　　　　（郭庆光）

7. D·贝尔：美国社会学家和未来学家，出版了《后工业社会的到来》。在这本书中，贝尔把人类社会的发展进程区分为"前工业社会"、"工业社会"、"后工业社会"三大阶段，并做了分析。　　　　（郭庆光）

8. A·托夫勒：美国学者，出版《第三次浪潮》，将人类社会概括为三次浪潮的冲击。第一次浪潮是从原始渔猎采集社会向农业社会的变革；第二次浪潮是由农业社会向工业社会的变革；目前人类社会正在迎来以信息革命为代表的第三次浪潮。

（郭庆光）

9. 信息爆炸：指信息的巨量生产和高速传播超越了媒介空间的容纳而产生的剧烈传播反应或社会影响。它既是人们对当代社会大量出现并加速增长的各种信息现象的一种形象化描述，也是人们对信息在单位空间内的急剧增加和剧烈反应可能对媒介生态造成巨大破坏的担忧。　　　　（邵培仁）

10. 人类传播发展轨迹的时刻表：传播学家威尔伯·施拉姆和威廉·波特模仿卡

尔·塞根教授的"与周年"的假设，将人类出现在地球上的历史假定为100万年，而后比做只有24小时的一天来计算，从而描绘了人类传播发展轨迹的时刻表，即在这个"传播学时钟"上，一小时就等于41 666年，1分钟就等于694年，1秒钟等于11.6年。人类传播史上的第一次革命——创造了语言——发生在10万年前，相当于21：36；人类在公元前3500年的第二次传播革命中发明了文字，在时钟上大约为23：52；在第三次传播革命中，中国在唐朝初期（约620年）首先发明了印刷术，此时约为23：59；1844年，当人类进入第四次传播革命、迎来了电子传播的曙光时，离午夜只差13秒；1946年，电脑在第五次传播革命中出现，这时离午夜仅差4秒。对此，我们套用卡尔·塞根教授的话说："人类很古老，传播很年轻。"　　　（邵培仁）

11. 信息污染：是指媒介信息中混入了有害性、欺骗性、误导性信息元素，或者媒介信息中含有的有毒、有害的信息元素超过传播标准或道德底线，对传播生态、信息资源以及人类身心健康造成破坏、损害或其他不良影响。从更深层次讲，信息污染也是对有利、有用信息传播、接收、处理和使用的干扰，直接影响有利、有用信息传播的速度与效率，增加人们对信息筛选、判断、甄别的难度，从而也降低了准确使用有利、有用信息的效果。　　　（邵培仁）

12. 信息侵略：是指一个国家或民族试图利用自己在传媒和信息上的优势，将自己的核心价值观渗透和推广到其他国家或民族的传播体系和精神领域，最终达到嫁接和取代的目的。它与信息交流的根本区别在于，实施信息侵略的一方往往凭借其独特的经济实力和传播优势，有预谋地引诱或迫使对方接受自己的核心价值观；而进行信息交流的双方通常是善意平等的、自觉自愿的，是以相互信任、相互学习的态度借鉴和吸收对方的精华信息。　　　（邵培仁）

13. 网络传播：指以电脑为主体，以多媒体为辅助的能提供多种网络传播方式来处理包括捕捉、操作、编辑、存贮、交换、放映、打印等多种功能的信息传播活动。　　　（邵培仁）

14. 网络传播时代：是指利用先进的网络技术进行信息传播的新时代。它突破了大众传播时代大众化、非目标性、单向、区域传播的障碍，使得传播走向个人化、目标性、双向和全球网络传播。这是社会走向全球化、信息化的产物，也是信息社会传播的基本形态。　　　（胡正荣）

15. 新媒介：广义上是指近半个世纪以来陆续涌现的一系列传播新技术，包括传真、录像、卫星通信、光纤通信、电脑、互联网和手机等。狭义上的新媒介，则可理解为继报刊、广播、电视这三大媒介之后出现的"第四媒介"和"第五媒介"，即互联网和手机。　　　（张国良）

二、简答题

1. 为什么说劳动创造了语言？

人类最基本的传播手段语言，是从劳动中并和劳动一起产生出来的。劳动中的相互协作对语言的需要促进了早期人类发音器官的发达，经过漫长的进化和发展，终于出现了分音节的语言。而在这个过程中，脑髓和感觉器官也不断趋于发达。脑和为它服务的器官越来越清楚的意识以及抽象能力和推理能力的发展，又反作用于劳动和语言，为这二者的进一步发育不断提供新的推动力。人类社会及其以语言为核心的信息传播系统正是在这种永不枯竭的动力的推动下，不断走向更新、更高的发展阶段的。

（郭庆光）

2. 人类语言的特性

语言的产生标志着从动物传播到人类传播的重大飞跃。日本生物学家永野为武曾经对人类的语言与动物发出的声音信号进行过详细的比较，并在此基础上指出了人类语言的五个特点：（1）人类语言是一种具有音节区分的声音符号体系。（2）与本能相关的声音较少，发音和语言在结构上具有逻辑性。（3）具有自由模仿其他声音的能力。（4）在没有外部刺激的情况下也能自主发声。（5）能够自主地赏娱声音的节奏和韵律。然而，上述特点还只能说是从外部现象上所做的描述。从本质上，我们可以对人类语言的特性做出概括，这就是：

（1）人类语言具有超越历史时间和空间的能力，它不仅能够表述现在，而且能够表述过去和未来；不仅能够表述眼前事物，而且能够表述在遥远空间发生的事。

（2）人类语言具有无限灵活性，可以表述任何具体的、抽象的甚至虚构的事物，表达内容上没有任何限制。

（3）人类语言具有发音的经济性，以有限的几十种元素和辅音配之以声调的变化，能够组合成数十万个以上的语言单词。人类能够以最小的体能消耗来最大限度地发挥自己的声音能力。

（4）人类语言具有巨大的能动性和创造性。人类在使用语言的过程中表现出无穷的创造力，人类不断创造出新词语、新概念、新含义和新的表达方法，并且能够将声音语言转化成文字或其他符号体系加以记录和保存。人类不仅创造了自己的生活语言，而且创造了科学语言、艺术语言以及手语，还有计算机语言为代表的人工语言。

能动性和创造性是人类语言区别于动物界信号系统的最根本特征。　　（郭庆光）

3. 人类传播与动物传播的区别是什么？

尽管动物有着复杂的信息系统，但动物的传播与人类的传播是不能同日而语的，两者之间有着本质区别。这种区别表现在以下几个方面。

第一，动物的信息行为是一种先天的本能行为，其能力更多地取决于体内的信息功能和遗传基因，并不是后天的系统学习。

第二，动物传递和接收信息的过程是基于条件反射原理的过程，不伴随复杂的精神和思维活动。动物传播只是对自然界的一种被动的适应，而不能成为对自然界和自身进行能动的，创造性改造的因素。　　（郭庆光）

4. 人类早期命名活动的意义

人类早期的命名活动可能是幼稚的，但它具有革命性的意义：原来混沌一片的世界在我们眼前变得清晰、有条理，我们可以根据这些名称对世界上的万事万物进行归纳和分类，从中把握它们的性质和规律。不管这个过程是以具体到一般，还是以一般到具体，它都意味着语言的发展伴随着人类对周围世界的认识的深化。　　（郭庆光）

5. 简述信息社会的特点。

信息社会是在农业社会和工业社会充分发展的基础上到来的，但在经济结构上与前两者有明显的不同。信息社会具有以下几个特点：

（1）社会经济的主体由制造业转向以高新科技为核心的信息和知识产业；

（2）劳动力主体不再是体力劳动者，而是信息的生产和传播者；

（3）交易结算不再主要依靠现金，而是主要依靠信用；

（4）贸易不再主要局限于国内，跨国贸易和全球贸易成为主流。　　（郭庆光）

6. 试述传播学家哈特对媒介系统的分类

美国传播学家哈特将有史以来的传播媒介分为三类。

（1）示现的媒介系统：人们面对面传递信息的媒介主要指人类的口语，也包括表情、动作、眼神等非语言符号，它们是由人体的感官或器官本身来执行功能的媒介系统。

（2）再现的媒介系统：包括绘画、文字、摄影等。在这一类系统中，对信息的生产和传播者来说需要使用物质工具或机器，但对信息接收者来说则不需要。

（3）机器媒介系统：包括电话、唱片、电影等。这些媒介不但传播一方需要使用机器，接收一方也必须使用机器。

这三类媒介是按照先后顺序依次出现的。从不依赖任何机器手段的"示现媒介"到部分依赖机器的"再现媒介"，再到完全依靠机器的"机器媒介"，这是一个人类传播的媒介手段日趋丰富的过程，也是人体的信息功能日益向外扩展，体外化信息系统逐渐获得相对独立性的过程。　　（郭庆光）

7. 人类传播的发展阶段有哪些？

根据媒介产生和发展的历史脉络，我们可以把迄今为止的人类传播活动区分为以下四个发展阶段：口语传播、文字传播、印刷传播、电子传播。它们是依次叠加的过程。这个过程是人类使用的传播媒介不断丰富的历史，也是社会信息系统不断发达、不断趋于复杂化的历史。　　（郭庆光）

【参考知识点】

（1）口语传播的意义

语言源于劳动，但并不局限于群体的共同劳动。它出现在简单劳动之后和制造工具之前，而不是在制造工具的过程中或之后。劳动不仅锻炼了双手，也锻炼了大脑，同时也是人类积累经验、发展知识的源泉。没有语言就不可能积累和发起制造工具所需的知识，也就谈不上制造工具。

人类创造了语言，语言也就成了人类的表征和民族的精神，成了人类进行交际与传播的工具，也成了人类认识世界和改造世界的有力武器。

（2）文字传播时代

文字的发明是人类传播发展史上第二座重大里程碑。文字是在结绳符号、原始图画的基础上发展而来的。文字发明的重大意义在于：首先，文字克服了音声语言的转瞬即逝性，它能够把信息长久保存下来，使人类对知识和经验的积累、储存不再单纯依赖人脑的有限记忆力。其次，文字能把信息传递到遥远的地方，打破了音声语言的距离限制，扩展了人类的交流和社会活动的空间。最后，文字的出现使人类的传承不再依赖于神话或传说，而有了确切可靠的资料和文献依据。

文字的产生使人类传播在时间和空间两个领域都发生了重大变革。文字作为人类掌握的第一套体外化符号系统，它的产生大大加速了人类利用体外化媒介系统的进程，推进了各

地区经济、政治和文化的交流和融合，如秦始皇的"书同文"制度。 （邵培仁）

（3）文字发明的意义

有了标准化的文字，人类既可以用它记载口语、描绘事件、传播信息，也可以通过它反复阅读、慢慢译解那些超越时空的来自远方的信息或早已死去的人留下的信息，并用它来保存和继承人类现有信息和为未来制订计划。

由于文字传播时代初期的图画文字或形象文字在发展中先后分化为符号音节体系和单字表意体系，结果其功能与优势亦有差异。 （邵培仁）

（4）印刷传播时代

印刷时代的到来是建立在纸张和印刷术发明的基础之上的，这是中华民族为世界文明做出的两大贡献。

印刷术的发明标志着人类已经掌握了复制文字信息的技术原理，有了对信息进行批量生产的观念。印刷机的出现迎来了近代报刊的诞生，伴随着读写能力的普及，印刷媒介开始在社会变革和社会生活中扮演越来越重要的角色。印刷媒介的发展在社会政治、文化和教育领域带来了巨大影响，印刷事业的发展对社会经济也起到了巨大的推动作用，不仅如此，它自己本身也日益成长为一种规模宏大的产业，并迅速成为正在萌芽中的信息经济的主要部分。今天，印刷媒介已经高度普及，书籍、报刊等出版物作为人们每天获得信息、知识、娱乐的基本渠道之一，在社会生活的各个领域都发挥着重大的影响。 （邵培仁）

（5）印刷发明及发展的意义

印刷术的产生和流行打破了少数人对知识的垄断和在传播上的特权，冲破了黑暗的中世纪宗教牢笼，开始了文艺复兴，进而又导致了工业革命。

随着印刷业的飞速发展，在15世纪末16世纪初，整个欧洲的主要城市几乎都有了印刷所，印刷传播业日益旺盛。印刷品的大量出现大大激发了人们的求知欲望，推动了教育的发展、文化的普及、科学启蒙和社会进步；反过来，公众文化知识的提高又导致了对宗教、科学、哲学、文学等书籍的更大需求，于是形成了一种良性循环，也加速了欧洲封建主义的崩溃和资本主义的诞生。

按照美国社会学家查尔斯·库力在《社会组织》一书中的观点，报刊、书籍作为新的大众媒介，不仅消除了人们相互隔绝的障碍，影响到社区相互作用的方式，而且引起了社会组织和功能的重大变化。 （邵培仁）

（6）电子传播时代

电子媒介为人类传播带来了变革时空距离和速度上的突破。它形成了人类体外化的声音信息系统和体外化的影像信息系统。这两个体外化信息系统的形成使人类文化传承内容更加丰富，感觉更加直观，依据更加可靠。一句话，它们使人类知识经验的积累与文化传承的效率和质量产生了新的飞跃。电子技术的发展还推动了计算机的诞生，"电脑"开始执行人脑的部分功能。电脑兼有信息处理、记忆和传输功能，其信息处理的速度快、精度高，记忆也比人脑更加牢靠。电脑的出现意味着人的大脑这一信息处理中枢也开始了体外化的进程。

电子传播的媒介可以分为有线和无线两种系统。有线系统起源于莫尔斯发明的有线电报和贝尔等人在19世纪70年代研制的电话系统，后来发展到有线广播、有线电视和今天的计算机通信网络。无线系统的出现以意大利人马可尼 1895 年的无线电通信实验获得成功为标志，其后发展为无线电报、无线广播、无线电视以及无线电话。卫星通信技术以及卫星广播和卫星电视的发展和普及，使大面积的跨国传播和全球传播成为可能。电子传播技术的发展使人类进入了一个全新的、前所未有的信息社会。 （邵培仁）

（7）电子传播的意义

电子传播时代的到来不仅彻底突破了时间和空间的限制，使信息传播瞬息万里，而且挣脱了印刷传播中必不可少的物质及运输的束缚，为信息传播开辟了一条便捷、高效、省钱、省力的空中通道。

同时，电子传播也不像印刷传播那样是将人推向信息，而是将信息推向人。接收印刷媒介中的信息，最起码的条件是识字，而接收电子媒介中的信息，按一下按钮信息即滚滚而来。因此，电子传播是"在没有识字需要的情况下，为人类提供了超越识字障碍，跳入大众传播的一种方法。" （邵培仁）

8. 简述人类传播演进的规律

我们研究和认识传播演进的过程时，为了更清楚地认识传播发展的规律，认识传播在社会背景中的互动关系。

通过对以往传播发展历史的考察，我们可以看出，传播在以下方面呈现出演进的特征及规律。

第一，传播手段与传播媒介的进步贯穿整个人类存在过程，而且其发展进步呈加速度发展趋势。"人类传播的历史是传播系统的复加过程，而不是简单地从一种系统转向另一种系统。"

人类在学习和积累前人创造的基础上不断创造出更多、更新的传播手段和传播媒介。这实际上是人类认识客观世界能力的提高，从而使生产力水平提高的结果。

原始人百万年前才发明语言；之后的几万年，人类创造了文字；再过几千年人类又发明了造纸术、印刷术；后来，经过几百年，人类就创造出了电子媒介；从电子媒介到如今的网络年代，还不到 100 年。新手段、新媒介的出现间隔越来越短，而其集合程度却日益提高，从而使得传播方式越来越多，传播对象日益广泛，传播速度日益加快，传播信息日益增多。

第二，传播与人类社会文化的积累和发展密切相关。传播本身正是人类文化创造和积累的产物。文化发展速度越快，规模越大，对传播的速度和规模的要求也就越高，传播的过程与结构也就变得更加复杂。特别是到了大众传播时代，人类社会因为大众媒介的影响日益扩大，从而形成了独有的新的文化形态——媒介文化。此外，媒介也直接参加到每个时期的文化创造和积累之中，直接推进了文化的多样性和文化交流。传播媒介参与启蒙大众，提高了大众的文化水平。

第三，传播是经济及社会形态的直接产物。"一个社会的传播过程的性质实际上与该社会人们日常生活的每个方面都关系重大"，"媒介是由社会事件的总体形成的，它们深受冲突的辩证过程影响，冲突则产生于媒介系统之中以及媒介与其他社会机构之间相互对抗的力量、概念和发展过程中。换句话说，社会有多种渗透方式来对媒介造成深远影响。"

一种传播类型必定是一种社会类型的反映；传播的形态更是与社会结构的排列关

系密切；传播同样是在经济形态的制约下发展的，同样传播又在为经济形态的进化推波助澜。

（胡正荣）

9. 实现大众传播的条件是什么？

实现大众传播，需要具备下述条件：

从技术角度看，关键是提高信息"复制"的水准。这不仅指时间上要"快"，空间上要"远"，还包括数量上要"多"，质量上要"精"。以此衡量，古代的（无论是空间型或时间型的）媒介都是不合格的。但任何发展皆非凭空而来，媒介的演化也是一步步由粗疏到精细、由量变到质变的过程。具体地说，最初的复制开始于文字，也就是印刷术的问世。但必须指出，真正的大众传播时代的开始还有待数百年的积累和变化。原因之一是，从技术角度看，戈登堡发明的活版印刷机虽然很先进，但仍以人力为动力，使复制能力受到很大限制。直到 19 世纪初，以蒸汽机为动力的新型印刷机的问世，才使生产能力得到飞速的提高。如此，作为大众媒介的报纸即大众化报纸的诞生才成为可能。

不过，只具备技术条件尚不足以形成大众传播的世界。仅以大众化报纸而言，必要条件至少有三：能大量复制；能大量发行；拥有大量读者群。显然，发行和读者群都涉及社会文化条件。换言之，实现大众传播的条件还应从社会文化角度考察大众媒介诞生的时代背景。

从社会结构的变革看，第一，生产力的发展和工业革命的兴起，使人与人、国与国之间的联系空前密切化。人们的信息需求大大伸长，而且，这种需求随着经济的发展而不断扩张。第二，长期以来的"愚民政策"所造成的高文盲率逐步得到改善。特别是始于 18 世纪的工业革命，造就了一大批粗通文墨的工人，即无产者大军。他们集中在一个个新兴城市里，成为大众化报纸的主要读者层。第三，资本主义政治、经济体制的确立，形成了相对比较宽松的文化（包括新闻传播在内的）体制。其主要原因是，这比较有利于资本主义社会的存续。于是，各种各样的大众媒介大量涌现出来。

所有这些变化都集中发生于 18 世纪末 19 世纪初（这是就欧美发达国家的状况而言，其他国家的进程则不尽相同）。因此，大众传播时代的正式开幕也就在这个时候。1833 年，美国印刷工本杰明·戴伊在纽约创办《太阳报》，使大众化报纸的风潮席卷西方世界，将人类带入了大众传播时代。由此可见，大众媒介的问世既非偶然，也非单因素所致，而是技术、社会诸要素共同作用的结果。

（张国良）

10. 体外化信息系统经历了功能分化和多样化的过程，正在迎来一个重新统合的时代，如何理解这一观点？

体外化信息系统的发展经历了功能分化和多样的过程，如视觉系统、听觉系统、保存和记忆系统、处理和传输系统、私人信息系统和公共信息系统等；从媒介而言，则有信件、书籍、报刊、电话、广播、电视、传真、计算机、人造卫星等。20 世纪 50 年代以后，这些分散的媒介系统在各自的领域都得到了充分的发展，功能也越来越强。20 世纪 90 年代以来，各种不同媒介的功能出现了融合趋势。换句话说，过去由分散的媒介系统所执行的不同功能，今后将会统合到信息高速公路这一综合的信息传播系统当中。可以说，人类的信息系统已经超越了高度分化和多元发展阶段，迎来了重新统合的时代。这是社会信息系统演化中的一大飞跃，同时也意味着这个系统规模更加巨

大，结构更加复杂。 （郭庆光）

11. 简述网络传播与传统媒介的不同之处

网络传播与传统的印刷传播、电子传播的最大不同之处在于：它是在电话高度网络化的基础上形成的，因此它除了具有其他传播的特点之外，还具有自己的主动性、隐蔽性、参与性、交谈性和操作性等特点。网络传播中的人则必须自己主动地去寻找信息、追逐信息，向媒介、资料库、电子图书馆、信息中心索要信息。网络传播和信息革命正在进入一种"临界状态"，一个崭新的传播社会即将到来，新的社会包容着整个世界，网络传播连接着整个人类。 （邵培仁）

12. 与传统媒介相比，互联网有哪些优点？

互联网又称国际互联网，从某种程度上说，它是信息高速公路的雏形。到 20 世纪末，互联网已将世界各国一网打尽，成为全球最大、最流行的计算机信息网络。

与传统媒介相比，互联网有以下优点：（1）技术的融合。它采用文字、声音、图像等符号进行传播，打破了传统媒介之间泾渭分明的界限，使信息的表现形式更趋于丰富。（2）信息的双向流动。传统媒介将信息推给受众；而在网络上，由受众自己选择，拉出所需信息，改变了传统的传者和受者的地位和关系。（3）突破传统媒介容量的限制。受众可以通过链接的方式，寻找自己感兴趣的内容，大众传播似乎又回到了最初的人际传播状态。（4）超越时空的限制。在网络上，受众可以在任何时间访问任何站点，并与在线的各国人员交流信息、聊天通话。麦克卢汉所预言的"地球村"由此而成为现实。 （张国良）

13. 传播媒介与社会发展的关系

传播媒介的发展对社会的发展具有重要的意义。加拿大传播学者麦克卢汉曾经提出一个著名的观点：媒介即讯息。这个观点的核心思想是，从人类社会的漫长发展过程来看，真正有价值的讯息不是各个时代的具体传播内容，而是这个时代所使用的传播工具的性质及其开创的可能性。因此，媒介是社会发展的基本动力，每一种新的媒介的产生都开创了人类交往和社会生活的新方式。如果我们把媒介和媒介技术理解为社会生产力的重要内容，那么媒介的进步对社会变革的巨大影响是无可否认的。 （郭庆光）

14. 简述"第二次世界大战"后的社会化信息进程

信息社会的发展有一个过程。从媒介普及的角度看，我们可以把"第二次世界大战"后的社会化信息进程分为两个阶段，即初级信息化阶段和高度信息化阶段。初级信息化阶段是从 20 世纪 50 年代到 80 年代中期。在这个阶段，报刊、广播、电视等大众传播媒介得到了高度普及，个人用的媒介也日趋多样化。这个阶段与 20 世纪 50 年代以后人类社会的信息量倍增速度的骤然加快是相对应的。第二个阶段即"高度信息化"阶段，从 20 世纪 80 年代末直到今天。这个阶段的特点是：（1）大众传播媒介进一步发展，广播、电视进入数字化多频道和卫星跨国传播阶段；（2）微型电脑普及家庭，并迅速成为个人进行综合信息处理的媒介；（3）以互联网络和多媒体为代表的新传播的发展，使不同媒介的功能出现了融合的新趋势。 （郭庆光）

三、论述题

1. 论述当今社会存在的信息爆炸和信息匮乏现象

在信息社会，人们在冷静地观察与思考中，发现大众传播中的传受不均衡状况导致了现代社会的信息爆炸和信息匮乏。

（1）信息爆炸

美国信息学家认为，信息爆炸是人类处理信息的手段日益先进的结果，信息爆炸的表现主要反映在四个方面：

①新闻信息飞速增加。如今，很多国家都加大了对各种大众媒介的扩建力度，形成了陆海空交织、声字像并举的立体化、全方位的新闻信息传播格局，大大加大了新闻信息量。

②娱乐信息急剧攀升。大众媒介主要被用于娱乐所占有的百分比大得惊人。娱乐信息借助大众媒介的强力传播遍布社会的每个角落，进入大众的每根神经，不仅大量的录像片、录音带、CD、VCD、MP3、MP4、流行歌曲、流行小说等源源不断地流向家庭，就连那些最严肃的新闻报道、政治演说、群众集会，我们也会看到娱乐信息包蕴其中，甚至麦克风前声音甜、软、轻、柔、绵的播音员和摄像机前十分性感的俊男俏女，也无不是在竭尽全力以富有诱惑力的声音和形体向人们传播某种娱乐信息。

③广告信息铺天盖地。广告是一种全球现象，它们无处不在，无孔不入，既令人生厌，又挥之不去。面对铺天盖地的广告信息，受众的精神已经疲惫，情绪也已变坏，不仅接收效果日益下降，而且也有相当多的人对广告的可信度持怀疑态度。

④科技信息飞速递增。这在发达国家尤为明显。科技信息的快速增长有三个显著特点：一是数量增长快，特别是科学论文和发明成果的数量。二是新陈代谢快，文献老化和知识更新的周期大大缩短。三是文献信息增长快，各类科研、教学和传播机构的实验数据、调查数据、文献数据和产品数据等数据库铺天盖地。

信息爆炸的后果：信息爆炸既是人们对当代社会大量出现并加速增长的各种信息现象的一种形象化描述，也是人们对信息在单位空间内的急剧增加和剧烈反应可能对媒介生态造成巨大破坏的担忧。信息爆炸的后果包括如下几个方面：

①信息泛滥。据日本《信息流通调查报告》估计，人类标准供给信息量每10年约增加4倍，而个人消费量几乎没有大的变化。如此日积月累，过剩的信息必然堆积如山，最终会造成信息"雪崩"、信息洪水，危害社会和人类自身。另外，诺贝尔奖获得者美国哈佛大学教授劳伦兹在《文明人的八大危机》中对此也做过分析。

②信息超载。这是指社会信息量超过个人或系统能力所能接收、处理或有效利用并导致故障的状况。

③信息浪费。信息作为一种特殊的资源，人类应该很好地开发和利用，但由于真正有价值的信息被大量的无用信息所淹没，求知的人不得不耗费大量的时间和精力来对待信息洪水，这种大海捞针式搜寻的结果是，经常无奈地让一些有用信息与大量无用信息一起从身旁流过，从而造成了信息浪费。信息内容的支离破碎、凌乱不堪构成了身体和精神的双重伤害。

④信息疾病。面对极度膨胀的信息量，人们受到信息爆炸、信息超载、混沌信息空间和数据过剩所造成的巨大心理压力，引发了一系列信息疾病：有的手忙脚乱，焦急不安，情绪暴躁；有的消极被动，精神麻木，智力退化；还有的自我封闭，残酷冷漠，心理变态。

（2）信息匮乏

所谓信息匮乏是指大宗媒介提供的巨量信息中严重缺乏受众所需要的"有价值的"、"能了解事情真相的"、"对自己有用"的信息。信息匮乏是信息爆炸的伴生现象，也是信息爆炸的负面效果。它主要表现为：

①真相信息匮乏。在传媒产品生产周期越来越短的情况下，大众传播者往往乐于采集、传播那些显性的浅层次的表象信息，特别是"引人注目"的事件，而不愿深挖隐藏在这类事件后面的深层次原因和社会背景，而这往往是人们所想了解的真相。还有就是与受众工作、生活有关的各种真相信息十分缺乏。

②重要信息匮乏。着眼于经济效益的媒介，它们日益重视的是具有巨大市场价值的共同信息。所以，共同信息同质化和爆炸化只会导致重要信息日益匮乏，因为重要信息没有多少市场价值。

③知识信息匮乏。从总体上看，知识供应总量一直在逐步增长，特别是现代科技知识更是增长迅猛。但是它们既没有一般信息增长的速度快，也没有一般信息供应的数量大，而社会科学知识增长一直委靡不振。有时即使知识的总量增长了，但是，往往是表面的虚假的繁荣，真正的真理性知识并不多。

信息匮乏的原因包括如下几个方面。

①人的惰性。职业传播者要生产、搜集、获取真相信息、重要信息、知识信息、思想信息等，就必须花很多的时间和精力，要付出较多的代价和成本，而搜集显性信息、表象信息、共同信息、一般信息，不仅省时省力省钱，而且容易得到好处。一般受众要吸收、消化书籍和报刊上的知识信息、深层信息和思想信息，不仅需要一定的文化程度，而且也费时费力。相反，听广播、看电视对受众的文化程度则无特殊要求，也不费力费脑。在这种情况下，人的惰性心理很容易趋向于做省时省力的选择。

②市场取向。市场历来是信息生产和传播的指挥棒。一般来讲，共同信息、表象信息、一般信息能满足多数受众的当前需求，较有市场价值，容易获得较大的经济效益，因此往往是媒介生产和营销的主要市场取向。只要采用赚钱至上的市场取向，就会导致信息爆炸与信息匮乏的双重负面效果。

③传受失衡。大众传媒的设备日益现代化、集群化、高速化，媒介机构日益增多，队伍日益庞大，专业分工日益精细。而作为接收信息一方的受众，不仅是以个体来面对庞大的传媒，而且其接收信息的装置也远远落后于传媒的各种装置，甚至就是这样相对落后的接收装置，还是依据传媒的意愿而不是受众的需要设计制造的。在大众传媒完全主导信息的生产、经营甚至接收的情况下，广大受众所能做的只是打开开关，等待信息的涌入，消极地选看那些不十分讨厌的内容。置于信息洪水中的受众，想寻找重要的有用的知识性、思想性信息已变得十分困难。

（邵培仁）

2. 试述信息污染与信息侵略现象

当我们热烈拥吻信息文明和享受信息佳肴时，信息污染又成了一杯并非"自酿的苦酒"，媒介强国凭借大众传播上的优势强行倾倒信息又会演化成类似于军事入侵的信息侵略，从而对人类社会构成危害。

首先是信息污染，这是精神世界里的垃圾。

信息污染是指媒介信息中混入了有害性、欺骗性、误导性信息元素，或者媒介信息中含有的有毒、有害的信息元素超过传播标准或道德底线，对传播生态、信息资源以及人类身心健康造成破坏、损害或其他不良影响。从更深层次讲，信息污染也是对有利、有用信息传播、接收、处理和使用的干扰，直接影响有利、有用信息传播的速度与效率，增加了人们对信息筛选、判断、甄别的难度，从而也降低了准确使用有利、有用信息的效果。

（1）信息污染的表现

信息污染已成为信息时代的一种新的社会公害。信息污染主要包括以下三类信息。

①有害性和有毒性信息。从大众传播的内容上来考察，色情和暴力属于有害、有毒类信息，也是危害最大的信息污染。这类信息力求迎合受众的"低级趣味"和"庸俗心理"，极力兜售强奸、卖淫、嫖娼、淫乱、暴力等内容，污染社会环境和受众视听，违反伦理纲常。

②虚假性和伪劣性信息。大众传播中的虚假、伪劣信息具有欺骗性和误导性，是影响最坏的、受众意见最大的信息污染。虚假、伪劣信息是蒙着真实的面纱，以真实的面目呈现，使受众信以为真，判断失误，进而做出错误的决定。在商业经营和广告传播中，商家为达到赢利目的，利用信息不对称、不透明和一些消费者不易确证的有利条件，伪造商品属性，夸大商品功能，通过大众传播媒介以各种夸张的语言向消费者强力推销，误导和蒙骗消费者。在意识形态领域，由于每个人立场和观点不同，对人或事物的描述和评价往往渗透着大量的虚假信息。

③重复性和图像性的信息。打开同城的几家甚至几十家报纸，人们看到，同城媒介对同一件事的报道都是同一个声音，不仅报纸上的新闻和信息内容交叉重复，其实，广播电视节目也是一样。对于信息交叉化、重复化和同质化的现象，媒介应该一起警惕，否则，它将带来灾难性的后果。不仅交叉性、重复性信息是一种信息污染，图像性、视像性信息也会转化为信息污染。

（2）信息污染的解决措施

对于信息污染的问题，学术界从来就没有形成过统一的看法。传统学派学者认为，大众传媒的内容必须有益于社会健康和社会进步，符合社会伦理道德。自由派学者认为，大众传媒乃"自由的卫士"，它有权自由地传播受众需要的各种信息，受众也有权自由地收看他们想看的任何信息。两派学者提出的研究结论也都为他们的观点提供了证据。

信息污染的问题不仅引起了各国政府的高度重视，也引起了一些民间组织的热烈讨论和高度关注。

信息环保主义运动和媒介生态学理论为解决信息污染问题提供了新的思路，也给我们五点启示：第一，坚持"绿色"原则，即尽可能地减少信息污染；第二，坚持多样原则，即允许多种信息并存，对人类来说，信息多样化就像生物多样化一样重要；第三，坚持平衡原则，即既不需要造成信息密集、信息超载，也不需要形成信息盆地、信息饥渴；第四，坚持循环原则，即保持信息良性循环，加强文化活力；第五，坚持"扎根"原则，即在"扎根"中国文化基础上弘扬优秀的中国文化、东方文化和世界文化。

其次是信息侵略。

信息侵略是指一个国家或民族试图利用自己在传媒和信息上的优势，将自己的核心价值观渗透和推广到其他国家或民族的传播体系和精神领域中，最终达到嫁接和取代的目的。它与信息交流的根本区别在于，实施信息侵略的一方往往凭借其独特的经济实力和传播优势，有预谋地引诱或迫使对方接受自己的核心价值观；而进行信息交流的双方，通常是善意平等的、自觉自愿的，是以相互信任、相互学习的态度借鉴和吸收对方的精华信息。

（1）信息侵略的危害

在当代社会，信息侵略必须借助于强大的传播网络、先进的传播技术、庞大的采编队伍、雄厚的经济实力和强劲的信息优势，没有这些条件，就无法形成一种压倒性的、不可阻挡的信息洪流或"传播顺差"。

在国与国信息交流和文化贸易中年复一年的"传播逆差"和"信息赤字"比贸易逆差或贸易赤字更加可怕。如果一个国家长期处于"信息倒灌"或遭受信息侵略，其危害不可低估。轻者，它垄断信息资源，控制态度行为，干扰正确决策；重者，污染和毒化社会风气，腐蚀和败坏人的灵魂，摧残和侵蚀民族文化，动摇和破坏社会稳定。

（2）防御信息侵略

面对媒介强国的信息侵略，世界各国为保护和捍卫传播资源与国家主权，继承和发扬民族文化中的优良传统，都在紧急准备打一场传播领域里的自卫反击战。针对信息侵略，不同国家采取了不同的措施。

重要的是要做到以下几点：第一，要健全和强化大众传播法制，对信息的品质、级次和传播范围、比例等做出严格规定；第二，要加强思想文化建设，用正确思想和理论武装人民群众，使其能自觉抵御外来的信息侵略，提高辨别力和免疫力，既不要把外来文化的渣滓当精华来吸收，也不要把外来文化的精华当糟粕来拒绝；第三，要发展和完善本国的传播体系，形成自己的传播优势和传播特色，从而增强它同西方传播体系的竞争力；第四，要深入挖掘中华民族文化的资源，积极弘扬优秀的中华民族文化、东方文化和世界文化，向受众提供适合其需要的健康的精神食粮；第五，要创立和发展本国的跨国传播网络，团结第三世界国家，利用各国华人社团，积极在海外布点设台，从上到下，从有线到无线，与各媒介强国展开全方位的立体传播竞争，切实改变以往那种消极被动的局面。

（邵培仁）

3. 论述传播新技术对媒介实践和研究的冲击

在传播领域中，通信卫星、光纤通信、电脑、网络和手机等信息传播新科技迅速崛起，大放异彩。尤其是互联网，包括其手机形式，结合各种新技术，风行全世界，成为最具统合力、覆盖力、生命力的新媒介。这是一种与传统大众媒介大相径庭的全新媒介。作为一种覆盖全球的信息传播系统，它打破了地域界限和和国家疆界；它不但能处理文字、声音、图形、影像等，而且能容纳人际、组织、大众等各种层次的传播活动。事实上，以互联网为代表的信息传播新科技已渗入社会的各个方面、各个领域。这一趋势正悄然改变着人们习以为常的媒介环境，给当下的媒介实践和相关研究带来了极大的冲击。传播新技术对媒介的冲击和影响，主要表现在以下五个方面。

（1）信源多元化

迄今为止，人们的常识是，在各种社会信息系统中，大众媒介的比重最大。然而，互联网等新技术的出现和发展已使这种状况发生了显著的变化——不仅原有的电信、邮政等系统纷纷挖掘自身潜力，推出各种新的服务项目，其他各类非媒介系统的信息机构也如雨后春笋般涌现出来。互联网的出现建构了任何组织、任何个人都能在网上扮演传者角色的全新格局。传统的大众媒介所拥有的优势正在不断减弱。面对这种挑战，传统媒体的策略是：一方面积极上网，在网上拓展领地，提供信息服务；另一方面，充分利用网络的强大功能，进行信息的采集和加工，增强自身的竞争力。事实上，在互联网的帮助下，现今传统媒介的内容量、时效性、反馈度、可检索性等都有了很大的提高。

（2）技术融合化

由于多媒体技术的出现和完善，各种媒介彼此接近，界限变得越来越模糊。一方面，报刊、书籍推出了电子版、声像版；另一方面，电视则开发了文字版（图文电视）。特别是它们都完成了数字化，加入信息高速公路后，对于在网上漫游的受者来说，就更没有什么报社或电视台的区别了——无非都是通过多媒体终端的窗口提供各种声像和文字信息的数字化媒介而已。一个值得注意动向是，越来越多的电信业、电脑业巨头已开始向大众传播业进军。这表明，技术的融合同时有力地推动了媒介产业和非媒介产业的融合。

（3）内容个人化

从信息内容的角度看，媒介面临着空前旺盛的"小众化"乃至"个人化"的需求。这既是强大的社会压力，当然也是广阔的市场机遇。但这样一来，大众媒介就变得非大众化了。换言之，传统的"一对多"的传播方式将转换成"一对一"的方式。互联网的普及，使昔日向每一个人传达基本相同信息的传播方式一去不复返了。

（4）传受交互化

与大众媒介相比较，这可以说是互联网最大的特点和优点。这里没有了固定的信源、传者和信宿、受者。"个人化"的局面其实也隐含了这层意思，即受者个人随时可作为传者把自己的需求、愿望、意见告知代理人。当然，他也随时可与网上的一切成员交流。如此，传统大众传播缺乏反馈的局限性以及传统受者的被动性，就有望得到彻底的克服。顺便指出，从技术角度看，要真正做到这一点，还有赖于全面实现传受异步化——即受众无需再守候在电视机前等待某一档节目，而只需根据节目单采用"点菜"方式，就能不受时空限制地如愿以偿。

（5）关系平等化

这是上述"交互化"带来的一个必然结果。如果说市场经济体制下的传媒已不得不在相当程度上重视受众，则高度信息化条件下的媒介与受者的关系必将趋于完全意义上（即类似人际传播情境中）的平等关系。一般来说，在真实、全面的前提下，信息量越大，普及程度越高，则社会成员的关系就越平等。因为，信息的占有本身是一种至关重要的权利。如果实现了所谓"平权化"，即大家都有了相类似的信息结构、知识结构，则高度的民主化就不再是可望而不可即的"彼岸"了。

此外，传播新科技的广泛应用，特别是互联网的迅速扩张，在实践中产生了许多不同于以往的新问题，对媒介研究提出了新要求。至于某些一直存在于传统媒介工作中的问题，如怎样维护新闻的真实性等，在网络空间中也变得更加复杂，增添了新的层面、新的难度。

总之，信息传播新科技的采纳使传媒工作发生了巨大的变化，并进而产生了广泛的社会影响，对此，必须进行深入的思考和研究，趋利避害，造福于民。 **（张国良）**

四、考研真题

一、填空题

世界第一颗人造卫星于（　　）年上天；活字印刷术于（　　）世纪（　　）年代由（　　）国人发明；世界第一台计算机于（　　）年在美国诞生。（北京大学2002研）

二、名词解释

1. 信息主权（中国人民大学2001研）

2. 信息环境（中国人民大学2002研）

3. 人类生活在两个环境中：一个是现实环境；另一个是（　　）环境。（复旦大学2001研）

三、简答题

1. 人类社会的传播活动可以划分为哪几个发展阶段，各自有什么特征？（北京师范大学2005研，武汉理工大学2005研）

2. 什么是信息社会？它具有哪些特点？（北京师范大学2007研）

第三章 人类传播的符号与意义

一、名词解释

1. 符号：是信息的外在形式或物质载体，是信息表达和传播中不可缺少的一种基本要素。 （郭庆光）

【参考知识点】

（1）符号：是人类传播的要素、载体信息的代码，是传递信息、指示和称谓事物及其关系的代码，也是人类生命演化进程中创造的可以优化生命品质，磨砺人类精神的特殊"武器"，并为人类所独有独享。人类可以将自己的思想、意识和事物的性质及关系转化为符号，并可以通过对符号读解还原；而符号又可以在传播过程中释放出巨大的能量，使人类从中受益或者受害。人是符号的动物，符号是人类的标征。

（邵培仁）

（2）符号：是传播过程中为传达讯息而用以指代某种意义的中介。 （张国良）

（3）符号：就是用来指称或代表其他事物的象征物。 （胡正荣）

2. 符号化：即传播者将自己要传递的讯息或意义转换为语言、音声、文字或其他符号的活动。 （邵培仁）

3. 符号解读：传播对象对接收到的符号加以阐释和理解，读取其意义的活动。

（邵培仁）

4. 意义：是人对自然事物或社会事物的认识，是人给对象事物赋予的含义，是人类以符号形式传递和交流的精神内容。这是一个极为广义的概念，在这里，人类在传播活动中交流的一切精神内容包括意向、意思、意图。认识知识、价值、观念等，都包括在意义的范畴中。 （郭庆光）

【参考知识点】

意义：作为符号形式所表现出来的全部内容，是人对客观事物进行阐释的结果。意义的产生或阐释过程通常要遵循下述步骤：第一，某位传播者面对某个具体的实在的时间本体；第二，这一事件他可以感知的部分；第三，这一事件他实际感知的部分；第四，对于事件用符号表述的部分；第五，传播者对于该事件形成的价值判断。 （邵培仁）

5. 符号的意义：符号是意义的携带者，任何一种符号都有其特定的意义，我们也可以将之称为符号的意义。 （郭庆光）

6. 信号：信号是指客观事物本身的某一部分或事物之间因果联系的某一部分，它预示着客观事物的来临。信号与表示物之间的关系是一种极其简单的一一对应的关系，事物存在则信号存在，事物消失则信号消失，因而，信号具有即时性、单一性和即物性的特点。 （邵培仁）

7. 象征行为：是用具体事物来表示某种抽象概念或思想感情的行为。这种行为一般是通过使用象征符来传达象征意义的。象征符具有双层意义。第一层是符号的字面意义；第二层是符号的类比或联想意义。第一层意义向第二层意义发生转化取决于两者之间的类比关系，即它们之间必须要有某种类似性。这种类似性不是直接的和绝对的，而是基于社会生活的联想和想象，象征行为具有智慧性、社会性和约定性，在许多场合同时也具有价值性、动机性和行为取向性。 （郭庆光）

8. 象征性互动理论：该理论创始人是 20 世纪初的 G·H·米德，他去世后出版的论文和讲稿集《精神、社会和自我》（1934 年出版）对这一理论的形成产生了重要影响。该理论把人看做具有象征行为的社会动物，把人类的象征活动看做一个积极的、创造性的过程，是人类创造出广泛的文化的一种活力，认为研究象征行为不仅对揭示人的本质，而且对理解现实的社会生活具有重要的意义。核心问题是考察以象征符（尤其是语言）为媒介的人与人之间的互动关系，它有三个基本前提：（1）人是根据"意义"（关于对象事物的认识）来从事活动的；（2）意义是在"社会互动"的过程中产生的；（3）意义是由人来"解释"的。因此，意义、社会互动、解释是象征性互动理论的三个主概念。同样，这三个概念对于考察社会传播和人与人之间的信息交流也具有重要的意义。 （郭庆光）

9. 象征性社会互动：指人与人之间通过传递象征符和意义而相互作用和相互影响的过程。由于象征符和意义是一个统一体，所以，有学者将象征性社会互动称为符号互动，也有学者称为意义互动。象征性社会互动是一个互动双方通过象征符来交流或交换意义的活动。被交流或交换的意义，对传播者而言，是他为发出的符号赋予的含义和对符号很可能引起的反应预想（意图）；对受传者而言，是他对传来的符号的理解、解释和反应。因此，在本质上只有通过交换才能成立，才能产生社会互动效应。象征性社会互动通常具有赋予行为动机和确定行为取向的功能。 （郭庆光）

10. 象征性文化：在社会学和人类学中，文化可以被理解为符号体系尤其是象征性符号体系来把握，即"象征性文化"。人类在生产过程中创造了以语言为代表的象征性体系，从而摆脱了自然和生物意义上的束缚。然而这些象征符体系一旦形成，就具有相对独立性，作为能动的力量作用于社会。在信息时代的今天，人们的生活环境充满了象征符，生活空间正成为一个人的符号空间或意义空间。象征性文化的不断创造与更新体现了社会的进步与活力。另外，象征符过滥提供和过频变动会造成意义、价值、规范的流动化和无序化，使社会成员的认识、判断和行动产生混乱。 （郭庆光）

11. 传播情境：指的是对特定的传播行为直接或间接产生影响的外部事物、条件或因素的总称，包括具体的传播活动进行的情境，如什么时间、什么地点、有无他人在场等；在广义上也包括传播行为的参与人所处的群体、组织、制度、规范、语言、文化等较大的环境。在很多情况下，传播情境会形成符号本身所不具有的新意义，并对符号本身的意义产生制约。 （郭庆光）

12. 共通的意义空间：有两层含义，一是对传播中所使用的语言、文字等符号含义的共通的理解；二是大体一致或接近的生活经验和文化背景。由于社会生活的多样性，每个社会成员的意义空间不可能是完全相同的，但意义的交换或互动只能通过共同的部分来进行。 （郭庆光）

13. 编码：位于传播者一端，是指将信息转化成便于媒介载送或受众接收的具体符号或代码。 （邵培仁）

14. 译码：位于受传者一端，指的是将接收到的符号或代码还原为传播者所传达的最初的那种信息或意义。 （邵培仁）

15. 符号学：即研究符号一般规律的学科。它研究符号的本质、符号的变化与发展规律、符号的各种意义以及符号与人类多种活动之间的关系。符号学有广义、狭义之分。广义符号学研究各种符号，语言学仅是其中一部分；狭义符号学仅研究语言符号，着重从句法学、语义学、语用学对语言进行研究。 （张国良）

16. 自我达成预言：由托马斯提出，认为人们使用象征把一种有序和贯通意识给予他们的社会，如果一个人把某种情境当做是真的，则那情境作为结果就是现实。人的社会化取决于对情境的定义能力，这种定义告诉人们使用最适合该情境的词汇，来描绘他人行为使自己理解，描绘自己行为使他人理解。 （张国良）

17. 文本：作为一个关键词，它由多种符号与意义系统构成，一指信息本身，如电影和电视节目；二指读者接触媒介产品时产生的多个意义系统。 （张国良）

18. 能指：是符号的外形，可能是某种声音、形象等。 （胡正荣）

19. 所指：是符号背后指代的事物，可能是某种抽象的概念或意义。 （胡正荣）

20. 讯息：指传达一个具体内容的一组符号化信息。 （胡正荣）

二、简答题

1. 信号的特点

简单地说，信号是对象事物的代替物。信号具有以下特点：

（1）信号与其表示的对象事物之间具有自然的因果性，从这个意义上说一切自然符号都是信号。这种对应关系是客观的，具有因果性的联系。（2）信号与其表示的事物之间通常具有一对一的固定对应关系。在自然符号中，这种对应关系是明显的，在人工符号中也有许多一一对应关系的符号。 （郭庆光）

2. 如何区分信号与象征符？

信号和象征符虽然都是符号的一种，但是这两者之间也存在差别。德国学者E·卡西尔认为：“信号具有物理性质，而象征符则具人类语义性质”。S·K·兰格尔认为：“信号是对象事物的代替物，而象征符是对象事物之表象的载体。” （郭庆光）

3. 象征符的分类有哪些？

根据符号在信息传播中的功能和作用机制的不同，象征符又可以分为“示现型象征符”、“论述型象征符”、“认知型象征符”和“价值型象征符”等。象征符是人类特有的符号，唯有人类才能创造和使用象征符。 （郭庆光）

4. 象征符的特点是什么？

象征符是对象事物之表象的载体，具有人类语言性质。它的性质是：（1）象征符必须是人工符号，是人类社会的创造物。（2）象征符不仅能表示具体事物，而且能够表达观念、思想等抽象事物。（3）象征符不是遗传的，而是通过传统、通过学习来继承的。（4）象征符可以自由创造，就是说象征符与其指代的对象事物之间不存在必然联系，它们的关系具有随意性。一种对象事物可以用多种象征符表示，而一种象征符也可以表达多种事物。此外，象征符是一种社会文化现象，同一个象征符在不同社会中会有不同的

解释，即便在同一个社会中，随着时代的变迁也会发生意义的变化。　　　　（郭庆光）

5. 请简述象征性互动理论

象征性互动理论产生于 20 世纪初，其代表学者有美国社会学家米德、布鲁默、西布塔尼等人。这种理论把人类看做具有象征行为的社会动物，认为象征活动是人类创造文化的一种活力，研究象征行为不仅能够揭示人的本质，而且有助于理解现实的社会生活。

象征性互动理论的核心问题是考察以象征符为媒介的人与人之间的互动关系。它有三个基本前提：（1）人是根据"意义"（对事物的认识）来行动的；（2）意义是在"社会互动"过程中产生的；（3）意义是由人来"解释"的。"意义"、"社会互动"和"解释"是象征性互动理论的三个主概念，也是考察社会传播的重要视角。　　　　（郭庆光）

【参考知识点】

简述象征互动理论

1937 年，在《人与社会》一书中，赫伯特·布鲁默首次提出"象征互动理论"（又称"符号互动理论"）一词，以此指称库利、米德、杜威、托马斯、詹姆斯等人著作中蕴涵的"社会心理状态"。

这一理论源于 20 世纪 20 年代芝加哥大学一些颇有声望的社会学家的思想，盛行于"第二次世界大战"前，迄今仍不失其重要价值。它与实用主义、现象学联系紧密，与心理分析理论、民俗学方法论、喜剧理论等相通，与结构—反应的行为主义等相对立。

"象征互动理论"认为，人与动物的反应模式的根本区别是，在"刺激—反应"中必有解释作为中介；解释也就是符号、意义的互动与理解的过程，即传播。该理论认为，建构与互动过程中发生的核心力量就是象征（符号）。社会生活不是对自然环境做出反应，而是对一个以象征为中介的环境产生反应；象征不仅包括书面语，还有口语、姿态外观等。人的认识、行为都是由符号调节的有意义的遭遇（内心互动与人际互动），行动者互相（用经历、经验）约束并调整互相给予的意义与目的；意义取决于情境定义，亦即符号交换；我们与他人的关系决定了我们的感知、反应方式。因此，社会是由人在行动中的观念组成与改变的。

在对于符号和意义的理解方面，"象征互动理论"反转了结构主义语言学。结构主义语言学认为，结构先于传播（语言的应用）；意义由文本结构产生，对传者与受者具有同质性。而"象征互动理论"认为，传播先于结构，在个人与社会互动中建立意义，并达到对人的生命、历史的理解；意义、结构不是固有的、客观的，而是与传播过程共生、共存与共变的；社会、自我、心灵、群体及一切社会结构与行动，不是里面充满固有意义的容器，而是容器与充填物互相建构的过程，意义产生的同时，对象才存在。

（张国良）

6. 简述象征活动的意义

象征能力是人类特有的基本能力。通过这种能力，人类能够发现宇宙和社会万事万物间的象征关系，并从个别事物和眼前事物，从包罗万象的具体性和千变万化的多样性的束缚中把自己解放出来，进入一个自由的传播境界。人类创造了最完整的象征符体系，利用这种体系，人类能够保存和传达自己的智慧和经验，协调和控制社会行为，创造和继承社会文化。从这个意义上来说，象征活动是推动人类社会进化、发展

和变革的重要机制。　　　　　　　　　　　　　　　　　　　　　　（郭庆光）

7. 简述语言符号的暧昧性

符号是人类交流意义的基本手段，但是符号所传达的意义并不总是很清晰的，有时甚至是模糊的。语言符号的暧昧性主要体现在以下两个方面。

（1）语言符号本身意义的模糊性。有些词语包容范围很大，但一般人是不容易分清的。另外，一些新语和流行语的意义也具有这种暧昧性。

（2）语言符号的多意性。多意性指一种符号具有两种以上的意义，有时我们判断不准应该属于哪一种，语言符号的多意性很常见，一个单词、词组、句子都可能具有多种意义。除此之外，同音异义词汇也是造成语言符号多义性的一个原因。

语言符号具有暧昧性和多义性，这种暧昧性和多义性有时会成为人与人之间沟通意义的障碍，但这种障碍不是难以克服的，人们可以借助传播过程中的其他条件或情境来消除语言符号的暧昧性和多义性。不仅如此，人类还能积极地利用这种暧昧性和多义性来创造和表达新的意义。　　　　　　　　　　　　　　　　　（郭庆光）

8. 语言的基本特征有哪些?

人类创造语言是为了有效地传播信息，可实际上却经常发生编码困难和传播障碍，普通语义学认为这应归咎于语言的三种特性。

（1）语言是静态的，现实是动态的。

语言一旦被约定俗成，在一个相当长的时期内是稳定不变的，可我们周围的世界却日新月异。客观事物是不断运动的，可我们用来表述它的语言却是凝固和静态的。

（2）语言是有限的，现实是无限的。

语言同所要表达的无限的对象相比少得可怜。十分有限的语言是难以表达丰富多彩的现实和复杂深刻的精神内容的。普通语义学学者强调，你永远也无法说出事物的全貌。他们认为，解决问题的办法是在叙述的结尾加上"等"，意思是还能说出更多。

（3）语言是抽象的，现实是具体的。

人们在使用语言代表事物时，总是对丰富多样、具体生动的客观实际从某个角度或层面加以概括、选取、抽象。抽象，被普通语义学家看做语言最有用的特征之一。因为，即使是最生动、最简单的词汇，也是一种对具体实际进行舍弃细节、提取特征的抽象。任何语言都含有抽象。　　　　　　　　　　　　　　　　　　（邵培仁）

9. 语言的误用及其解决方法是什么?

普通语义学认为，语言所具有的静态的、有限的、抽象的特性，极易在语言传播中造成语言的误用，这些语言的误用主要表现在以下几个方面:

（1）死线上的抽绎

这是温德尔·约翰逊指出的一种语用毛病。它是指语言被捆死在某一条抽绎水平线上，结果不是由于语言被固定在高水平线上使人难以理解，就是由于语言被限定在低水平线上让人不得要领。无论语言传播是处在抽绎阶梯的高水平线上，还是处在低水平线上，只要它是在某条水平线上横向地直线运行，它都不会产生好的传播效果。

传播学学者要想克服这一毛病，语言传播应该根据内容需要和文体特点，沿着抽绎阶梯做上下波动，使之有涨有落、跌宕起伏，即既有高抽绎水平的概括总结又有低抽绎水平的细致描绘。

（2）潜意识的投射

这是指传播者在发表某种看法时，实际上在不知不觉地将自己个人的深层态度加进了对事物的评价。人在语言传播中都会出现无意识的自我表现和不自觉的倾向性。

普通语义学家们认为，在人际传播中，语言运用的潜意识投射一般不会造成什么大的不良后果，但在大众传播中，对于政府和新闻媒介来说，它肯定是很危险的，稍不小心就会引起国际纠纷和民事诉讼。解决这一问题的办法是，要注意语言传播的真实性和客观性，或者像语义学家建议的那样：在发表见解时别忘了加上"对我来说"或"在我看来"几个字，即使不说出来，心里也应该想到。

（3）误认为同一

这是指语言的使用忽视了同一范畴或同一类别中各个分子之间的差异和区别，把它们视为同一，混为一谈。世界上没有两片完全相同的树叶。每一个事物都是特殊的、有个性的，都与其他事物不完全一样。对它们不加辨别，大而化之，有时会引起麻烦。

在语言传播中，对众多的复杂的现象加以适当的归类和概括是必要的，也是应该的，但不应该在抽绎之后将适用于个体的评价当做标签贴到全体的头上，然后再利用那个评价全体的标签，作为对全体中每个个体的鉴定，这种做法实际上是对一个人或事物特点和个性的否定。为了防止发生这种错误，语言传播中应慎用全指，多用特指，或者像普通语义学家所指的那样："表明指数"。

（4）估计极端化

这是指语言的使用者在观察和描述事物时采用了"非此即彼"，排斥中间层次的极端语言。好像世界上的一切事物只能两者择其一，不能有中间的事物。语言运用上的极端化估计，往往会把人引向精神病态。

普通语义学家针对这种极端化估计，提出遇事要做多方面的估计和考虑，或者要思考实际存在的一系列可能性，而不要只做两极思考和两种选择。

（5）语言与实际混淆

这是指人们在传播中不看具体实际，只看符号本身，或只是在语言领域中去推定其含义。这种在谈到某人、某事时就用其所用的语言或标记来评价其实际的状态的做法，显然是不科学的。

为了避免语言与实际混淆，我们在传播活动中应该首先要了解语言的特性以及语言与实际的关系，要先看实际后察符号，而不要"望文生义"、"以文代义"，也不要重其言轻其行、重语言轻实际。

（6）推论与事实混淆

人们在使用语言时经常根据符号推论事实，虽然大多比较准确，但也有推论与事实不符，从而造成了推论与事实的混淆。

如果说人们只是把推论当做事实理解，或者误解只发生在人际传播中，这也许不会发生大的危害，但是假如人们将推论当做事实来报道，让误解发生在大众传播之中，那么就会产生严重的问题。我们不能简单地把推论当做事实，而放弃所有其他可能的选择；假如我们心理上对某种选择可能被证明为误而有所准备，那么我们就可能不易受到误导和伤害。对于新闻传播者来说，只有坚持真实、客观、公正的原则，才能避免推论与事实混淆。

（邵培仁）

10. 如何理解"字里行间"?

字里指的是字面的意义,亦即文字符号本身的意义;行间即字面以外的意义或含义,读取行间的意义是需要读书者进行联想和推测的。在这个过程中,读书者完全可能接收到作者意图之外的意义。这种情况说明受传者的意义即不等于传播者的意义,也不等于符号本身的意义。因为对同一个或同一组符号构成的讯息,不同时代的人有不同的理解,同一时代的不同个人也会有不同理解。这也说明,意义并不仅仅存在于符号本身,而是存在于人类传播的全部过程和环节当中。 (邵培仁)

11. 非语言符号的类型有哪些?

由于语言(包括再现语言的文字)是人类最基本的符号体系,因此,传播学一般也将人类使用的符号分为语言符号和非语言符号两大类。而非语言符号大致可以分为以下几种类型:

第一类是语言符号的伴生符,如声音的高低等,都是声音语言或文字的伴生物,也称为副语言。副语言不仅对语言起辅助作用,它们本身也具有自己的意义。

第二类非语言符号是体态符号。由于它们也能像语言那样传递信息,有人也称其为"体态语言"。一般来说,体态符号既可以独立使用,也可以与语言并用,它们在形成语境(传播情境)方面起着重要的作用。

第三类非语言符号是物化、活动化、程式化的符号。该类符号更具有独立性和能动性。 (郭庆光)

12. 非语言符号的特点

综观以往的研究,我们会发现:不管非语言符号有多少种和采用哪一种传播方式,也不管它是有意而为还是无意而为,都是有一些共同的特点:

(1)连贯性。语言符号也是数位符号,非语言符号总是成套出现。非语言符号没有很强的数位性,它传播信息时,只是在一连串的符号中着重突出某个符号,而该符号的表述并没有固定的位置,而且它总是与语言符号或是其他表达方式结合在一起,很少单独出现。因此,它也可称做连贯符号。

(2)相似性。非语言符号与指称对象之间具有某种相似性,因为它是把客观事物符号化。符号与实物相似,似乎只存在于非语言符号之中。

(3)通义性。非语言符号几乎可以称为"世界语"。要认识文字,听懂话语,通常要经过学习、接受教育。但是对于非语言符号的译读、理解,似乎无须接受专门教育,因为非语言符号与实物之间的相似性可以产生出举世通用的意义。

(4)协同性。雷蒙德·罗斯写道:"各种非语言符号在传播中是相互关联、互为依托、协同一致的。如果它们不是这样,你的意图就要受到怀疑。"

(5)即时性。语言符号总是经过一定的思考方式输出,非语言符号往往未经过思考就立即做出条件反射式的传播。对于外在变化的事物,人体立即做出反应,输出非语言符号是精神正常的标志,而延时反应则可能是不正常的。

(6)真实性。言语是行为的指标,眼睛是心灵的符号。人浑身都可遮盖,唯独面目无法掩饰。 (邵培仁)

13. 非语言符号的功能有哪些?

非语言符号的特点决定了它具有以下六种功能。

（1）补充功能。声调、面部表情、手势或人与人之间的距离等非语言符号，都可以用来填补、增加、充实语言符号在传播信息时的某些不足、损失或缺欠。

（2）替代功能。这是指以非语言符号代替语言符号传播信息。当某件事不便用言语表述或特定环境阻碍了言语交流时，就可使用代替法。当语言符号无法使用时，可以让非语言符号替它完成传播任务。

（3）强调功能。这是指以非语言符号中特定信息的重点和力度，对讲话中的某些词或话故意提高音量或者拖长，以强调和突现其特别之处。

（4）否定功能。有时非语言符号会否定语言符号所传播的信息含义。当语言符号与非语言符号发生冲突时，人们倾向于相信非语言符号承载的信息，而不相信语言符号。非语言符号通常是无法被传播者完全控制的。

（5）重复功能。这是指以非语言符号重述语言符号中的信息。重复可以使信息传递更加准确。

（6）调节功能。这是以非语言符号来协调和调控人与人之间的言语交流状态。

（邵培仁）

14. 非语言符号有什么作用？

一般认为，非语言传播符号有以下六种形式：（1）身体动作或运动行为，诸如手势等；（2）类语言（又称附属语言），即音质、语调、音量、音速和其他功能性发声；（3）环境空间，即个人和社会对空间的利用以及人们对这种利用的感知；（4）嗅觉，即经由嗅觉渠道传递的信号；（5）触觉，即经由触觉渠道传递的信号；（6）衣服和化妆品等人工制品的利用及其感知。凡是作用于人们听觉器官的非语言刺激，都可以看做听觉非语言符号。

在信息传播的互动过程中，非语言符号呈现出以下特性：

（1）传播性。在一个互动的环境中，非语言符号总是不停地传播着。我们不可能不行动，当然也不可能不传播。一个人即使看似"不行动"，他的非语言行为同样发送出某种信息。中国文化对非语言符号的传播性有充分的研究，如民间流传的看手相，既有不少唯心、迷信的成分，也有一定的道理，即通过对个人外貌的非语言符号加以综合分析，判断一个人的经历、性格、职业、家庭以及今后的大体趋势。

（2）情境性。与语言传播一样，非语言传播也总是展开于特定的"语境"中。情境左右着非语言符号的含义。相同的非语言符号在不同的语境中往往有不同的意义。有些非语言行为在不同的文化环境中，有截然不同甚至对立的意义。与一定的情境分离，我们就很难说明非语言符号的意义。当然，也有这种情况：虽然我们充分了解某一非语言符号的情境，但仍然无法分辨该符号的确切意义。尽管如此，在尝试解读非语言符号时，一定不可以忽视其传播的情境。

（3）可信性。非语言符号更有可信性。这是因为，一方面由于语言信息受理性意识的控制，容易作假，因而人们常说不光要"听其言"，还要"观其行"，才能辨析语言的真伪；另一方面，一个人的非语言行为是其整体性格的表现以及个人人格特性的反应，更多的是一种对外界刺激的直接反应，很难掩饰和压抑。因此，当语言讯息与非语言讯息不符合或发生冲突时，人们宁可不相信语言讯息而愿意接受非语言讯息。此外，人们接受非语言符号时的思维机制有别于语言传播，即讯息往往在无形中被感知。人们在综合讯息中得到比较全面的感觉,因而形成看法后也不容易改变,一般称为知觉思维。

(4)组合性。非语言行为通常以组合的方式出现。实验表明,人们的情绪几乎都是由整个身体表达的,要身体的不同部位表达各不相同或矛盾的情绪非常困难。一个非语言符号通常与其他非语言符号相伴随,构成符号系统。因此,在识别某一非语言行为时,应尽可能完整地把握相关的所有非语言讯息。

(5)隐喻性。非语言行为常带有隐喻性。一方面,非语言行为对语言的传播有一种补充说明的功能;另一方面,非语言符号也可以为其他非语言传播加上某种注解。无疑,我们对非语言符号及其使用者的背景情况了解越多,对其隐喻意义的把握就越准确。

(张国良)

15. 符号的基本分类

符号基本可以分为两类:语言符号和非语言符号。语言符号包括口语和文字。非语言符号又分为三大类:第一类是语言符号的伴生符(如声音的高低、大小,速度的快慢,文字的字体、大小、粗细、工整等)。第二类是体态符号,如动作、手势、表情、视线、姿势等。它们能像语言那样传递信息,有人也称为"体态语言"。一般来说,体态符号可以独立使用,也可以与语言并用。它们在形成语境方面起着重要作用。第三类符号是物化、活动化、程式化的符号,如仪式习惯、徽章和旗帜、服饰和饮食等。这些符号有的以个体的,有的以组合的方式出现,但总的来说,象征性和体系性是这一类符号的特点。例如一枚徽章,上面少不了形状、图案、颜色等符号的设计和搭配,由此构成所要表达的象征性意义系统。

(郭庆光)

【参考知识点】

符号的基本分类

符号基本可以分为两类,即语言符号和非语言符号。

语言是社会约定俗成的并且是比较高级和复杂的符号。语言是用一定的声音和文字形式去标记事物或思想,从而获得意义。

在传播活动中,语言不仅无法脱离意识和思想而单独存在,而且要实现任何目的也离不开对话者的协同与合作。格顿斯认为,所有说话都是具有一定目标和方向的合作性行为,而要有效合作就必须遵循思想合作准则:第一,数量准则。说话时既不能说得不够,讲不清楚,也不能说得太多。第二,质量准则。说话者自信内容是真实的,不能胡扯一通,弄虚作假。第三,相关准则。说话要围绕主旨,不说与主旨和当时状态无关的话。第四,方式准则。表述要科学,说话要明白,用词要准确,不能含糊不清。日本学者毛利可信说道,不能片面理解会话准则,因为"在听别人讲话时,我们不仅仅理解并接受话语的字面意义","还必须考虑到说话人的动机、意图、态度,而其中的关键便是言外之意,即真正含义。"运用语言符号,既要遵循一定的交流与沟通的准则,还要注意联系传播动机、意图和传播背景、场合,破译和读解出语言符号中蕴涵的弦外之音或言外之意。

非语言符号的功能往往需要由不同的非语言符号来承担,而不同的非语言符号亦会释放出不同的功能。在对各种各样的非语言符号进行鉴别和分析后,非语言符号可分为以下几种类型:

第一，外貌和衣着。人的外貌和衣着由于形状和形式不同，所传播的信息就不同，所产生的影响也有差异。这不仅影响人本身的个性，还影响到他的行为模式。

第二，表情与眼神。面部表情千变万化，含义复杂，但不论是有意还是无意，人们使用和操纵面部表情的原因不外乎强化真实情绪，减弱真实情绪，中和真实情绪和掩饰真实情绪四种。眼睛是心灵的窗户。人们能够利用眼神传出的信息几乎是无限的。

第三，姿态动作。我们也许能停止有声语言的传播，但不能停止无声语言的发出。我们的姿态动作总是有意无意地"泄露"我们内心的秘密和蕴藏的信息。人的每一种姿态动作都是人的心理状态和生理状态信息的外化；同时，它们同那一片刻中作用于我们的某种事物往往相关；而每个人也都能够根据传播经验和文化背景从体语中推断或"破译"出相关信息，并加以运用；还有，姿态动作总是跟其他人的存在相联系，而变化的实质则取决于他们之间的关系。

第四，触摸行为。触摸作为传播的一种象征性手段，可以用来表述和说明相互作用的性质，具有职业性、礼貌性、友爱性、情爱性等交流功能。

第五，空间与距离。每个人都生活在一个无形的空间范围圈内，从而构成了他的领地。每个人的领地大小是由诸多因素决定的。首先，它依据每个人所属的文化来确定。其次，空间大小还与每个人的个性有关。最后，空间大小与距离的远近和传播的远近及传播情境也有密切的关系。我们每个人都应尊重别人的领域或空间。　　　　　　（邵培仁）

16. 试述符号的基本功能

符号是人类传播的介质，人类只有通过符号才能相互沟通信息。概括起来说，符号的基本功能有三个方面：

（1）表达和理解功能。人与人之间的传播是交流意义，换句话来说，就是交流精神内容，但是精神内容本身是无形的，传播者只有借助某种可感知的物质形式，借助符号才能表现出来，而传播对象也只能凭借这些符号才能理解意义。

（2）传达功能。作为精神内容的意义如果不转化为具有一定物质形式的符号，是不可能在时间和空间中得到传播和保存的。

（3）思考功能。思考是人脑中与外部信息相联系的内在意识活动，是内在信息处理过程。人在思考之际，首先要有思考的对象和关于对象的知识，而这些是以形象、表象或概念等符号形式存在的。思考本身就是一个操作符号，是在各种符号之间建立联系的过程。概念是反映事物的内涵和外延的思维形式，它不能独立存在，而是作为符号与语言相共存。思维离不开语言，也就是离不开符号。　　　　　　（郭庆光）

【参考知识点】

试述符号的基本功能

符号具有以下六种功能。

（1）指代功能。法国学者皮埃尔·吉罗指出："指代功能是一切传播的基础。这种功能确定讯息和它所知对象的各种关系；根本的问题在于为指代对象建立真实的信息，即客观的、可观察到的和可验证的信息。"符号不仅指代的是客观事物，而且能使人在同类事物中将其一一区分开来，从而可以避免符号与事物、讯息与被编码的现实之间产生混淆。

（2）表义功能。符号学认为，事物的表现形态一般说来都是某种"符号"，人的认识活动就是认识各种符号所表示的"意义"，而符号的一项重要功能就是"表义"。表义功能是通过符号表示和传递传播者自己的感受、情绪、见解和客观事物的形状、对客观事物的认识等信息。

（3）自律功能。人运用符号指代事物、表达意义、传播信息，同时，符号对人亦有规范、控制、约束的作用。此外，符号本身又受一定规则的制约，而规则则教给我们使用符号的方法，以便恰如其分地描述经验，从而使我们能够运用符号与别人共享经验，达到各种程度的相互理解。

（4）显示功能。符号的使用和传播能显示个人政治地位的高低、经济条件的好坏。

（5）认识功能。这是指接收者通过对符号的读解获得对客观世界的间接认识。人的生命和精力有限，不可能事事都通过直接经验去认识。符号的认识功能就在于依靠符号来巩固和贮存人类的认识成果。变个人的为集体的，变集体的为全人类的，形成人类的总知识库，一代一代地往下传，不断积累，不断发展。

（6）交流功能。符号的交流功能在于通过符号的使用来确立、维持和中断传播，或用于检验传播是否通畅，或用于吸引交谈者的注意力。符号是社会存在和发展的必要条件，又是人际关系的润滑剂。 **（邵培仁）**

17. 简述符号的特征

一般意义上而言，符号是人类社会所独有的，它具有以下基本属性。

（1）指代性。符号指向某种事物或意义，但并不是这种事物本身或其同质延伸。换句话说，符号与其所指代的事物之间没有必然联系。符号只是指称和代表某个事物，它只有与这个事物建立联系后才获得了它存在的地位，但这种联系却不是必然存在的。

符号与其指称对象的关系是人们在长期的经验中约定俗成的，是"来自公众对用什么符号代表某一意思的一致意见"。人们通过将符号指代某种事物而赋予符号一定的意义，这种意义不是符号所固有的，而是人赋予的。

（2）社会共有性。每一种符号都是在特定的社会中经过历史的积累而创造、发展与丰富的，因此符号具有社会性，是一定社会成员所共有的。正因为如此，社会中的所有成员可以利用共有的符号系统进行信息交流，从而协调行为，建立关系，进行互动。

虽然符号是社会共有的，但是并非所有方面都是社会共有的。符号包括符号形式（能指）和符号意义（所指）两个方面。符号形式是指人的感官可以感知的部分，如文字的字形和读音等。符号意义是指符号所包含的内容和概念。具体而言，人们共有的是符号的形式、符号的指代对象和符号的部分意义，而非全部意义。

社会成员所感知的符号形式都是共同的，其所指代的目标对象也是人们知晓，并达成一致的。然而，在符号的意义方面，社会成员的认识和理解却有相当大的差异。

符号意义可以分为表示性意义（或称辞典意义）和内涵性意义（或称引申意义）。前者指在符号与指代对象首次联系中产生的意义，适用于所有使用符号的社会成员。人们在这个层面上可以有一致的看法，其意义是大家共通的。这是社会中信息传播活动的基础，否则人们就无法进行基本的交流。后者指在符号与指代对象二次联系中产生的意义，它可适用于一个或几个人，也可能适用于社会中的部分成员，这是社会成员个体经验的产物。这种意义不能做到所有人共通，不过，在一定范围内，它为一部分人共有。各种俚语、隐语、行话、切口、黑话，以至如今的网络语言，都可以表明符号的这种复杂的社会共有性。

由此可见，一方面，一个符号引起的个人反应是不同的，它是个人根据长期积累的全部经验做出的，所以对每个人来说都是独特的。从这个意义上说，意义是个人性的，绝不可能全部表达出来或同其他人的完全一样；另一方面，社会又必须要有一定的共同的表示性意义做基础，这样社会成员才能在一起沟通。同时要有一定程度上的共同的内涵意义，这样人们才能和谐融洽地生活。

（3）发展性。人类传播所使用的符号是发展的。一方面，人们每天都在创造着新的符号，以适应日益丰富的生产及生活实践。这些新的符号一旦进入社会传播领域，就会成为新的中介或象征物而被广泛使用，甚至，还可能形成具有独立性的一套新的符号体系。另一方面，人们旧有的符号也在不断地被淘汰、改造和更新。有的保持原有的符号形式，但是被赋予了新生的意义；有的包含了原有的意义，却更换了新的符号形式。

人们创造出的新符号不断涌现，但是主要出现在语言符号领域。人们依靠不断创新的语言，对层出不穷的新事物进行描绘，目的主要还是为了相互区别；同时也不断增加对新的社会现象的认识，从而发展人类的知识与文化。在其他符号领域，人们也在不断进行创造和更新。在 19 世纪末期电影诞生之后，人们开始用具象的活动画面和声音来讲述事件、传播观念，逐渐形成了专门的视听语言，它成为具有独立性的一套新的符号体系。　　　　　　　　　　　　　　　　　　　　　　（胡正荣）

18. 符号意义有哪些分类？

符号是意义的携带者，任何一种符号都有其特定的意义，我们可以将之称为符号的意义。符号的意义可以区分为若干类型，这些分类有助于我们从不同侧面来把握意义的特征。

（1）明示性意义与暗示性意义。这是诗学和语义学中的一种分类。前者是符号的字面意义，属于意义的核心部分；后者是符号的引申意义，属于意义的外围部分。一般说来，明示性意义具有相对稳定性，暗示性意义较容易发生变化。明示性意义是某种文化环境中多数社会成员共同使用和有着共同理解的意义，暗示性意义中既有多数成员共同使用的，也有特定个人或少数人基于自己的联想而在小范围内使用的，多数成员对它的理解未必都一致。

（2）外延意义与内涵意义。这是逻辑学中的分类。外延是概念符号所指示的事物的集合，内涵则是对所指示事物的特征和本质属性的界定。确定外延和内涵是为事物的概念下定义的两种基本方法。

（3）指示性意义和区别性意义。这是符号学中的分类方法，指示性意义是将符号与现实世界的事物联系起来进行思考的意义。区别性意义是表示两个符号的含义之异同的意义，是通过分析符号间的关系来显示的，与意义区分无关的因素一般不包括在内。所以在这里，暗示性意义、比喻、引申等并不包括在内。　　　　　　　（郭庆光）

【参考知识点】

外延意义与内涵意义

用语义学的观点看，受众对同一符号的不同译解同符号的多义性特点有某种关系。一般说来，任何一个语言符号的意义都可以分为外延意义和内蕴意义两个层面。

所谓外延意义，是指语言符号体系中所固有的与客观事物有代表性关系的意义。内蕴意义是指人们在运用语言符号时所表达的与客观事物无直接关系的评价性意义。外延意义是社会成员约定俗成的，是客观的、相对稳定的；内蕴意义是在特定的场合和交际环境中产生的，是主观的、随时变动的。

外延意义和内蕴意义不是截然分开的。有的符号的内涵意义由于不断复现和无限扩张，会被固定下来转化为外延意义；而有的外延意义也会由于社会的发展逐步被人舍弃而退化成少数人的内蕴意义。

奥斯古德在《意义的测量》一书中进一步指出，在不同的文化环境中，人们对字词的外延意义是比较容易在一定范围内达成共识的，但在价值判断上常常发生较大分歧。他认为符号内蕴意义的语意空间主要集中在三个层面：①判断因素，在这个层面的两种评价之间的若干等级线上，显示出一个人对某字词或指代物喜欢或不喜欢的程度。②效能因素，这个层次代表着人对字词或指代物所体会到的强弱程度。③活动因素，这个层面表示人们对某字词或指代物活动状态的认识。（邵培仁）

19. 符号的特性

符号有两个最基本的特性：一是符号为人类所独创，动物不能创制符号；二是符号为人类独有，动物没有符号。此外，符号还有以下一些主要特性：

（1）任意性。符号是用来代表事物的。每个符号都有"用什么来代表"和"代表的是什么"两个方面，这叫做符号的形式和内容，也叫做符号具和符号义，符号学中称为"能指"和"所指"。符号具和符号义或者能指和所指之间的关系是任意的。它们的联系与结合并非存在着什么必然的关系，而完全是出于符号创造的主观规定和社会成员的共同约定。

（2）约定性。虽然符号具与符号义之间的关系是任意的，但是符号一旦创造完成，具、义的联系一经社会成员认同、约定，就会成为一种社会习惯，具有某种不变性，任何人都必须遵守，不得随意改变。

（3）组合性。符号是一个灵活的开发体系。符号不是孤立的，而是既相互对立、相互区别又相互联系、相互制约的。符号的组合性既依赖于逻辑规律和语法规则，也依赖于符号本身的开放性、灵活性和适应性。

（4）传授性。人类识别符号、理解符号和运用符号表达意义的本领并非天生，而是后天经过学习获得的。传授性的特点使使用者既掌握了某符号系统的组合规则，又掌握了该符号系统的文化密码和语义内幕；同时，它又可以使使用者由一个符号系统转入另一个或几个符号系统，从而实现不同符号之间的交流、沟通或互译。

（5）跨越性。符号可以跨越时间和空间的限制，自由地传播信息。人们借助符号不但可以将信息传至万里，扩至全球，而且可以将信息贮存起来。符号引领人类穿越时空的隧道，在过去的时代遨游，在未来的世界漫步。（邵培仁）

20. 符号的易读性标准是什么？

在大众传播特别是新闻传播中，易读性研究的观点归纳起来主要有以下五个方面：

（1）字词的形式。多用常见的字词，忌用冷僻的字词；尽可能选用实体动词、及物动词，尽量少用形容词，有部分成语、诗化的词和高度文学性的词也要少用或不用；尽量使用普通词汇，避免使用行话或专业词汇，以减轻受众的"词汇负担"。

（2）句子的形式。宜用短句，尽量少用长句；宜用简单句，尽量少用复合句；要多用主动语态，尽量少用被动语态、介词短语。研究表明，长句、复合句中的从句和修饰成分往往使阅读不畅、理解困难；被动语态往往使句子软弱无力，累赘啰唆。

（3）行段的形式。文章多分行、常抬头，留下空白，可以缓解视觉疲劳，让眼睛有短暂的休息时间，提高阅读效果。行段的排列也以横排为佳。横排文字阅读时的速度快，而竖排文字阅读时速度慢。

（4）难度指数。这是罗伯特·冈宁提出来的一个标准以及"对误用冗长及繁复字词的一种测量"。迷雾指数是指文章中词汇的抽象程度、艰涩程度以及句子让人困惑不解的程度。迷雾指标越高，阅读、理解的难度越大。传播学主张写作、说话要具体形象，不要太抽象概括；要简明扼要，不要拖泥带水、拐弯抹角；要平和谦恭，不要盛气凌人；要以通俗易懂为本；不要以卖弄知识为荣。

（5）人情味成分。在一篇文章中，具有叙述人物的词汇以及表达人情味的词语越多，越具有易读性；具有对读者发出疑问、请求的句子越多，越具有易读性。总之，凡是接近受众生活的、能够深切打动受众心灵的内容，越多越好。 （邵培仁）

21. 为什么说符号之外还有意义？

符号和意义是有机的统一体，意义不能脱离符号而存在。但是，在符号本身之外还有意义存在。这是因为：

第一，不能以明确的符号形式表达出来的意义不是清晰的意义，只能说是模糊的意义或意义的胚芽。

第二，符号与意义的关系是形式与内容的关系，形式具有相对稳定性，而与丰富的社会生活实际相联系的意义具有多变性。

第三，人类整体驾驭符号表述意义的能力是无限的，而个人的这种能力是有限的，因此，我们在日常传播活动中往往会出现"词不达意"的情况。

因此，意义并不仅仅存在于符号本身这个观点，正说明了人类的符号和意义活动的多样性、复杂性。 （郭庆光）

22. 符号的编码和译码

编码位于传播者一端，是指将信息转化成便于媒介载送或受众接收的具体符号或代码。译码位于受传者一端，指的是将接收到的符号或代码还原为传播者所传达的原初的那种信息或意义。编码和译码的连通过程，就是简单的传播过程，意味着两者都是"把自己头脑里面存在的'抽象的'、有意义的思考内容的原本，在对方头脑里也制造一份副本的行为"。

在传播过程中，符号只是传播文本的最小单位。通常，符号的有机组合先形成表述，而后表述的有机组合再形成文本。对受传者来说，符号需要认读和辨别，表述需要理解和领会，文本需要解释和评价。从符号到表述，再从表述到文本，编码或组合每向更高的水平前进一步，都会在形式和内容两个方面同时产生质的飞跃。

在符号中介的另一端是译码者。接受学的观点认为，如果说符号具或符号的表现层面是由编码者决定的，那么符号义或符号的内容层面则是由译码者决定的。

爱德华·霍尔等人曾依据接受者译码符合文本含义轴的程度，将译码分为三类：（1）投合性译码，即接受者的理解与传播者想要传达的意义是一致的；（2）协调性译码，即接受者的译码部分符合传播者的本义，部分违背其本义，但并不过分；（3）背离性译码，即接受者所得意义与传播者的本义截然相反。

理想的编码和译码应该是：传播者使之符号化的信息被毫无损伤地、原原本本地传给接受者，既不多余也无不足。换言之，虽然传播者从事的是将信息编制成符号，接受者从事的是将符码还原为信息，分别做的是方向正好相反的事情，但是其目的是相同的，就是使传播的信息和被接受的信息尽可能的一致。

怎样才能使编码和译码大体上达到一种对等的一致的理想状态，我们认为：（1）传播的"线路"必须通畅，传受两者要乐于沟通和交流，且无噪声干扰；（2）用于编码和译码的"代码本"必须基本对应；（3）符号形式与符号内容必须基本对应；（4）符号、表述和文本所承担的负载、传送信息的任务必须分别加以明确规定；（5）编码和译码必须遵循社会公认的规则。 （邵培仁）

23. 简述"符号互动论"

"符号互动论"是由社会学领域中的一个理论流派——芝加哥学派提出的。芝加哥学派以20世纪20年代至30年代的美国芝加哥大学社会学系为中心，以斯莫尔、托马斯等为主要代表人物，以当时美国城市环境中的移民、贫困、流浪等社会问题为关注对象进行经验研究，借鉴西梅尔等欧洲学者的社会学理论和哲学思想，树立了一系列关于社群与民主、人类传播与交往、城市生态等议题的学术规范，不仅占据了当时美国社会学研究的主流，而且对传播学的早期发展提供了大量洞见。其中，库利和米德研究语言等符号在社会的发展和维持中以及在形成个人精神活动等方面所起的关键作用，强调个人精神活动与社会传播过程之间的关系，他们的理论被称为"符号互动论"。后来经过许多学者的补充和发展，"符号互动论"的观点得到进一步完善。

它的核心观点包括如下几个方面。

第一，社会是一个意义系统。对个人来说，介入与语言符号相关联的共认意义是人际活动，从中产生出引导行为使之遵循可预期的稳定而又共同理解的各种期待。

第二，从行为学的观点看，社会现实和物质现实都是标明的意义构成，由于人们单独或集体地介入符号互动，他们对现实的解释既社会常规化，也个人内在化。

第三，符号是联系人与人的纽带，人们对其他人的看法以及他们对自己的信念，是从符号互动中产生出的个人意义构成。因此，人们对彼此和自身的主观信念是社会生活中最有意义的事实。

第四，在一特定行动中，个人行为是受人们与那种情况相联系的看法和意义支配的。行为不是对外部来源的刺激的自动反应，而是对自己、他人及所处情况的社会要求所得到的主观构想的产物。

简言之，"符号互动论"强调的是：人类之所以认识自我，形成群体，构成社会，都是通过符号交流而进行的。罗杰斯指出："芝加哥学派的学者构成了一个以人类传播为中心的人格社会化的理论概念体系……即后来被称为符号交互论的观点。"这对于传

播研究来说是非常重要的。 （胡正荣）

24. 意义是如何产生的？

意义活动属于人的精神活动的范畴，但它与人的社会存在和社会实践密切相关。在与自然和社会打交道的过程中，人不断地认识和把握对象事物的性质和规律，并从中抽象出意义。 （郭庆光）

25. 简述意义的特征

意义具有如下几个特征：（1）意义总是与符号（首先是语言符号）有关；（2）意义不是词语所固有的，而是使用这些词语的人赋予的，只有当人们把词语与特定的指说对象联系起来时，词语才有意义；（3）词语的意义服从于符号系统的应用规则；（4）传播的实质在于，借助某种符号传达某种意义，所谓意义的传播，实际上是按照有关符号应用规则进行的翻译。

换言之，在传播过程中，根据某种规则，一定的符号总是指代着一定的思想观念。这种传者或受者赋予某一符号所指代的思想观念，就是这一符号的意义。 （张国良）

26. 试用符号学理论分析消费社会的特征

极度的符号消费，充满了对媒介技术"解魅"的英雄主义气概。在现代社会，能指与所指稳定的指涉关系断裂了，意义成为符号模棱两可的游戏；随着电视等媒介技术的问世和普及，媒介成为社会符号的重要发生器，虚拟世界无限扩展，导致仿真世界对现实世界的漠视与颠覆，道德、主体、历史与社会变得无所指涉，人与历史、社会的深度漠视消逝，人被碎片化了。这些理论提醒我们：符号运用得当，可优化人类生活与创造文明；极度的符号崇拜，则可能破坏文明，使人类生活迷离和无序。 （张国良）

27. 简述传播过程中的意义

在具体的社会传播活动中，参与或介入进来的并不仅仅是符号本身的意义，还有传播者的意义、受传者的意义以及传播情境所形成的意义等。

（1）传播者的意义。在传播行为中，传播者通过符号来传达他要表达的意义，然而传播者的意义并不能够正确表达。我们发出的符号有时并没有正确传达我们的意图和本意。符号本体的意义与传播者的意义未必是一回事。

（2）受传者的意义。对同一个或同一组符号构成的讯息，不同时代的人有不同的理解，同一时代的不同个人也会有不同理解，符号本身的意义与受传者接收到的意义也未必不是一回事。（产生差异的原因，一是符号本身的意义会随时代的发展而产生变化；二是每个受传者都是根据自己的经验、经历等社会背景来理解和解释符号的意义的。这些因素不同，每个人从同一符号或讯息中得到的意义也就会存在差异。）

（3）情境意义。著名语言学家罗曼·雅各布森曾指出，语言符号不提供也不可能提供传播活动的全部意义交流所得，有相当一部分来自于语境。语境在传播学中叫做传播情境。传播情境指的是对特定的传播行为直接或间接产生影响的外部事物、条件或因素的总称，包括具体的传播活动如什么时间、什么地点、有无他人在场等；在广泛义上也包括传播行为的参与人所处的群体、组织、制度、规范、语言、文化等较大的环境。在很多情况下，传播情境会形成符号本身不具有的新意义，并对符号本身的意义产生制约。

总之，符号本身具有意义，但意义并不仅仅存在于符号本身，而是存在于人类传播的全部过程和环节当中。

（郭庆光）

28. 信息有哪些特性和类型？

对信息的理解，主要有三种观点：（1）信息是事物的表征与表述，是一切信息、讯号、知识的总称。（2）信息是与物质、能量并列，构成人类生存环境的三大基本因素之一；世界上的一切事物皆产生于质量与能量的互变中，质能互变的消息为人习得的知识以及为人类应用后的经验，成为更多、更进步的生产技艺的基础。这些消息、知识与经验就构成了信息，其中包括人类通过科学手段将其量化后得出的数据。（3）信息是用于减少或消除事物不确定性的东西，这是一种操作性的定义。

作为既非物质又非能量的第三态，消息具有以下基本性质。

第一，事实性。任何信息总是发生、传达在事实之后，先有事实，后有信息。任何信息总是客观地反映着某一事实，从本质上说，是附着于事实的，离开了事实，信息就失去了存在的可能性。

第二，传递性。没有传递就没有信息，更谈不上信息的效用。信息总是处在一定的流动过程中，即信息流。这种信息流有很强的渗透力，能冲破种种非自然的束缚，通过多种渠道和传输手段不断扩散。

第三，时效性。信息的效用有一定期限，一旦超过期限，效用就可能减少，甚至丧失。

第四，系统性。在信息流的流程中，信息的表现形式有着统一的规则。同时，事物的各种信息又是相互关联的，通过一定的法则，对各种信息进行系统的分析，不但可比较事物变化前后的情形，也可找出不同事物之间的区别和联系。

第五，指代性。信息可集中、综合和概括各种消息与知识，可使人们间接地认识更为广阔、复杂的环境。在某种情况下或某种程度上，可"取代"物质和能量，可发展和延伸物质资源。信息"取代"物质和能量，发展、延伸物质资源的趋势愈加明显，高度信息化才独显魅力，成为当今所有国家和地区追求的目标，成为经济、文化发展的强劲助推力。

从上述基本性质出发，我们还可进一步从信息的存在方式即传播的角度考察信息活动的主要特征。

第一，目的性。在人类社会中，信息的发送和传递通常是有意识的活动，是为了达到某种目的，满足某种需要而进行的，因此具有明确的目的性。

第二，共享性。信息不同于一般的物质资源，可同时为众多的使用者所共享，具有共享性。因此，合理使用信息资源，就能使同一信息为更多的使用者服务。

第三，寄载性。信息既不是物质也不是能量，但其传播活动必须借助一定的物质或能量载体，诸如文字、语言、数字、记号、图表、音响、图像等。这一特性称为寄载性，各种信息载体也称为传播媒介。

第四，可识别性。对于信息，人们可通过自己的感官（眼、耳、鼻、舌、身）直接识别，也可借助各种手段（如大众媒介）间接识别。随着高度信息化社会的来临和社会生活节奏的加快，人们日益借助于间接识别。当然，不同的信息，对识别的方式和手段有不同要求。

第五，模糊性。任何信息皆可减少事物的不确定性，但这种减少是有限度的。换言之，信息传播过程中的模糊性是普遍存在的。即便是同一信息，由于受者本人的自然、社会特性有异以及所处环境条件有异，也可导致不同的理解，产生不同的效应。因此，对信息的收集、探索和利用，永无止境。

第六，扩充性。信息在传播过程中，一方面随着时间的推移而衰减；另一方面，在人类使用过程中，又有可能产生和增加新的信息，这就是信息的扩充性。传播面越广，频率越高，信息就越多。

第七，可转换性。信息在流动过程中，无论形式或内容，皆不断有变动。形式的变动，通常指信息的表达符号（语言、文字、图像、实物）之间的组合、转换，这也表明了信息的非独立性，即任何信息都必须寄载于符号等物质外壳中。

第八，可储存性。对有价值的信息，人们可通过诸如大脑、印刷物、磁带、光盘等加以保存。与此相关，信息还具有可压缩性，即把海量信息浓缩到小小的芯片上，使储存与流传的速度、质量和保真度大大提高。随着信息化与数字化时代的来临，这一特征愈加明显。

总而言之，信息的内涵与特征是十分丰富的，对其性质与特征都应有全面理解。例如，从信息的事实性看，事实与信息的先与后只是传播意义上的解释。在哲学意义上，这两者是不可分割的，正如事实与物质、能量的关系一样，事实的发生总是伴随着或表现为物质的、能量的变化和信息的发生。所谓事实性，主要指信息对事物其他两种形态的依存性，我们可以用同一思路理解信息对媒介的寄载性。　　　　　　　　（张国良）

29. 什么是信息量？

作为一门新兴科学，信息论的任务是用概率论和数理统计方法，研究信息的度量、传递和变换规律，特别是研究通信和控制系统中普遍存在的信息活动的共同规律，包括如何达成信息获取、度量、变换的最佳效果，如何保证准确性、可靠性等。香农的理论舍弃了传播过程中一切带主观价值判断的成分，使信息这一似乎纯为主观性的概念显示出客观性，进而使信息研究从只能用定性描述方法发展为可采用定量测量的方法。为此，他引入了一个精确的数学概念——信息量，并提出了信息量的计算公式：

$$H = -K \sum_{i=1}^{N} P_i \cdot \log P_i \text{（比特/每个讯息）}$$

H：每个讯息的平均信息量；K：波尔兹曼常数；P_i：先验概率。

上述公式如用文字表达，即信息量等于可能性选择的概率的对数。　　（张国良）

30. 简述信息社会的主要特征

一般认为，信息社会是一个经济、政治、文化以及日常生活和社会变迁都愈来愈依赖于信息的开发、利用和共享的社会。该社会具有如下主要特征。

第一，文字信息与知识量急剧增长，形成所谓"知识爆炸"。知识的老化与更新速度也相应地加快了。

第二，信息的传递手段迅速发展，进一步消除了信息在时间与空间上的传播障碍，使全世界成为一个"地球村"。除传统的书籍、报刊等媒介外，卫星通信、电子计算机等技术日趋进步，以互联网为平台和依托的各种通信、远程交换手段的发展令人眼花缭乱，数字化生存时代业已到来。政府要员与平民百姓所获得的信息差距日渐缩小，相隔万里的人们可在几乎同一时间面晤，使人类仿佛置身于一个小小的村庄。

第三，在信息大量涌现的情形下，传统学科的框架被突破，人类的知识与经验体系出现了新的整合。学科间的界限进一步模糊，人才的培养向"T"型（一专多能）发展。

第四，信息革命既是一场科学革命，又是一场深刻的社会革命。信息劳动者成为主要劳动力，人们具有强烈的信息意识以及与此高度相关的竞争、开放意识。在个人与社会的关系进一步密切的同时，现有的家庭关系将进一步松弛，在抚养基础上形成的家庭观念将进一步淡漠；在时间观念方面，如果说农业社会中的人们习惯于向过去看，根据过去的经验从事农业劳动，工业社会中的人们重视的是现在，根据眼前的目标安排工作，那么信息社会里的人们的时间倾向就是将来，信息的竞争就是时间的竞争，必须着眼于未来，才能赢得主动。信息在人们的参与、竞争意识，社会的民主、自由观念等方面起重大的促进作用；信息在提高生活质量方面扮演了主角，日常生活节奏加快，生活形式多元化，社会交往形式的疏离性与非在场化趋势加强。

第五，信息日益成为人类社会发展的最主要的资源，信息技术成为高新科技的重要部分，并在所有领域迅速扩张并发挥作用。信息产业、信息经济主导产业结构，生活与生产产品的信息含量增高，且具有高效率、高增长、低污染、低成本的特征。（张国良）

三、论述题

1. 以消费文化为例说明象征性文化

在社会学和人类学中，文化可以被理解为符号体系，尤其是象征性符号体系来把握，即"象征性文化"。人类在生产过程中创造了以语言为代表的象征性体系，从而摆脱了自然和生物意义上的束缚。然而这些象征符体系一旦形成，就具有了相对独立性，作为能动的力量作用于社会。文化符号体系的内容和含义是以社会合约的方式形成的，而它们一旦具有了这种共同性和统一性，也就会对社会成员的行为产生约束作用，这种约束有时甚至是强制性的。

另外，正如文化本身不间断地发展到今天一样，作为文化之表现形式的象征符体系也并不是固定不变的。"受到符号强制的人，有时会激进地有时会渐进地改变旧的符号和创造新的符号"，这种变化"体现为对旧体系的部分乖离和改造"。现代文化的剧烈变动正说明了这一点。

在传统社会中，由于人们绝大部分的体力和精力必须用于物质生产，所以对文化的符号性和象征性的感触并不是那么明显，但是在已经进入信息时代的今天，情况就大不一样了。人们的生活环境到处充满了象征符，生活空间正成为一个人符号空间或意义空间。现代人正在把各种各样的事物作为符号加以利用，为其赋予某种象征意义，与他人交换这种意义，并通过意义的交换来实现自己的目的。

以消费文化为例，正如美国学者J. 鲍德利亚指出的，现代社会的消费实际上已经超出实际需求的满足，变成了符号化的物品、符号化的服务中蕴涵的"意义"消费。说得通俗一些，即由物质的消费变成了精神的消费，人们购买某种商品或服务主要不是为了它的价值，而是为了寻求某种"感觉"，体验某种"意境"，追求某种"意义"。鲍德利亚认为，由于消费的符号化和象征化，现代社会的消费传播正在越来越体现出"差异化"特点，追求个性和与众不同，所谓"风格传播"的特点越来越突出。在这种消费结构下，商品和服务的流行性越来越强，而流行周期则越来越短。

鲍德利亚的观点可以说抓住了现代消费文化的实质。只要我们对周围社会，特别是城市这个巨大的消费环境略做观察就会发现，我们的确处在各种各样的象征符或意义的包围之中。大众传播不断创造出新的流行语和流行话题，意义充斥而激烈变化。各种各样的广告、公关、CI和营销活动也不断策划出新的符号和新的意义，把提供新的"概念"作为打开商品市场的主要手段。消费的符号化和象征化的确成了我们这个时代的一大特色。

文化的象征化并不仅仅局限于消费领域，现代社会的政治领域、经济领域以及生活与娱乐领域也都充满了新的象征符以及新的象征意义。产生这种现象的原因可以从两个方面去寻找。第一，追求新事物、新意义是人类的一种基本价值。第二，现代传播媒介和信息技术的普及为众多的人参与象征符创造和传播提供了条件和手段。在传统社会中，社会的精神生产主体只是少数特权群体，而在现代信息社会中，几乎所有的合法群体和个人都有了从事这种生产和传播的能力与机会，其结果必然会带来象征符创造活动的活跃化及象征体系的多元化和多样化。

象征性文化的不断创造与更新体现了社会的进步与活力。另外，象征符过滥提供和过频变动会造成意义、价值、规范的流动化和无序化，使社会成员的认识、判断和行动产生混乱。象征符体系的改造以渐进的方式为宜，过激的变动或完全的更新会导致"传播过程的断裂"，引起各种各样的社会问题。　　　　　　　　　　　（郭庆光）

2. 普通语义学对媒介工作有哪些启示？

普通语义学家专门研究语言及其与人们日常生活、精神健康的关系，或者说着重探究语言的运用问题。他们考察了语言符号与其指涉对象——实际之间的意义关系，归纳出语言的几种特性。

（1）静止性。尽管我们周围的世界发生着日新月异的变化，即便是看似稳定不变的物体，也是由高速运动着的粒子所组成的。然而，指涉绝对变动事物的语言，在一定周期内却是相对静止的。语言只能表述十分模糊的时间段，而不能描述时间点的变化；只能表达较长时间段中的事物，而不能描述这些事物的渐变过程。

（2）有限性。汉字或英语都只有几十万个字词，常用汉字只有 5 000 ~ 8 000 个，常用英文单词也不超过 10 000 个。而它们要表述的事实、经验与关系，却是其数百倍、数千倍。即使是简单的事物个体，也具有许多特征。普通语义学家们指出，人类用语言说明事物，如同用一张地图代表实际地区一样，地图只是地形的说明而非地形本身，地图所代表的只是地形的一部分，而不包含一切。因此，我们永远无法说出事物的全貌。

（3）概括性。既然事物处于不断的变化发展之中，并且任何事物都具有无数特征，语言只能指代事物在某一阶段、某些方面的特征，因此这种指代关系只能是一种概括，或者说是对其他方面的舍弃。语言的概括性是分层次的、有序的，就像摄影画面在不同层次上概括事物的特征。这个逐级概括的过程称为"概括（抽象）阶梯"。

语义学的研究对人类传播行为中的语言运用提出了许多富有启迪意义的规则，概述如下。

（1）注意语言概括层次的组合。高度概括的语言就像全景照片，给人以整体印象而不能提供细节特征；低度概括的语言则如特写，可提供许多细节材料但不能展示事物全貌。为使人们获得多方面的信息，语言在概括层次上应错落有致。倘若讯息的内容全是低层次概括语言，或充斥理想、民主等高度概括层次的内容，就很难被人理解和接受，正如施拉姆所指出的："有效传播的一个秘密是，把一个人的语言保持在听众能够适应的抽象程度上的能力。"

（2）注意语言概括阶梯的差异。不同阶段上的语言在概念上是属种差异，在逻辑上是个别与一般的关系。现实生活中以偏概全、以点带面的情况是常见的。人们习惯将同一类人或事的所有个例视为没有任何个性差异，表现为类别思维、过度概括。普通语义学家提倡标明指数，以区别不同时期、不同种类的事物。虽然日常生活中不能实行，但这种思想方法是很有益处的。

（3）注意语言的渐变性质。如前所述，事物的发展及存在方式是一种无界限或界限模糊的渐变过程。但人们使用的语言，往往只有两个对立的概念，如"黑和白"等。为此，语言学家更愿意用渐变量表的方式。这样，在两个对立的意义之间就可有多种不同的选择，以尽可能接近事物的真实情况。

（4）注意语言的主观倾向。我们已知，使用语言的过程就是建立一种事物与一种意义之间的联系。这种联系往往不是一一对应的，在使用者心中，总是有选择地指代事物的某一些特征，而忽略另一些特征。因此可以说，使用者同时也建立了语言的另一种联系。例如，古人有"献芹"的说法，即野人心中的美味是"芹菜"。而这对天子来说，却是粗俗和难堪的行为。可见，人们对语言的理解总是与主观倾向相联系。这种主观倾向不仅与语言使用者的社会特征有关，与其即时的心理特征也有关。因此，普通语义学家建议，发表见解时加上"在我看来"，以避免由于主观倾向的不同造成不必要的误解。

以上，针对语言使用过程中的各种问题提出了一些解决方案。在此基础上，早川进一步认为，有必要区分语言的性质，有的放矢地制定对策。他认为，语言有报告、推论和判断三种不同的类型。"报告"指可被证实的表述，大体相当于报道、消息。"推论"指基于已知对未知的表述。"判断"则指对某事、某物、某人的评价。举例来说，"她10年来为希望工程捐款20万元"是报道，"她富有爱心"是推论，"她真伟大"是评价。其结论是，"报告"应大力提倡，"推论"尤其是"判断"应格外小心、谨慎。

这就涉及对"客观性新闻"的看法了，它是新闻学与传播学中一个极为重要，但争议又较大的话题。很多人对此进行了研究。有人捍卫，称为新闻报道的基本要求，虽难以实现，但应是新闻专业训练坚持的目标与方向；有人批评，主张新闻报道者应承担社会责任，"将事实置于能显示其意义的前后背景中"，不做"无聊的看客"。

总而言之，尽管绝对的客观报道是不可能实现的，但作为一个合格的、优秀的传媒工作者，应尽可能地贯彻客观报道原则，避免轻率的推论和判断。　　　　　（张国良）

3. 媒介内容有哪些类型，如何加以分析？

作为承载于各种符号之中的信息，传播内容是传者与受者进行意义协商的平台。大众传媒是社会生活最敏感的传感器，各种类型的媒介日夜不停地生产出各种类型的媒介产品，它们互为话语，描述社会现实状况，因此媒介的内容是人类文化的重要组成部分。根据信息满足功能和叙事策略的不同，大众传媒的内容可分为多种类型，包括新闻、言论、知识、娱乐等。

从宏观上看，对传播有两种不同的研究取向，即把传播看做信息的传递过程，还是意义的产生、传递创造过程？从中又导出内容研究的两大类型。如果说前者是主导类型，那么后者（结构主义/符号学、批评理论以及文化研究等）就是正在崛起的新锐类型。

从微观上看，有一些更为细化的研究。例如，关于传播语言（尤其是视听语言）本质及其发挥作用的方式研究；关于媒介内容的规范性研究（涉及暴力、种族、性别的描写方式，媒介的独立与自由，媒介的质量、客观性、真实性与多样化状况等）；关于媒介行为的评价研究及关于媒介如何（或无法）实现规范的研究。

与此相联系，麦奎尔列举了两类有代表性的分析方法：一是内容分析法，以经验主义为取向，量化地、描述性地探究媒介内容的显明意义，多为主流传播研究者采用；二是文本结构分析法，质化地、阐释性地揭示意义的生产模式与潜藏的意识形态、社会文化内涵，且常常是批判性、解释性地研究，也可以说是结构主义和符号学、文化研究理论、批评理论的混合物。

但是，这两类方法都存在一个局限，即以外在的意义系统（要么以传者，要么以分析者）为参照。实际上，只从传者的编码、文本的结构、受者的解释这三者中任何一方进行分析，都难免是片面的、抽象的。20 世纪 80 年代后期以来，一些传播学者致力于将媒介内容与更加广阔的社会意义系统相联系，把文本的生产者、分析者、解释者连接起来，展开系统分析。这种研究取向有着蓬勃的生机和广阔的发展前景。

所谓文本，作为一个关键词，它由多种符号与意义系统构成，一指信息本身，如电影和电视节目；二指读者接触媒介产品时产生的多个意义系统。以文字、声音、图像形式出现的文本，我们能直接观察到，而文本传输的意义在生产者与接受者之间却呈现出差异性与多样性。

阐释性的分析方法尤其关注文本的隐含意义，认为组成文本的各个要素及其组合方式（结构）都会产生意义。社会现实有多种不同的意义系统，传者和受者未必具有相同的意义系统，而且，受众中也有各不相同的阐释群体，每个意义系统都不需要单独阐释。因此，期待意义的稳定性与传受（双方）的一致性是不可能的。

文化研究、话语分析与这种分析方法密切相关，它们旨在系统地考察文本的生产、分配、消费和解释模式以及生产、解释的情境性，强调文本的开放性，面向多重解释，认为意义由协商而产生，理解、解释与卷入活动（无论是参照式还是批评式）都随受众掌握的符号资源与文本提供的符号资源之间的互动而不断变化。文本的制作与解释反映并建构社会现实、社会关系、社会地位乃至作为主体的人。因此他们认为，用一种普适的、无差异的分析工具（如内容分析）研究所有差异巨大的文本类型是不够的，而必须重视对类型的研究。

"类型"一词来自文艺学（尤其是电影理论），特指任何一种特殊的文化产品的类型。由于题材（如历史片、灾难片、传记片），表现形式（如音乐片、舞剧片），受众类型（如成人片、儿童片），节（栏）目样式，要素，风格乃至追求利润模式（如西部片、功夫片）等的差异，可形成各种叙事策略不同的文本。同一类型的文本则有一些程序化、稳定、可辨认的制作模式。

从类型理论的视角来研究媒介产品，可以认为，大多数媒介都采取相当定型、可预见的形式制作产品。类型提供了一个基本框架，使制作者了解同类节目的制作规律，便于进行节目定位，使受众形成接收期待，并联系以往的接收经验来创造符合自己生活经验的意义和愉悦。但是，类型化也容易忽视创新，在传者与受者之间形成保守、僵化的互动模式。

媒介类型具有四个基本特点：

第一，传者与受者互相培养与适应对方的趣味，内容的制作者和消费者共同对内容进行界定，也必然体现两者都认识与接受的特征。一种"类型"培养仅属于自己的受者（的口味），再创造产品去满足这种口味。

第二，由于制作者和消费者长期的相互培养，类型会形成一套自身固有的结构、语法、词语选择规范，决定如何加工和介绍内容，如何使用时间，如何按顺序安排各条内容。在某一类型内，处理特定问题时还有次级惯例，即所谓"媒介格式"。例如，电视新闻的"危机处理模式"——连续不断地掌握情况，接近危机发生的地点，胶卷和磁带要有视觉冲击，有戏剧性和情节，对受众有意义，与主题一致。结果，内容适应传媒格式，格式适应受众偏好。格式，包括修辞、风格等特点，对文本的制作者与接收者都方便，同时又促进两者趣味的一致。

第三，类型由功能（提供娱乐或实用信息及其他），形式（长度、速度、结构、认知模式、语言等）以及内容来确定。

第四，类型随时间的推移而确立，遵循各种常规惯例与意义系统的要求，并维护共同的文化规范，编码者与解码者对意义很容易达成共识。

综上所述，各种不同媒介之间的类型是有差别的，同一种媒介内也会发展出各种类型。例如，电视节目可分为新闻、谈话等类型。当然，各种类型又有互文性，即以这样或那样的方式叙述别种类型的叙述。因此，类型的区别既是明确的，又是模糊的。需要注意，类型有时甚至会跨越虚构与非虚构的界限，损害新闻与信息的真实性。

（张国良）

四、考研真题

一、填空题

人类生活在两个环境中：一个是现实环境；另一个是（　　）环境。（复旦大学2001研）

二、名词解释

1. 象征符（清华大学2002研）

2. 象征性现实（即"拟态环境"symbolic reality）（清华大学2004研）

3. 象征性互动理论（符号互动论）（南开大学2005研，中国社会科学院2007研，深圳大学2007研）

4. 象征性文化（symbolic culture）（中国人民大学2004研）

5. 编码与解码（Encoding/Decoding）（中国人民大学2002研）

6. 编码（中国传媒大学 2001 研）

7. 编码和非编码（北京大学 2001 研）

8. 符号（复旦大学 2002 研，厦门大学 2004、2007 研，中国传媒大学 2007 研，华中科技大学 2005 研）

9. 传播中的语言符号和非语言符号（北京大学 2001 研）

10. 能指（signifier）/所指（signified）（北京大学 2006 研，中国人民大学 2006 研）

11. CIS 战略（复旦大学 2004 研）

12. 拟态环境（武汉大学 2004 研）

13. 意义（厦门大学 2005 研，华中科技大学 2005 研）

14. 讯息（message）（中国社会科学院 2007 研，武汉理工大学 2005 研）

15. 5W 模式（拉斯韦尔模式）（中国传媒大学 2005 研，西安交通大学 2004 研，华东师范大学 2005 研，华中科技大学 2004 研，上海交通大学 2007 研）

16. 施拉姆（W. Schramm）提出的大众传播过程模式（清华大学 2007 研）

17. 报网互动（北京大学 2008 研）

三、简答题

1. 论述非语言符号及其在传播过程中的作用。（武汉大学 2001 研）

2. 简述霍尔关于阅读的理论。（北京大学 2003 研）

四、论述题

1. 英国学者霍尔在对传播过程的重新认识中，提出了编码解码理论。他把传播过程分为生产、流通、分配/消费、再生产四个阶段，并指出这是一个结构性的整体，而非传统大众传播研究的线性模式。请论述霍尔的编码解码理论的传播学意义及其带来的启示。（武汉大学 2007 研）

2. 何谓"两个环境"理论？试概述其要点。（复旦大学 2002 研）

第四章　人类传播的过程与系统结构

1. 模式：是科学研究中以图形或程式的方式阐释对象事物的一种方法。这种方法具有双重性质：（1）模式与现实事物具有对应关系，但又不是对现实事物的单纯描述，而且有某种程度的抽象化和定理化性质。（2）模式与一定理论相对应，又不等于理论本身，而是对理论的一种解释或素描，因此，一种理论可以有多种模式与之相对应。

（郭庆光）

【参考知识点】

模式：是对某一事项或实体进行一种直观的间接的描述，也"是对相对简单状况所做的象征性的合乎逻辑的设想，这是一种心理上的设想，拥有同原始的客观体系相同的结构属性。"模式是历史的产物、现实的抽象、原物的映现、理论的简化形式。

（邵培仁）

2. 传播模式：是对传播活动的内在机制与外部联系进行的一种直观的、简洁的描述，也是一种象征性的拥有同现实传播活动相同的结构属性的合乎逻辑的设想。于是，传播模式也就成了我们正确认识传播现象的一把钥匙。

（邵培仁）

3. "5W"模式：由传播学奠基人拉斯韦尔在1948年提出。该模式首次将传播活动解释为由传播者、传播内容、传播渠道、传播对象和传播效果五个环节和要素构成的过程，为人们理解传播过程的结构和特性提供了具体的出发点。后来大众传播学研究的五大领域，即控制研究、内容分析、媒介研究、受众研究和效果研究，就是沿着拉斯韦尔的这条思路形成的。当然，作为早期的过程模式，这个模式还是不完全的，这主要表现在它属于一个单向直线模式。拉斯韦尔虽然考虑到了受传者的反应（效果），却没有提供一条反馈渠道，因而，这个模式没有揭示人类社会传播的双向和互动性质。

（郭庆光）

4. 香农—韦弗模式：由美国的信息学者香农和韦弗在1949年提出，这个模式是描写电子通信过程的，它的第一个环节是信源，由信源发出信息，再由发射器将信息转变为可以发送的信号；经过传输，由接收器把接收到的信号还原为信息，将之传送给信宿。在这个过程中，信息可能受到噪音的干扰，产生一定衰减或失真。噪音的概念对考虑传播过程中的环境条件影响具有启发意义。

（郭庆光）

5. 社会传播的总过程研究：把传播看做一个与社会交往形态密切相关的重要范畴，在对人类社会传播的总历史发展过程进行分析的同时，也把现代社会中的传播过程与宏观的社会结合起来进行考察。

（郭庆光）

6. 历时性考察：即按照时间序列考察传播活动发生和发展的历史演化，属于纵向过程研究。

（郭庆光）

7. 共时性考察：即对传播活动的结构、环节和要素进行解剖和分析，属于横向过

程研究。 (郭庆光)

8. 结构：所谓结构，即构成一个事物整体的各个要素及其相互关系。 (张国良)

9. 参照群体：即个人未必置身于其中，但以其为参照系而建立或改变自己的信念、态度和行为的群体。这可以是基本群体，也可以是其他群体。 (张国良)

10. 托马斯公理："如果人将某状况作为现实把握，那状况作为结果就是现实。"这是美国学者 W·托马斯的一段话，被称为"托马斯公理"。 (张国良)

11. 自我达成的预言：如果人根据对状况的错误理解开展行动，结果就可能使这一错误理解成为现实。 (张国良)

12. 噪音：就是传播过程中的干扰。在人类社会的传播中，这种干扰可能来自机械本身，也可能来自周围环境；它可能是物质层面的噪音，但更可能是意义层面的噪音。

(胡正荣)

13. 反馈：就是将输出再回输到系统中去，系统通过反馈建立起输入（原因）和输出（结果）的联系，使控制器可以根据输入与输出的实际情况来决定控制策略，以便达到预定的系统功能。反馈可以分为正反馈和负反馈。前者是指反馈回信息输入后，系统得到肯定，逐渐扩大现有的运行规模；后者指的是反馈回信息时系统检出偏差，进行纠正，从而实现系统目标。在人类传播中，反馈指接收者对于传播者发出的讯息的反应。 (胡正荣)

14. 前馈：反馈可以检出并纠正偏差，但其滞后性难以避免。因此，有必要在系统发生偏差之前，尽可能根据预测的信息，采取相应的措施，这就是前馈。在一些控制系统，尤其是比较巨大和复杂的系统中，还需要有前馈。大众传播中的前馈指的是在经济和社会发展中使用大众媒介时，事先通过调查研究等方式了解传播对象的需要，以改进传播节目的制作，增强传播效果。 (胡正荣)

15. 波纹效果：德弗勒认为，媒介与社会、个人等依赖关系会发生变化，这种变化牵涉到许多因素，而这些因素对促成这种改变的影响力量不一，德弗勒称此现象为"波纹效果"。 (胡正荣)

二、简答题

1. 如何理解人类社会信息传播的过程性和系统性？

人类社会的信息传播具有明显的过程性和系统性。当我们说传播是一个过程时，主要指的是传播具有动态性、序列性和结构性；当我们说传播是一个系统时，是在更加综合的层面上考虑问题，把传播看做一个由相互联系、相互作用的各个部分（或过程）构成并执行特定功能的有机整体，这个系统的运行不仅受到它的内部结构的制约，而且受到外部环境的影响，与环境保持着互动的关系。过程性和系统性是理解人类传播活动的运动性质与普遍联系、相互作用性质的两个核心概念。 (郭庆光)

2. 传播总过程研究与传播系统研究的必要性是什么？

除施拉姆的大众传播过程之外，迄今为止的大多数过程研究通常有两个特点：第一，考察的是微观的、单一的传播过程，而不是宏观的、综合的传播过程；第二，这种研究的主要目的是揭示传播过程的内部机制，并不重视对过程以外的因素的考察。

考察微观、单一的传播过程是必要的，但仅有这种考察并不能揭示社会传播的总体面貌。任何一个单一的过程都不是在真空中进行的，其性质和结果也并不仅仅取决于过程的内部机制，相反，许多的外部因素和条件都会对过程本身产生重要的影响。这说明，对传播过程不仅要进行微观的考察，而且必须进行中观的和宏观的综合考察，只有这样，才能对社会传播做出全面的把握。 （郭庆光）

3. 传播过程的构成要素

传播的基本过程指的是具备传播活动得以成立的基本要素的过程。一个基本的传播过程，是由以下要素构成的：

（1）传播者。又称信源，指传播行为的引发者，即以发出讯息的方式主动作用于他人的人。在社会传播中，传播者既可以是个人，也可以是群体和组织。

（2）受传者。又称信宿，即信息的接收者和反映者，传播的作用对象。作用对象一词并不意味着受传者是一种完全被动的存在，相反，他可以通过反馈活动来影响传播者。受传者同样可以是人，也可以是群体和组织。

（3）讯息。讯息指是由一组相互关联的有意义的符号组成，能够表达某种完整意义的信息。讯息是传播者和受传者之间社会互动的介质，通过讯息，两者之间发生意义的交换，达到互动的目的。

（4）媒介。又称传播渠道、信息、手段或工具。媒介是讯息的搬运者，也是将传播过程中的各种因素相互连接起来的纽带。

（5）反馈。指受传者对接收到的讯息的反应和回应。获得反馈讯息是传播者的意图和目的，发出反馈讯息是受传者能动性的体现。反馈是体现社会传播的双向性和互动性的重要机制，是传播过程不可或缺的要素。

当然，构成与影响传播过程的因素是复杂多样的，绝不仅仅是以上几种。即便是上述五种要素中，不少要素还可以做进一步分解。这种分解在电子通信中是十分必要的，因为被分解的要素及其功能一般是由不同的机器来扮演和执行的；而在人与人的社会传播中，它们一般是作为统一体而存在的，我们也可以把它们作为一种要素来看待。这五种要素是传播过程得以成立的基本条件，在任何一种人类传播活动中，它们都是缺一不可的。 （郭庆光）

4. 传播过程的特点有哪些？

（1）传播过程具有动态性。其运动特点在形式上体现为有意义的符号组合（讯息）在特定渠道中的流动，在实质上则是传播者与受传者的意义或精神内容的双向互动，即作用与反作用。

（2）传播过程具有序列性。这种序列性表现为传播过程中各环节和因素的作用各有先后次序，按照讯息的流向依次执行功能。我们不难设想传播双方同时向对方发送讯息的情况，一环扣一环的连接是传播过程序列性的体现。

（3）传播过程具有结构性。传播过程的结构即该过程中各要素、各环节之间的相互关系的总体。时间上的先后次序和形态上的链式结构也是这个过程的结构特点。除总体结构外，传播过程中的各环节或要素本身还有各自的深层结构。

把握传播过程的这些特点，有利于我们探索人类传播活动的规律性。 （郭庆光）

5. 什么是传播功能的相对性和双向性？

（1）相对性问题。传播功能与内容的对应关系，不是绝对的，而是相对的：消息可以有劝服功能；言论也可以有新闻功能；知识可以有娱乐功能；文艺也可以有教育功能等。

功能和内容既有联系，又有区别。通常，某个信息内容在发挥一种主要功能的同时，有可能附带发挥几种次要功能。这就启示我们：在传播实践中，应全面看待，灵活处理信息内容和功能的关系。

此外，功能如何，往往与受者的身份、需求、处境、心情等大有关系。这就提醒我们，分析任何传播行为，都不能忽视受者这个要素。由此，还可以引申出另一个道理，即传播功能的双向性。

（2）双向性问题。由于绝大多数传播是双向、交互的，其作用、功能也是双向、交互的。可是，在实践中，人们往往忽视这个事实，以致影响了传播效果。在大众传播活动中，如果不想方设法准确地把握受众的心理、需求，媒介就难免陷入"多情总被无情恼"的尴尬处境。

（张国良）

6. 大众传播造成的"虚拟环境"与负功能有什么关系？

根据李普曼的见解，人类生活在两个环境中：一个是现实环境；另一个是虚拟环境。前者是独立于人的意识、体验之外的客观世界；而后者是被人意识或体验的主观世界。与此相联系，能被人自身直接体验的环境，叫直接环境，而需要间接体验的环境，叫间接环境。无疑，这是符合实际的唯物主义观点，但仅此并无多少新意。李普曼的创造性在于强调指出了大众传播的作用，即在现代社会中，虚拟环境的比重越来越大，它主要由大众媒介造成。换言之，在现代人和现实环境之间插入了一个由大众媒介构筑的巨大的虚拟环境。

概言之，由于大众传播的普及、信息传播技术的飞速发展，现代人的认识能力即虚拟环境大大扩张，甚至扩张到地球以外的星球。这诚然是可喜可贺的现象。但与此同时，现代人对这种虚拟环境的验证能力则大大缩小。这里主要有两个问题：一是当媒介有意或无意地歪曲环境时，人们无法验证；二是不仅如此，人们还将之视为现实环境而展开现实的行动。结果难免制造出一幕幕悲剧。大众传播的负功能非常可怕。当然，无论战争、战乱或其他社会事件的发生和发展，都与多种因素有关，大众传播只是其中之一。但无论如何，不能轻视它的负面作用。

由于大众传播的的规模是全社会的，因而与人际、组织传播相比，其影响和后果，无论善恶都更为巨大。这就提示我们：既应当充分发挥大众传播的正功能，同时又必须认真对待其负功能。在具体操作方面，概括地说，从受者角度看，一是不可轻信大众媒介的信息，要认识到它是一种虚拟环境；二是应尽可能多接触多种媒介（包括人际信息来源），在比较、鉴别、思考中，迫近事实的真相。从传者角度看，应清醒地意识到，媒介担负着引导社会、书写历史的重大责任，要谨慎防止对环境做歪曲的反映。从学者的角度看，则应进一步加强对这一重大课题的科学研究，并以此贡献于社会，即切实地帮助大众传播媒介改进实际工作。

（张国良）

7. 冗余信息为什么是必要的？

"熵"是对随机程度的度量，用以表达一种情况的不确定性或混乱状态。信息量则是人们选择讯息的自由度的度量。对高度组织化的讯息来说，不具有高度的不确定性或选择性，其熵值或信息量都很低。一旦信息中的任何部分失落，都很有可能被受者加以弥补，而这种填补的选择是唯一的。熵（不确定性）越多，可预测性就越少，信息量就越大；当一个情境完全可以预测，就无所谓信息量，该情形叫负熵。举例说，有一定文化水平的人在读报时能自发纠正不少错句别字；在诵读他熟悉的名词佳句时，即使有成段的遗漏，也能自动填补，或在目光的快速扫描下，忽略这种遗漏。信息中这一确定的、非选择性的部分可称为"冗余信息"。一条讯息或多或少都包含这一部分内容。根据符号使用规则，这既是必要的，又是不容传者自由选择的。之所以称"冗余"，是因为它的存在与否不影响讯息的完整性。但信息量越大，该情境中的选择余地也越大，于是，理解的难度与歧义性也越容易产生。冗余信息之所以是必要的，就因为它能够帮助信息接收者通过联系前后文与文化积累，对一条讯息进行拾遗、补漏、纠错，增强对信息本身及未知信息的理解。同时，它还可以用以抵消传播渠道中的"噪音"——传播过程中一切非出自信息源本意而增加的讯号，也可以说是一种虚假的信息量。传者可通过冗余信息，抵制各种噪音的干扰。 （张国良）

8. 简述模式的分类

模式可以有多种多样，按所用符号分为三类：文字模式，即用文字进行描述的模式；图表模式，即用图形、表格等符号进行结构的模式；数学模式，即用数学符号、方程式等建筑的模式。按模式作用分为两类：结构性模式，即仅仅描述某事物的结构；功能性模式，即从能量、力量及其方向等角度描述各系统、各要素之间的关系和相互影响。传播模式基本都是利用文字和图标构筑的功能性模式。 （胡正荣）

9. 简述模式的作用及功能

所谓模式，可理解为一种再现现实的具有理论性的简化形式。如果说，理论是对客观事物规律的概括，则模式就是一种简洁地表现理论的手段或方法。

其主要作用是为清楚地说明各种理论，而提供简明、直观、有效的辅助工具。就传播学领域而言，也就是简洁地体现和表述各种传播理论，使人们不至于陷入纷繁的细节，而能快捷地、清晰地观察到传播现象的本质或深层部分。

具体而言，模式有以下功能：

首先是组织功能，即揭示各系统之间的次序及其相互关系，使我们对事物有一个很难通过其他方法获得的整体形象。换言之，模式能为各种不同的特殊状态提供一般的图景。

其次是解释功能，它能用简洁的方式，提供用其他方法则可能显得相当复杂或含糊的信息。它能引导我们关注某一过程或系统的核心环节，这样一来，模式又有了启发功能。

最后是预测功能，即通过模式有可能对事件的进程或结果给出预测，至少，能为估算各种不同结局可能发生的概率提供依据，并据此而建立研究假设。 （张国良）

10. 简述模式化现象盛行的原因

在传播学领域中，用模式说明理论的情况非常普遍，有许多研究成果以模式的形态出现。这一理论模式化现象之所以盛行的主要理由有如下两个。

第一，模式适得其所，即很适用于传播学领域，因为传播的各种规律深藏于各种关系中，无法看见却可用模式表现。

第二，传播学生逢其时。学科发展的整体化趋势使社会科学深受自然科学的影响和启示，于是，才可能将模式这一原属于自然科学领域的手段和方法顺利地搬到社会科学领域中来。

作为一门独立学科的传播学，与其他学科一样，由两个部分即基本理论和研究方法组成。它们的关系理应是理论为主，方法为辅；理论指导方法，方法为理论服务。从总体上看，确实如此。但是，在传播学的形成、发展过程中，方法，包括模式的作用尤为突出，这也是不争的事实。有很多理论是以特定方法进行调查、研究的产物。方法往往构成了理论的先导。例如，二级传播理论的产生就是拉扎斯菲尔德等人运用实地调查法而意外获得的成果。这或许也可看做当代新兴学科不同于传统学科的特征之一。　　　　　　　　　　　　　　　　　　　　　　　　　　　　　　　（张国良）

11. 一个好的传播模式应该具有什么样的功能？

卡尔·多伊奇在《政府的神经》中曾论述过社会科学研究中运用模式的主要功能，这对我们颇有启发。在传播学研究中，一个优秀的传播模式常具有下列五种功能。

（1）构造功能。它揭示传播过程中各系统或要素之间的先后次序、排列方式、结构形式以及与外界的种种联系，可以使我们在观照、分析其中任何一个要素时能获得整体的形象，认识到这一要素和相关因素之间的复杂联系及互动途径。

（2）解释功能。即传播学者可用它来观察和分析信息传播中出现的种种现象，用来回答和解决信息沟通中遇到的各种复杂的问题，并能够以一种简洁的方式和清晰的描述将结果或答案呈现在人们的面前。

（3）引导功能。即引导研究者、决策者以及实际操作人员密切关注传播过程中的各种要素及其关系，从而积极主动地干预之，调控之，使自己的工作始终能沿着一条比较正确的轨道前进。

（4）简化功能。即接受该研究模式的传播学者的研究工作，不再需要从起码的原则和基础开始，可以跳过一些要素，简化一些步骤，集中精力和时间深入到这门学科最微妙、最深奥的理论前沿去寻金觅银。

（5）预示功能。对某一项将要进行的传播活动的进程或者结构进行预示和预测。至少，它能够为估算信息传播的各种不同结构可能发生的概率提供依据，传播研究者因而可以据此建立假说，提出增强传播效果的可行性建议。　　　　　　　　（邵培仁）

12. 一个优秀的传播模式应该符合什么标准？

（1）呈现性。就是用语言文字或符号、图形等对信息传播的内在机制和外部联系的主要特征进行有意的、十分简明的呈现，让人一目了然。

（2）整体性。就是所采用的观照、审视的角度，能够鸟瞰和反映出传播活动的整体形貌和全部过程，有助于以最经济的方法揭示出传播的内部机理和本质规律，达到预定的目的。

（3）超陈性。就是模式设计者的思维弹动超越了陈旧的思想、观念和构架的束缚，以富有批判的勇气和创造的精神，提出了新的深刻见解。

（4）启发性。一个优秀的传播模式不仅可以揭示或回答已存的传播现象或传播问题，而且还应该具有启发性，即可以充分发挥传播学者的职能和潜力，便于进一步扩大和展开研究内容，便于分析和解答传播活动中新出现的事实和难题，便于找出和发现认识过程中新的关系、数据和方法。

（5）实用性。即它不仅能反映出传播过程中信息互动的真实面貌和整体态势，而且还具有一定的实际效用，即好的模式可以应用于特定场合，防止某些事件发生，为预定的目的服务。

（邵培仁）

13. 简述任何模式都不可能达到十全十美的原因

对真理的追求是无止境的，任何模式都不可能达到十全十美的。原因在于以下三点。

第一，人类的认识总是有一个深化的过程。

第二，研究者们各有各的研究重点及与之相应的知识结构，致使他们往往强调一个侧面或纬度，而忽略了另一些侧面或纬度。

第三，模式这一手段本身也存在着容量、表达方式等方面的局限性。因此，对各种模式应采取兼容并包、批判吸收的态度，认真地加以思考、对照、补充、发展。

（张国良）

14. 传播模式的运用及原则是什么？

为了既有利于探讨真理和发现真理，又有益于传播学的学科建设，我们必须针对传播模式的研究和应用提出一些基本原则。

（1）审查批判的原则。对自己的研究对象进行大胆质疑和批判，是传播学科得以生存与发展的前提条件。在学科建设上，对严重谬误论见的揭露的价值不亚于创造性的发现。只有对已有的各种传播模式进行仔细推敲、严格审查和理性评判，才可以在尊重前人劳动成果的基础上，决定接受什么、摒弃什么，从哪些方面予以修改和完善。

（2）服从事实的原则。审查与批判必须以服从事实为依本，充分尊重事物的本来面目，努力使自己的意见和愿望符合客观证据，避免"主观愿望"在不知不觉中释放能量。服从事实，尊重事实，反映事实，这是对一切理论研究的起码要求。遵循这一原则就是要衡量"模式的现实性"，或者我们可以在多大程度上用它来表明和呈现某种传播活动的实际情况，或者我们用事实反观"它尚有多少不确实之处"。

（3）有用有利的原则。无用的传播模式常常比没有模式更糟，不利的传播模式则引人误入歧途，耗时费力而往往一无所获。优秀的传播模式不但能再现事物的本来面目，有利于人们更全面地认识它，而且内蕴事物的内在机制有利于人们更深刻地揭示它。优秀的模式应该是既有用又有利的。

（邵培仁）

15. 简述传播过程的直线模式

在传播学史上第一个提出传播过程模式的是美国学者 H·拉斯韦尔。1948 年，他在《传播在社会中的结构与功能》中首次提出了构成传播过程的五种基本要素，并按一定结构顺序将它们排列，形成后来人们称之为"五个 W 模式"或"拉斯韦尔程式"的过程模式。这五个 W 分别是英语中五个疑问代词的第一个字母，即 Who? Says what? In which channel? To whom? With what effect?

拉斯韦尔模式的提出在传播学上具有重要意义，这个模式第一次将人们每天从事却又阐释不清的传播活动明确表述为五个环节和要素构成的过程，为人们理解传播过程的结构和特点提供了具体出发点。后来，大众传播学研究的五大领域（控制研究、内容分析、媒介分析、受众分析和效果分析）就是沿着拉斯韦尔模式的这条思路形成的。

拉斯韦尔模式并不完全，主要表现在它属于一个单向直线模式。拉斯韦尔虽然考虑到受传者的反应，却没有提供一条反馈渠道。这个模式没有揭示人类社会传播的双向性和互动性。

美国两位信息学者香农和韦弗在《传播的教学理论》一文中提出了一个过程模式，成为传播过程的教学模式或香农—韦弗模式。

香农—韦弗模式是描述电子通信过程的，它的第一个环节是信源，由信源发出信息，再由发射器将信息转为可以发送的信号，经过传输，由接收器把接收到的信号还原为信息将之传递给信宿。在此过程中，信息可能受到噪音的干扰，产生某些衰减或失真。

香农—韦弗模式具有重大意义，它为传播过程研究进一步提供了重要启发。这个模式导入了噪音的概念。它表明传播不是在封闭的真空中进行的。过程内外的各种障碍因素会形成对讯息的干扰，这对于社会传播过程来说也是一个不可忽略的重要因素。此外，香农—韦弗模式对一些技术和设备环节的分析提高了传播者对信息科技在传播过程中的作用的认识，这种作用在现代信息社会中越来越明显。应该指出的是，香农—韦弗模式具有自身的缺陷。它描述的是电子通信过程，而且是一个直线单向过程，缺少反馈环节，如果把这个模式完全应用于人类社会传播是不行的。

综上所述，直线模式在阐述人类的社会传播过程中的缺陷有两点：第一，容易把传播者和受传者的角色、关系和作用固定化，一方只能是传播者，另一方只能是受传者，不能发生角色的转换，而在人类的传播活动中，这种转换是常见的。在现实生活中，我们每个人既是传播者又是受传者。第二，直线模式缺乏反馈的要素或环节，不能体现人类传播的互动性质。

（郭庆光）

【参考知识点】

简述传播过程的直线模式

拉斯韦尔最先在《传播的社会职能与结构》一文中提出了"五W模式"："描述传播行为的一个方便的方法，是回答下列五个问题——谁（Who）？说了什么（Says what）？——通过什么渠道（In which channel）？对谁（To whom）？取得什么效果（With what effect）？"据此引申出传播研究的五个参数或五个内容：控制分析（谁），内容分析（说什么），媒介分析（通过什么渠道），受众分析（对谁），效果分析（取得什么效果）。

米夏埃尔·比勒称赞"拉斯韦尔第一次准确描述了构成'传播事实'的各个元素。"莱利夫妇认为，这个简单的模式有多种用途，其中特别有助于用来组织和规范关于传播问题的讨论。

针对有人批评这一模式太简单和武断的情况，赛福林和坦卡德既看到了拉斯韦尔认识上的局限性，也看到了它的创新性，认为"和许多模式一样，它已抓住了传播的主要方面。"布雷多克在《"拉斯韦尔公式"的扩展》一文中又增加了两个W："在什么情况下（Where）？为了什么目的（Why）？"构成了七W模式，但再次忽略了反馈要素。

香农和韦弗在《通讯的数学原理》一书中提出了传播的"数学模式"。这个由公式化的定义组成的一种直线式的通信模式由四个正功能单元和一个负功能单元组成。香农和韦弗的"数学模式"的贡献在于发现了传播的负功能——噪音对信号的干扰所造成的不稳定和所传信息与所受信息之间的差别，而"传播失败的一个共同原因，在于传播者那一头不能认识到发出的信息与接收的信息并不总是相同的。"

奥斯古德认为，香农和韦弗的这个技术性传播模式只适用于机械方面，而不适用于人类传播；若要应用于人类传播，则必须加以改造和修正。

贝罗在1960年提出了他的线型模式，即 S—M—C—R 模式，来源—讯息—通道—受众。在1977年，贝罗接受了史密斯在1972年对他线型模式的批评——"着眼于传播效果的研究，与将传播作为一个过程的观点已相矛盾。"不过，贝罗仍然认为线型模式虽不适用于某些重要的传播，但一般而言仍适用于多数的人类传播。　　（邵培仁）

16. 拉斯韦尔5W模式的优缺点

拉斯韦尔于1948年提出5W著名模式。所谓5W，即谁（Who）→说什么（Says what）→通过什么渠道（In what channel）→对谁（To whom）→取得了什么效果（With what effect）。其重大贡献可概括为以下两点：

（1）第一次较为详细地、科学地分解了传播的结构和过程。5W，即传播结构/过程中的5个要素和环节：传者、讯息、媒介、受者、效果。它们虽是客观存在的、构成传播结构和过程的基本要素和环节，但一直没有被人们充分认识。从这个意义上说，该模式堪称开天辟地之举。从此，随着对这些要素和环节及其相互关系的认识步步深化，人们心目中原本不甚了了的传播现象就逐渐变得清晰起来。

（2）第一次界定了传播学的研究领域。即从5W着眼，划分出控制分析、内容分析、媒介分析、受众分析、效果分析5个领域。这就使后人能分门别类地将研究深入开展下去。

综上所述，5W模式不仅意义重大，而且有很强的说服力。但仔细推敲，它也有缺陷，概述为以下几点：

（1）作为一个典型的线性模式，它似乎把传播过程看成一种单向传送信息并呈直线形态的过程。虽然，拉斯韦尔在他那篇提出5W模式的著名论文中，提到传播是双向的，并存在着反馈，但这一观点没有明确地反映在5W的架构里，因此，导致后人误以为他忽略了反馈机制以及各个要素、环节之间的相互作用。

（2）它似乎割裂了传播过程和社会过程的联系。这当然不符合实际，任何传播都不可能脱离社会，在真空中孤立进行。事实上，拉斯韦尔在同一论文中用大量篇幅阐述了社会与传播的关系，并提出了社会传播这一概念，但问题在于，5W模式本身的架构未呈现两者的关系。

（3）作为要素的讯息在传播过程中往往发生变化，这里没有表达出来。

（4）效果在传播过程中的重要性毋庸置疑，但不同于其他四个不可或缺的要素，它实际上不一定出现，即传播可能有效，也可能无效。因此，准确地说，并非要素，而只是一个环节。

尽管如此，瑕不掩瑜，5W模式作为确立传播学框架的开山之作，可谓功绩巨大。后人在此基础上才有可能把思考向前拓展。　　（张国良）

17. 循环模式的优缺点

第一，循环模式的优点有如下三点：（1）它以双向的环形结构真实地呈现了信息交流的复杂性，较全面地反映了传播的主要过程；（2）它增加了另一组要素，以显示信源获得反馈有多种途径，而反馈则使信源有可能不断改进传播方式以更有效地适应信宿，从而增加两种含义之间达到一致或同型的可能性；（3）模式也显示了两种含义之间产生不一致的一个重要原因，即噪音的干扰。

第二，循环模式的缺点是没有指出"在大众传播中，信源只能从受众处获得有限的或间接的反馈"；也没有指出针对传播者行为的是评价性或意见性的反馈信息。它们同样对大众媒介设施的认识免不了有理想化、简单化的倾向，对人类传播，其中特别是对以报纸、广播、电视等媒介为主的大众传播构成要素的众多性和复杂性反映不够，不能用来分析和解释人类的全部传播现象；对人类传播的新媒介和新技术未予足够重视，甚至"往往有低估的倾向"。 **（郭庆光）**

18. 简述施拉姆和奥斯古德关于传播的"循环模式"

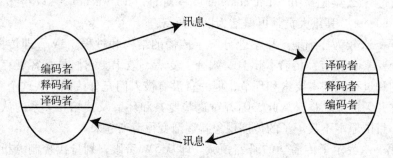

图4-1　奥斯古德与施拉姆的"循环模式"

1954 年施拉姆在《传播是怎样运行的》一文中，在奥斯古德的观点启发下，提出一个新的过程模式，称为"循环模式"（见图 4-1）。该模式与直线模式有明显的不同。（1）这里没有传播者和受传者的概念，传播双方都作为传播行为的主体，通过信息的授受处于你来我往的相互作用之中。（2）该模式的重点不在于分析传播渠道中的各个环节，而在于解析传播双方的角色功能；参加传播过程的每一方在不同阶段都依次扮演着译码者（执行接收和符号解读功能）、解释者（执行解释意义功能）和编码者（执行符号化和传达功能）的角色，并相互交替着这些角色。

奥斯古德与施拉姆的循环模式强调了社会传播的互动性，并把传播双方都看做传播行为的主体，这无疑是正确的。但是，这个模式本身有缺陷：首先，它把传播双方放在了完全对等或平等的关系中，与社会传播的现实状况不符。在现实生活中，传播双方在政治、经济和文化地位、传播资源以及传播能力等方面存在着差异，这种完全对等或平等的传播关系与其说是具有普遍性，不如说是极其少见的。其次，这个模式能够体现人际传播特别是面对面传播的特点，却不能适用于大众传播的过程。 **（郭庆光）**

【参考知识点】

施拉姆和奥斯古德关于传播的"循环模式"

1954 年施拉姆在《传播是如何进行的》一文中提出了三个模式，第二个和第三个模式结合起来形成的循环模式颇有新意，施拉姆承认自己的许多观点是受奥斯古德的启发得来。于是有人据此将循环模式归入奥、施两人名下。

循环模式首先表明已与单向传播模式划清界限；其次，它强调在信源与目的地之间，只有在其共同的经验范围之内才真正有所谓传通，因为只有这范围内的信号才能为传受两者所共享；再次，传受双方在编码、解释、译码和传递、接收讯息时，是相互作用、相互影响的；最后，传播信息、分享信息和反映信息的过程是往复循环、持续不断的。

不过，他们的模式也较适用于人际传播，而不太适合大众传播。模式所暗示的传、受两者平等的、等量的传播观念，在大众传播中也是找不到的。因为，大众传播是一种不平衡的非等量的传播。　　　　　　　　　　　　　　　　　　　　（邵培仁）

19. 简述控制论模式的优缺点

为了克服线性模式的局限性，20世纪50年代开始出现了一批以控制论为指导思想的传播模式。这类模式的崛起标志着"结构、过程研究"乃至整个传播学又前进了一大步。其主要贡献是明确地变"单向直线性"为"双向循环性"，引入反馈的机制，从而更客观、更科学地反映了现实的传播过程。

当然，控制论模式并非完美无缺，仍有一些不足：第一，容易使人产生一种错觉，以为各个传播单位之间的传、受机会均等，实际上并非如此。第二，循环性的表述，也容易引起误解，正如F·丹斯所说：认为"传播经过一个完全的循环，不折不扣地回到它原来的出发点。这种循环类比显然是错误的"。为纠正这一缺陷，他提出了一个螺旋形模式，即丹斯模式。第三，最主要的问题还在于，控制论模式仍未清楚地显示传播结构、过程与社会结构、过程的紧密联系。　　　　　　　　　　　　（张国良）

20. 请简述德弗勒互动过程模式

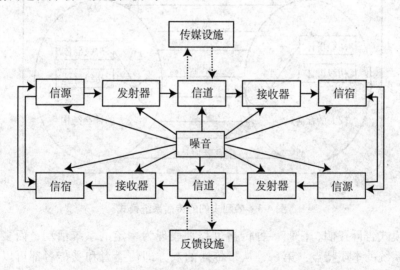

图4-2　德弗勒的互动过程模式

如图4-2德弗勒互动过程模式是在香农—韦弗模式的基础上发展而来的，它克服了前者单向直线的缺点，明确补充了反馈的要素、环节和渠道，使传播过程更符合人类传播互动的特点。与此同时，这个模式还扩展了噪音的概念，认为噪音不仅对讯息而且对传达和反馈过程中任何一个环节或要素都会产生影响，加深我们对噪音所起作用的认识。这个模式的适用范围比较普遍，包括大众传播在内的各种类型的社会传播过程，都可以通过这个模式得到一定程度的说明。

该模式的缺陷在于没有超出过程本身或从过程来说明过程的范畴。从辩证法的观点看，事物的运动过程不仅仅取决于过程的内部因素或内部机制，还会受到外部条件和外部环境的制约和影响。在此过程中，唯一提到外部影响因素是"噪音"，但是影响传播过程的外部条件和环境因素的全部复杂性并不是一个简单的"噪音"概念所能说明的。

(郭庆光)

【参考知识点】

德弗勒的传播模式

德弗勒在《大众传播理论》一书中论述所传讯息的含义与所受讯息的含义之间的一致性，对单向或线型传播模式进行了修改，提出了传播的环形模式。德弗勒描述道：在传播过程中，人们将"含义"变换为"信息"，发射器又将信息转化为信号传送，接收器收到信号后再还原为信息，信息被信宿接收又内化为含义。他接着说：在这种情况下，如果发出的信息与接收的信息在含义上是一致的，那么就是传通。相反，若两者的含义截然不同，即等于没有传通。含义上的差异性是常见的，而完全一致性却是罕见的。

(邵培仁)

21. 简述赖利夫妇的系统模式

1939年，美国一对从事社会学研究的夫妇 J·W·赖利和 M·W·赖利在《大众传播与社会系统》一文中，提出了一个引人注目的系统模式，如图 4-3 所示。

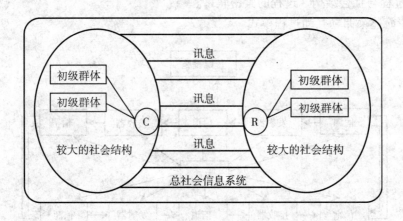

图 4-3　赖利夫妇的传播系统模式

这个模式告诉我们，任何一种传播过程都表现为一定的系统活动，而多重结构是社会传播系统的本质特点：第一，从事传播的双方即传播者和受传者都可以被看做一个个体系统，这些个体系统各有自己的内在活动，即人体传播。第二，个体系统与其他个体系统相互连接，形成人际传播。第三，个体系统不是孤立的，而是分属于不同群体系统，形成群体传播。第四，群体系统又是在更大的社会结构和总体社会系统中进行的与社会的政治、经济、文化、意识形态的大环境保持着相互作用的关系。

从这个模式中我们可以看到社会传播的各种类型，包括微观的、中观的和宏观的系统，每个系统既具有相对的独立性，又与其他系统处于普遍联系和相互作用之中。每一种传播活动，每一个传播过程，除了受其内部机制制约之外，还受到外部环境和条件的广泛影响。这种结构的多重性和联系的广泛性体现了社会传播是一个复杂和有机的综合系统。

（郭庆光）

22. 简述马莱兹克的系统模式

德国学者马莱兹克于 1963 年在《大众传播心理学》一书中提出的系统模式如图 4-4 所示。

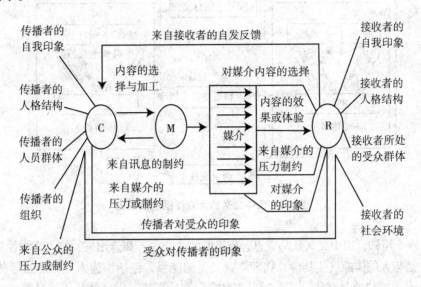

图 4-4　马莱兹克关于大众传播过程的系统模式

在这个模式中，马莱兹克把大众传播看做包括社会心理因素在内的各种社会影响力交互作用的"场"，这个系统的每个主要环节都是这些因素或影响力的集结点，其中包括如下三点。

（1）影响和制约传播者的因素：传播者的自我印象、传播者的人格结构、传播者的人员群体、传播者的社会环境、传播者所处的组织、媒介内容的公共性所产生的约束力、受众自发反馈所产生的约束力、来自讯息本身及媒体性质的压力等。

（2）影响和制约受传者的因素：受传者的自我印象、受传者的人格形象、作为群体一员的受传者、受传者所处的社会环境、讯息内容的效果或影响、来自媒体的约束力等。

（3）影响和制约媒介和讯息的因素主要来自两个方面：一是传播者对讯息内容的选择加工，这种选择加工也可说是传播者背后的许多因素起作用的结果。二是受传者对媒介内容的接触选择，这种选择是基于受传者本身的社会背景和社会需求做出的。另外制约媒介的一个重要因素是受传者对媒介的印象，这种印象基于平时媒介接触经验形成。

此模式说明社会传播是一个极其复杂的过程，评价任何一种传播活动，解释任何一种传播过程，即便是单一过程的结果都不能简单地下结论，而必须对涉及该活动或过程的各种因素或影响力进行全面的系统分析。

此模式的缺陷在于，它虽然列举了各种各样的影响因素，但并没有随这些因素的作用强度或影响力大小差异进行分析。社会常识告诉我们，大众传播者和受传者个人对媒体内容都有影响，但两者影响的性质和大小是截然不同的。不对这些情况加以区

别，我们在考察大众传播过程时就很难抓住主要矛盾。 （郭庆光）

23. 简述田中义久的传播过程图式

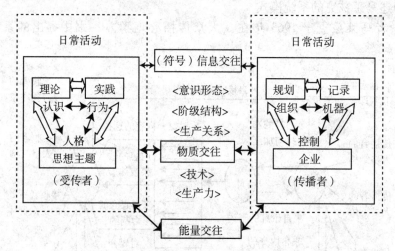

图4-5 田中义久的大众传播过程图式

如图4-5可知，田中义久从马克思、恩格斯的"交往"概念出发，把人类交往分为三种类型：一是与人的体能（生物学、物理学意义上的能量，包括作为人的体能之延伸的热能和电能）有关的"能量交往"，即"符号交往"。符号交往过程也就是传播过程，它是建立在两种交往的基础之上的，与社会生产力、科学技术、生产关系和意识形态保持着普遍联系和相互作用的关系。在阶级社会中，社会传播还是一定的阶级结构的体现。

另一方面，作为特定传播过程的双方，如果属于人际传播，那么他们都作为有独立人格的思想主体从事着社会认识和社会实践活动，传播则是他们从事精神交往的纽带。如果属于大众传播，那么传播者便是作为组织的媒介企业，而受传者便是具有一定自我能动性的个人。传播的双方都有着一定的日常社会条件或环境的背景，而每一方传播活动都受到条件或环境的制约。田中义久的这个模式提出了传播学研究中的许多重大理论课题，尽管它还不完备，但可以说它是第一个基于唯物史观的系统模式。 （郭庆光）

24. 简述传播的"阳光模式"

"阳光模式"指以宏观的整体的眼光抽象出来的，通过信息交换中心连接各大信息系统进行信息创造、分享、互动的结构形式，如图4-6所示。它包括六大要素和四项因素。六大要素为：（1）终端机：理想配置应包括个人电脑（具有通话、通信、放音放像、录音录像、翻译、校对、编辑、搜寻等各种功能），传真机，复印机，自动打印机等；（2）信息交换设备：这是网络传播的枢纽，要求容量大、性能高、线路多，以便亿万只终端机之间以及与信息库、大众媒介、信息源之间任意联通和交流；（3）信息库：包括印刷资料库、声像资料库、档案资料库和各种科研资料库；（4）大众媒介：是指电脑通过网络与各种传统媒介相结合而发展成的新型大众媒介，如网络报刊、书籍、广播、电视等；（5）信息源：如新华社新闻信息系统、路透社经济信息系统、中国经济电讯系统等，也包括电子产品和音像制品生产、制作中心场所；（6）社会服务：如"三金"工程系统、电脑购物票系统、社会咨询系统等。四项因素是指网络传播中的经验因素、环境因素、价值因素和规范因素。

"阳光模式"也并非已尽善尽美，随着传播科技的进步以及认识的扩大和深入，它需要进一步补充和完善。　　　　　　　　　　　　　　　　　　　（邵培仁）

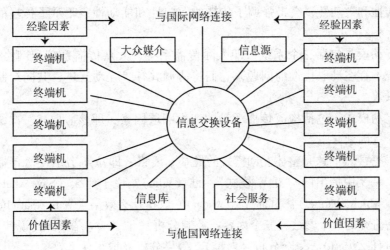

图 4-6　阳光模式

25. 简述整体互动模式

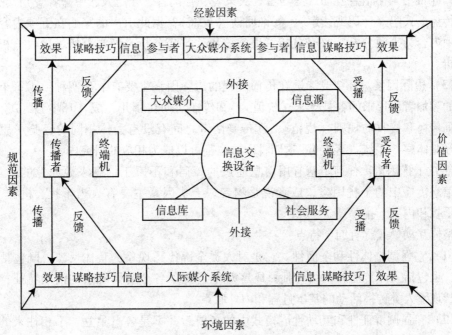

图 4-7　整体互动模式

整体互动模式是指对人际传播、大众传播和网络传播等人类重要传播系统的内在机制与外部联系进行的一种直观的、整体的综合呈现与描述，因此，它不仅要充分考虑本系统与外部世界的复杂联系，而且要重视传播过程中各种因素共同构成的整体关系以及人类传播的全部现象，如图 4-7 所示。

整体互动模式中的认识对象既是整体的又是互动的。互动，一是指信息的相互沟通、相互交换和相互创造、相互分享；二是指各种传播要素（传者与受者、守门人与中介者、信息与媒介）之间的相互制约、相互影响和相互作用。整体互动模式抛弃了传播的单向性和被动性，突出强调了传播的双向性和能动性，昭示了传播的多向性和复杂性。

整体互动模式包括三个系统，即人际传播系统、大众传播系统和网络传播系统。这三个系统不存在谁取代谁的问题，它们将协调并存、互动互进，共同绘制人类传播的三大风景。

整体互动模式还包括构成传播活动的四大圈层因素，即核心要素、次级要素、边际因素和干扰因素。

（1）核心要素。这是整体互动模式的最基本要素，即拉斯韦尔在《传播的社会职能与结构》一文中提出的"五W模式"：谁（Who）？说了什么（Says what）？通过什么渠道（In which channel）？对谁（To whom）？取得什么效果（With what effect）？据此引申出传播研究的五个参数或五个内容：控制分析（谁）、内容分析（说什么）、媒介分析（通过什么渠道）、受众分析（对谁）、效果分析（取得什么效果）。

（2）次级要素。这是模式中仅次于核心要素的一系列要素。①传播的或反馈的信息从哪儿来（现实或事件）？②以什么形式传播（编码或符号）？③怎样传播（谋略与技巧）④谁参与了信息互动（参与者、决策者、咨询者、守门人、中介者等）？⑤受者认识传播形式吗（译码或读解）？⑥谁回话（反馈）？据此引出的穿插在五项内容之间的七项内容为来源分析、符号分析、谋略分析、技巧分析、参与分析、接收分析、反馈分析。

（3）边际因素。环绕或渗透在传播过程的边际因素主要有下列四种：①每个传播活动的参加者所追求的各是什么（价值）？②传播活动在哪儿完成（环境）？③有没有一系列传播和接收的规则（规范）？④传受两者之间有没有大体相同的经验（思想意识、经验体察）系统（经验）？这四种因素也都可以成为相应的研究内容。

（4）干扰因素。任何阻塞有用信息通过的障碍和不属于信息来源原意的附加物，都是信息传播中的干扰因素，或者说是噪音。干扰因素主要有人为干扰、机械干扰、自然干扰和内容干扰等。

整体互动模式具有四个特点：

（1）它强调整体性和全面性。它是对人类全部传播现象的整体反映，既包括大众传播，也包括人际传播和网络传播；既客观地再现了各个传播要素的活动特征，也真实地凸现了人类传播活动的基本过程和内外联系。

（2）它强调辩证性和互动性。模式中的各要素并不是各自独立、不相往来的。它们是双向交流、多向沟通的，也是相互作用、相互制约、相互影响、共同发挥效应的。任何一种要素功能的释放和发挥既需要其他要素协调配合，也必然会引起其他要素做出连锁反应。

（3）它强调动态性和发展性。该模式往复循环、生生不息，富有动态性和发展性。它不是固定不变、不可更改的框框，它随着现实传播活动的变化而变化，随着人们认识的发展而发展。它也没有确定的、不可变更的传者和受者、起点与终点，因为传播的角色是不断变化的，传播的线路是经常更改的。

（4）它强调实用性和非秩序性。该模式是从现实传播活动中抽取出来的，又为实践活动服务。不过它虽从实用角度勾画了传播活动的过程或步骤，但在实际执行中并不一定要以精确的顺序正规地执行模式标明的所有步骤，决策者和传播者也无须对所有步骤给予同样的重视，因为，他可以越过一个或几个要素将信息直送特定的受传者或实施者。　　　　　　　　　　　　　　　　　　　　　　　　　　　（邵培仁）

26. 简述罗杰斯和金凯德的"辐合传播模式"

互动传播是一种循环过程。通过这个过程，参与双方（A 和 B）一起创造和分享信息，赋予信息意义，以便相互理解。"AB 重叠部分是指两人相互理解的程度。'辐合'是两人或更多的人向同一点移动，或一人向他人靠近，并在共同兴趣或焦点下结合的一种倾向。"罗杰斯在 1987 年补充道："这一模式促使我们去研究时间历程中，人类相互关系的异同与变化。传播研究的最小分析单位是参与的双方，他们由信息交换而联结。研究者可以将分析单元扩展到参与者个人网络，也可以是一个小团体，甚至是整个网络。"

如图 4-8 所示，辐合模式再现了以电脑为媒介的参与者双方创造和分享信息的动态过程和结构形态。它的提出不仅可以引导传播学者将审视、分析的目光转向一个前景广阔的领域——互动传播，而且直接指引人们去追踪传播系统中某一特殊信息的流动与演变，进而探寻人类在认识上靠近与离散的原因与背景。

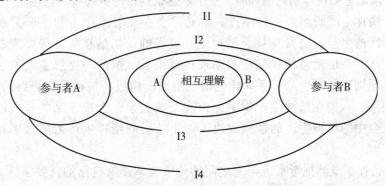

图 4-8　辐合传播模式

但是，这一模式较适合用来解释两人互动传播和几个人网络传播，并不太适合用来分析"虚拟巨网传播"的现象，因为它没有将众多的庞大信息库、巨型交换设备、进入网络的大众媒介等重要信息系统考虑进构建的传播模式中。　　　　　（邵培仁）

27. 施拉姆的大众传播过程模式

该模式充分体现了大众传播的特点。构成传播过程的双方分别是大众传媒与受众，这两者之间存在着传达与反馈的关系。作为传播者的大众传媒与一定的信源相连接，又通过大量复制的讯息与作为传播对象的受众相联系。受众是个人的集合体，这些个人又分属于各自的社会群体；个人与个人、个人与群体之间都保持着特定的传播关系。施拉姆的这个模式在一定程度上揭示了社会传播过程的相互连接性和交接性，已经初步具备了系统模式的特点。　　　　　　　　　　　　　　　　　　（郭庆光）

三、论述题

1. 论述唯物史观下的社会传播总过程

从历史唯物主义和辩证唯物主义的立场出发，根据马克思、恩格斯重要著作中的论述并结合现代社会的实际，我们可以从以下几个方面理解社会传播的总过程。

第一，信息传播属于与人类的精神生产相对应的精神交往活动的范畴。唯物史观认为，生产劳动是人类的基本活动，在生产活动中，人们互相交往并产生一定的社会关系。生产分为两类：一类是满足社会物质生活需求的物质生产，人们围绕这种生产所发生的社会关系称为物质交往关系，它具体表现为一个社会中的生产关系；另一类是满足社会精神生活需求或信息需求的精神生产，围绕这种生产所发生的社会关系称为精神交往关系。社会成员之间的精神交往关系也就是我们所说的传播关系。

第二，信息传播既然属于与精神生产密切相关的范畴，那么，要考察信息传播，就不能不考察社会的精神生产。精神生产是人类特有的两种生产活动之一，它建立在物质生产的基础之上，并与物质生产保持着互动关系。如果说物质生产属于一个社会的经济基础的生产或再生产，那么精神生产则属于上层建筑的生产和再生产，它在受到社会经济基础运动规律制约的同时，受上层建筑规律的制约更为直接。

第三，精神生产既然是一种生产，也必然会存在着生产力和生产关系的辩证运动。精神生产的生产力是参与社会精神生产过程的一切信息资源等要素的总和。精神生产的生产关系也就是精神交往关系或传播关系。按照马克思主义关于生产关系构成要素的原则，精神生产关系同样也由三个方面构成：精神生产资料的占有方式，即所有制关系；人们在精神生产中的地位和交换关系；精神产品的分配以及消费关系。一个社会中的精神生产的性质取决于这个社会的精神生产力的水平和精神生产关系的状态。

第四，传播学既然把考察人与人之间的传播关系作为自己的首要宗旨，那么就不能单纯地考察狭义的信息"交流"，而必须与宏观的社会精神生产和精神交往联系起来加以考察，否则便不能揭示这种关系的实质。马克思曾把物质生产关系分为生产、分配、交换和消费四个环节。作为精神生产关系的传播关系中同样存在着这四个环节，这些环节相互联系、相互作用构成了社会传播这个"总体"过程的运动。这个观点实际上也是辩证唯物论关于社会传播过程的系统观。

综上所述，唯物史观是在宏观社会结构的普遍联系上把握社会传播过程的，社会传播过程是人类社会总过程的一部分，传播的结构体现了人类社会的结构。这些观点不仅丰富了既有的传播学理论，而且为我们观察和分析现代社会提供了科学的方法。

（郭庆光）

2. 发展传播研究经历了哪几个阶段，各有什么特点？

发展传播研究经历了三个阶段，并取得了相应的研究成果。

发展传播研究主要集中于三个问题，即发展何以构成；什么策略可以完成发展；传播在发展过程中扮演什么样的角色。

第一，发展传播研究的经典范式。

第一阶段的研究属于进化论范式，将发展和传播看做从传统社会转变为现代社会结构的运动，并假定运动、变化和转化，导出相应的阶段。传统社会的传统人要转变成现代人，必须从目前境地向另一阶段运动，也就是说，必须改变或调适行为和态度，以转向现代化的个体，而这种转变是借助传播来完成的。这一阶段的主要代表人物有拉纳、施拉姆和罗杰斯等。

（1）拉纳的移情模式

拉纳以中东国家为分析对象，以识字率、都市化率和传播体系为指标，发现这三者之间存在着明显的互动关系。然后，他以此为标准，划分出三种社会形态，并由此得出传播体系的变动，既是整个社会体系变动的结果，又是其变动的原因的结论。

拉纳通过分析，形成其理论核心，即现代化过程，就是城镇化、教育、大众传播的普及和公众的参与这四个因素相互作用的过程。工业发展以后，人口相对集中，使社会城镇化；城镇化带来教育的普及；教育为大众传播的发展准备了社会条件，使社会成员有能力分享信息资源；在城镇化、教育和大众传播普及的基础上，公众获得政治经济参与的条件和权利，从而逐渐形成一个理想的社会。社会的发展总是从传统社会趋向现代社会，介乎它们之间的则是过渡社会。

拉纳进一步指出，传统社会成员的个性结构内在的固定性质，形成了发展的主要障碍。他认为，发展要求社会的个体成员具有新的态度和价值观。而西方社会的现代个性是由历史上出现的地理流动和社会流动造成的，如农民流入城市等。当今许多发展中国家不具备类似的条件，因此，有必要强调移情概念，即"从别人的境地来观察自己的能力"或"把自己投射到另外一种角色的能力"，"传播的策略，必须为建设性活动产生合适的态度环境"，这只有通过"转变人的想象力，给予他高度认同新环境的能力"才能实现。动态的心理产生动态的个体，这是现代工业化社会的关键性要求。在此前提下，拉纳把转变人的想象力的角色归于传媒，将大众传媒形象地称为发展的"奇妙的放大器"。他提出，应扩张大众媒介，使其提供那些发展中国家快速的社会变迁所需要的新观念、新习惯、新行为的"线索"。

总的看来，拉纳的见解是很有道理的，故至今仍被视为"传播与发展研究"或"发展传播学"的经典之作。当然，缺点也在所难免。后人的批评和补充主要有以下几点：

他对三种社会形态的分析过于粗疏，未能清晰地指出它们各自的特点。一般来说，传统社会的特征是传播体系不能自立于其他社会体系；过渡社会则以两种传播体系相分裂（都市以大众传播为主，农村以亲身传播为主）为特征；近代社会当然以大众传播的发达为特征，但无论多么发达，总是两种传播体系并存的双重结构。

他对整个（社会和传播的）互动关系的描述也是粗线条的。因此，对具体的传播机制、条件、策略等问题的探讨都留给了后来的研究者。

他只论述了国内的传播要素，而忽视了国外要素的作用。事实上，任何国家都不可能是孤立的存在。特别是近代以来，跨国、跨文化传播对国家和地区发展的意义越来越重大。

他的研究以西方，特别是以美国为中心和参照系，从而忽视了众多发展中国家的经验。

（2）施拉姆的传播发展策略

施拉姆于 1964 年出版的《大众传播媒介与社会发展》从宏观战略出发，强调发展中国家应充分重视大众传播的作用，加大力度，提高效应，以促进现代化。他全面提出了关于第三世界国家利用大众传播事业促进社会发展的系统理论、发展战略和政策意见；第一次具体而全面地阐述了传播与发展的各种现实问题。这既是对以往研究成果的概括和总结，又把发展传播学推进到更富有实践性的新阶段，对学术界、传播界以及发展中国家的政府部门都产生了很大影响。

施拉姆进一步发挥了拉纳关于传播形态与社会经济发展水平相适应的学说，认为传播业的发展是同社会总体发展的一定阶段相适应的，传播与社会的其他部门的相互作用。他反复论证和强调了信息传播对国家发展的重要性，强调"有效的信息传播可以对经济社会发展做出贡献，可以加速社会变革的进程，也可以减缓变革中的困难和痛苦"，"没有准确有效的传播，现代工业化所需要的技术、教育和经济基础就不能建立起来"。

从大众传播的三大基本功能（守望、决策和教育）出发，施拉姆指出，媒介可在四个方面发挥直接的作用，即推广农业新技术；普及卫生知识；扫除文盲；实施正规教育。为此，施拉姆具体分析了第三世界国家在传播事业方面的问题，并相应提出了若干建议。

施拉姆较早注意到全球信息流动不平等现象，正如社会经济的其他领域一样，发展中国家的传播事业也处于不发达状态，与发达国家有很大的差距。这种差距又反过来阻碍第三世界国家的经济和社会发展，加大了发达国家同发展中国家之间的差异。这种不平等现象在发展中国家内部不同地区之间、城市和乡村之间也同样存在。最需要现代化信息的地方恰恰是传播的稀缺地带。施拉姆指出，消除这种国家和国内信息的不平等、不平衡现象是发展中国家一项亟待完成的任务。

施拉姆力求考虑发展中国家的现实状况和具体需要，注意避免简单照搬西方的现成模式，值得充分肯定。但今天看来，他的观点毕竟只是发展传播学最初阶段的成果，一些具体设想也不尽切合实际，难以付诸实践。

（3）罗杰斯的"创新—扩散"模式

罗杰斯的贡献是使有关发展传播的理论和假设趋于精细和深入。在 1962 年出版的《新技术的普及过程》一书中，罗杰斯提出了著名的"创新—扩散"模式，把发展传播学的研究进一步引向定量化，使其具有更强的应用性。

他认为，传播是社会变革的基本要素之一，并把新思想、新事物的普及推广看做特殊的传播形态。他将社会的变化分为内生型变化和接触型变化两类，前者的动力来自社会内部，后者的动力来源于外界的新思想、新信息，而第三世界国家大多为接触型变化，即由于西方新观念、新技术的影响，促使传统社会发生变革。因此，社会变革过程也就是创新和发明的推广过程。

罗杰斯提出了一个以"接触大众媒介"为中心环节的传播与发展模式，包括五个投入环节、一个中心环节和五个产生环节。投入环节包括读写能力、教育水平、社会地位、年龄、世界主义精神，它们决定一个人是否接触大众传媒；中心环节是接触大众传媒，包括订阅报刊、收看电视等；产生环节是接触大众传媒后产生的效果。罗杰斯把接触大众传媒比喻为一种神奇的转换器，只要具备了前五项条件，经其转换，就可神奇地发生后五项成果，实现个人层次上的现代化。

他侧重于个人层次的现代化研究，但同时注意到社会结构、社会规范及其造成的社会风气，对创新扩散产生的影响强于个人特质的作用。但是，除了落实打消个人特性的社会影响之外，罗杰斯和以前的学者一样，没有对社会结构、社会制度如何促进或阻碍创新传播和国家现代化深入研究。

第二，旧范式的欠缺。

发展传播理论一度成为一些发展中国家制定传播政策的理论依据。但经过一段时间的实践表明，这些理论虽有一定的合理性和参考价值，同时也不乏局限性和片面性。据此而制定的政策没有完全达到预期效果，反而产生了一些副作用和消极效果，不少发展中国家遇到了意想不到的困难和曲折。传播学界开始反思早期的理论，以拉纳、施拉姆等人为代表的第一代发展传播理论范式受到质疑和修正。自1970年以来，第一代典范逐渐衰落，第二代理论范式出现。这种状况既是发展传播实践遭遇挫折的反映，也是受到大众传播效果理论取向影响的结果。

这一时期出现了修正和批判两种观点。对传播与国家发展研究的第一代范式，罗杰斯等学者持修正的观点；席勒和海尔门等人则持批判的观点，提出了媒介帝国主义理论和依附理论。

罗杰斯等人敏锐地看到了20世纪60年代末至70年代的几个国际事件对发展传播模式的挑战，如发展中国家对环境污染的厌恶，使之质疑何为发展的理想模式等。他们指出，西方模式假定不发展的主要原因更多地存在于发展中国家内部（个人的特性、国家的社会结构）而不是外部，很少认识到外在限制对国家发展的重要性，如国际贸易条例等。因此，第一代范式把发展中的问题主要归咎于发展中国家自身，而未意识到或较少意识到发达国家的影响以及发展中国家与发达国家的复合作用。为此，他们断言，旧范式到20世纪70年代中期已趋于消逝，至少作为拉美、非洲和亚洲的主要发展模式是如此。他们认为，在考察传播与国家发展时尤其应当注意以下几点：信息传播、社会经济利益等方面的平等；大众参与；发展中国家的自信和独立；传统体制与现代体制的整合。在此基础上，他们提出了新的第二代范式。

其实，这一新范式并没有舍弃以往的基本观念，尤其是大众传播有可能促进国家发展的信念，没有丝毫改变，只是从一成不变的统一模式转变为因地制宜的国家媒介政策模式。

与此相对，批判学派的研究者则从社会的整体形态和结构、传播体系与政治经济制度的关系、国家政治经济秩序与传播秩序的关系等方面提出了新的见解。他们指出，国家发展的根本目的不是达到某些经济数字，而是为了从总体上满足基本的人类生活需要。但是，早期的发展传播学过于强调发展工业，扩大城市，发展经济，提高人均国民生产总值，而忽视了人类生活质量的提高。发展中国家的社会组织和文化传统与西方发达国家不尽相同，其媒介的运动不能照搬西方经验，无论是引进西方的先进传播技术，或进口西方的节目和其他精神产品，都不能脱离本国的国情和国力，不能摒弃本民族的优秀文化遗产，不能把现代化仅仅理解为"西化"。他们还指出，不能迷信大众传媒的强大效果，媒介必须与传统渠道相结合才能充分发挥效力。

媒介帝国主义理论认为，西方发达国家凭借其先进的技术、雄厚的资本操纵了传播内容，并通过技术交流、贸易、人员培训等活动，向第三世界国家传播有利于自己的价值观，成为媒介帝国主义或电子殖民主义。依附理论则认为，西方提供的现代化传播技术和设备以及"现代化"的传播内容，实质上是现存不合理的国际经济秩序和传播秩序的产物。从西方输入传播的硬件和软件，导致第三世界在国际传播秩序中的依赖和从属地位，使发达国家与发展中国家之间的差距不断扩大而不是缩小；在国内，模仿西方的资本主义制度和生活方式意味着财富、知识和信息的两极分化，广大民众不可能与少数拥有特权的精英阶层分享现代化的成果。这样的现代化充其量只是少数特权阶层的现代化。

总的来说，批判学派的观点有助于深化人们对媒介与国家现代化的复杂关系的认识，其缺陷在于"破"重于"立"，即侧重批判发达国家的媒介体制和发展状况，而未能为发展中国家的传播发展路径提供切实有力的建设性见解。

第三，新范式的兴起。

自1980年以来，传播技术的快速发展给发展传播研究注入了新的活力，出现了新的理论动向，发展传播学进入第三个发展阶段。

具体地说，研究者进一步肯定大众传播对于推动社会发展能起到重要作用，普遍以多元的立场对待不同的观点和研究方法，认为各发展中国家应选择符合本国实际情况的发展目标和道路，形成与之相适应的发展传播模式。在批判学派的影响下，发展传播学者更加重视政治和经济环境对传播的影响，进一步意识到传播无法独立产生效果，从而把传播视为整个发展系统的一个组成部分，认为第三世界国家传播事业的发展必须以其整体发展政策、战略为前提。

20世纪80年代以来的发展传播研究更加重视发展政策和计划，重视媒介宣传运动的规划。强调在媒介设计运动中，要运用科学的研究方法，分析、评估媒介运动设计者就受众倾向所做的市场调查以及就讯息的易读性和受众反映所做的预测研究，使发展项目、媒介运动既获益于通过市场调查等得到的有关受众的反馈资料，又获益于以传播研究为基础得到的累积知识，使媒介运动设计者能有的放矢地针对发展项目与媒介运动，以引起受众行为变化为目标，设计出合适的媒介讯息，由此改进媒介运动的效果。

同时，研究者还试图克服分析单位、层次方面的一个难题，即如何使大众媒介系统（宏观）分析与大众传播对个人英雄（微观）分析衔接起来。因此，出现了重视介乎这两者之间的中观效果分析的趋向。

当代学者泰拉尼安的思想代表了发展传播学的一种比较新近的变化和趋势。相对于经验主义和批判主义两大学派，泰拉尼安提出了第三条"传播与发展的道路"，即"社群主义"的道路。他认为，与自由主义侧重于自由，马克思主义侧重于平等，极权主义侧重于秩序而形成对比的是，这一模式要保存的最高价值是"社群"，发达工业社会的环境保护主义、绿色和平运动，第三世界国家摆脱殖民主义、新殖民主义的解放运动都可被视为它的表现形态。在传播与发展的问题上，泰拉尼安提出了几个要点：传播与发展的参与性模式既有赖于传统的媒介，又有赖于现代的媒介；采用平行的而不是垂直的传播途径，它是自愿结合的和网络性的，而不是单向的和无反馈的；注意

媒介技术的双重性以及选择性的发展策略。　　　　　　　　　　　（张国良）

3. 请针对大众传播系统过程予以论述

当代社会的重要标志之一便是大众传播业的形成和蓬勃发展。从早期的杂志、报纸演化，到包括电影、广播、电视乃至新型传播媒介在内的一个完整而相对独立的社会体制。作为社会体制，大众传播已经并且正在对当今社会的各个方面产生着越来越重要的影响。

（1）大众传播是系统的集合

如同其他社会体制一样，大众传播也是一个系统，并且是一个系统的集合。

首先，它是使经济、社会日益全球化、信息化的电子信息媒介系统的一个系统。我们知道，当今世界正在走向全球化和信息化，这个过程可以理解为在世界各国的经济和社会活动中，通过普遍采用信息技术和电子信息装置，更有效地开发和利用信息资源，推动全球经济发展和社会进步，使由于利用了信息资源而创造的劳动价值（信息经济增加值）在国民生产总值中的比重逐步上升直到占主导地位，从而使世界各国经济和社会发展的相关度大幅度提高的过程。信息化将对整个社会系统的经济、政治、文化等各个子系统产生重大而深远的影响。在信息化的过程中，大众媒介体系担负了极为重要的作用。特别是在数字技术、卫星技术和网络技术日益进入现实应用的今天，大众传播已经并且正在创造新的文化形态——电子信息文化。从某种角度看，信息化就是文化体系重构的一个新过程。在这个新的文化体系中，电子信息文化将成为主体之一，它将促进生产、商业、研究、教育、军事以及文化艺术等活动方式的变化，突破时空限制，扩大人们智力活动的范围，为人类创造能力的无限发挥提供条件。为了更好地认识和研究大众传播系统，我们有必要将它放到这一大系统中去考察。

其次，大众传播是社会系统的一个子系统。在社会这个大系统中，大众传播是一个重要的子系统。它受到社会其他子系统如政治、经济、文化等的影响和制约。因此，在不同的国家和社会中，大众传播呈现出极大的差异。同时，它又在相当程度上影响和制约着其他社会子系统。在当今的信息时代，它们之间的互动关系成了我们关注的焦点之一。因此，我们认识和研究大众传播不能脱离它所在的这个社会系统。

最后，大众传播自身又是一个由多个系统组成的系统。大众传播是人类有组织、有目的的活动。大众传播系统包括传播者、讯息、传播媒介、受众、传播效果和反馈等基本子系统。我们可以看出，大众传播是一个既受所属电子信息媒介系统和所在社会系统的影响和制约，又具有自身运动和发展规律的系统。按系统科学的观点，它是他组织和自组织的统一。作为他组织，大众传播系统的确是在社会和物质这些外部环境的特定作用下形成的。然而，作为自组织，大众传播又是在自己产生、发展的动力下进化的，具有自发和自觉的特征，同时具有不以外部特定作用为转移的客观规律。大众传播系统在获得自己空间的、时间的或功能的结构过程中，相当多的时候没有外界特定的干预，而是自身内部的系统动力。

长期以来，我国对大众传播的认识和研究只注重或过分注重大众传播的他组织原理，将其视为可以为外部特定作用任意塑造和干预的社会体制，实践中也是如此。因此，导致大众传播系统活动效率下降，结构或功能失调，整体效益大打折扣。

为了更全面而科学地认识大众传播系统，合理架构新型的大众传播系统结构，充分发挥它在经济、社会方面的信息化作用和所在社会系统中的功能，非常有必要了解大众传播的自组织原理。

（2）大众传播系统的自组织原理

大众传播系统同其他社会子系统一样，都是他组织和自组织的统一。既然大众传播也是自组织系统，因此也就带有自组织系统共有的一些原理和特征。

①大众传播系统的开放原理

作为自组织系统的前提之一就是系统要对环境开放。大众传播系统不是在平衡过程中形成的平衡结构，这种结构的特点是不与环境进行任何交换才得以保持平衡。相反，大众传播系统是一个耗散结构，它是在非平衡过程中形成的一个系统，它要通过不断地与环境交换、耗散能力和物质才能保持平衡。

对环境开放、与环境交换的目的就是减熵。大众传播系统需要在与其环境的不断交换中减少无序性、增加有序性。"文化大革命"期间的大众传播系统是典型的封闭的平衡结构。系统内部的熵值越来越大，变得无序，并且与环境相矛盾。今天的大众传播系统与社会外部环境进行着大量的交流与互动，因此其进步和发展的有序化程度大大提高。

②大众传播系统的非线性原理

大众传播系统具有所有社会系统共有的特征——非线性。大众传播系统具有无穷多的可能形态。当前，我国的大众传播系统正处在趋极的运动中，我们都在努力探索变化的定态，那可能是我国大众传播系统的一种成熟而有序的模式。我国大众传播系统正处在加速增长的过程中，尚未到达饱和点，是一种非单调性的运动过程，即非只增不减的过程。它的发展同样呈现出不规则的振荡运动。一方面，我国的大众传播系统在与环境的互动中，外部作用对大众传播系统产生了多重效用的影响；另一方面，大众传播系统对环境也会有多重输出。我国的大众传播系统在其自身发展的过程中，同样会出现非光滑的变化、突变及发展的滞后性。正因为我国大众传播系统是非线性系统，因此我们非常有必要从整体的、环境的、动态的角度来认识它。

③大众传播系统的不稳定性原理

大众传播系统也有弃旧图新的自然要求。如同我国社会其他各项子系统都处在转型期一样，我国大众传播系统也处在从无序态走向有序态的过程中。这种系统演化过程中的不稳定性对演化来说起着决定作用。新旧结构的交替中必然要出现失稳，即旧结构失去稳定，这样才可能出现新结构。在这个不稳定中控制参量的变化尤为重要，控制参量的变化就是系统与环境关系的变化。新的大众传播模式就产生在旧模式的失稳中。

④大众传播的非平衡性原理

非平衡是有序之源，远离平衡是大众传播这种耗散结构的源泉。这里的离开平衡态不是说混乱一团，而是说大众传播系统要从环境中吸收能量、物质和信息。我国大众传播系统必须要与其生产的外部环境进行大量的互动，吸收观念形态的大众传播理念和意识要素，吸收物质的大众传播科学与技术要素，吸收大量的大众传播活动赖以进行的信息要素等。这样就演化成一个开放的、在世界舞台上有力量的结构。因为，耗散能力越强的系统进化得越快。

⑤大众传播的序参数原理

大众传播是有序的、有规律结构的系统，其中的"序"是指临界涨落导致对称破缺。我们看到的大众传播系统的无序性归根到底是因为大众传播系统中存在着使系统表现出不同状态的多种因素，如政治、经济和社会文化因素等。这些因素相互竞争，没有哪一种能取得压倒性的优势。但是随着内外客观条件到达某个关节点，则往往只剩下两种（或多种）因素势均力敌，难分上下。这时再加上某些偶然性（临界涨落）的作用，就可以使某种因素趋于主导，压倒所有竞争因素，掌握全局（或称破缺），而使相应的状态脱颖而出。这时，其他因素都会皈依主导因素，不皈依者将自行消亡。当然，也有可能两种或多种状态相互合作，出现一种新的主导的状态。

此处所说的主导因素便是序参数。大众传播运动和发展的序参数是来自系统内部的，即大众传播系统的生存和发展基因，它是一种利益形态。大众传播"具有自身的动力学"，"报纸或杂志要有人买，才能生存，或者换句话说，它们是有读者支持的。但是由于这种支持是有限的，必然会出现竞争，从而导致筛选过程……它就必须以最能保证其自身的继续生存的方式筛选资料"。

大众传播系统的序参数具有两面性：一方面，它支配子系统，具有标志大众传播有序结构出现的重要作用；另一方面，又需要子系统来维持。因此，当今我们着重研究大众传播系统的序参数具有重要的根本意义。

⑥大众传播的役使原理

我国的大众传播是一个复杂的系统，其中的因素相当多。每个因素都有自己的运动方式和作用领域。当少数因素能够支配绝大多数因素的时候，即序参数能够迫使其他因素和状态纳入它的轨道的时候，大众传播系统才能形成支配—役使的关系，从而才可能是有序的。现在的无序是多个因素正在争夺序参数的地位的结果，各个因素在不同的时空中组成了不同的役使关系，因此在不同的时空情境中呈现出此消彼长的无序态。

哈肯在分析大众传播系统时指出，大众传播系统的有序是在筛选的压力和序参数的役使下才得以保障的。这对我们认识我国的大众传播系统不无启发。

⑦大众传播的循环原理

大众传播系统有其耦合的方式。早期的大众传播系统多为非循环的系统，即传播者→讯息→传播媒介→受众→传播效果。

随着信息传播业的发展，社会系统对大众传播系统提出了更高的要求，大众传播系统内部在与环境的交换中走向有序，逐步形成了循环系统，即大众传播系统内部各元素相互作用，互相促进，共同发展。

然而，在我国的大众传播系统中，这种循环原理还没有真正达到循环的循环，即超循环，往往是在外部和内部因素的特定作用下，在特定的时空情境中能够有一次或多次循环，还未能够形成开放的、有序参数支配下的、自组织的循环。

⑧大众传播的涨落原理

一个社会的大众传播系统不可能永远处在有序态，特别是像我国的大众传播系统正处在转型期。虽如上面所说，我国的大众传播系统正趋向定态，但是它还会出现偏离定态或平均值的涨落。这种涨落实际上是一种正常状况，是一种积极因素。出现涨落说明在现有系统结构中出现了需要耗散掉的因素。涨落触发了大众传播系统旧有结构的失稳，需要通过涨落渐趋新的定态，寻找新的结构。实际上，对大众传播系统来说，涨落是一种选择机制，通过涨落选择更适应系统发展方向的结构。

我们需要看到，大众传播系统中的涨落有巨、大、小之分。小涨落没有以上所说的渐趋新定态的作用，相反倒是有破坏作用，"耗散结构是稳定下来的巨涨落"。对大众传播系统而言，只有远离平衡状态的巨涨落才可能形成新结构。

大众传播作为一种自组织结构，其系统内部有着自发、自觉的元素关系。长期以来，我们只是看到了大众传播系统作为他组织的各种原理，忽略了这一社会体制的自组织原理。这是多年来我们使用经典科学的还原论的方法论、认识论和本体论对大众传播系统认识和研究的结果。这样我们分解了本来作为系统整体的大众传播，机械地分析重建这个系统，并且在我们的脑子中固守一个认识，即大众传播存在着一个基本层次，在这个层次上存在着不可分的基本单元，这些基本单元受制于简单的基本规律。实际上，社会系统的整体性是无法用还原论加以解释的。

因此，在我们对大众传播系统进行新一轮研究的时候，需要借用系统科学的方法论、认识论来对待我们的研究对象，将还原论和整体论辩证统一起来，认识到大众传播系统的他组织和自组织原理。切实研究开放的、非线性的、超循环的大众传播系统，据此制定系统决策，建构新形态的大众传播系统结构，以适应社会系统的发展要求。

（胡正荣）

四、考研真题

一、填空题

关于传播结构（过程）研究的主要模式有（　　）、（　　）、（　　）。（复旦大学2002研）

二、名词解释

1. "基本群体"（primary group）和"参考群体"（reference group）（清华大学2004研，北京师范大学2006研，中国传媒大学2007研）

2. 传播过程的构成要素（清华大学2001研）

3. 香农—韦弗的线性传播过程（可以用图示）（中国传媒大学2003研）

4. 德弗勒模式（北京大学2003研）

5. 如何理解韦斯特利—麦克莱恩（Westley and Maclean）（清华大学2002研）

6. 施拉姆（W. Schramm）提出的大众传播过程模式（清华大学2003研）

三、简答题

1. 什么叫传播模式？传播模式具有哪些功能？（中国传媒大学2002研）

2. 什么是传播过程的直线模式？它的提出者是谁？这个模式的局限性在哪里？（北京大学2001研）

3. 传播的线性模式、控制论模式和社会系统模式有何异同？从线性模式、控制论模式和社会系统模式说明传播学研究发生了什么样的变化？（复旦大学2003研）

4. 简析奥斯古德—施拉姆模式。（中国社会科学院2006研，华中科技大学2006研，上海大学2005研）

四、论述题

1. 试论网络传播与传统的传播有什么不同？请提出一种网络传播过程的新模式。（清华大学 2002 研）

2. 关于信息流程的研究有哪些主要成果？试联系新闻媒介工作实际，简述其启迪意义。（复旦大学 2002 研）

3. 传播模式经历了从直线模式、循环模式到系统模式等变化过程，请从传播模式发展变化的角度，分析传播思想的变迁与进步。（武汉大学 2003 研）

4. 请画出韦斯特利—麦克莱恩模式并阐释其含义。（清华大学 2005 研）

第五章　人类传播的基本类型

1. 人内传播：也称内向传播、内在传播或自我传播，指的是个人接收外部信息并在人体内部进行处理的活动。人内传播具有典型系统性，主要表现在人体本身就是一个完整的信息系统，它既有接收装置，又有传递装置；既有处理装置，又有输出装置。人内传播是由相互联系、相互制约的各组成部分所构成的，执行个人信息处理功能的有机整体。　　　　　　　　　　　　　　　　　　　　　　　（郭庆光）

【参考知识点】

（1）人内传播：又叫做内向传播，是人们头脑中"主我"同"客我"之间的信息交流活动。

（2）内向传播：又称为自我传播，自我传播是发生在一个人体内的一种信息交流活动，是在主我（I）和客我（me）之间进行的。　　　　　　　　　　（邵培仁）

2. 亲身传播：以人体自身为媒介，尤以语言为主要手段，而以表情和动作等为辅助手段的传播方式。　　　　　　　　　　　　　　　　　　　　　　（张国良）

3. 自我表达：即传播者将自己的心情、意志、感情、意见、态度以及地位、身份等向他人加以表达的活动。自我表达是否准确，表达方式是否合适直接影响人际传播的效果。　　　　　　　　　　　　　　　　　　　　　　　　　　　（郭庆光）

4. 人际传播：是指作为主体的个人与个人之间的信息传播活动，也是由两个个体系统相互连接组成的新的信息传播系统。在这个系统里，人们通过信息的接收保持相互影响、相互作用的关系。人际传播是一种最典型的社会传播活动，也是人与人社会关系的直接体现。　　　　　　　　　　　　　　　　　　　　　　　（郭庆光）

【参考知识点】

（1）人际传播：指两个或两个以上的人之间借助语言和非语言符号互通信息、交流思想感情的活动。它是传播者与受传者之间的信息互动的过程，是人际关系得以建立、维持和发展的润滑剂。　　　　　　　　　　　　　　　　　　　　（邵培仁）

（2）人际传播：是在两人或两人以上之间面对面的或凭借简单媒介如电话、书信等非大众媒介进行的信息交流活动。　　　　　　　　　　　　　　　　（胡正荣）

5. 群体：指的是"具有特定的共同目标和共同归属感、存在着互动关系的复数个人的复合体"。在这个定义下，群体是个广义的概念，它不仅包括家庭、朋友、近邻街坊、娱乐伙伴等初级群体，也包括具有某种共同社会属性的间接社会集合体，如性别、年龄层、职业、阶层等；既包括联系松散、自发形成的社会群体，也包括存在着制度化的严密分工和严格纪律的职能群体，如政党、军队、团体、企业等。　　　（郭庆光）

【参考知识点】

群体：指的是具有共同价值观念和情感，持续地相互影响并共同活动的个人有机集合体，如家庭、友人、邻里（首属全体，也称基本群体）；社团、学校、单位（次属群体）；民族、阶级、国家（隶属群体）。　　　　　　　　　　　　　　　　（张国良）

6. **群体传播**：群体与成员、成员与成员间的传播互动机制，即群体传播。岩原勉认为："群体传播就是将共同目标和协作意愿加以连接和实现的过程。"　　　（郭庆光）

【参考知识点】

群体传播：是在群体内部进行信息交流的活动。从广义上讲，组织是一种有固定目标和形式的群体，组织传播是群体传播的一种。从狭义上讲，群体传播特指在非组织化的群体中进行的传播活动。　　　　　　　　　　　　　　　　　　　　（胡正荣）

7. **群体意识**：指参加群体的成员所共有的意识，包括以下几个方面的内容。（1）关于群体目标和群体规范合意；（2）群体感情：这里不仅指由各成员的密切接触和协作而产生的成员间的个人感情，更指群体成员主观境界的融合所产生的感情；（3）群体归属意识，即群体成员因从群体活动得到某种程度的需求满足而对群体所产生的认同感。这几个要素越具备，群体意识就越强，越欠缺则群体意识就越薄弱。

（郭庆光）

8. **群体规范**：指的是成员个人在群体活动中必须遵守的规则，在广义上也包括群体价值，即群体成员关于是非好坏的判断标准，是群体意识的核心内容。　（郭庆光）

9. **集合行为**：指的是在某种刺激条件下发生的非常态的社会集合现象，多以聚集、恐慌、流言、骚动的形式出现，往往对正常的社会秩序造成严重的干扰和破坏。集合行为的发生需要三个条件：（1）结构性压力。（2）触发性事件。集合行为一般都是由某些突发事件或突然的信息刺激引起的。（3）正常的社会传播系统功能减弱，非常态的传播机制活跃。　　　　　　　　　　　　　　　　　　　　　　　　（郭庆光）

10. **群体感染**：指的是在集合行为中，某种观念、情绪或行为在暗示机制的作用下，以异常速度蔓延开来的过程。经过这个过程，一种情绪或一种观点会迅速支配整个人群，并引发整个人群的激烈行动。　　　　　　　　　　　　　　　（郭庆光）

11. **群体压力**：群体中的多数意见对成员中的个人意见或少数意见所产生的压力。在群体内部，传播活动经常是在"一对多"或"多对一"，"少数对多数"或"多数对少数"的场合下进行的。在这种情况下，无论是传播者还是受传者都会感受到某种程度的群体压力。在面临群体压力的情况下，个人和少数意见一般会对多数意见采取服从态度。　　　　　　　　　　　　　　　　　　　　　　　　　　（郭庆光）

12. **集合行为**：指的是在某种刺激条件下发生的非常态社会集合现象。集合行为多以群集、恐慌、流言、骚动的形态出现，往往会造成正常的社会秩序被干扰和破坏。

（郭庆光）

13. **集合行为中的循环反应**：即一方的刺激成为另一方的反应，而另一方的反应又反过来成为这一方的刺激的循环往复过程。　　　　　　　　　　　　（郭庆光）

14. **趋同心理**：也叫做遵从性，指的是个人希望与群体中多数意见保持一致，避免因孤立而遭受群体制裁的心理。　　　　　　　　　　　　　　　　（郭庆光）

15. **暗示**：指一种传播方式，即不是通过直接说服或强制，而是通过间接地示意使人接受某种观点或从事某种行为。在集合行为中的暗示接近于临床医学中的催眠暗示，换句话说，集合行为的参加者通常处于亢奋、激动的精神状态，这种状态使他对周围

的信息失去理智的分析、批判能力，表现为一味的盲信和盲从。　　　　（郭庆光）

16. 流言：集合行为中的主要信息形式是流言。流言是一种信源不明、无法得到确认的消息或言论，通常发生在社会环境具有较高的不确定性，而正规的传播渠道不畅通或功能减弱的时期。　　　　（郭庆光）

17. 组织：从广义上来说，任何由若干不同功能的要素按照一定的原理或秩序相组合而形成的统一整体，都可以称为组织。在狭义上，组织指的是"人们为实现共同目标而各自承担不同的角色分工，在统一的意志之下从事协作行为的持续性体系"。就这个定义而言，组织既是社会群体的一种，又与一般的松散群体有明显的不同。一般来说，凡是具有中枢系统或管理系统的群体都属于组织的范畴。　　　　（郭庆光）

【参考知识点】

组织：通常指正式的组织，即为达成特定目标而建立明确程序、发生协调行动的群体。　　　　（张国良）

18. 组织传播：组织传播是指在有组织、有指挥中心的群体中进行的传播活动。它包括两个方面：一是组织内传播；二是组织外传播。这两个方面都是组织生存和发展必不可少的保障。　　　　（郭庆光）

【参考知识点】

（1）组织传播：也称为团体传播，是指组织成员之间或组织与组织之间的信息交流行为。组织是社会中相近或相似个体有目的的组合；传播是组织结构的轴心，是组织存在的基础，没有传播就没有组织。　　　　（邵培仁）

（2）组织传播：是组织内部成员之间、组织与组织之间、组织与外部环境之间交流信息的活动。　　　　（胡正荣）

19. 信息压力：指一般人在通常情况下会认为多数人提供的信息，其正确性概率要大于少数人，基于这种信念，个人对多数意见会持较信任的态度。　　　　（郭庆光）

20. 组织传播的正式渠道：指的是信息沿着一定组织关系（部门、职务、岗位以及其隶属或平行关系）环节在组织内流通的过程。其传播形式可以分为两种，即横向传播和纵向传播。一般来说，横向传播双向性强，互动渠道畅通；纵向传播则有单向流动的性质，因而，根据信息的流向，纵向传播又区分为下行传播和上行传播。　　　　（郭庆光）

21. 组织传播的非正式渠道：指的是制度性组织关系以外的信息传播渠道。非正式渠道中的传播主要有两种形式：一是组织内的人际传播；二是非正式的小群体传播。　　　　（郭庆光）

22. 公共关系：指的是社会组织与周围社会环境中的其他组织机构、团体以及公众的关系和联系。　　　　（郭庆光）

23. 公关宣传：是指组织为了与其所处的社会环境建立和保持和谐关系而进行的各种宣传活动，其最终目的是广泛取得社会的理解和支持，为组织的生存和发展创造一个有利的外部环境。　　　　（郭庆光）

24. 广告宣传：广告是一种以付费形式利用各种媒体进行的大面积宣传活动，也是社会组织尤其是企业组织广泛采用的一种信息输出方式。现代组织从事的广告活动大致可分为两类：一类是非商业广告，如公益广告、意见广告以及通过媒体发布的各种公告等；另一类是商业广告，以企业组织为主体。商业广告依其目的可分为企业形象广告和促销广告两种。以媒体而论，则可进一步分为报刊广告、影视广告、音声广告、现场促销广告、屋外广告、交通广告、邮寄广告等。　　　　　　　　　　（郭庆光）

25. 企业标识系统宣传（CIS）：指的是企业组织使用统一的视觉或听觉符号系统来塑造、保持或更新组织形象的活动。它所采用的象征符号一般为具有独自特色的视觉图案，它可以印制在社旗、社徽、制服、办公用具和各类产品及其包装上，以保持企业的视觉形象统一。企业标识系统一般由三个要素构成：一是企业理念与价值标识；二是行为规范标识；三是视觉或听觉形象标识。企业标识系统宣传是组织内传播和组织外传播的统一，主要是利用普遍接触和重复记忆机制来系统塑造企业形象的宣传活动。　　　　　　　　　　　　　　　　　　　　　　　　　　　　　　（郭庆光）

26. 社会化：指的是一个人出生后由一个"自然人"成长为"社会人"的过程。从个人角度来说，它指的是个人学习语言、知识、技能、行为准则等以适应社会环境的过程；从社会角度而言，它指的是社会成员形成大体一致的观念、价值和社会规范体系，从而使社会秩序维持，社会发展的连续性得到保证的过程。个人观念的社会化包括两个部分：一是自我观念的形成；二是社会观念的形成（包括对他人和社会的基本看法、社会价值和行为规范的接受等）。　　　　　　　　　　　（郭庆光）

27. 大众传播：是指专业化的媒介组织运用先进的传播技术和产业化手段，以社会上一般大众为对象而进行的大规模的信息生产和传播活动。　　　　　（郭庆光）

【参考知识点】

（1）大众传播：指职业传播者和传播机构通过大众传播媒介（如报纸、书刊、广播、电视、电影等）向大众提供信息、知识、观念、娱乐等的过程。　　　（邵培仁）

（2）大众传播：以机械化、电子化的大众媒介即报刊、广播电视等为手段的传播方式。　　　　　　　　　　　　　　　　　　　　　　　　　　　　　（张国良）

（3）大众传播：是一个大规模的信息传送过程，在这个过程中，职业化和组织化的传播者出于各种目的，利用媒介系统广泛、迅速、连续不断地发出讯息，传递给人数众多、成分复杂的受众。　　　　　　　　　　　　　　　　　　　（胡正荣）

28. 信息环境：是指一个社会中由个人或群体接触可能的信息及其传播活动的总体构成环境。由此我们不难理解，第一，构成信息环境的基本要素是具有特定含义的语言、文字、声音图画、影响等信息符号。第二，一系列的信息符号按照一定的结构相互组合便构成具有完整意义的讯息。大部分讯息传达的并不仅仅是消息或知识，而是包含着特定的观念和价值，它们不仅仅是告知性的，而且是指示性的，因而对人们的行为具有制约作用。第三，当某类信息的传播达到一定规模时，便形成了该时期和该社会信息环境的特色和潮流。因此，信息环境具有社会控制的功能，是制约人的行为的重要因素。　　　　　　　　　　　　　　　　　　　　　　　　　　　　　（郭庆光）

29. 三功能说：由拉斯韦尔提出的传播的三项基本功能，即环境监视、社会协调和文化传承。这三项功能是包括人际传播、群体传播、组织传播在内的一切社会传播活动的基本功能。　　　　　　　　　　　　　　　　　　　　　　　　　　（郭庆光）

30. 四功能说：指传播的环境监视功能、解释与规定功能、社会化功能和提供娱乐功能，由美国学者赖特在继承拉斯韦尔观点的基础上提出。　　　　　　　（郭庆光）

31. 廉价报纸：也称为大众报纸，除了价格低廉外它还具有以下几个特点：（1）内容以新闻、信息及社会事件报道和娱乐为主，贴近普通大众生活。（2）发行量大，一般为几万乃至几十万份。（3）读者不限于特定的阶层或群体，而是面向分散的、异质的、不定量的、多数的一般大众。（4）广告收入为报纸经营的主要财源。

这种大众报纸在 19 世纪后半叶和 20 世纪初得到了发展和普及。在大众报纸过程中，报纸完成了两种转变：一是由"观点纸"向"新闻纸"转变；二是由政党经费经营向市场化运营和企业转变。 （郭庆光）

32. 拟态环境：也就是我们所说的信息环境，它并不是现实环境的"镜子"式的再现，而是传播媒介通过对象征性事件或信息进行选择和加工，重新加以结构化以后向人们提示的环境。 （郭庆光）

【参考知识点】

拟态环境：或译为虚假环境、假环境，指的是大众媒介创造出来的，来源于真实环境却又不尽一致的一个媒介环境，是一种间接的感知，却常常被社会公众当做真实世界而接受下来。 （胡正荣）

33. 传播的个人功能：传播活动所具有的对个人身心发展的作用，或者须由信息传播的参与者个人去完成的任务就叫个人的功能。这种功能依照施拉姆的解释也叫内向性功能或社会成员自身功能。 （邵培仁）

34. 认知一致性理论：其代表人物包括海德、纽科姆、奥斯古德和费斯廷格等，其基本观点是，人具有一种保持心理平衡的需要，而认知矛盾往往会打破心理上的平衡，使个体出现不愉快的心理状态。这种心理状态又会促使个体做出一定的行为，以重新恢复心理上的平衡。 （胡正荣）

35. 场：它在卢因的理论中是一个核心观念，指的是"被察觉到的作为相互依存的协同存在的事实的总体"。换言之，"场"就是某个整体的各种组成因素的总和。应用到人类社会中，一个群体就形成了一个场，处于这个群体中的个体，其行为往往不是个人控制，而是受到群体的深刻影响。 （胡正荣）

36. 两级传播理论：即讯息和影响先由大众传播媒介传播给舆论领袖，然后再由舆论领袖扩散给社会大众。 （胡正荣）

37. 三角测量法：即采用测量、收集资料和资料分析的多重方法，以获得对研究对象的多侧面了解。 （胡正荣）

38. 刻板印象：或译固定成见，指的是对某一类人或事物产生的比较固定、概括而笼统的看法。在现代社会中，大众媒介要为大部分刻板印象的形成负责。 （胡正荣）

39. 信度：指的是研究方法的可靠性，即是否能够保证反复测量得出的结论比较一致。定量研究一般都对研究过程的信度进行反思。 （胡正荣）

40. 效度：指的是研究方法的有效性，即所得出的结论是否能够解释预先提出的问题。定量研究一般都对研究过程的效度进行反思。 （胡正荣）

41. 互文性：指的是某个文本与其他文本所分享的模式、角色、内容、对白、道具等要素，或者直接衍生自其他文本。 （胡正荣）

二、简答题

1. 请简述人内传播过程包括的主要环节和要素

（1）感觉：分为视觉、听觉、嗅觉、味觉、触觉等。感觉是人通过眼、耳、鼻、舌、身等感官对事物的个别信息属性如颜色、形状、声音、气味、软硬、凉热等做出的反映，是人内传播的出发点。

（2）知觉：感觉的集合，或在感觉的基础上对事物的分散的个别信息属性进行的综合，知觉的过程就是对事物整体的感性信息进行综合把握的过程。

（3）表象：表象是记忆中保存的感觉和知觉信息在头脑中的再现。

（4）概念：对同类事物中共同的、一般属性的认识。概念包括外延和内涵，前者是同类事物的范围或集合；后者是对同类事物特征和本质属性的认识。概念是思维的细胞和工具，有了概念，人类才能进行抽象思维。

（5）判断：对事物之间的联系或关系进行定性的思维活动，它是在驾驭表象和概念进行分析的基础上产生的。在传播学中，判断意味着对思考的对象事物有所断定和做出结论，这是人们行为决策的基础。

（6）推理：从已知的事物属性和关系中推导出未知的属性和关系的思维活动。推理是在判断的基础上进行的，在若干个判断之间建立或发现合乎逻辑，合乎规律的关系，得出新的判断和结论就是推理的过程。因此，推理也是"从已知中发现未知"的创造性思维活动。

除此之外，人内传播还伴随着人的感情和复杂的心理活动，它们在很多情况下对人内传播的过程和结果产生重要的影响。　　　　　　　　　　　　**（郭庆光）**

2. 怎样理解人内传播？

从辩证主义观点来看，人内传播不外乎个人内部的意识、思维或心理活动，这个过程是由感觉、知觉或表象等几个主要环节或要素构成的。除此之外，人内传播还伴随着人的感情和复杂的心理活动，它们在很多情况下对人内传播的过程和结果产生重要的影响。但是，感情和各种各样的心理定势也并不是生来就有的，而是在迄今为止的社会实践中，通过对事物的实际体验或社会学习而形成的。我们可以从以下几个方面来理解人内传播：

（1）人内传播虽然是人体内部的信息处理过程，但这个过程不是孤立的，它的两端都与外部过程保持着衔接关系；作为一个个体系统，它的输入源泉是外部环境，输出的对象也是外部环境。这里的环境既包括自然的，也包括社会的。

（2）人内传播虽然与人的生理机制密切相关，但它本质上是对社会实践活动的反映，具有鲜明的社会性和实践性。离开了人的社会实践，人内传播与其他动物的体内传播就没有本质区别。

（3）人内传播不是对外部世界消极、被动的反映，而是积极能动的反映。这种能动性表现在人的意识和思维活动具有生产性和创造性，它不是对已有的知识、观念、思想进行简单的"复制"，而是通过积极的精神劳动，在已知的基础上不断发现未知，创造新知识、新观念和新思想的活动。人内传播伴随着创造性思维成果，它也是推动人类文明发展的巨大力量。

（4）人内传播是其他一切传播活动的基础，任何一种其他类型的传播都必然伴随着人内传播的环节，而人内传播的性质和结果也必然会对其他类型的传播产生重要的影响。

（郭庆光）

3. 简述马斯洛的需要层次理论

美国心理学家马斯洛指出，人有五种基本的需要，即生理需要、安全需要、归属和爱的需要、尊重需要、自我实现需要。后来，他又在尊重需要和自我实现需要之间加入了认知需要和审美需要。

人们的生理需要和安全需要借由劳动和其他活动获取食物、衣物、住房等便可以得到满足。其中不免有人际传播的介入，但这并不是满足这两种需要的必要条件。但是，如果人想要满足自己更高的要求，如与人交往，获得爱情、友情、亲情等，或者得到自尊以及他人的尊重和发挥自己的全部潜能达到自我满足，这些都是离不开人际传播活动的。

马斯洛还提出，心理健康的人尤其是那些能达到自我实现的人，都会经历一种异常的心理体验，即"高峰体验"。这种最高级别的心理需要的满足，虽然看上去来自人的内部，但它也常常伴随着他人的激发、协助、认可和分享，其中人际传播也是不可或缺的。

（胡正荣）

4. 人际传播的特点有哪些？

人际传播包括各方面的内容，既包括交流关于环境变化的有用信息，也包括交换有关特定问题的看法和意见，还包括沟通人与人之间的感情。人际传播虽然内容丰富，形式多样，但大致可以分为两种：一种是面对面的传播；另一种是借助某种有形的物质媒介的传播。人际传播特别是面对面的人际传播具有以下几个重要特点。

（1）人际传播传递和接收信息的渠道多，方法灵活。换句话说，传播者不仅可以使用语言，而且能够运用表情、眼神、动作等多种渠道或手段来传达信息，同样，受传者也可以通过多种渠道来接收信息。

（2）人际传播的信息的意义更为丰富和复杂。在面对面的情况下，多种渠道和多种手段的配合，会形成特殊的传播情境，这种特殊的情境会产生新的意义。

（3）人际传播双向性强，反馈及时，互动频率高。双方的信息授收以一来一往的形式进行，传播者与受传者不断相互交换角色，每一方都可以随时根据对方的反应把握自己的传播效果，并相应地修改、补充传播内容或改变传播方法。因此，人际传播是一种高质量的传播活动，尤其在说服和沟通感情方面，其效果要好于其他形式的传播。

（4）与组织传播和大众传播相比，人际传播属于一种非制度化的传播。我们说它是非制度化的，并不是说它不受任何制度化因素的影响。相反，人际传播也是社会关系的体现，参与的双方虽然都是拥有独立的主体，但他们都是由一定的社会关系相连接的。人际传播的内容和双方使用的言辞、语气、态度等，无不是这些关系的反映。这里所说的非制度化主要是指在传播关系的成立上具有自发性、自主性和非强制性，人际传播主要是建立在自愿和合意基础上的活动。在人际传播中，双方都没有强制对方的权利，也没有接受强制的义务，这意味着人际传播是一种相对自由和平等的传播活动。

（郭庆光）

【参考知识点】

简述人际传播的特点

人际传播具有如下特点：

（1）直接性。无论是面对面的传播，还是非面对面的传播；无论是语言传播，还是非语言传播，人际传播都具有一种直接性。虽然我们可以使用书信、电话、电报等媒介物来进行人际传播，但传播内容只是经过物理转换，而不像大众传播那样，经过他人带有主观性的加工和处理。

（2）随意性。传播过程中，传者和受者的位置在交流过程中可随时互换，传播的内容和方式也可以根据现实情境做随时的调整和改变。同时，人际传播的速度可以控制，反馈也是迅速及时的，从而使得人际传播更适于进行沟通和说服。

（3）由于人际传播是一种直接交流，除非传受一方或双方公开交流内容，否则对外界而言信息不具有公开性。

以上可以看做人际传播的优点。但是，事物总有两面，人际传播的覆盖面窄、易走形、信息不易储存等是其不足之处。人际传播是人类最基本的传播活动，同时，在具有某种意图的大规模传播活动中，它也成为大众传播和组织传播的有益补充。

（胡正荣）

5. 人际传播的动机是什么？

人际传播的首要动机是获得信息。个人生活在自然环境与社会环境中，要保证个人的生存和发展，就必须及时了解环境的变化，并据此不断调节自己的行为以适应新的变化。

其次，建立与他人的社会协作关系也是人际传播的一个基本动机。人是社会动物，个人离开了他人，离开了与他人的社会交往和协作同样不能生存。世界上没有纯粹属于一个人从事的活动，许多看起来似乎是个人独立完成的工作，实际上都是建立在两人以上的多人合作和配合的基础之上的。要谋求与他人合作，就必须积极进行说明、解释、协商等各种各样的人际传播或沟通活动。

再次，个人要与他人建立有效的社会协作关系，一个基本前提是既要了解自己，又要了解他人，还要让他人也了解自己。所以，我们说人际传播的第三个基本动机是自我认知和相互认知。

最后，满足基于人的社会性的精神和心理需求，也是个人从事人际传播活动的一个基本动机。这里包括建立和谐的人际关系，拥有自己的社交圈子和娱乐伙伴等。与周围的他人保持融洽的关系，能够使人心情愉快，保持良好的精神状态，有利于人的身心健康。

综上所述，寻求关于生产、生活和社会的有用信息从而进行环境适应决策、建立社会协作关系、自我认知和相互认知以及满足人的精神和心理需求，是个人从事人际传播的基本动机。当然，正如社会生活是复杂多样的一样，人际传播的动机也是复杂的（甚至会有各种异常动机），绝不是仅有以上几种。这里归纳的只不过是作为健全的、有理性的人的人际传播的一些基本动机。

（郭庆光）

6. 人际传播的社会功能

人际传播是社会传播的一个重要组成部分，对个人和社会都具有强烈的意义。人际传播的社会功能是多方面的，它是社会成员交流信息的重要渠道，是实现社会协作的重要纽带，也是传承社会文化的重要工具。对个人来说，人际传播也是完善和发展自我的重要途径。人际传播的状态如何是社会物质文明和精神文明的重要体现。　　（郭庆光）

7. 罗宾森关于人际传播的功能说

罗宾森从语言学角度罗列了人际传播的 13 种功能：（1）避免不愉快的行动；（2）接受社会规范；（3）美感；（4）寒暄；（5）允诺与保证；（6）节制自我；（7）节制他人；（8）感叹；（9）表达社会属性；（10）显示任务关系；（11）非语言领域的参照；（12）教育；（13）询问。　　（邵培仁）

8. 简述米德的"主我"和"客我"理论

美国心理学家 G·H·米德最早从传播的角度对人的自我意识及其形成过程进行了系统的研究，他在研究人的内心活动时发现，自我意识对人的行为决策有着重要的影响。自我可以分解成相互联系、相互作用的两个方面：一方面，作为意愿和行为主体的"主我"，它通过个人围绕对象事物从事的行为和反应具体体现出来；另一方面，作为他人的社会评价和社会期待之代表的"客我"，它是主体意识社会关系的体现。换言之，人的自我是在"主我"和"客我"互动中形成的，又是这种互动关系的体现。

米德认为，人的自我意识就是在这种"主我"、"客我"的辩证互动的过程中形成、发展和变化的。"主我"是形式（由行为反应表现出来）；"客我"是内容（体现了社会关系方方面面的影响）。"客我"可以促使"主我"发生变化；而"主我"反过来也可以改变"客我"，两者互动不断形成新的自我。

作为自我传播的人内传播具有社会性、双向性和互动性。人内传播是一个"主我"、"客我"之间双向互动的社会过程，互动的介质同样是信息，用米德的话来说即"有意义的象征符"。这个过程可以用图 5-1 所示：

图 5-1　人内传播的双向活动性

在这里，"有意义的象征符"可以是声音的，也可以是形象的。米德认为"有意义的象征符"不但能够引起他人的反应，而且能够引起使用者自己的反应，作为人内传播的思考活动，就是通过"有意义的象征符"来进行的。　　（郭庆光）

9. 简述 G·H·米德的内省式思考模式

内省是人对自己的一种反思活动，也是一种重要的人内传播形式。内省可以分为两种：一种是日常的、长期的自我反思活动，它以完善个人的品德和行为为目的，具有明显的长期目标性和连贯性；另一种是短期的、以解决现实问题为目的的自我反思活动，称为"内省式思考"。在此我们主要考察后者，并由此探讨人内传播在社会实践中所起的作用。

根据 G·H·米德的研究，内省式思考并不是在日常生活的每时每刻都发生的，只有在一个人遇到困难、障碍等问题，既有的行为方式是否适用难以做出判断之际才会活跃起来。在面临新问题的情况下，由于个人不知道过去的习惯做法是否合适，所以通常不会立即做出反应。在反应滞后、行为停止期间，内省式思考就会活跃起来，通过人内传播来做出如何解决新问题，适应新情况的决策。

内省式思考的过程不是封闭的，而是与周围的社会环境，与周围的他人有着密切的联系。在内省过程中，人的头脑中会出现他人的形象，个人会分析和推测别人是如何考虑的，别人对这个问题会采取什么态度等，在此基础上才能形成个人自己的态度轮廓，考虑自己应该怎么做。这个过程也是一个重新构筑自我与他人关系的过程。因此，内省式思考的过程也是一个社会过程。

内省式思考不仅是一个横向的社会过程，而且是一个将过去和未来联系起来的、纵向发展和创造的过程。换句话说，也就是在这种活动中，个人会把自己迄今为止有关该问题的社会经验和知识积累全部调动起来，对它们的意义重新进行解释、选择、修改和加工，在此基础上创造出与新的状况相适应的新的意义和行为。由此而言，内省式思考也是超越既有意义开创新意义，超越既有行为方式开创新的行为方式，与人的未来发展密切相关的一种活动。

内省式思考的这些特点同时也是人内传播的特点。它充分说明人内传播并不是孤立、封闭和绝对的"主观精神"的活动，而是一个与人的社会实践相联系的活动，人内传播在本质上是人的社会关系和社会实践的反映。与此同时，这种反映又不是对社会关系或实践的消极、简单的"复制"，而是一种具有独自的特殊规律的、能动的、创造性的活动人内传播反过来会对现实的社会关系和社会实践产生巨大的影响。因此，人内传播也是推动社会发展的一种强大动力。　　　　　　　　　　　　　（郭庆光）

10. 布鲁默的"自我互动"理论

布鲁默在 1969 年出版的《象征互动论》一书中提出这样一个观点：人能够与自身进行互动——自我互动。他认为，人是拥有自我的社会存在，人在将外界事物和他人作为认识对象的同时，也把自身作为认识对象。在这个过程中，人能够认识自己，拥有自己的观念，与自己进行沟通或传播，并能够对自己采取行动。

布鲁默指出，从本质上来说，这种与自身的互动——自我互动是与他人的社会互动的内在化，也就是与他人的社会联系或社会关系在个人头脑中的反映。不过自我互动并不是与他人的社会互动在头脑中的简单再现，而是具有独自的特点。换句话说，在自我互动过程中，人脑中会出现关于他人期待的印象，个人会考虑这些期待对自己意味着什么，但个人不是原封不动接受这些期待。在人内传播过程中，个人会沿着自己的立场或行为方向对他人期待的意义进行能动的理解、解释、选择、修改、加工，并在此基础上重新加以组合。经过这个过程的他人的期待已不是原来意义上的他人期待，它所形成的自我也已不是原来意义上的自我，而是一个新的行为主体。

布鲁默的"自我互动"理论有助于我们理解社会传播与个人的自我的关系。它告诉我们，人不但与社会上的他人进行传播，而且与自己本身进行传播，即自我传播。自我传播同样具有社会性，它是与他人的社会传播关系在个人头脑中的反映。自我传播对个人具有重要的意义，通过自我传播，人能够在与社会他人的联系上认识、改造自己，不断发展完善自我。　　　　　　　　　　　　　　　　（郭庆光）

11. 库利的"镜中我"理论

库利在 1909 年出版的《社会组织》一书中提出了"镜中我"的概念，他认为人的行为在很大程度上取决于对自我的认识，而这种认识主要是通过与他人的社会互动形成的，他人对自己的评价、态度等，是反映自我的一面"镜子"，个人通过这面"镜子"认识和把握自己。因此，人的自我是在与他人的联系中形成的，这种联系包括三个方面：

（1）关于他人如何"认识"自己的想象。

（2）关于他人如何"评价"自己的想象。

（3）自己对他人的这些"认识"和"评价"的情感。

在这其中，前两项只有在与别人的接触中，透过别人的态度才能获得，库利认为"镜中我"也就是"社会我"，传播特别是初级群体中的人际传播是形成"镜中我"的主要机制。一般来说，这种以"镜中我"为核心的自我认知状况取决于与他人传播的程度，传播活动越活跃，越是多方面，个人的"镜中我"也就越清晰，对自我的把握越客观、准确。

（郭庆光）

12. 简述罗洛夫的人际传播社会交换理论

这一理论由美国学者罗洛夫在《人际传播社会交换论》中提出，它是人际传播时社会交换活动当中的一种。人在进行社会交换时，主要交换的是物品、金钱、服务、信息、地位和爱六种资源。其中，物品、金钱、服务的交换满足的是较低层次的生理需要，至于交换信息、地位和爱，则不可避免要进行人际传播。

由此可见，人进行一切活动的动机无不源于人作为自然人和社会人所具有的需求。对于自然需求，人际传播虽然并非必需，但也成为一种重要的辅助性活动；而对于社会需求，人际传播则成为不可或缺的行为。换句话说，人际传播源于人的社会需求，是人的基本社会活动。没有人际传播，人就不是一个社会化的人；同样，人类社会也就不复存在。

（胡正荣）

13. 如何理解"人际传播是真正意义上的多媒体传播"？

人际传播从本质上来说是个人之间相互交换精神内容（意义）的活动，精神内容交换的质量如何，在很大程度上取决于它的媒体（符号载体）。在这里，媒体也可以理解为任何能够传递信息的手段和渠道。我们说人际传播是一种高质量的传播活动时，提出的一个重要理由就是它的传播手段多、渠道广、方法灵活。人际传播是真正意义上的多媒体传播。

人际传播的核心媒体无疑是语言。语言又分为声音语言和书写语言。声音语言是人际传播也是自我表达的最高基础的媒体。语言的功能不仅仅在于传递讯息内容的本义，它还通过声调、速度、音量、节奏等传递着与说话者相关的背景信息。因此，即便是同一条讯息内容，由于用词的不同，都会引起听话者的不同反应。

另外，书写语言是在文字发明的基础上产生的，在不能或不便使用声音语言的场合，书写语言便成为人际传播最常用的沟通工具。书写语言的功能不仅仅是做文章，它同时也是自我表达的重要手段。

语言是自我表达的基础媒体，但不是唯一的媒体。体姿、表情、眼神、身体接触以及服装、发型等都是自我表达的重要媒体。美国社会学家E·戈夫曼指出："在若干人相聚的场合，人的身体并不仅仅是物理意义上的工具，而是能够作为传播媒体发挥作用。"

（郭庆光）

14. 如何理解外观形象和自我表达？

每个人都有自己的外观形象。外观既包括身高、体形、脸型、发型等身体特征，也包括服装、事物、随身携带品的使用等形成的氛围特征。外观形象是自我表达的重要手段，它所传达的信息形成人际传播中的第一印象。

任何一种外观特征都有其特定的意义。服装不仅具有遮体御寒等实用功能，也是一个人性别、年龄、职业、地位、文化的象征。

发型也是如此。发型的象征意义非常丰富，它可以显示一个人的风度、个性、教养、素质等。简言之，发型也是人们表露自己内在精神世界的一种手段。

不仅是服装和发型，各种各样的化妆品和随身携带品等也都可以起到自我表达的作用。对个人来说，现代社会是一个风格传播和个性传播的时代，利用外观形象来展现与众不同的风格和个性，可以说是现代时尚大潮的主流。（郭庆光）

15. 姿态的传播功能是什么？

自我表达的有效媒体之一是姿态。体姿在狭义上指手势和身体的各种活动姿势，在广义上也把面部器官活动构成的表情、神色等包括在内。在传播和自我表达活动中，体态至少有以下五种功能：

（1）强调语言。例如讲话中配合挥手、握拳、上身前倾等动作，以加强语言的力量。

（2）补充语言。在语言表达补充的时候，起到补充语言的作用。例如，话说到了一半，而后半部分用摆手、点头、摇头等加以补充。

（3）代替语言。在使用语言困难或不便明说等情况下，利用动作来表达意义，如用耸肩来表示无可奈何。

（4）控制语言。这就是说，体态可以利用它们所形成的情境对语言的效果加以限制和制约，眼神、表情以及动作都可以起到这种作用。例如，一个人嘴里说着"我很高兴"却板着面孔，那么这句话的效果是要大打折扣的。

（5）表达超语言的意义。在许多场合，体态或动作比语言本身更具有雄辩力。高兴的时候开怀大笑，悲痛的时候失声痛哭，都比表述性的语言更能传达当事人的心情。

总之，单纯的语言表达是有一定限度的，将手势、表情、眼神、动作等体态与语言有机地加以结合，能够表达更丰富的意义，也能传达一个更丰富的自我。（郭庆光）

16. 自我表达和社会价值规范有哪些？

个人进行自我表达活动的目的是为了使他人能够充分认识和评价自己，不进行自我表达，便不可能得到这种认识和评价。但是，自我表达是以他人为对象和在特定的社会、文化环境中进行的，如果不顾及他人和社会价值与规范，一味以自我为中心，那么这种表达不但不会收到好的效果，相反会招致误解和造成个人的社会孤立。

因此，自我表达并不是个人孤立的活动，而是与他人和一定的社会价值或行为规范相联系的，应该符合一个社会普遍认可的真、善、美价值尺度。不是单纯通过刻意修饰，而是通过展示真实的自我而使人格的感染力得到充分发挥，才能够真正得到周围人的高度评价。（郭庆光）

17. 群体的本质特征

群体的本质特征有两个：第一，目标取向具有共同性。这就是说，参与群体活动的个人都是带着某种共同的目的——共同的利益、关心、兴趣等集合到一起。第二，具有以"我们"意识为代表的主体共同性。这两个特征意味着任何一个群体都具有互动机制和使共同性得到保障的机制，这种机制称为群体的组织性。　　（郭庆光）

18. 群体的社会功能和意义有哪些？

群体具有重要的社会功能，简言之，这种功能即群体是将个人与社会相连接的桥梁和中间纽带。群体是社会的组成部分，或者说是"局部社会"。个人在参与社会活动之余，首先是作为局部社会——群体的一员出现的，一个人若不能做一个合格的群体成员，同样也做不了合格的社会成员。群体帮助个人完成社会化过程，训练和分配社会角色，形成社会规则和准则，调节和控制个人行为。因此，群体对社会的一个主要贡献就是它有助于社会秩序的维持，使社会秩序的连续性得到保证。不仅如此，群体还通过社会分工与协作，将分散的个人力量集结起来，能够完成个人所不能完成的社会工作事业。另外，群体对个人成员也具有十分重要的意义，这主要表现在以下几个方面。

（1）群体是满足个人需求的重要手段。人的许多社会需求和愿望仅凭个人力量或条件是得不到满足的，只有加入到一定群体中，通过与他人的合作，依靠群体的力量才能得到实现。群体的能力大于参与群体的单纯个人能力的简单相加，群体也能够使成员个人的能力得到增强，这种能力使其能够实现作为个人所实现不了的目标，这是个人参加群体的基本动机之一。

（2）群体是个人信息的来源和社会安全感的提供者。个人离开了群体就会处于消息闭塞和孤立无援的状态，在面对来自自然界或社会威胁之际，缺乏有效的自我保护措施。而加入到群体之中，不但可以及时获得关于外界变化的信息，减少因对环境的不确定性而产生的恐惧和忧虑，而且能够通过与其他成员的协作，以集体的力量克服困难和危机。

（3）群体是个人表现和实现自我的场所与手段。每个人都有自己的理想或成就目标，通过个人和群体的一体化，通过与有着共同关心的其他成员交流信息和经验，个人可以最大限度地丰富自己，可以促进自己理想和目标的实现。同时，一个人的才能和成就只有在得到群体承认的情况下才会有实际意义，孤芳自赏不会伴随任何充实的成就感和满足感。从这个意义上我们说群体是表现和实现个人价值的重要场所，它既是谋求成就的动机，又是实现成就目标的手段。

综上所述，群体无论对社会还是对个人都具有极为重要的意义。当然，群体的社会功能并不都是正面的，某些群体为实现一己目的而拒绝承担正当的社会分工，给社会秩序和社会生活带来混乱的情况也是常见的。对个人来说，群体在为个人带来利益的同时，又具有束缚和压抑个性的负面作用。研究群体传播需要对这些问题给予充分关注。　　（郭庆光）

19. 简述群体的成立、生存和发展需要的条件

群体的成立、生存和发展需要一些条件，其中最基础的条件有三项：（1）共同的目标和关心事项，这是群体凝聚力的核心；（2）成员之间的协作意愿，也就是个人参加并愿意为之做出贡献的动机；（3）群体与成员、成员与成员间的传播互动机制，即群体传播。岩原勉认为："群体传播就是将共同目标和协作意愿加以连接和实现的过程。"这个过程形成群体意识和群体结构，而这种意识和结构一旦形成，又反过来成为

群体活动的框架，对个人成员的态度和行为产生制约，以保障群体的共同性。因此，群体传播是群体生存和发展的一条基本的生命线。　　　　　　　　　　（郭庆光）

20. 简述群体意识的形成

群体意识无疑是在群体信息传播和互动过程中形成的。任何一个群体都具有自己的传播结构，这个结构可以从信息的流量和流向两个方面来解释。一般来说，信息的流量大，意味着信息覆盖面广，群体成员间互动和交流频度高，群体意识中的合意基础好。另外，信息的流向是单向的还是双向的，传播者是特定的少数人还是一般成员都拥有传播的机会等，对群体意识的形成也是至关重要的。双向性强意味着群体传播中民主讨论成分多，在此基础上形成的关于群体目标和群体规范的合意更统一、群体感情和群体归属意识更稳固。

群体传播形成群体意识，这种意识一旦形成也会对群体传播产生重要的影响。群体意识的影响主要体现在对成员个人的态度和行为的制约作用上。群体意识虽然可以通过社会化过程为个人所吸收，但总体上仍然属于一种集合意识，是相对于个人意识的一种外在的、约束性的思维、感情和行为方式。　　　　　　　　（郭庆光）

21. 群体规范的功能有哪些？

群体规范是群体意识的核心内容，指成员个人在群体活动中必须遵守的规则，广义上也包括群体价值，即关于是非好坏的判断标准。

一般来说，群体规范的功能包括以下几项：

第一，协调成员的活动、规定成员角色和职责以促进群体目标的实现。

第二，通过规范的共有来保证群体的整体合作。

第三，通过指示共同的态度和行为方式来维持群体的同一性。

第四，为全体成员提供安全的决策依据。

第五，通过群体压力来制约成员的偏离行为。　　　　　　　　　　（郭庆光）

22. 群体规范的主要作用是什么？

群体规范的主要作用在于排除偏离性的意见，将群体内的意见分歧和争论限制在一定范围之内，以保证群体决策和群体活动的效率。每个群体都有一般成员承认并且拥护的规范体系，成员个人的群体意识越强，也就越倾向于积极维护群体规范。群体规范的维持通过群体内的奖惩机制来保证。在成员个人对群体做出了贡献的时候，可以得到群体的奖励，包括获得其他成员的赞扬和在群体内角色地位的上升等；当从事了不利于群体或违背群体规范的行为之际，个人成员将会受到群体的制裁，包括受到其他成员冷淡而陷入孤立状态、各种不同程度的处分直至被排除于群体之外。因此，当个人的态度和行为与群体规范发生冲突时，他所面临的群体压力是巨大的。

群体规范不仅对群体内的传播活动起着制约作用，而且对来自群体外的信息或宣传活动的效果具有重要的影响。群体规范对来自外部的说服活动效果的影响主要表现在两个方面：（1）在说服的观点与群体规范一致的场合，群体规范可以推动成员对观点的接受，起到加强和扩大说服效果的作用；（2）在说服的观点与群体规范不相容的场合，后者则阻碍成员接受对立观点，使说服效果发生衰减。不仅如此，在群体归属意识较强的成员那里，它还会唤起一种"自卫"行为，使对立观点的说服活动出现逆反效果。　　　　　　　　　　　　　　　　　　　　　　　　　　　　（郭庆光）

23. 组织传播的功能有哪些?

组织传播的总体功能就是通过信息传递将组织的各部分连接成一个有机整体,以保障组织目标的实现及组织的生存和发展。它既是保障组织内部正常运行的信息纽带,也是组织作为一个整体与外部环境保持互动的信息桥梁。

从传播学的角度看,组织本身就是一个信息系统,因为组织的任何活动都与一定的信息活动相联系。具体来说,组织传播的功能可分为以下几个方面。

(1) 内部协调。组织中的各部门、各岗位都由一定的信息渠道相连接,每个部门和岗位同时也都执行着一定的信息处理职能,是组织传播的一个环节。这些环节通过信息的传达和反馈相互衔接,是各部门和岗位成为既各司其职,又在统一目标下协同作业的整体。

(2) 指挥管理。组织目标和组织任务的实施需要进行指挥管理。在一个组织中,从具体任务指令的下达、实施、监督、检查、总结,到组织活动规章制度的贯彻和日常管理,都体现为一定的信息活动,都是在一定的信息互动的机制下进行的。

(3) 决策应变。组织是永远处于运动和变化之中的有机体,它不断面临组织内部和外部的新情况和新问题。适应新情况、解决新问题的过程就是决策应变的过程,这个过程本身就是建立在信息的收集、整理、分析、判断的基础之上的。

(4) 形成共识。一个组织要保持高度的凝聚力和战斗力,必须围绕一系列重要问题如组织目标和宗旨及组织规则、组织方针和政策等,在组织成员中形成普遍的共识。共识的形成本身就是一个组织内的传播互动过程,必然伴随着围绕特定问题的信息传达、说明、解释、讨论等各种形式的传播活动。

综上所述,传播是组织的一个基本属性。组织的任何活动都伴随着信息传播,以至于我们很难说出一种与传播无关的组织活动。考察组织传播,也就是考察组织本身。

(郭庆光)

【参考知识点】

简述组织传播的功能

组织传播的功能大致有手段性的和满足性的两种。前者以交流为手段,达到某种事物性的目的,多半由正规的组织传播活动来完成,在绝大多数组织中占有首要地位。后者则以社会—情感需求的满足为主要目的,多半由非正规的组织传播活动来承担,也是组织运转必不可少的要素。

总体而言,组织传播的功能包括以下四点。

第一,确保组织内部协调活动的发生,即建立起组织内部成员的联系协作,以实现组织目标。

第二,确保组织与外部环境建立起联系,来完成正常的信息输入、输出的交换活动,使组织活动与外部环境相适应。

第三,通过组织内部情感交流,加强相互间的了解,增强内部成员的凝聚力和向心力。

第四,通过组织内部多层次、多角度的信息交流满足其成员的社会心理需求,激励士气。

(胡正荣)

24. 组织的结构特点

组织都是为了实现一定的组织目标而设置或成立的。与一般社会群体的目标相比,组织目标更明确、更系统，它的实现需要严格的制度化措施的保证。这决定了组织具有以下几种结构特点。

（1）专业化的部门分工。组织目标大多是复杂的系统工程，需要执行不同功能的专业化部门的协同作业。组织的部门一般可分成决策部门、管理部门和职能部门等。

（2）职务分工和岗位责任制。职务是按照组织目标的需要而设定并由成员个人承担的角色位置，通常称为岗位。职务或岗位伴随着一定的权限和责任，其内容并不因担任职务和人的变动而改变，具有固定性和形式性。

（3）组织系统的阶层制或等级制。阶层制是为保障组织的统一目标、统一意志得到贯彻和实施而设立的指挥管理制度。部门有上级部门、同级部门和下级部门，而职务也有上司、同僚和部下之分。

现代社会中的常规组织一般都有上述三个特点。这三个特点说明，与一般的群体不同，大多数组织都是在一定的组织目标下，按照结构功能的合理性原则和效率性原则建立起来的。组织是一个有着统一意志的严密整体，正因如此，组织才比个人和松散群体更有力量，才能完成个人和一般群体所不能胜任的大型复杂作业。

另外，在组织中，除了正式结构以外，还有一个由人和人的关系相互连接的非正式结构。人有着丰富的感情和能动的精神活动，人的状态如何也是决定组织状态的一个重要因素。

（郭庆光）

25. 组织传播的基本要素

就其实质而言，组织传播就是组织内部成员间、组织与组织之间、组织与外部环境之间进行信息交流的活动。正如美国学者戈德哈伯所说："组织传播，即由各种相互依赖关系结成的网络，为应付环境的不确定性而创造和交流信息的过程。"

组织传播的基本要素包括以下五点。

（1）信息。在信息社会中，组织的生存和发展都依赖于信息，有效的组织传播首先要有充足的信息。

（2）相互依赖。组织中的部分不可能脱离系统和环境而独立存在，需要进行互动，这种互动就涉及传播活动。

（3）网络。组织是由各种关系组成的网络，组织传播要遵循这个网络中的规则，根据在组织中担任角色的不同而采用不同的信息传递方式。

（4）过程。组织传播是一刻不停的信息互动。

（5）环境。组织要受环境制约，与环境交换信息。

（胡正荣）

26. 组织内传播正式渠道的分类

组织内传播正式渠道指的是信息沿着一定组织关系（部门、职务、岗位及其隶属或平行关系）环节在组织内流通的过程。其传播形式可以分为横向传播和纵向传播两种。一般来说，横向传播双向性强，互动渠道畅通；纵向传播则有单向流动的性质，因而，根据信息的流向，纵向传播又区分为下行传播和上行传播。

（1）下行传播。即有关组织目标、任务、方针、政策的信息，自上而下得到传达贯彻的过程。下行传播的作用包括使组织适应组织环境，了解工作内容，熟悉自己的职责、权利和义务，培养成员对组织的一体感等，它是一种以指示、教育、说服和灌输为主的传播活动。

（2）上行传播。指的是下级部门向上级部门或部下向上司汇报情况，提出建议、愿望与要求的信息传达活动。这个过程很重要，它有三个方面的意义：第一，上行传播是中枢指挥管理部门获得信息反馈的重要渠道。通过这个渠道，指挥管理者可以了解组织目标或任务在第一线的贯彻落实情况，并据此对既定决策进行修改，使之更符合实际。第二，基层部门或第一线人员是组织的窗口，他们对外部环境的变化往往握有第一手信息，这些新的信息反映上去，能够成为组织进行新的应变决策的重要依据。第三，上行传播是把握组织成员的精神状态的重要渠道，指挥管理者可根据下面反映的情况及时采取措施，把成员的情绪和士气调整到组织所需的理想状态。

（3）横向传播。指的是组织内同级部门或成员之间互通情况、交流信息的活动，其目的是为了相互之间的协同和配合。在横向传播中，传播双方不具有上下级隶属关系，平等的协商与联络是传播的主要形式。横向传播是否活跃对组织具有重要的意义。　　　　　　　　　　　　　　　　　　　　　　　　　　　　　（郭庆光）

27. 组织内传播的媒体形式

（1）书面媒体。指以文字形式书写的文件、报告、信件等。书面媒体的好处是信息的保真性强，可以防止因传递环节过多而发生变形和转义现象，也可以防止解释的随意性。

（2）会议。会议是多人聚集同一场所进行议事的一种传播形式。组织中的会议包括布置工作、收集反应、讨论协商等各种类型，一般都有明确的议题。会议是组织传播的常见形式，其优点是传播面积大、面对面的会场气氛能使与会者集中精力关注特定的问题。但是，会议要讲究质量和效果，过多过滥和议而不决的拖沓会风同样会影响组织的工作效率。

（3）电话。电话是一种简单、快捷而且具有双向互动性的媒体，可以用于多种传播目的。但是，电话仅仅传递声音信息，具有一定的局限性。同时，电话传播的是口头信息，如果传播环节过多，容易造成信息的变形和失真。

（4）组织内公共媒体。以组织全员为对象，信息内容广泛，从组织目标、宗旨、规章制度的宣传到组织内外的动态新闻；从有关组织活动的论文、建议到个人的诗歌、散文创作；从组织成员的趣闻逸事到丰富多彩的娱乐活动，几乎无所不包。

（5）计算机通信系统。计算机通信系统具有以下五个特点：①信息处理量大、速度快、效率高；②集多媒体功能于一身，能够处理文字、图形、音声、静止画面、动画、影像等多种形式的信息；③信息处理的准确性高，能够避免人的记忆错误或主观倾向造成的信息变形或失真；④实时传播性强，一般处于24小时运行状态，随时监控组织内外发生的新情况；⑤双向互动渠道畅通，传受双方都可以根据自己的需要能动地进行各种信息收集、整理和传输活动。　　　　　　　　　　　　　　　　（郭庆光）

28. 组织内传播的非正式渠道的特点及作用

非正式渠道中的传播是一种摆脱了组织的制度性结构压力的一种传播活动，具有以下几个特点。

（1）交流的信息广泛。其内容不仅涉及组织或工作任务本身，而且包括个人私事、兴趣、时事等广泛的自由话题。

（2）交流的双向平等性。在非正式渠道的传播中，上司和部下都作为普通一员参加，没有地位高低。交流大都以面对面的方式进行，每个人都有机会阐述自己的观点。

（3）本意交流和感情交流的成分多。由于非正式渠道的传播具有自由性和平等性，人们更倾向于说真话，许多在正式渠道不便表明的观点和态度都能够以某种方式表达出来。同时，非正式传播渠道中有大量充满人情味的内容，是组织成员相互沟通感情的重要纽带。

总之，正式渠道中的传播体现了组织成员作为"组织人"的特点，而非正式渠道中的传播则体现了他们作为"社会人"的特点。对一个组织来说，能否充分发挥非正式传播渠道的作用具有重要的意义。传统的组成管理理论往往只关注机构分工、职权划分、规章制度的作用，在这种理论指导下，人往往被异化为组织这部机器上的一个零部件。与此相比，现代组织管理学则强调组织成员的"社会人"性质，认为人的积极性是制约组织效率的一个重要因素，而人的积极性不仅受到物质条件的影响，而且受到社会和心理条件、情绪或士气的影响。在这个方面，非正式渠道恰恰能弥补正式渠道的缺陷和不足。加强和疏通非正式传播渠道，在组织内部营造一个积极、健康、活跃的人文环境，能够增进成员的一体感知和向心力，使他们在组织中的行为更加建立在自觉自愿的基础上，而每个成员的良好精神状态和积极性的发挥，也必将对组织目标的实现产生巨大的推动作用。　　　　　　　　　　　　（郭庆光）

【参考知识点】

简述非正规的组织传播

发生于组织内部的非正规的传播活动，是一种没有与组织的正规结构等级和交流网络相对应的信息交流。非正规的组织传播有任务指向性和情感指向性两种交流形式。在实际工作中，这种传播主要以联络感情和满足性交流为目的，单从传播效率来看，它的传播效率更高。可以说，这类组织传播"是组织关系的黏合剂"、"组织功能的润滑油"。

非正规组织的一个主要功能是传送小道消息。美国学者用"葡萄藤"来作为小道消息（包括谣言）传播的代名词。他们发现，"葡萄藤"传播具有速度快、精度高、信息量大、反馈广等特点。这种传播常采用小群体交叉传播的形式，由于多向性和交叉性，它的传播速度和覆盖面以几何级数增长，消息很容易"不胫而走"。小道消息的负熵值较高，人们出于多种心态，留心于保存原样，使得它准确度和信息量都很高。戈德哈伯曾指出，"葡萄藤"传播的消息准确度超过百分之八十。

与小道消息类似的是一种非正规的组织传播是谣言。小道消息一般具有真实性，而谣言基本上是捏造事实，无中生有。

阿尔波特和波斯特曼对谣言传播的经典研究发现，谣言也具有传播范围广和传播速度快的特点，并且会因消息本身的"重要性"和"歧义性"程度的增加而增大。

一些学者认为，减少组织内部谣言产生和扩散的重要方法之一，就是尽可能详细地向组织内部成员提供其关心问题的相关信息，通过扩大信息流通量的办法来防止歧义产生，反击无中生有的言论，消除组织成员对相关问题的神秘感，防止谣言进一步扩散而给社会和组织本身造成伤害。换句话说，"谣言止于公开"。　　　　　　（胡正荣）

29. 简述 POS 系统及其价值

POS 系统是英文 Point of Sales 或 Point of Service 的简称。这个系统出现于 20 世纪

80 年代的西方发达国家，最初只是一些大型商店用来统计商品销售数据的简单系统，现在已经发展为商家和厂家联合使用的综合系统。其原理并不复杂，即在商场或超市的收款处安装具有 POS 功能的电脑终端，通过输入商品的条形码和购买者的有关资料来把握商品销售和市场需求的变化。

POS 系统的价值是多方面的。首先，它提供的是准确的实际数据，其可信性远远高于概率性的问卷调查或市场评估的结果；其次，它提供的是最新数据和实时信息，最能反映市场的状况及其变化。不仅如此，POS 数据还有更多的用途，如用于流行趋势分析等。

总之，建设具有快速反应机制的高性能信息采集和处理系统，是传播技术的发展和社会的信息化对包括企业在内的一切组织提出的时代要求，不能满足这个要求的组织体最终是不能获得成功的。
（郭庆光）

30. 简述大众传播内容的特征

传播内容归根结底是信息。大众传播的信息即经过把关人搜集、整理、加工、传播的信息。其外化的形态包括报刊上登载的文章、图片；广播、电视的节目；互联网上的新闻、娱乐及其他各种信息产品以及书籍、戏剧、电影等。

虽然大众传播的内容因不同的社会制度、不同的传播媒介、不同的把关者、不同的社会脉络而有所差异，但是与人际传播的内容相比，大众传播的内容仍然有一定的共通性。

第一，公共性。大众传播的内容是面向整个社会的，因而它必然是公开的，不具有隐蔽性和私密性。不过，因传播目的的不同，公开的传播内容也会通过特殊的传播方式与手段进行调整，或强化或淡化。

第二，开放性。大众传播的内容是连续不断地进入和输出的，因而它是变化的、开放的系统。大众传播的内容需要随着社会的发展变化而适时进行变化和调整。

第三，大众性。大众媒介面对的是大众，它传播的内容必然是以大众作为自己的诉求对象。因而，传播内容的主题和形式等方面都力图适应大众的接收。当然，进入 20 世纪 90 年代之后，大众传播的分化和专业化趋势日见明显，但就其根本来说，大众传播的内容仍然与诉诸小众的人际传播内容或艺术创作有根本性的差异。

第四，复制性。大众传播不是指向单个人的，而是同时传递给社会公众。因此，传播内容产品也不是一次性的、不可复制的，而是复制的。受众有可能同时或先后享用完全相同的传播内容。
（胡正荣）

31. 制定传播原则的客观依据是什么？

传播原则的制定不是产生于人的灵感，也不是主观的随意罗列，而是有一定的客观依据，这些依据具有以下四条：

第一，依据传播的规律。规律是事物之间内在稳定的必然联系，决定着事物的现状与趋向。传播规律是客观的，制约和支配着信息传播的全过程及其发展方向。因此，按照传播规律办事，传播活动就能顺利进行，从而得到应有的社会效益和经济效益；不按照规律办事，传播活动就要受阻滞，从而影响它的社会效益和经济效益。不同时期、不同国度的传播活动可能形形色色，但是传播的基本过程以及其中所蕴含的客观规律往往会有许多相同和共通之处，不受意识形态和人们的意志所左右。

第二，依据传播的目的。人是计划的动物，是依照自觉抱定的目的进行对象性活动的主体。人的一切事件是具有有意识、有目的的活动。传播作为人类为了了解客观世界新近变动的情况而进行的一种对象性活动，也必须具有一定的目的性和方向性。

大众传播媒介作为社会公器，决定了它所抱定的传播目的应是崇高的、利众的和适应社会需要的。这就要求大众媒介不能为了媒介私利和某些传播者的需要而传播虚假不实、人身攻击、色情、暴力等不负责的不良信息。

第三，吸取和总结传播的经验和教训。传播原则是从人类漫长传播活动的经验和教训中提炼和抽取出来的具有本质特点、反映客观现实的准绳和铁则。因此，对人类传播史上的一些成功的经验和失败的教训，进行认真审视、总结，不断深化认识，由感性上升为理性是非常有助于从中抽象出一些原则来指导和评估传播实践的。

第四，审视和研究传播媒介与受众。传播媒介的有限性面对现实生活的无限性，就只能通过制定一些传播原则将一些不符合原则的、没有社会价值的信息阻挡在媒介的大门之外。对受众来说，其接收、消化信息的有限性面对的是众多媒介汇集而成的信息和知识的汪洋大海，于是逼迫受众通过理性评判或选择机制（选择性注意、选择性理解、选择性记忆）来过滤、吸收信息和知识。

正是依据传播媒介与受众的这些特点和情绪，我们才制定了信息传播的适量性原则，以避免信息泛滥成灾或贫乏致饥，使媒介与受众所面对的信息始终处于适当的水平。

（邵培仁）

32. 大众传播必须遵循的传播原则有哪些？

传播是一个前后连贯积极互动的过程。这一过程受到多种因素和条件的制约与影响。随着传播过程中各种因素和条件的发展变化，随着传播现代化进程的加快和对传播规律性认识的不断深入，人们对传播原则的认识也将不断发展。成功而有效的传播活动必须遵循和坚持以下六条原则。

（1）可信性原则

可信，是信息传播的生命，是传播致效的关键。可信性原则是对信息传播内容的基本要求。它要求传播活动中的信息内容真实可靠，公正全面，符合客观实际，不允许任何弄虚作假、吹牛撒谎。但是传播的可信性原则并不排斥传播的艺术性。为了提高传播效果，加强传播的吸引力和感染力，传播者在准确反映客观事实的基础上，依据美学原理巧妙地运用比喻、拟人、夸张等修辞手段和声、光、电等现代技术手段为信息内容服务，不但是可以的，而且是十分必要的。

（2）针对性原则

有的放矢地传播信息是传播的起码要求。针对性原则要求传播者根据接收者的个性特点、具体需求和意识水平，恰当地选择传播内容、传播形式和方法技巧。这有利于提高信息传播的贴近性和吻合性，有利于增强传播活动的吸引力和感召力，也有利于提高传播者的声望。首先，信息传播应该针对接收者的层次特点。其次，信息传播还应针对接收者的需要。最后，信息传播还应该针对接收者的阅历经验、心理态势和个性特点，即应该选取、编制与传播广大公众所经历过的、熟悉的和了解的，并能满足他们的心理要求，符合他们兴趣爱好、脾气性格的信息或符码。

（3）有序性原则

传播者依据信息的特点和结构，有次序、有步骤地进行传播，既是传播活动的客观要求，也是传播对象的共同呼声。有序性原则体现了从易到难，从具体到抽象，从生活体验到知识领悟，从知其然到知其所以然的传播规律。不论是人际传播、组织传播还是大众传播，都应该按照一定的步骤、顺序有条不紊、循序渐进地进行，使传播内容成为受众能普遍接受和理解的东西，而不应该将传播的内容搞得颠三倒四、杂乱无章，给受众造成接收上的困难。

（4）协同性原则

协同性要求传播者或媒介领导者协调、处理好传者与受者、传播与接收的关系，使其处于协同操作、相互促进的传播状态中，传播者是传播的主体，受者是接收的主体，缺少任何一方的配合，传播过程便不复存在。这是因为传播是有一定目标和方向的合作性行为，传播过程对传者和受者都是一种自觉的、能动的活动，因此，两者必须紧密配合、相互协调，共同进行沟通。遵循协同性原则，不仅有利于充分发挥传播者的主导作用，调动受传者参与传播的积极性和主动性，而且有利于融洽传受关系，创设和谐愉快的传播气氛。

（5）适时性原则

时间最容易错过和消失，最难以捉摸和把握，因而也最有价值，最可贵。传播的适时性原则就是恰到好处地把握时间、选择时间、抓住最适当的时机开展传播活动。

（6）适量性原则

人类传播中的信息量要适合受传者的感知、消化能力，要避免信息量的不足或过多。适量性原则既符合接收者对信息的需求量，也符合传播媒介的负载能力和节省人力、财力、时间的精神。

（邵培仁）

33. 大众传播的特殊性

大众传播是伴随着近现代印刷、电子传播技术的发展而产生的一种特殊的社会信息系统。说其特殊，是因为它具有其他社会信息系统所不具有的特点，主要体现在：（1）是专业传播机构从事的有组织的传播活动。（2）传播对象的范围广泛而分散的。（3）采用现代化技术手段大量生产、复制和传播信息。（4）传播内容公开，有别于私下或内部传播活动。（5）有反馈机制，但是这种反馈是迟延的，受众对传播过程缺乏即时的干预能力。

（郭庆光）

34. 与其他类型的传播相比，大众传播的特点有哪些？

与其他类型的传播相比，大众传播的特点可以从以下几个方面来把握。

（1）大众传播中的传播者是从事信息生产和传播的专业化媒介组织。这些媒介组织包括报社、出版社、广播台、电视台、网络以及以大量发行为目的的各种音乐影像公司。大众传播是有组织的传播活动，是在特定组织目标和方针指导下的活动。

（2）大众传播是运用先进的传播技术和产业化手段大量生产、复制和传播信息的活动，大众传播的出现和发展离不开印刷技术以及电子技术的进步。

（3）大众传播的对象是社会上的一般大众，即"受众"。受众是一个模糊的概念，并不特指社会的某个阶层或群体而是指社会上所有的一般人，受众的广泛性意味着大众传播是以满足社会上大多数人的信息需求为目的的大面积传播活动，也意味着它具有跨阶层、跨群体的广泛社会影响。

（4）大众传播的信息既有商品属性又有文化属性。大众传播作为生产信息产品的产业，其产品价值是通过市场来实现的，人们无论是以印刷媒介还是电子媒介获得信息，都要支付一定的费用，说明大众传播的信息产品本身就是一种商品。另外，信息产品又与满足人的生理需求的一般物质产品不同，人们对它的消费主要是精神内容及意义的消费。意义是一定的社会文化的产物，具有鲜明的文化属性。

（5）从传播过程性质来看，大众传播属于单向性很强的信息活动。其互动机制很弱。单向性体现在两方面：一是传媒组织单方面提供信息，大众只能在这些信息的范围内进行选择和接触，具有一定的被动性；二是没有灵活有效的反馈机制，受众对媒介组织的活动缺乏直接的反作用能力。

（6）大众传播是一种制度化的社会传播。由于大众传播是从事信息的大量生产和传播的信息产业，内容与社会观念、价值和行为规范具有直接联系，由于传播过程的特殊性赋予它的巨大社会影响力，无论在哪个国家都会把它纳入社会制度的轨道。（郭庆光）

35. 简述大众传播的特征

从德弗勒的定义出发，我们可以结合五 W 模式，分析大众传播相较于内向传播、人际传播、群体组织传播不同的五个特征。

第一，大众传播的传播者是职业传播者，是一个传播组织整体或个人。这些人大多受过专门的职业教育，以传播为职业。他们收集、管理和传送各种类型的信息，借助于专门的媒介来向社会公众传播新闻、娱乐、教育性的信息。这些被组织化了的个人在传播媒体组织中扮演着不同角色，承担着不同任务。

第二，讯息的传送是广泛、快速、连续、公开的。几百年前，复制一份文稿还是一件需要很长时间的事。现在，成千上万册书都可以很快地赶印发行，数量少的文本复制采用复印机只需要几秒钟就可以完成。利用电脑和互联网进行信息的复制和传送更是方便。电子媒介更使得在讯息发出的同时乃至事件发生的同时，受众就可以接收到大量超越时空的信息。

现代大众媒介还连续不断地向外发出讯息。报纸和杂志定期出版、广播电视节目按照节目表每日播出，二十四小时全天候的广播电视节目和全球性广播电视频道已经出现，互联网更是永不停歇地在复制和传递信息。这些讯息对于社会上的每一个人来讲，都可能是公开的。

第三，大众传播媒介为机械化和电子化的媒介。依靠这些"用来远距离传送或长期保存信息的装置"，传播者大量复制信息，并进行迅速及时、连绵不断的传送。这些以经济技术为基础的媒介包括印刷媒介、电子媒介、网络媒介等。这些媒介各有优势，互为补充。

第四，受众广泛、成分复杂。大众传播的受众有四个特点：多，即大众媒介覆盖范围广，信息影响面广，受众人数多，其规模数量不可控制；杂，即成分复杂，年龄层次不同、文化层次不同、兴趣爱好不同、风俗习惯不同、人种民族不同等；散，即受众分散在地理条件相异的不同地区，在社会上扮演着不同角色，难以控制；匿，即传者在明处，受者在暗处，不利于传播者及时全面地了解受众的态度和需要。

此外，受众既是一个具有普遍共性的整体，又是一个个具有个性的独立个体，他们会有选择地接受媒体所提供的信息。

第五，反馈间接、零散、迟缓，具有积聚性，使得传播效果的测量需要付出专门的努力。大众传播也有反馈，但这种反馈是间接的。由于信息通过媒介传送，传者和受者并不直接见面或对话，因此不可能及时直接收到反馈信息。这种反馈也是零散的。虽然读者来信为报刊提供了部分反馈，广播电视节目也可以通过热线电话等了解受众的信息，但这毕竟不是所有受众的反映，不一定具有代表性。这种反馈还是迟缓的，常常需要一定时间间隔才能获得。最后，这种反馈还具有积聚性，决定了大众媒介只能在相当长的一段时间内尽可能多地收集各种渠道的反映，从这些积聚起来的反馈中获取决策信息，进行工作修正，为下一阶段发展方向找到依据。

所以，当代大众媒介获取反馈多半通过专门的职能部门甚至专门的组织来完成，如专业化的收听收视率调查机构等。它们采用科学周密的抽样调查方法和统计学分析对受众的情况和他们的反馈进行推测和总结。同时，为了更好地改进工作，取得更好的传播效果，这些专业化的调查机构还对前馈信息进行搜集和分析，即在大众媒介的运行周期开始前通过调查统计的方法对传播对象的情况和需要进行了解，以改进传播内容的制作，增强传播效果。 （胡正荣）

36. 简述大众传播功能的各种类型和内涵

传播既然是人类所赖以生存、发展的基础性活动之一，当然有其不可替代的独特作用。如果说传受信息是传播的一种基本功能，则它还应有具体功能、派生功能等。对传播的各种功能，迄今已有很多人考察过。其中，较具代表性的观点有"二功能说"、"三层次说"、"四功能说"等。

（1）二功能说：工具性和消遣性

从功能的角度看，传播可以分为两种类型：实用性传播、娱乐性传播，或者说工具性传播、消遣性传播。强调传播工具性的学者，有 E·托尔曼，他称人类的说话只不过是一种工具；而强调消遣性的，以提倡"游戏理论"的 W·斯蒂芬森最为典型，按他的见解，无论传播的理论或实践，都应把注意力集中于能给人带来快乐的、与游戏相当的功能。应该说，他们的观点各有各的道理，但都带有片面性。事实上，这两种功能都是客观存在，都有其互相不能替换的重要性，故不应抑此扬彼。此外，瑞士著名儿童心理学家皮亚杰将儿童的谈话分为社交性和自我中心性两种，也有点类似实用性和娱乐性的说法，但内涵较小，不完全相等。

（2）传播功能的三个层次

"二功能说"大体上是正确的。其缺点是过于笼统。考察传播的功能，还可分为三个层次展开，即个人、组织、社会。正因为传播活动本身是分层次的，所以，其功能也分出了层次。传播在这三个层次上的功能，虽大同小异，并相辅相成，但毕竟各有特点。

①个人层次。从工具性传播角度看，传播的主要作用是了解环境变动，学习社会规范和各种知识；从消遣性传播角度看，则是强调身心。

②组织层次。从工具性传播角度看，主要作用是为决策提供依据，协调组织成员的思想和行动；从消遣性传播角度看，是调节组织成员的情绪。

③社会层次。从工具性传播角度看，主要作用是监视环境，协调社会各部分，传承社会遗产；从消遣性传播角度看，是提供娱乐，或者说是调节社会大众身心。

相对而言，个人层次和组织层次的功能较为肤浅，社会层次的功能则有点费解，这其实就是著名的"四功能说"。

（3）四功能说：社会传播和大众传播

这一见解，先由拉斯韦尔在前述《传播在社会中的结构和功能》一文中提出三个功能，即"监测环境"、"协调社会各部分"和"传承社会遗产"，后又加一个由 C·赖特提出的"提供娱乐"功能而构成。

拉斯韦尔的原意是解释"传播在社会层次上的功能"，而赖特称之为"大众传播的四大功能"。由于这两者具有相通性，因此也不妨这样互换。但需留意的是，勿因此而混淆了层次和类型的差别。现实生活中，社会传播的三个层次和三种类型是相互交叉、相互重合的，各个层次都不断展开着各类传播。

尽管如此，现代社会传播的显著特点是：大众传播所占的比重越来越大，各个层次皆然，而尤以社会层次为最。或许正因为这个缘故，自赖特之后，大众传播的四大功能的说法，就在传播学界流传开来，成为一种定论。

这四种功能具体包括如下几个方面。

第一，监测环境。用新闻不断地向整个社会及时报告环境的变动。

第二，协调社会各部分。以宣传聚合社会各团体和个人对环境采取一致的、有效的行动。

第三，传承社会遗产。通过教育使社会规范和知识等精神遗产代代相传。

第四，调节身心。借助娱乐使整个社会获得休息以保持活力。

综上所述，传播的基本功能是传受信息；其次是应付环境和充实情绪（次基本功能）；最后是具体功能，可分为了解、学习、调节（个人层次）、决策、协调、调节（组织层次）；还可分为监测（新闻）、协调（宣传）、传承（教育）、调节（娱乐）（社会/大众传播层次）。显然，层次越高，功能划分越细。但万变不离其宗，无论划分为多少具体功能，它们都源自基本功能，即以基本功能为核心而紧密地联系在一起。

（张国良）

37. 从哪些方面了解对传播功能的分类？

对传播功能的分类我们可以从以下几个方面入手。

从功能呈现的方式看，可以分为显性功能和隐性功能。显性功能是人们可以明显看出或感觉到的作用或效能，而隐性功能则是人们不易察觉的作用效应。这两者可能产生正面作用，也可能产生负面作用。美国社会学家罗伯特·默顿在《明显的和潜在的功能》一文中，把显性功能解释为有意图的、有意识的、预想的功能效果，把隐性功能叫做无意图的、无意识的、未能预想的功能效应。前者是传播者为实现传播目标而明确提出来的，有助于调节或适应各种社会关系的任务和使命，并且容易受到人们的理解和欢迎；后者是隐藏在传播活动的过程中，为传播者所始料不及的、突然或很长时间才反应或显示出来的效能，通常被人们看做额外任务而不被欢迎和理解。这两种功能，有时几乎像人和他的影子一样不可分开。

从功能释放的效应来看，它可以分为正功能和负功能。功能分析主张一种现象或是制度，应该要从它对其所存在的系统维护和建设方面所作出的贡献进行分析。就媒介来说，假如它的贡献是维护了社会，那么它就可以被称为正功能；相反，它的存在是破坏了社会则是负功能。正功能是信息传播的政策效果，也是传播者所预期和追求的。只要传播者在事前对整个过程逐项精心组织，巧妙安排，通常都能实现。负功能则是传播者在传播活动中不愿见到的和力求避免的令人不愉快的负效应。负功能对正功能的影响力有干扰、滞退的消极作用；而正功能的有效发挥，也有助于抑制负功能的产生。

从功能应用的区位来看，它可以分为思想功能和交际功能。思想功能是指人类传播活动对人的思想意识所产生的种种作用，包括教育、启发、娱乐、影响等。交际功能是指传播活动对人与人之间的交往关系所产生的各种作用，包括享受家庭温馨，感受朋友情谊，追求补偿，摆脱挫折，抵制强权，驱除紧张感，打破孤独感等。

从功能产生的渠道来看，它可以分为个人的功能、组织的功能和社会的功能，如表5-1。

表5-1　传播功能的分类

个人的功能	组织的功能	社会的功能
接受信息	告知功能	政治功能
解释决定	表达功能	经济功能
学习知识	解释功能	教育功能
享受娱乐	指导功能	文化功能

（邵培仁）

38. 施拉姆对大众传播社会功能的概括包括什么？

对拉斯韦尔和赖特的观点，W·施拉姆曾在1982年出版的《男人、女人、讯息和媒介》一书中，从政治功能、经济功能和一般社会功能三个方面进行了总结。

施拉姆把环境监视、社会协调和遗产传承归入政治功能的范畴，而把社会控制、规范传递、娱乐等归入一般社会功能的范畴。这种划分并没有明确的标准，也不见得十分确切。施拉姆分类法的重要贡献是明确地提出了传播的经济功能，指出了大众传播通过经济信息的收集、提供和解释，能够开创经济行为。大众传播的经济功能并不仅仅限于为其他产业提供信息服务，它本身就是知识产业的重要组成部分，在整个社会经济中占有重要的地位。

（郭庆光）

【参考知识点】

施拉姆对大众传播社会功能的概括

威尔伯·施拉姆曾先后两次对传播的功能进行过探讨和总结，在《传播学概论》一书中，他正式将传播功能定为：雷达功能、控制功能、教育功能、娱乐功能，同时又分为外向功能和内向功能（如表5-2）。在传播学研究中，施拉姆的"四功能说"已被许多传播学学者接受，但它一般只适用于大众传播研究的某些方面，不太适用于人际传播。

表 5-2　施拉姆对大众传播社会功能的概括

传播功能	外向功能	内向功能
雷达功能	传播信息	接受信息
控制功能	劝说指挥	解释决定
教育功能	传授知识	学习知识
娱乐功能	提供娱乐	享受娱乐

（邵培仁）

39. 国际传播问题研究委员会关于传播的八种功能分别是什么？

国际传播问题研究委员会在《多种声音，一个世界》（1981）的报告中以全球眼光归纳了八种传播功能：（1）获得消息情报；（2）社会化；（3）动力；（4）辩论和讨论；（5）教育；（6）发展文化；（7）娱乐；（8）一体化。英国传播学家沃森和希尔显然对上述传播功能的划分和描述都不满意，而试图作出更为全面、科学的归纳和分析。在他们编撰的《传播学和媒介研究词典》一书中，他们从较广泛的意义上提出了传播的八项功能：（1）工具功能，即实现某事或获得某物；（2）控制功能，即劝导某人按一定的方式行动；（3）报道功能，就是认识或解释某事物；（4）表达功能，即表达感情，或通过某种方式使自己为他人所理解；（5）社会联系功能，即参与社会交际；（6）减轻忧虑功能，即处理好某一问题，减少对某事物的忧虑；（7）刺激功能，就是对感兴趣的事物做出反应；（8）明确角色功能，是指由于情况需要而扮演某种角色。　　　　（邵培仁）

40. 简述传播的个人功能

传播活动所具有的对个人身心发展的作用，或者须由信息传播的参与者个人去完成的任务，就叫个人功能。这种功能依照施拉姆的解释也叫内向性功能或社会成员自身功能。

对儿童来说，在其学习作为社会成员的行为方式、思维方式的过程中，父母、家庭、老师、同伴、大众传播媒介等，都对其行为与心理的发展及定型起了重要的作用。于是，他初步模糊地认识到判断是非善恶的标准和处理人情世故的方式，也获得了各种角色的概念，知晓了日常生活的规律。

对成人来说，他要在传播活动中完成的任务是多种多样的，除了要接收信息、理解信息、做出反应、学习文化知识、享受娱乐之外，还要具有积极的生活态度，造就和改造周围世界。这就是说，传播的个人功能主要反映在两个反面：个人的社会化功能和个人的个性化功能。　　　　（邵培仁）

41. 大众传播组织的功能

在传播活动中，媒介组织所具有的能力和作用或应该完成的任务就叫做组织功能。它包括告知功能、表达功能、解释功能和指导功能。

（1）告知功能

告知是向人们迅速、及时地提供新近发生的新闻和信息。它是人类监视环境、了解环境、适应环境、改造环境的最重要的手段之一。

（2）表达功能

所谓表达，就是人们通过媒介和符号表述和交流自己的思想、观点和情感。告知提供的是外在信息，即皮肤之外的信息；表达传递的是内在信息，即皮肤之内的信息。作为大众媒介的传播者，他有责任将人民群众的愿望、要求和痛苦的真实情况通过适当的传播方式表达出来，以引起有关方面的重视，使问题得到解决。作为接受者的广大受众，他们也同样"具有利用或通过大众传播媒介表明自己意见、思想的权利"。

（3）解释功能

解释就是"明是非之分，审治乱之纪，明同异之处，察明实之理，处利害，决嫌疑焉"（《墨子·小取》），它是对告知和表达功能的进一步丰富和发展。告知和表达常常是表面的、浅层的和陈述性的，而解释则是内里的、深层的和说明性、分析性的。就对信息内容的反映来说，告知着重报道事实，回答何人在何时、何地、发生了何事，而解释则着重分析事实，回答这一事件为什么会发生，解释者要尽可能完整、清楚地交代事件发生的背景、起因、意义和影响以及可能向哪个方向发展。这种基础上的解释叫事实解释。

就对思想感情、观点的陈述来说，表达只是说出对某一社会现象或特殊事件的态度和看法，而解释则要对此作进一步的分析和剖解，以论述和阐明持这一态度和看法的理由和目的。这种在表达基础上的解释叫意义解释。意义解释的目的，是向受众指出某一事件出现的背景及原因，阐明某一观点在相关意义中的优越性，以帮助受众认清形势，明确态度，确定对策。

（4）指导功能

指导是人类传播的基本功能，是指通过告知消息、表达观点、解释缘由、公开劝服，对受众的思想和行为所产生的一定的方向性指点和引导的作用。同上述三种功能一样，指导功能存在于人类的一切传播活动之中，不论它是政治的、经济的传播，还是文化的、艺术的传播；也不论它是社会主义国家的大众传播媒介，还是资本主义国家的大众传播媒介，它们都要履行指导功能。

（邵培仁）

42. 大众传播的社会功能

传播是一种社会需要，因而也必须具有社会的功能。传播的社会功能主要有政治功能、经济功能、教育功能和文化功能。

（1）政治功能

在当代，政治已日益生活化，生活也日益政治化。这样，人类的传播活动就不能不反映政治、表达政治、服务政治和参与政治。媒介的政治功能在任何国家都是存在的。

（2）经济功能

传播是社会发展的决定性因素，同时也是一股具有极大潜力的经济力量。首先，传播媒介是经济变革的"扩大器"。其次，传播媒介又是经济发展的"推动者"。

（3）教育功能

大众传播的教育功能，首先表现为大众传播媒介拥有巨大的教育价值，可以从某些方面起到等同于学校的部分作用；其次，它可以创造一种重视教育，具有强烈教育意识的社会环境，使社会大众争相吸收和享用文化知识；再次，它能通过持续不断的信息传播逐步积聚知识；最后，大众媒介直接传播知识。

（4）文化功能

没有传播媒介也就没有所谓文化，传播媒介不仅对文化的影响是持续而深远、广泛而普遍的，它对文化的影响经常被当做对整个社会的影响，而且文化也是传播媒介中必不可少的内容。

传播的文化功能主要表现为：①承接和传播文化。它可以将传统文化中的精华继承下来、传播出去，使之世代相传并与其他文化相互作用。②选择和创造文化。面对外来文化，传播媒介一味排斥和盲目照搬都是不对的，而应依据一定的标准加以合理选择，并结合本土文化予以创造和发展。③积淀和享用文化。传播使文化在历史长河得以沉淀和堆积。 （郭庆光）

43. 拉扎斯菲尔德和默顿的功能观

拉扎斯菲尔德和默顿特别强调了大众传播的下述三种功能。

（1）社会地位赋予的功能。任何一种问题乃至人物、组织或社会活动只要得到了大众传媒的广泛报道，都会成为社会瞩目的焦点，获得很高的知名度和社会地位。拉扎斯菲尔德和默顿这种地位的赋予功能会给大众传媒支持的事物带来一种正统化的效果。

（2）社会规范强制功能。大众传媒将偏离社会规范和公共道德的行为公之于世，能够唤起普通的社会谴责，将违反者置于强大的社会压力之下从而起到强制遵守社会规范的作用。

（3）作为负面功能的"麻醉作用"拉氏和默顿认为，现代大众传播具有明显的负面功能。它将现代人埋没在表层信息和通俗娱乐的滔滔洪水中，人们每天接触媒体，花费大量的精力和时间，降低了他们参加社会实践的热情。拉氏和默顿把这种现象称为"麻醉作用"，认为过度沉溺于媒介提供的表层信息和通俗娱乐中，就会不知不觉失去社会行为能力，而满足于被动的社会积累。 （郭庆光）

【参考知识点】

拉扎斯菲尔德的功能观

1948 年美国社会学家拉扎斯菲尔德在《大众传播的社会作用》一文中提出，大众传播有三种主要功能：（1）授予地位；（2）促进社会准则的实行；（3）麻醉受众神经。前两种功能为正功能；后一种为负功能。 （邵培仁）

44. 拉斯韦尔的"三功能说"

在传播学史上，最早对传播的社会功能做出比较全面分析的是 H·拉斯韦尔。他在 1948 年发表的《传播在社会中的结构与功能》一文中，将传播的社会功能概括为以下三个方面。

（1）社会监视功能。自然与社会环境是不断变化的，只有及时了解、把握并适应内外环境的变化，人类社会才能保证自己的生存和发展。在这个意义上传播对社会起着一种"瞭望哨"的作用。

（2）社会调节功能。社会是一个建立在分工合作基础上的有机体，只有实现了社会各组成部分之间的协调与统一，才能有效地适应环境的变化。传播正是执行联络沟通和协调社会关系功能的重要社会系统。

（3）社会遗产传承功能。人类社会的发展是建立在继承和创新的基础之上的。只有将前人的经验、智慧、知识加以记录、积累、保存并传给后代，后人才能在前人的基础上作进一步完善、发展和创造。传播是保证社会遗产代代相传的重要机制。

拉斯韦尔的上述观点被称为传播的"三功能说"。这三项功能是包括人际传播、群体传播、组织传播在内的一切社会传播活动的基本功能，大众传播不仅具备这些功能，而且起着突出重要的作用。　　　　　　　　　　　　　　　　　　　　　　（郭庆光）

【参考知识点】

拉斯韦尔的"三功能说"

美国政治学家，传播学的先驱哈罗德·拉斯韦尔在《传播的社会结构与功能》（1948）一文中从大处着眼归纳了传播的三种社会功能：（1）监视社会环境；（2）协调社会关系；（3）传承社会遗产。换句话说，传播媒介应是环境的瞭望者、政策的塑造者、知识的传播者。　　　　　　　　　　　　　　　　　　　　　　（邵培仁）

45. 赖特的"四功能说"

美国学者赖特在《大众传播：功能的探讨》中继承了拉斯韦尔的"三功能"说，并在此基础上围绕大众传播的社会功能等问题提出了"四功能说"。

第一，环境监视。大众传播在特定社会的内部和外部收集和传达信息的活动，这里包括两个方面：一是警戒外来威胁；二是满足社会的常规性活动的信息需要。

第二，解释和规定。大众传播并不是单纯的"告知"的活动，它所传达的信息通常伴随着对事件的解释，并提示人们应该采取什么样的行为反应，解释和规定的目的是为了以特定方向引导和协调社会成员的行为，其含义与拉斯韦尔的社会协调是一致的。

第三，社会功能化。大众传播在传播知识以及行为规范方面有重要作用，现代人的社会化过程既是在家庭、学校等群体中进行的，又是在特定的大众传播环境中进行的。这个功能与拉斯韦尔的"社会遗传功能"相对应。

第四，提供娱乐。大众传播中的内容并不都是务实的，其中相当一部分是为了满足人们的精神生活需要。大众传播的一项重要功能是提供娱乐，在 TV 媒体中，娱乐性的内容占其传播信息总量的一半以上。　　　　　　　　　　　　　　　　（郭庆光）

【参考知识点】

赖特的"四功能说"

美国政治学家，传播学的先驱哈罗德·拉斯韦尔在《传播的社会结构与功能》（1948）一文中从大处着眼归纳了传播的三种社会功能：（1）监视社会环境；（2）协调社会关系；（3）传承社会遗产。换句话说，传播媒介应是环境的瞭望者、政策的塑造者、知识的传播者。后来社会学家查尔斯·赖特在《大众传播：功能的探讨》一书中，在上述三个功能之外补充了一个功能：提供娱乐。　　　　　　　（邵培仁）

46. 简述大众传播的正功能

我们可以认为，大众传播在当代人类社会中主要具有以下正功能。

（1）传播信息

向受众连续不断地传播大量的信息是大众传播的第一功能，也是大众传播实现其他功能的基础。大众传播所处理的信息是人的精神产物的外化形式，包括正在发展变化中的客观事实及文学、艺术等其他信息形态。大众媒介收集、存储、整理和传递这些信息、数据、资料等以供个人或组织、社会了解周围环境，认识自己所处的地位，以确定自己的应对策略。

制作和传播新闻是这一功能的最基本体现。传播者对新近或正在发生的事实进行报道，以便使人们了解周围环境的变动。媒介工作者作为"社会雷达"和"守望者"，目的在于协助人们认识复杂的环境事务，使其能充分获得调适。

大众媒介连续不断、公开、大量地向受众提供着各种事件发展变化的信息，对周围环境进行监视。它能够及时地发出有关自然灾害、军事威胁、政治动乱等方面的警报，以引起人们的注意，加以防范，也可以组织有关的经济信息等涉及周围环境的信息流通，以满足社会各团体和个人的日常信息需要。

（2）引导舆论

舆论是社会公众共同的、强烈的、持久的意见、态度与信念的总汇。从一定程度上说，舆论代表着民意。舆论是一种无形的巨大力量，代表着大众强烈的倾向、愿望和要求。舆论可以自发形成，也受到外力的引导。

大众媒介是一种能引导受众的有力工具。这种引导体现在两个方面：设定舆论的议程和引领舆论的方向。

舆论的产生和发展以社会公众共同关注的问题存在为前提。传播学的议程设置理论及其他相关研究表明，大众媒介对某些问题的着重强调和这些议题在受众中被重视的程度成正比。

在当今世界上，大众媒介的报道成了全球议论中心的最重要提议者。大众媒介的报道决定了大多数人要讨论的内容，而且决定了大多数受众对这些问题的看法及采取何种相应措施来应付。媒介通过信息的传递、解释等动员受众形成全社会范围内基本一致的意见、态度和看法，用于调节社会内部的矛盾冲突，使其逐步趋于缓和乃至消除。

传播学研究表明，有效的舆论引导应该是一种双向交流的形式。传者需要了解受众的需求和信息接受能力的差异，随时检验传播效果，在及时反馈信息的基础上不断调整才会有效。简单粗暴的灌输只是传者一厢情愿的行为，无法起到良好的效果。

（3）教育大众

人们获得新知识、新技能的途径有两种：一种是经过正规的学校教育，通过教师课堂上的传授来获得；另一种则是通过与各种媒介的接触来获得。大众媒介通过传播文化知识、科学技术等内容，不但保存和发展了文化遗产，也促进了个人的社会化过程。

大众传播产生之前，从早期的原始洞穴人到近代社会，历代的教育多为以言传身教为主的帮带式传授。进入现代社会，大部分工作才被学校和各种媒介所替代。

在教育已由学校教育逐步转化为终身教育的今天，人一生中绝大多数的教育已不是在学校，而是在社会上接受。在这个过程中，大众媒介的作用是潜移默化的。人们每天阅读大量的报刊、书籍，用大量的时间来听广播、看电视，逐步启用互联网来进行学习。受教育早已突破了面对面的课堂形式。可以肯定地讲，在现代人的知识结构中，相当多的部分来自各种传播媒体，而不是来自老师和父母。离开了人们间的信息交流，人不可能获取新的知识，而大众媒介也在逐步增强对于人的知识增长的影响力。

（4）提供娱乐

人需要工作、学习，也需要休闲、娱乐。现代社会中人们的生活节奏普遍加快，在紧张繁忙的工作之余，更渴望在休息的时候能有一些健康、正当的娱乐活动。同时，由于社会生产力水平的提高，人们不需要那么多的工作时间来完成任务，四十小时工作制已经被相当多的国家所采用。

在现代社会里，更多的人选择以大众媒介为娱乐的主要工具和手段。闲暇的时候，人们听音乐、看报纸等，通过这些文化娱乐活动，一方面放松自己，另一方面提高自身的艺术鉴赏力。

大众媒介还是大众文化的主要塑造者。"下里巴人"的大众文化与"阳春白雪"的高雅文化一起，满足着人们在审美和娱乐方面的各种需求。　　　　　　（胡正荣）

47. 简述大众传播的负功能

任何事物都要一分为二，大众传播可能在社会系统中起着正面的功能，但也有不可低估的消极影响，即它的负面功能。

第一，李普曼的"拟态环境"与"刻板印象"理论。

1922 年，美国政论家、学者沃尔特·李普曼撰写了《舆论学》一书，后来被誉为舆论学的开山之作。李普曼在书中提出的许多理念影响深远，其中"拟态环境"和"刻板印象"两个概念对于我们思考大众传播的负功能有重要价值。

所谓拟态环境，或译为虚假环境、假环境，指的是大众媒介创造出来的，来源于真实环境却又不尽一致的一个媒介环境，是一种间接的感知，却常常被社会公众当做真实世界而接受下来。

这种拟态环境的映像进入人的脑海图景，进一步影响了人的态度和行为。现代社会中，人们已逐步习惯并依赖于媒介带给人的世界，通过媒介的选择来了解客观事物的变动。然而媒介只能部分再现真实世界，大量的事实被筛选掉了，被选中的事实也经过了加工。即使传播者尽力进行客观、真实的反映，也不能避免这个世界的偏差。

人们在认识事物的时候，常常会进行概括、归纳和推理。由于大众传播者不可能对世界上的所有事物进行完全一致的反映，所以对某个人群、某种事物进行报道的时候，经常会选取一个典型。这种典型又反过来影响社会公众对于这个人群或事物的认识。这种人类普遍认识的过程和大众媒介的反应机制相结合，可能会造成对某个人群的"刻板印象"。

所谓刻板印象，或译固定成见，指的是对某一类人或事物产生的比较固定、概括而笼统的看法。在现代社会中，大众媒介要为大部分刻板印象的形成负责。

李普曼的"拟态环境"和"刻板印象"揭示了大众媒介运作的基本机制，也提醒我们，大众传播在实现其正面功能的同时，也埋下了遮蔽人们视线的可能性。

第二，拉扎斯菲尔德和默顿的"麻醉精神"说。

1948 年，拉扎斯菲尔德和默顿在《大众传播、大众鉴赏力和有组织的社会行动》一文中指出了大众传播的一大消极功能：麻醉精神。

他们认为，大众传播的产品把人们吸引到对事物的关注和讨论上，而不是对这些事物采取相应的行动。的确，大众媒介可以将人的感受延伸到一个更为深广的空间，人们不断地通过媒介增进对社会的认识和了解。但是，人们由于花了很多时间在媒介接触上，而且满足于这种间接的接触，便不再积极地参与公共事务，而是消极旁观。另外，信息大量涌入造成了信息过剩，使人们对信息产生了一种冷漠的态度。人们过多依赖于媒介带来的间接交流之后，人际间的社会交往和互动也逐渐减少，甚至与社会、社群逐渐疏远和陌生。

美国人把一些人称为"电视人"、"沙发土豆"，日本人中也有一种说法"容器人"，就是指那些将闲暇时间完全用于大众媒介，将自己的思想、感情等完全与媒介内容相连接的人。他们的思想、观念乃至行为方式都源于电视，极端自我内化、心理封闭，无法应付现实世界的种种变化，而完全变成了一种收集媒介信息的容器。大众媒介成了"最高尚、最有效的一种社会麻醉品"，"中毒的人甚至都不了解自己的病端"。

拉扎斯菲尔德和默顿还认为，绝大多数广播节目、电影、杂志和相当一部分书籍和报纸以消遣为目的，为大众的鉴赏力造成了不良影响。听众、观众和读者的平均审美水平和鉴赏力下降了。大众传播所提供的文化娱乐节目的水准不及正规教育和高级文化，而只是一种作为工业社会产物的大众文化。流行歌曲、公式化的电视剧都是这种文化的产物，与精英文化的作品有很多差距，相对于有创造力的文化产品而言是一种堕落。

综上所述，大众传播在现代社会系统的运作中存在着一种与生俱来的隐患。对于研究者和实践者来说，当务之急便是认识这种负功能和消极方面，并通过媒介素养教育及其他方式来抑制它们，使得大众传播能够为社会带来更多正面的影响。　　（胡正荣）

48. 大众传播在形成信息环境方面的优势有哪些？

大众传播在形成信息环境方面的优势主要体现在两个方面：（1）大众传播通过信息的大量生产、复制和大面积传播，能够在短时间内将同类信息传遍整个社会，造成普遍的信息声势。（2）这种优势还与它所传达的信息的特性密切相关。大众传播的信息特性，简言之，即公开性、权威性、显著性和直达性。它不同于人们的私下议论，可以公开登堂入室，在社会上流通；信源是从事信息的生产和传播的专业媒介组织或机构，因而比来路不明的流言和小道消息更能得到人们的信赖；它能够通过各种表现手法突出凸现某类信息，使其成为社会瞩目的焦点；不仅如此，它又是一种直达性信息，不必通过社会组织或群体的中介而直接抵达受众个人。这些特点使得大众传播在信息环境形成的过程中，拥有其他类型的传播所不可比拟的强大力量。　　（郭庆光）

49. 简述人与环境互动过程的变化

人的行为是在特定的自然环境和社会环境中进行的，从实质上来说，人的行为也就是调节自身与环境的关系的活动。人为了求得自身的生存和发展，必须及时了解环境的动向和变化，认识和把握环境，协调自己的行为，不断与变化的环境保持和谐和平衡的关系。因此，人与环境的关系包含着四个基本要素：一是客观环境本身；二是人对环境的认知；三是人的行为；四是人的行为对客观环境的反馈或影响。在这里，人的行为决策是建立在环境认知的基础上的。

但是，对不同时代、不同社会发展阶段的人来说，环境的规模不同，环境认知的方式也不同。在生产和社会交往的规模十分有限的传统社会里，环境的范围并不很大，也并不那么复杂。但是，近代以来的工业革命以及19世纪的"交往革命"的发生，迅速地改变了这个互动关系模式。大工业生产和全球贸易的发展，使整个世界变为一个巨大的市场，各种交往手段的发展无限地扩大了人们的活动空间，人们的环境不但越来越巨大化，而且越来越复杂。

到了这个阶段，人对环境的认知活动发生了根本的变化。如果说，在传统的社会里人们还能够凭借"第一手信息"来认识环境，那么现代社会巨大而复杂的环境则已经远远超出了人们的感性经验的范围，我们必须通过一种新的大型媒介系统才能去把握它。这种新的大型媒介系统是伴随着人类交往革命所诞生的大众传播。大众传播是以传达信息，提示外部环境变化为基本职能的社会信息系统，但由于这个系统的内部组织结构和活动规律的制约，它向人们提示的环境并不能简单地等同于客观环境本身，而是环境的再现，或者叫做信息环境。 （郭庆光）

50. 电视的媒介特性及其面临的革命是什么？

在电视出现以前，从来没有任何一种媒介拥有如此之多的受众和普遍的影响。电视的吸引力来自于它的媒介特性：电视集视觉、听觉手段于一体，通过影像、画面、声音、字幕以及特技等多方面传递信息，给受众以强烈的现场感、目击感和冲击力。它不仅是人们获得外界新闻和信息的手段，而且是丰富多彩的文化生活和娱乐的主要提供者。电视的出现使人们每天的传媒接触时间由过去的几十分钟提高到了几个小时，看电视成了人们业余生活的主要内容。电视不仅大大改变了人们的生活，而且对现代社会的政治、经济和文化的各个方面都产生了广泛而深刻的影响。

"第二次世界大战"后到 20 世纪末，电视的发展经历了由黑白到彩色、由地上波传输到卫星传输、由信号模拟到数字化的变革过程，每一次发展都大大加强了电视媒介的影响力。目前，电视媒介的发展正面临着一场新的革命，这主要体现在四个方面：（1）数字压缩技术的进步使电视进入多频道化的时代，电视媒体的内容更丰富，选择性更强；（2）多媒体技术使电视的表现手段更多彩，传输的信息质量更高；（3）电脑和网络技术大大提高了电视传播的双向性和互动性；（4）卫星传输技术的普遍采用使电视传播进入了一个跨国传播和全球传播的时代。 （郭庆光）

三、论述题

1. 论述集合行为中的传播机制

集合行为，指在某种刺激条件下发生的非常态社会集合现象。集合行为多以群集、恐慌、流言、骚动的形态出现，往往会造成对正常社会秩序的干扰和破坏。

集合行为的发生需要三个条件：（1）结构性压力。（2）触发性事件。集合行为一般都是由某些突发事件或突然的信息刺激引起的。（3）正常的社会传播系统功能减弱，非常态的传播机制活跃。

集合行为中的特殊传播机制主要有以下几种。

第一，群体暗示与群体感染。

集合行为中的传播可以分为两个方面：一是信息本身的传播；二是与此相伴随的情绪或感情的传播，这两种传播都摆脱不了暗示与感染机制的支配。

暗示是指一种传播方式，即不是通过直接说服或强制，而是通过间接地示意使人接受某种观点或从事某种行为。集合行为中的暗示接近于临床医学中的催眠暗示，换句话说，集合行为的参加者通常处于亢奋、激动的精神状态，这种状态使他对周围的信息失去理智的分析、批判能力，表现为一味的盲信和盲从。

与暗示机制相联系的另一种机制是群体感染，在集合行为中，群体感染指某种观念、情绪或行为在暗示机制的作用下以异常的速度在人群中蔓延开来的过程。

集合行为中的信息和情绪的传播，主要受到暗示和感染机制的制约。在这种机制下形成的集合行为，往往会对正常的社会秩序造成破坏性的后果。

第二，群体模仿与"匿名性"。

群体模仿是解释集合行为中的传播机制的另一种理论，模仿是法国社会心理学家J·G·塔尔德提出的概念，他在《模仿的法则》一书中认为，社会上的一切事物不是发明就是模仿，而"模仿是最基本的社会现象"。模仿又分为无意识模仿和有意识模仿，前者是个人在不自觉状态下对他人行为的反射性仿效，而后者则是基于一定动机或目的的自觉仿效。人在社会化过程中的各种学习，也可以说是一种自觉的模仿或有意识的模仿。

在集合行为特别是高密度聚集的人群中的模仿与作为学习过程的模仿是完全不同的，简言之，集合行为中的模仿更多地表现为无意识的、条件反射性的模仿。这是因为，在人们面临突然或灾难性事件时，用常规方法很难应付局面，反应一般基于本能进行，而最简单省力的反应莫过于直接模仿周围人的行为，于是便出现了相互模仿。心理学认为，这种模仿与人的安全本能有着密切的关系，在具有高度不确定性的突发事件中，每个人都希望与在场的多数人保持一致，把它作为最有效的安全选择。但是，这种失去理性的相互模仿所带来的结果又可能是最不安全的。

在其他类型的集合行为中，这种非理性模仿的发生则基于另一些原理，其中之一是"匿名性"原理。一些人之所以做出了越轨行为，是因为集合行为使他淹没在人群中，没有人能够知道他的姓名和身份，处于一种没有社会约束力的"匿名"状态中，这种状态使他失去社会责任感和自我控制能力，在一种"法不责众"心理的支配下，做出种种宣泄原始本能冲动的行为。

第三，集合行为中的"信息流"。

在集合行为中，信息的流动也呈现出一种异常的状态。美国社会学家H·布鲁默认为，集合行为初步形态是"循环反应"。所谓循环反应即一方的刺激成为另一方的反应，而另一方的反应又反过来成为这一方的刺激的循环往复过程。

集合行为中的主要信息形式是流言。流言是一种信源不明、无法得到确认的消息或言论，通常发生在社会环境具有较高的不确定性，而正规的传播渠道不畅通或功能减弱的时期。美国心理学家G·W·奥尔波特认为，在一个社会中，"流言的流通量（R）与问题的重要性（i）和涉及该问题的证据暧昧性（a）之乘积成正比"，这句话改写成公式即：

$R = i \times a$（流言流通量＝问题的重要性×证据的暧昧性）

奥尔波特的这个公式指出了流言发生的两个特点：第一，流言通常是围绕人们比较关心的、涉及切身利益的重要问题发生的；第二，来自正式渠道的有证据的信息不足、状况的暧昧性增加，会推动人们通过流言渠道寻求信息。

流言可分为非紧急事态下的流言和紧急事态下的流言，集合行为中的流言属于紧急事态下的流言，这种流言有以下几个特点。

第一，流言信息的快速增殖。常态下的流言通常是通过私下的人际渠道传播的，其流传速度比较慢，而在集合状态下，流言的散布大多以"演讲"的形式进行，即一个人面对几个人、数十人乃至数百人进行传播，这就会使流言连同它携带的情绪以异常的速度弥漫到人群当中。

第二，流言信息的奇异回流现象。在集合行为中，人们不必为信息的正确性或准确性负责，每个人都可以根据自己的意愿对流言内容进行改造和变形。同时，人们也不必确认信息的来源，这就导致了一种奇特的回流现象：同一个流言在经过若干人的传递之后，又重新传回它的发布者那里，而这时由于流言已经增添了许多新的内容，连发布者也很难辨认它的原貌，于是往往会把它作为新的信息加以接受。集合状态下的流言传播，往往伴随着这样一种恶性循环机制。

第三，流言中伴随着大量的谣言。谣言不同于流言，流言有自然发生的，也有人为制造的，但多与一定的事实背景相联系；而谣言则是有意凭空捏造的消息或信息。集合行为中，总会有一些别有用心的煽动者和利用者，他们往往会利用人群的亢奋情绪和巨大能量来达到某些特定的目的，而散布谣言则是操纵人群的有效方法，因为在集合状态下，人们不再具备识别谣言的能力，而谣言则能随着流言快速扩散，不断把人群的行为引向极端，直至造成破坏性后果。

综上所述，集合行为（这里主要指的是作为社会骚动的集合行为）中的信息传播是受到许多异常的、非合理的机制制约的。集合行为是一种给正常的社会秩序和社会规范带来破坏性结果的行为，是影响社会安定团结和健全发展的重要因素。　　（郭庆光）

2. 试论现代社会中"信息环境的环境化"现象

早在 20 世纪 20 年代，美国著名新闻工作者李普曼在他的《自由与新闻》（1920 年发表）、《舆论》等论著中提出了先代人"与客观信息的隔绝"的问题。他认为，现代社会越来越巨大化和复杂化，人们由于实际活动范围、经历和注意力有限，不可能对与他们有关的整个外部环境和众多的事物都保持经验性接触，在超出自己亲身感知以外的事物，人们只能通过各种"新闻供给机构"去了解。这样人的行为已经不再是对客观环境及其变化的反应，而成了对新闻机构提示的某种"拟态环境"的反应。

所谓"拟态环境"也就是我们所说的信息环境，它并不是现实环境的"镜子"式的再现，而是传播媒介通过对象征性事件或信息进行选择和加工、重新加以结构化以后向人们提示的环境。然而，由于这种加工、选择和结构化活动是在一般人看不见的地方（媒介内部）进行的，所以人们通常意识不到这一点，而往往把"拟态环境"作为客观环境本身来看待。李普曼指出："我们必须注意到一个共同的因素，这就是在人与他的环境之间插入了一个拟态环境，他的行为对拟态环境的反应。但是，正因为这种反应是实际的行为，所以它的结果并不作用于刺激引发了行为的拟态环境，而是作用于行为实际发生的现实环境。"

李普曼的这段话提出了一个重要观点：大众传播形成的信息环境（拟态环境）不仅制约人的认知和行为，而且通过制约人的认知和行为来对客观的现实环境产生影响。这样一种机制，使得现代环境不仅越来越信息化，而且信息环境也越来越环境化。也就是说，大众传播提示的信息环境，越来越有演化为现实环境的趋势。

较早指出了"信息环境的环境化"趋势的传播学学者是日本的滕竹晓。1968 年，他在李普曼观点的基础上，明确提出了"拟态环境的环境化"的问题。他指出，许许多多的"拟态事件"，包括语言、观念、价值、生活或行为方式等，最初并不见得有代表性或普遍性，但一旦进入了大众传播渠道，很快就会演化为社会流行现象，变成随处可见的社会现实。藤竹晓认为，大众传播虽然提示的是"拟态环境"与现实环境之间有很大的距离，但由于人们是根据媒介提供的信息来认识环境和采取环境适应行动的，这些行动作用于现实环境，便使得现实环境越来越带有了"拟态环境"的特点，以至于人们已经很难在两者之间做出明确的区分。

这些观点对我们理解大众传播与现代人行为之间的关系是有益的。大众传播具有形成信息环境的力量，并通过人们的环境认知活动来制约人的行为，这是大众传播发挥其社会影响力的机制。大众传播是具有社会控制功能的信息系统，但这种控制的性质和方向并不完全取决于它自身，而在很大程度上还取决于社会机制和条件。　　（郭庆光）

3. 论述关于大众传播社会影响的两种观点

大众传播作为近代以来的重大社会现象，它的产生和发展将对人类和社会发展带来什么影响，很久以来一直是社会科学家们争论的焦点问题。围绕这个问题，西方早期大致有两种不同的观点：一种是"基于乐观主义期待"的肯定态度；另一种是"怀疑主义"的忧虑态度，这两种态度一直延续到今天的传播学研究当中。

早期的乐观主义观点以美国政治学家 J·布莱士为代表。他认为，舆论是民主政治的基础，舆论的发展和形成可以分为历史和现实两个过程。从历史过程来看，舆论经过了被动地忍受权威支配和统治的阶段，正在迎来舆论自身成为统治力量的时代。从显示过程来看，围绕社会公共事件的舆论的形成，大体要经历四个阶段：（1）基于情绪和期待的印象形成阶段；（2）单纯地交换或获取信息的消极传播阶段；（3）通过讨论和争论而使舆论得到组织化的积极传播阶段；（4）形成最终合意和付诸行动的阶段。因此，现实的舆论是一个由分散的、具有情绪性和偏颇性的个人印象或观点，经过传播而结晶为合理的公众意见（舆论）的过程，而在这个过程中，报刊作为核心的传播媒介起着重要的作用。

20 世纪初，法国学者 G·塔尔德同样注意到了报刊的社会和政治功能。他认为报刊对社会的一个最主要的贡献，就是造就了现代舆论的主体——公众。另一位有影响力的美国社会学家 G·H·库利也对大众传播寄予了深切的厚望。库利认为，这些近代传播媒介的发达不仅扩大了人类的交流与沟通，而且促进了"各国、各民族和阶层间的共通的人性和道德的发展"。他虽然对大众报刊的盈利主义感到不满，但认为在总体上"新的传播正在像曙光一样普照世界，促人觉醒，给人启发，并充满了新的希望"。

从以上几位学者的观点来看，在大众传播发展和普及的早期阶段，人们对它寄予的期待是非同凡响的。但是，历史的进程并没有按照这些学者的愿望发展。进入 20 世纪后，西方资本主义国家大众传播事业集中和垄断的加剧，使得大众传播不但没有成为一般公众参与政治的手段，反而越来越成为垄断资本和少数特权人物操作舆论的工具。"第一次世界大战"使大众传播成了帝国主义列强进行大规模宣传战和心理战的新型武器。在"第二次世界大战"中，德、意、日侵略势力利用大众传播煽动民族仇恨，进行全民法西斯动员的触目惊心的事实，更进一步使人们认识到大众传播给社会带来的并不仅仅是光明,在某种意义上,它还是一种破坏性的、可怕的力量。"第二次世界大战"后媒介内容的煽情化、浅薄化、低俗化倾向的加剧,进一步招致了不少学者对大众传媒的激烈批评。

关于大众传播社会影响的上述两种观点,在当代传播学研究当中还有着根深蒂固的影响。例如,在目前关于互联网与信息高速公路前景的讨论中的"电子乌托邦"思想以及对传统大众传媒的单向性的批评中,我们都可以看到它们的痕迹。我们认为,对任何一种传播媒介社会影响的性质都不能简单地作出结论。我们不能幼稚地认为大众传播必然会给人类带来民主和自由,同样也不能简单地断定它必然会导致法西斯专制或独裁。既不能断言它肯定会促进人性和道德的发展,也不能断言它只能导致人性的退化和堕落。归根到底,大众传播是伴随着传播科技的发展而出现的一种强有力的大型社会信息系统,这种信息系统发挥什么性质的影响,关键在于使用和管理它的人以及它所处的社会制度和这些制度赋予它的使命。因此,脱离具体的历史和社会条件,单纯地讨论大众传播的"善"与"恶"是没有意义的。 **(郭庆光)**

4. 请对大众传播内容研究予以论述

由于大众传播内容的独有特征,尤其是西方大众传播内容在商业化进程中形成的某些特质,导致传播学学者对于这些内容产品的分析形成了特定的方向。有些学者在其中寻找关键词出现的频率和现实被讲述的方式,进行定量的内容分析;另外一些学者则读解其中隐藏的深层次含义和基本的结构,作定性的文本分析。此外,还形成了独特的易读性测量的研究方向。

第一,易读性测量。

既然大众传播强调其内容的大众性和形式的平易性,那么,这个行业便要求探讨这种大众性和平易性如何实现。易读性测量就是通过一种量化的方法,分析以文字为基础的大众传播内容(如新闻报道、广告宣传资料、产品使用手册、教科书、合同契约乃至文学作品等)如何更容易被人们所理解。

早在19世纪末,就有研究者开始提出有关易读性问题。在20世纪20年代至30年代,语言学和教育学的研究者们就这个问题进行了更深入的探讨,并力图使用量化的方式来建立公式,其中影响力最大的是鲁道夫·弗雷奇所编制的"易读性测量公式"。弗雷奇认为,一份传播内容若能容易为人所理解,最重要的有两个维度:一个是降低在语言上的难度;另一个是提高内容中的"人情味"。对于前者,他又详细分解为句子难度和词语难度两部分,分别使用"句子中的平均字数",即句子长度以及"字的平均音节数"来测量。对于后者,他使用"人称词的使用频率"来进行测量。最终,形成了一套流传甚广的易读性测量方法,它包括两个公式和两个查询表格。

易读性公式为:$R.E. = 206.835 - 0.846Wl - 1.015Sl$。其中,$R.E.$ = 易读性分数,Wl = 每100字的音节数,Sl = 每个句子中的平均字数。

最终分数在0~100之间,可以从"易读性等级表"中查询其易读等级。

人情味公式为:$H.L.$ = 人情味分数,Pw = 每100字中的人称词数,Ps = 每100句中的人称词数。

最终分数在0~100之间,可以通过"人情味等级表"查询其人情味等级。

在弗雷奇公式的基础上,后来的学者又进行了改进和改造,或者使其更精确和方便，或者使用电脑技术使其更容易操作。也有学者针对广播提出了"易听法测量"。还有的学者提出了新的测量方式，如泰勒的"完形填空法"等。

最值得传播学学者们注意的是，这套量化的研究方法也影响了当代的大众传播业。许多易读性测量的研究者对包括报纸在内的大量大众传播内容进行了分析，得出的结论往往是：当代的新闻难以读懂。同时，这些研究者也常常被邀请担任通讯社、报社等大众传播业的顾问，他们为之提出的建议就是：使用提高易读性的做法，以便使得自己更容易被人读懂，从而和电视等媒介进行竞争。

这里含着两个问题值得回味。首先，大众传播对易读性的追求显示了这种传播类型的特质，但这种追求有可能忽略了更高层次的目的，如大众传播如何向公众展示一个复杂和丰富的社会，如何提高人们的知识水平和理解水平，而不是一味迎合它。其次，字词难度、句子长度和人情味写法可能是使易读性能够得以量化和计算的有效变量，但它们绝不是传播内容难易程度仅有的衡量要素，更不应该成为大众传播者在制作内容时唯一考虑的重要方面。

易读性测量自身的两个缺陷也值得探究。第一，它仅仅追求量化的方便，而无法揭示发生在读者和其他受众身上的复杂的认知过程。第二，它也没有办法对当前的多媒体传播景象做出有效的分析。所以，易读性测量或许更适合于基础性的语言学分析。对于大众传播研究来说，仅探讨传播内容是否容易被理解是不够的，我们需要其他更能揭示传播内容的方法。

第二，内容分析。

欲对传播内容进行更深入的研究，就要收集并分析各种媒介的传播内容资料，从中了解信息和传播者的意图之间、信息与受众之间的关系，如通过内容分析，了解某一传播媒介的意图之间、信息与受众之间的关系；通过内容分析，了解某一传播媒介的传播目的及其发展趋势；就同一内容，对不同媒介进行比较分析；研究不同国家传播媒介的宣传方式乃至整体的传播战术；研究受众对内容的理解等。

内容分析就是用一系列的方法和技巧评价所有传播形式传播的内容，可以是定性分析，也可以是定量分析，或兼而有之。从方法论上来说，内容分析的特征是量化的。正如贝雷尔森所下的定义：内容分析就是"对传播内容进行客观、系统和定量的分析与描述的一种方法"。大众传播研究者们进行的大量的内容分析研究，使它成为传播研究中最具有学科特色的一种研究方法。

对大众传播内容进行分析，需要经过抽样、确定类目与分析单元以及信度、效度分析的过程。

（1）抽样

第一步，首先确定研究对象的总体。总体与研究主体及研究目的有极为密切的关系。

第二步，抽取样本。依据随机原则，或用乱数表、抽签法，或电脑抽样。内容分析中，尤其是具体的大众传播内容分析多采用间隔抽样法。

（2）确定类目与分析单元

抽样结束后，开始进入内容分析最主要的部分。类目是内容分析的基本单位，而分析单元则是内容分析的最小单位。类目与分析单元的确立与整个研究的设计有密切的关系，其形成或确立有两种方式：根据理论框架或过去的研究成果形成或确立；根据研究者的需要自行确定。前一种的应用广泛。

关于一般传播媒介内容的分析，通常有一套惯用的分类方式。例如，将报纸新闻分成国际、国内新闻等不同类目。分析单元通常以栏数或批数为分析单位，即6号字9个字高为一行，每130行为一段，即一栏或一批。分析单元也可以是具体的词语，也可以是定性主题、行动类型等。通常是计算在特定内容中重复出现的次数。研究人员对一定篇幅或时间单位内出现的频率进行评价。

平面媒介的内容分析经常用某一个特别议题或观点在平面印刷中所占的栏目尺寸和数目来进行。电影、电视的内容分析则更难一些，可以用某一主题出现的频率作为一个便于分析的单元，也可以计算某一题目和主题占有的时间。电视研究中还可以对画面进行分析。

系统的内容分析往往可以揭示出受众不易明显察觉的媒介叙述的重点和趋势。在确定类目和获取量化资料的时候，普遍适用的研究方法主要有两种。

①题材分类法

这是迄今为止最为常用的内容分析法。这个方法就是将各类分析素材按照题材分为同研究有关的各种类型。特别是在长期的研究项目中，这种分类可以用来作为材料归档的标准。

②符号编码法

这种方法的历史较短，但是也已经走向成熟。它试图采用统计符号，即重要词汇出现的频次的方法，简化题材分类的方法，以加快研究的速度。例如，通过统计"中东"这一词汇出现的次数，并将它们换成褒（＋）、贬（－）或中性（0）的符号，人们以此确定被调查的传播媒介对中东问题的关注程度和倾向性。但是，由于词汇的多义性，在统计上述词汇出现的次数时有可能出现曲解。因此，要想确定一个统一的标准缺乏可靠的基础。不过，研究者们一般都既用词汇方式，也用短语、句子或段落作为编码单位，以避免误差。

（3）信度、效度分析

信度指的是研究方法的可靠性，即是否能够保证反复测量得出的结论比较一致；而效度指的是研究方法的有效性，即所得出的结论是否能够解释预先提出的问题。定量研究一般都对研究过程的信度和效度进行反思。

利用内容分析方法对大众传播进行研究，可以对其进行系统、科学的分析，得到比较可靠的结论。

具体而言，内容分析可以有以下四项作用。

第一，分析某一传播媒介（或整个大众媒介系统）内容的短期和长期趋势。一项值得注意的研究成就就是对两次世界大战中宣传的分析，结果发现，从"第一次世界大战"到"第二次世界大战"，宣传的趋势是较少诉诸感情，较少说教，而更多地注重报道事实。

第二，对于一个国家的各种传播媒介对同一问题的报道进行比较分析；对于不同国家的具有类似地位的同类媒介的内容进行比较分析。

第三，用于判明大众传播内容是否符合特定标准，如某项法规；研究传播媒介的传播技巧，即如何将复杂事物加以简化、高度概括等；研究某一方的传播战术，如歪曲事实、对比报道以及不均衡的报道等。

第四，用于了解科学、文化知识的传播情况以及观察社会文化、科学材料普及的过程。这种分析可以帮助传播者解决一种特殊信息在传播上的困难以及正确估计能够理解此类信息的受众的类型与数量。

内容分析的方法可以使我们得到科学的、系统性的研究结论，但是对于多义的符号交织成的复杂的传播内容，我们还要使用符号学—结构主义等方法来做进一步的探究。

第三，文本分析。

传播内容可以被认为是符号化的信息，即讯息，也可以被理解为是"文本"。约翰·费斯克认为："这两个术语常常可以交替使用，指由传播活动中必不可少的符号与符码所组成的某一表意结构。"

一般而言，文本指的是具有独立性的某个传播内容，而讯息往往是构成传播内容的最小单位。两者最重要的差别在于，讯息常常是"那些属于传播过程学派的社会学家、心理学家与工程师"所使用的东西，乃是"被传输的东西"，被视为理所当然；而文本更多的是"源于符号学或语言学学派，因而隐含着这样的定义——意义生成与交换的核心。于是，一个文本便由一个运行于许多层面的符码网络锁组成，从而能根据读者的社会-文化经验产生不同的意义。因此，文本是有问题的，需要进行分析的"。

文本分析需要回答的问题是：一个文本由哪些符号构成？这些符号指代着哪些东西？一个文本如何再现了某个人群、某种观念、某个行为过程？一个文本如何进行叙事，从而讲述了某种二元对立？文本与文本之间如何连接起来？它们如何聚集成一个类型，又如何建立了互文性？

对于文本分析而言，重要的不是进行科学的抽样从而找到能代表整体的样本，而是在某个文本中找到与其他文本共享的结构以及共同生成的意义。

（1）符号分析

文本分析方法对符号的见解，更多的是源于索绪尔及后来的结构主义者，而非皮尔士。索绪尔对符号的剖析强调了其内部结构，即能指和所指；也强调了其外部结构，即纵向聚合与横向组合。对文本进行符号分析，就是要看其中的符号是如何从一系列纵向聚合中被挑选出来，并与其他符号构成一个横向的组合，从而构成了一个意义的有机体。

符号分析不仅可以用来分析文字文本，还可以用来分析视觉文本，如杂志封面、电影场景、电视画面等。

（2）再现分析

再现可以被理解为一个基本的认知过程，即人们如何把一些不同的符号放在一起，从而使复杂的、抽象的概念变得可以理解并具有意义。大众媒介的内容对各种人群、人类行为、社会观念进行了再现，其中最常被分析的是一些人群的再现。李普曼的"刻板印象"对于这个分析而言意义重大。这个概念揭示了一个复杂的人群是如何被简化为一种脸谱的，而这种简化的背后存在着意识形态的操控和社会权力关系的再造。

（3）叙事分析

一切文化实践都可以被看做一种叙事，它把过去、现在和将来的事件素材组织成一种叙事结构。大众传播内容无论从宏观整体还是从微观单个文本的角度来看都可以作为叙事来进行分析。电影、电视剧、新闻报道是叙事，即使是新闻评论和风光片也在使用某种叙事结构。

叙事分析的基本思路来自于结构主义。沿着索绪尔的思路，列维—斯特劳斯对神话进行了叙事分析，指出了叙事的基本结构是二元对立。普洛普的叙事功能论、托多洛夫的符号矩阵则进一步指出了各种叙事文本分享着一些共同的结构。从这些结构中，我们可以考察意识形态是如何讲述二元对立的，它为文本的解读者建造了一个意义的空间。

（4）类型分析

大众传播的内容不是个人创造，而是一种工业产物。商业化的生产要求媒介产品可以分门别类，根据某些特征划入某种类型。进行类型分析，也就是在寻找文本与文本构成的模式。在这种模式背后，有媒介符号组成的惯例，也有商业操作的手法，同时也有意识形态的再生产。

（5）互文性分析

文本与文本之间的连接不仅在于类型，还在于互文性。所谓互文性，指的是某个文本与其他文本所分享的模式、角色、内容、对白、道具等要素，或者直接衍生自其他文本。互文性使得文本不是单独存在，而是互相连接的。互文性分为水平维度和垂直维度两种互文，在大众传播内容产品中，几乎所有的文本都必然与其他文本产生互文。在广告中，互文尤为常见，我们经常可以发现一个广告在借用另一个流行文本的角色或者叙事。

（6）意识形态分析

无论是从哪一个角度和侧面对文本进行分析，最终都必将导向对文本背后的意义的探索，即意识形态分析。意识形态自马克思阐发之后，得到阿多诺、阿尔都塞等西方马克思主义者的进一步探究，而葛兰西则用"霸权"这个概念强调指出，意识形态不仅是社会统治阶级的意念的反映，同时也在谋求社会合意，从而成为控制社会的手段。

大众传播的内容，在某种程度上展现了统治阶级的意识形态。通过细致地对文本进行剖析，我们可以在看似客观中立的新闻报道、看似仅提供娱乐的电视剧、看似杂乱无章的音乐电视背后，发现这种社会意识形态的深层操控。

文本分析在量化的内容分析之外，开辟了理解大众传播内容的另一个方向。具体而言，它的作用主要体现在以下两个方面。

第一，它分析了含义复杂的符号运作的各种方式，为深入探讨大众传播内容的构成做了重要的工作，也为反思文化生产的基本规律打好了基础。

第二，它揭示了大众传播内容的深层含义，有助于剖析社会权利体系和意识形态观念的运作，并有助于进一步探究受众对此的种种解读。　　　　　**（胡正荣）**

四、考研真题

一、填空题

1. 社会雷达是传播学者（　　）对传播功能的一种概括。1957 年，学者（　　）

提出传播具有娱乐功能。学者（　　）提出了著名的两级传播理论。1948 年，发表了《社会传播的结构和功能》的学者（　　）提出了传播的三大功能学说。1964 年，学者（　　）提出著名的"固执的受众"的观点。（北京大学 2001 研）

2. 大众传播时代的开始，一般认为应以（　　）的出现为标志，大约在（　　）世纪（　　）年代（北京大学 2001 研）

二、名词解释

1. WWW 网站（北京大学 2002 研）

2. "基本群体"（primary group）和"参考群体"（reference group）（清华大学 2004 研）

3. 人内传播（南开大学 2006 研）

4. 组织传播（中国人民大学 2006 研，北京师范大学 2003 研，中国传媒大学 2005 研，南开大学 2005 研）

5. 大众传播（武汉大学 2002 研，复旦大学 2004 研，厦门大学 2002、2004、2005 研，北京师范大学 2005 研，四川大学 2007 研，华东师范大学 2007 研，上海交大 2005 研）

6. 大众传播的四项主要功能（中国传媒大学 2003 研）

7. 二级传播（南京大学 2002，清华大学 2001 研）

8. 伊里县研究（中国传媒大学 2004 研）

9. 舆论领袖（中国传媒大学 2002 研）

10. 意见领袖（南京大学 2001 研，清华大学 2002 研）

11. 流言（中国人民大学 2004 研）

12. 大众传播的地位赋予功能（中国人民大学 2001 研）

13. 库利的"镜中我"理论（北京师范大学 2004 研，武汉理工大学 2006 研）

14. 麻醉理论（北京大学 2007 研）

三、简答题

1. 简述传播学关于人际传播社会功能的基本内容。（武汉大学 2004 研）

2. 人际传播与大众传播的区别。（中国传媒大学 2003 研）

3. 怎样理解大众传播的基本社会功能？（清华大学 2001 研）

4. 施拉姆是如何概括大众传播的社会功能的？（清华大学 2004 研）

5. 简述大众传播的功能。（武汉大学 2003 研，武汉理工大学 2007 研）

6. 简析大众传播的公共性与公益性。（中国人民大学 2002 研）

7. 何为"社会认同感"（social identification model）？如何用该模式来理解大众传播媒介在舆论形成过程中扮演的角色？（清华大学 2003 研）

8. 流言及其传播特点是什么？（清华大学 2004 研）

9. 以现实生活为例，简述集合行为的基本特征与传播机制。（南开大学 2006 研）

10. 谈谈意见领袖及其对大众传播效果的制约与影响。（中国人民大学 2001 研）

11. 简述意见领袖的特点及其对大众传播效果的影响。（中国人民大学 2003 研）

12. 网络传播扩大了哪些人际传播功能？（复旦大学 2004 研）

13. 简析网络传播自由的利与弊。（中国人民大学 2002 研）

14. 言语传播在公共关系中的运用，有哪些长处和短处？（复旦大学 2004 研）

15. 你认为今天生活在现实社会中的人，是否能够依赖大众媒介认识自我生存环境？说说你的理由。（南开大学 2006 研）

四、论述题

1. 举例说明大众传播功能失调产生的社会不良后果。（北京大学 2004 研）

2. 结合 SARS 期间我国大众媒体的报道活动，分析大众传媒的社会功能。（中国人民大学 2004 研）

3. 就"别斯兰人质事件"，从大众传播功能的角度分析中国（含港、澳、台）媒体的表现。（北京大学 2005 研）

4. 试述大众传播负功能的产生原因、一般表现及克服方法。（上海交大 2006 研）

第六章　传播制度与传播媒介

一、名词解释

1. 社会制度：指的是在特定的社会活动领域中围绕着一定目标形成的具有普遍意义的、比较稳定和正式的社会规范体系。它包括政治法律制度、经济制度和思想文化制度等。一定的社会制度对大众传播的控制，体现为一定形态的传播制度。（郭庆光）

2. 传播制度：是指一定社会制度中对大众传播活动直接或间接地起着制约、控制作用的部分。作为社会制度的反映，它体现了社会制度或制度性因素在各个方面对传播媒介活动的制约和影响。（郭庆光）

3. 媒介控制：是指通过某种方式或手段对传播媒介实行管理规范和监督控制，通常包括国家和政府的政治控制，利益群体和经济势力的控制，广大受众的社会监督控制，传媒的内容控制等。（郭庆光）

4. 控制研究：考察和分析各种制度和制度因素在大众传播活动中的作用是传播学研究的一个重要领域，这种研究称为"控制研究"。"控制研究"包括两个方面：一是考察外部制度对传媒机构及其活动的控制和影响；二是考察传媒机构的内部制度对信息的产生、加工和传播活动的制约。（郭庆光）

5. 大众传媒：报社、电台、电视台等媒介机构是从事信息的采集、选择、加工、复制和传播的专业组织，从其生产规模的巨大性和受传者的广泛性而言，我们又将其称为大众传播者，或大众传媒。（郭庆光）

6. 传播媒介：第一，它指信息传递的载体、渠道、中介物、工具或技术手段；第二，它指从事信息的采集、加工制作和传播的社会组织，即传媒机构。这两种含义指示的对象和领域是不同的，但无论哪一种意义上的媒介，都是社会信息系统不可或缺的重要环节和要素。（郭庆光）

【参考知识点】

传播媒介：媒介"media"系"medium"的复数形式，它大约出现于19世纪末20世纪初，其义是指使事物之间发生关系的介质或工具。这种广义的媒介不仅在人类的日常生活中时有所闻，就是在传播学著作中也屡见不鲜。在麦克卢汉的笔下，媒介即万物，万物即媒介，而所有媒介都可以与人体发生某种联系，媒介无时不有，无处不在。凡是能使人与人、人与事物或事物与事物之间产生联系或发生关系的物质都是广义的媒介。狭义层面上，人们对"媒介"的理解和运用也是各不相同和相当混乱的。（邵培仁）

7. 媒介即讯息：这是麦克卢汉对传播媒介在人类社会发展中的地位和作用的高度概括。其含义是指媒介本身才是真正有意义的讯息。也就是说，人类有了某种媒介才能从事与之相应的传播或其他活动。因此，真正有意义、有价值的讯息不是这个时代的传播内容，而是这个时代所使用的传播工具的性质和它们所开创的可能性及其带来

的社会变革。 （郭庆光）

8. "热媒介"和"冷媒介"：麦克卢汉就媒介分类提出的两个概念。"热媒介"传递的信息比较清晰明确，接收者不需要动员更多的感官和思维活动就能理解；"冷媒介"则相反，传递的信息少而模糊，在理解时需要动员多种感官的配合和丰富的想象力。 （郭庆光）

9. 媒介依存症：一种由新媒介带来的社会病理现象，包括过度沉湎于媒介接触而不能自拔、价值和行为选择一切必须从媒介中寻找依据、满足于与媒介中的虚拟互动而回避现实的社会互动、孤独和自闭的社会性格等。 （郭庆光）

10. "把关人"：在新闻传播活动，传播者在每一个传播环节，都从超过可能传送的新闻信息中进行选择，控制信息的流量与流向，直接影响受传者对信息的接收与理解，传播者也就成了"把关人"。"把关人"又叫"守门人"，是美国传播学者库尔特·卢因提出的概念，用以说明传播者在新闻传播中的控制作用。 （郭庆光）

【参考知识点】

把关人：即采集、制作信息的过程中对各个环节乃至决策发生影响的人。大众传播的"把关人"多种多样，除公认的记者和编辑外，还包括专门接收通讯社稿的工作人员——电讯稿编辑、标题制作编辑以及分配任务的总编辑、电视编导等。 （张国良）

11. "电视人"：林雄二郎在《信息化社会：硬件社会向软件社会的转变》中，将印刷媒介环境和电视媒介环境中完成社会化过程的两代人加以比较，明确提出了"电视人"的概念。所谓"电视人"，指的是伴随着电视的普及而诞生和成长的一代，他们在电视画面和音响的感官刺激环境中长大，是注重感觉的"感觉人"，表现在行为方式上是"跟着感觉走"。这一点，与在印刷媒介环境中成长起来的他们的父辈重理性、重视逻辑思维的行为方式形成鲜明的对比。同时，由于收看电视是在背靠沙发、面向荧屏的狭小空间中进行的，这种封闭、缺乏现实社会互动的环境，使得他们当中的大多数人养成了孤独、内向、以自我为中心的性格，社会责任感较弱。 （郭庆光）

12. "容器人"：中野收在《现代人的信息行为》一书中用"容器人"这一形象说法描述了现代人的行为特点。他认为，在大众传播，特别是以电视为主的媒介环境中成长起来的现代日本人的内心世界类似于一种"罐状"的容器，这个容器是孤立的、封闭的。"容器人"为了摆脱孤独状态也希望与他人接触，但这种接触只是一种容器外壁的碰撞，不能深入到对方的内部，因为他们相互之间都不希望对方深入到自己的内心世界，于是保持一定距离便成了人际关系的最佳选择。"容器人"注重自我意志的自由，对任何外部强制和权威都不采用认同的态度，但却很容易接受大众传播媒介的影响，他们的行为也像不断切换镜头的电视画面一样，力图摆脱日常繁琐性的束缚，追求心理空间的移位、物理空间的跳跃，而现代社会中忽起忽落、变幻不定的各种流行和大众现象正是"容器人"心理和行为特征的具体写照。 （郭庆光）

13. 他律性欲望主义：日本学者佐藤毅在 1986 年发表的《人的自律》一文中探讨了电视与日本人的自私化和"充欲主义"价值流行的关系。佐藤毅认为，电视接收机作为一种商品，其本身就是人们的欲望追求的对象，不仅如此，电视还是唤起和引发人们新的欲望的媒介，它把充满诱惑力的商品世界以鲜明的色彩、影像以及丰富的意境展示在人们面前，直接刺激了他们对这些商品的占有欲和享乐欲。这样，尽管日本社会中依然存在着阶层或收入的差别，却出现了整齐划一的追求奢侈化的倾向。而在这个过程中，日本人的价值观也发生了变化，由勤劳、节俭和对社会的奉献价值，转向了个人主义的享乐和"充欲价值"。佐藤毅将这种现象称为"他律性欲望主义"，认为正是这种由媒介引发的欲望主义导致了日本人的自私化。　　　　　　（郭庆光）

14. 媒介恐慌论：是指媒介在对社会恐慌事件进行大规模报道的过程中会导致产生新的更多的恐慌现象或恐慌心理的媒介理论。这是在特定社会背景下由许多专家学者同时进行研究的一个比较年轻的学术话题。关于恐怖主义和社会恐怖的研究最先是由非传播学领域的政府官员和学者进行的，如保罗·威尔金森德的《政治恐怖主义》、P·卢本斯泰因的《炼金术的革命：现代社会的恐怖主义》、格拉斯的《恐怖文化：美国人何以会为错误的信息害怕》。　　　　　　（邵培仁）

15. 多媒体：指的是使用数字压缩和网络技术将广播、电视等各种信息媒介联成一体，对声音、影像、文字、数据等进行一元化高速处理并提供给用户的双向信息系统。　　　　　　（郭庆光）

16. 数字化：指的是在电子信号的传输方式上，用数字压缩方式来取代传统的信号模拟方式。数字化以后，不仅信息的保真性更强，传输质量更高，而且能够大幅度节约电波频率资源。　　　　　　（郭庆光）

17. 传播者：指的是传播行为的发起人，是借助某种手段或工具，通过发出信息主动作用于他人的人。传播者处于传播过程的首端，对信息的内容、流量和流向以及受传者的反应起着重要的控制作用。　　　　　　（郭庆光）

18. 获知权：一是从媒介与当权者处获得各种公共信息的权利；二是从大众与当权者处获得各种公共信息的权利。　　　　　　（张国良）

19. 反论权：也称"反驳权"，指大众面对媒介发表的批评自己（或与自己对立）的意见，可要求该媒介免费提供版面、时间进行反驳的权利。　　　　　　（张国良）

20. 媒介全球化：指对媒介经营活动进行全球性的而非只局限于本地范围内的认识及其活动过程，具体表现为媒介生产、销售和传播的全球化以及媒介管理、法规和影响的全球化。全球媒体的出现是其重要表现。　　　　　　（张国良）

21. 横向集中：指某一家媒介公司购买另一家媒介公司的主要股份，后者可能并不直接与前者的行业相关，或其主要资金来源根本与媒介无关。这种水平式的集中，造成了联合大企业所有权的产生和扩张，这种联合是不同产业的公司合并的产物。（张国良）

22. 纵向集中：指相同的产业生产线上多家公司的集中，使一家公司能够控制整个生产过程。　　　　　　（张国良）

23. 新闻基模：新闻记者对讯息进行判断时，有一些预存的认知结构在影响他们的决定，可称为"新闻基模"，即讯息早已被"把关人"预存的心智结构所同化，只有那些符合"新闻基模"的信息才比较有可能通过关口。　　　　　　（张国良）

24. 版面：指的是报纸各版的布局以及报纸整体的划分和设计。编辑人员将文章和图片置于版面的各个位置，并用色彩和线条进行分割和装饰。版面涉及稿件的分布与组合、标题的大小和形式、栏目的划分和变化、文字的品种和排列以及色彩、线条等装饰物的运用，甚至包括报纸大小、质地、颜色的选择。它一方面集中体现报纸的宣传报道意图，鲜明地表现编辑对新闻事实的态度、立场和观点；另一方面也形成了报

纸的风格和特色。 （胡正荣）

25. 专业化：就是指进入这一行业的个体通过"社会化"的过程实现内化。这一过程包括在校的专业训练和在岗的实践，执行社会化过程的实体包括专业训练的老师、行业的典范、专业组织及传媒组织。 （张国良）

26. 媒介专业主义：指的是媒介从业人员所持有的一种职业意识形态。它从新闻专业主义而来，成为媒介从业者普遍认可的一套媒介理念。如陆晔和潘忠党所说，它包括："一套定义媒介社会功能的信念，一系列规范新闻工作的职业伦理，一种服从政治和经济权力之外的更高权威的精神以及一种服务公众的自觉态度。" （胡正荣）

27. 媒介自律：即传媒界对传媒机构及其从业人员的权利和社会使命、责任有正确的认识，并在这种正确认识的指导下，以职业道德规范约束自己的行为。这是与法制管理、行政管理等他律手段相对而言的一种自律手段。 （张国良）

二、简答题

1. 何为"报刊的四种理论"？

大众媒介诞生以来，人们早就感受到它的威力，对它的性质、特征等进行了广泛的研究。1956 年，美国伊利诺伊大学出版社推出了由施拉姆等三名学者撰写的《报刊的四种理论》一书。随即，该书及其作者声名鹊起。学界公认，它开了比较新闻学之先河，以鲜明的主题、系统的梳理，填补了大众传播研究的一项空白，揭示了新闻媒介与社会控制的关联。

这一著作由四篇相对独立而又相互关联的论文组成，实际上是对有史以来先后出现的传播体制及相关观念的一个总结性的比较研究。它试图研究"当今世界不同类型传媒背后的哲学和政治学原理或理论"，并在此基础上概括出四种媒介理论，即集权主义理论、自由主义理论、社会责任理论和苏联共产主义理论。 （张国良）

2. 简述对"四种传播体制"的反思

《报刊的四种理论》中提出的四种媒介体制获得了广泛的认可和传播，但也不断遭受质疑和更新。1984 年，赫伯特·阿特休尔在《权力的媒介》一书中指出，"报刊的四种理论"是"冷战"思维的产物。1995 年，伊利诺伊大学出版社在出版《报刊的四种理论》近 40 年之后，又出版了约翰·内荣主编，威廉·贝利等人撰写的《最后的权利：重访报刊的四种理论》，对施拉姆等人的著作进行了反思。《最后的权利》的作者们指出，《报刊的四种理论》实际上是"冷战"时期的产物，用后期资本主义的世界观和价值观对四种历史现象进行了总结，在科学性和客观性上有所欠缺。他们的批评主要集中在以下方面。

第一，"自由主义"和"社会责任"蕴含褒义，而"集权主义"和"共产主义"在西方是贬义的，这反映了作者的世界观。

第二，这四种划分方法究竟是四种思潮的总结，还是四种实践体制的总结，很成问题。而且四种理论有详有略，有的偏重历史事实，有的偏重思想潮流，有的侧重一个国家（如苏联的苏维埃主义），有的则包罗万象（如集权主义）。

第三，与其说每一种社会制度（或其发展阶段）对应着某种传播体制，不如说因历史脉络和社会情境的不同，在不同国家中，即使社会制度相同，传播体制也大相径庭。而有的国家虽然社会制度不同，但传播体制也显示了某种程度的一致性。

第四，最重要的是《报刊的四种理论》依然忽略了垄断性商业力量对媒介的重要影响，没有将利润的驱动力及其抗衡考虑在传播体制的系统之中。　　　　（胡正荣）

3. 我国社会主义制度下媒介规范理论主要包括哪些方面？

我国的社会主义媒介制度及其规范理论正在发展和探索过程中。就目前而言，它包括以下几个方面的内容。

第一，新闻传播事业实行社会主义公有制，防止私有资本垄断，保障社会主义新闻自由。

第二，新闻传播事业是中国共产党领导下的事业，必须坚持党性原则。

第三，执行报道新闻、传播信息、引导舆论、提供娱乐等多方面的社会职能。

第四，通过沟通生产、流通和消费服务于国民经济发展，其本身也是新兴的信息和知识产业的重要组成部分。　　　　（郭庆光）

4. 极权主义的媒介规范理论

极权主义理论（也称权威主义理论）是欧洲中世纪后期极权主义制度下的产物，现代仍有其残余。其最大特点是主张媒介必须一切以权力或权威的意志为转移，一切为统治者服务。其主要内容包括如下几个方面。

第一，报刊必须对当权者负责，维护国王和专制国家的利益。

第二，报刊必须绝对服从于权力，不得批判占统治地位的道德和政治价值。

第三，政府有权对出版物进行事先检查，这种检查是合法的。

第四，对当权者或当局制度的批判属于犯罪行为，给予严厉的法律制裁。（郭庆光）

5. 自由主义的媒介规范理论

自由主义理论是在欧美资产阶级革命中形成的媒介规范理论，其核心反映了资产阶级自由主义的观点。其主要内容包括以下几个方面：

第一，任何人都拥有出版自由的权利而不必经过政府的特别许可。

第二，除人身攻击外，报刊有权批评政策和官吏。

第三，新闻出版不应受第三者的事先检查。

第四，在涉及意见、观点和信念的问题上，"真理"和"谬误"的传播应当同样得到保证。自由主义理论有两个原则：一是"言论的公开市场"原则；二是"自我修正"原则。　　　　（郭庆光）

6. 试述自由主义媒介理论的主要内容及其局限性

斯宾诺莎从反对封建神学出发，重新解释了人的本质，提出了"自然权利说"和"社会契约论"，即人们通过社会契约组成社会，必须放弃部分自然权利，但同时，个人应保留部分自然权利。具体地说，个人只应把判断善恶和实施惩罚的权利交给社会和国家，而自己永久地保留财产权、信仰自由权和思想自由权。他认为，人都有理智，因此，应当永远是他自己思想的主人。这些思想构成了自由主义媒介理论的基础。

弥尔顿在其代表作《论出版自由》中有力地抨击了出版检查制度，为争取言论自由立下了不朽功绩。一度成为辉格党思想领袖的洛克，大大发展了人的自然权利学说。他对社会原则和政治原则作出了清晰而有说服力的描述，第一次从理论上论证了资产阶级天赋人权这一基本原则，形成一种主权在民的学说，即权力的中心是人民的意志，政府不过是一种信托，其职责是保证公民的人身自由和财产安全。当统治者失职时，人民就可以撤回对它的信任和委托。洛克的革命思想，使之成为鼓舞美国独立和法国革命的重要人物。

进入 18 世纪后，报刊及媒介的体制迅速而全面地从集权主义型转变为自由主义型。18 世纪初，欧美的专制报刊制度已濒临灭亡，国王被迫放弃了控制报刊的权力，教会的新闻管制职能也被取消，国家垄断逐步被私人经营所代替。到 18 世纪末，自由主义媒介理论的主要精神终于被写入各国宪法。

不言而喻，这一过程并非一帆风顺，而是充满激烈的斗争。报刊不仅在政治上受到各种迫害，而且受到经济上、业务上的各种限制。经过众多先驱不屈不挠的努力，才逐一打破了这些障碍。特别值得一提的是美国杰出的政治家、第三届总统托马斯·杰斐逊，为此做出了重大贡献。作为 17 世纪欧洲思想家们所创立的自由主义理论的忠实信奉者和身体力行者，他认为，把英国的立法主义与法国更为激进的理性主义潮流汇合起来，就可以建立一个既能保障安全又能保障个人机会的政府。他坚信，人们在运用理性时，个别公众有可能发生错误，但如果把大多数人结合为一个整体，则一定能作出正确的判断。他坚决主张政府的主要任务是建立并维持一种制度，在这种制度下，个人能追求各自的目标，而报刊的任务是参与对个人的教育，同时防止政府背离初衷。杰斐逊的政治理想和实践，最终推动并确立了自由主义媒介理论（及体制）在美国乃至整个西方社会中的支配地位。

在具体而多样的大众传播实际过程中，自由主义媒介依据以下操作性原则运行，从而发挥作用。

第一，独立性原则。根据这一理论，大众媒介除提供消息、娱乐外，还应当刊播各种广告，从而保持其在经济上的独立性。唯其如此，媒介才有可能对政府进行监督。

第二，多样化原则。不可否认，大众媒介发布的无数信息中，必定有虚假或不健康的内容，但政府无权干预。否则，政府以各种借口压迫言论、报道的结果就不可避免。根据这一原则，必须让公众接触各种各样的信息，因为他们有理性，能分辨什么是真理，什么是谬误，能"自行修正"。为此，政府应放弃对媒介的一切垄断和控制，实行彻底的媒介私人所有制，让媒介在信息市场上公开竞争，而决定胜负的唯一原则，是它们满足受众需求的能力如何。

第三，法制化原则。在社会控制的问题上，主张采用非官方的控制手段，即一方面通过自由竞争和自行修正改善媒介的状况；另一方面，建立一个稳定、完整的法律制度环境，以调节竞争。

综上所述，自由主义媒介理论是资产阶级民主主义的基础。在各种自由中，媒介自由被认为是核心和前提，对其他一切自由起保障作用。正因为如此，媒介才能成为一种司法范围以外的监督政府的重要力量，被称为"第四权力"。与封建时代的集权（专制）主义理论相比，自由主义理论无疑是巨大的历史进步。但同时，资本主义体制的结构，又决定了它不可能将自由原则贯彻到底，有很大的局限性，包括经济的不平等往往造成传播的不平等；所有制的私人性难免影响媒介的公共性；自由口号不能消除实际生活中的阶级差异等。不仅如此，单就它在资本主义社会中的有效性、适用性

而言，随着时间的推移，也出现了很大的问题。　　　　　　　　　　　　　（张国良）

7. 简述自由主义媒介理论的困境

20 世纪以来，国际形势发生了重大变化。20 世纪上半叶，资本主义从自由阶段进入垄断阶段，各种矛盾空前激化，人类历史上罕见的两次世界大战相继爆发，使世界格局发生剧变。在这一过程中，自由主义的媒介理论和体制也受到了很大影响。

首先，战争的严酷现实使各国政府的媒介——传统的报刊及新兴的广播，再也不能放任自流。政府必须优先考虑的是如何在战争中获胜，为此必须对媒介泄露军事和其他机密的可能性严加管制，这就是对古典自由主义理论的违背。

其次，电波媒介——广播和电视的出现，也动摇了古典自由主义的理论。由于广播电视所利用的频率、频道和电讯资源十分有限，而且会互相干扰，如不加有效管制，就无法正常工作。面对这一严峻事实，电台、公众和收音机制造商都一致要求对电波的频率实行统一控制。所有这些，对自由主义媒介理论都构成了背叛。这不能不在一定程度上影响媒介的自主独立性，媒介对政府的监督作用也不能不有所削弱。但不可否认，这又是一些迫不得已的举措。一句话，在变化的形势下，古典的自由主义理论已力不从心、破绽百出了。

最后，进入 20 世纪后，媒介的巨大化、垄断化现象日益显著。如前所述，资本主义国家的媒介既是标榜为公共利益服务的公共机构，又是以盈利为目标的私人企业。这两种角色，构成一对尖锐的矛盾，不时发生冲突。随着媒介的迅速发展，这种冲突越来越难以克服。因为媒介的机构越来越庞大，设备越来越高端，这就使后人的插足越来越困难。不可避免地导致集中化、垄断化倾向——少数实力雄厚、经营有方的巨头，不断兼并一家又一家的媒介，使媒介种数日益减少。显然，这一高度垄断化现象，与自由主义理论是难以相容的。换言之，信息和思想的自由市场已不复存在。垄断化的媒介集团与大众之间，形成了难以逾越的鸿沟。这不仅表现为一般人再也不可能创办媒介与之竞争，还表现为媒介的傲慢和媚俗，出现了越来越多的低俗乃至侵犯人权的内容。正是在此背景下，一种作为对古典自由理论的修正的新理论——社会责任理论应运而生。　　　　　　　　　　　　　　　　　　　　　　　　　　　　（张国良）

8. 简述社会责任理论

作为对自由主义理论的一种修正，美国新闻自由委员会于20 世纪40 年代后期提出了社会责任理论。其主要内容包括如下几个方面。

第一，大众传播具有很强的公共性，媒介机构必须对社会和公众承担一定的义务和责任。

第二，媒介的新闻报道和信息传播应该符合真实性、正确性、客观性、公正性等专业标准。

第三，媒介必须在现存法律和制度的范围内进行自我约束。

第四，公众有权要求媒介从事高品位的信息传播，这种干预是正当的。社会责任理论提出的目的有两个方面：一是为了防止传播事业高度垄断而引起的社会矛盾激化；二是为了防止由媒介内容的浅薄化、煽情化和刺激化而引起的社会道德和文化的堕落。

　　　　　　　　　　　　　　　　　　　　　　　　　　　　　　（郭庆光）

9. 试述媒介社会责任理论的主要内容及其局限性

1942 年，时代出版公司的创办人鲁斯提出"对报刊自由的现状和前景进行一项调查分析"的建议。一年后，由芝加哥大学校长 R·哈钦斯出面组织了一个报刊自由委员会。该委员会在三年多的时间里，开展了详细而广泛的调查，最后发表了一个总报告和 6 个分报告。其中，题为《一个自由而负责的新闻界》的总报告和题为《媒介自由：一个原则框架》的分报告，全面、系统地提出并阐述了报刊（媒介）社会责任理论。

首先，委员会认为 20 世纪以来出现了众多新思想和新知识，形成了以达尔文、爱因斯坦为标志的新世界观、新"知识气候"，构成了对自由主义报刊理论的冲击。正是在这一新"知识气候"下，学者们经过反复思考，对古典自由主义理论作出了一系列重要的修正，具体包括如下几个方面：（1）明确否定了绝对的自由，只承认相对的、有条件的自由，媒介自由当然也不能例外；（2）大众自由与大众媒介自由，是两个既有联系又有区别的概念；（3）大众媒介必须为大众和社会利益服务，对社会负责；（4）政府不再是媒介自由的旁观者，当大众利益和社会利益受大众媒介损害时，政府应出头管束媒介的行为。这几点，构成了报刊（媒介）社会责任论的基本框架，即媒介不再是无法无天、为所欲为的无冕之王，而应是一种既监督政府，又受民众和政府约束的力量。

学者们认为，以往媒介的不负责表现，损害了确保信息和思想在社会内部最大限度地自由流通的实现。这不仅影响到整个社会和公众的利益，也影响到以高度发达的商品经济为基础的现代美国社会的生存和发展。为改善这一状况，该委员会对大众传播媒介进一步提出如下具体要求：

第一，媒介应提供"真实的、概括的、明智的关于当天事件的论述，并说明事件的意义"。但同时，应"事实归事实，言论归言论，把两者区别开来"。这里需要说明，19 世纪初尚处于幼年时期的美国报刊，常被政客们利用，相互攻击，报道经常失实，或夹带记者、编辑们的意见。直到 19 世纪末，报道与言论才逐步分离，确立了客观报道的准则。对此，社会责任理论指出，报道还应说明事实的前因后果和背景，以帮助读者全面了解事实，并把握事实的真正意义。

第二，媒介应成为"交换评论和批评的论坛"。诚然，每个人都有权表达自己的思想，但事实上大众媒介却掌握在少数人手中。要解决这个矛盾，大众媒介就必须承担让各种思想充分交流的职责，也就是"发表与自己观点相反的、有意义的思想"的职责。委员会还指出，大众媒介发表个人的意见，可采用多种形式。既可在言论版上处理，也可在广告版上出现，还可作为来信、来电刊播等。

第三，媒介应准确表现"社会各成员集团的典型形象"。强调报道的全面和公正，包括尊重民族情绪，妥善对待种族集团和宗教集团的敏感问题等。为此，不仅要求每一则具体报道的公正，还要求整体报道的公正，这涉及报道的意图、倾向、数量及总体评价等。如果媒介不能真实地描绘社会集团的形象，就可能导致人们判断失误，从而引发或加剧社会矛盾，甚至破坏世界和平。

第四，媒介应"提出和澄清社会的目标和价值观"。大众媒介是一种强有力的教育工具，应自觉承担教育大众的责任。

第五，媒介应使人们"充分贴近每天的信息"。现代人的信息需求远大于过去任何时期，报道和言论应尽量满足他们，即保证所有社会成员能分享所有的信息。同时，就破除新闻自由流通的障碍而言，媒介应成为公众的代理人。

总之，要改善传播的状况，关键在于媒介需正确处理自身利益与社会责任的关系。

与此同时，委员会认为，大众对媒介也有一定的义务。大众应了解媒介的性质、特点和巨大作用以及它被少数人所掌握的事实。这样就可以针对媒介的缺陷，从多方面加以改进。委员会还认为，政府也不应袖手旁观。一方面，可支持大众的行动；另一方面，也可通过法律手段，制止媒介滥用自由的行为，必要时还可直接介入传播实践，以平衡私营媒介的不足。

综上所述，与古典自由论相比，社会责任论又前进了一步。它是西方自由观发展的必然产物，就社会控制的有效性、适用性而言，无疑达到了更高的阶段。它提倡积极的自由，不排斥政府在必要时对媒介进行干预，以保障真正的传播自由。它主张在媒介、公众和政府之间，找出三方都认可的共同点，以有效调节传播体制内的各种矛盾。由于这一理论立足于现代美国社会，正视现实中的各种矛盾，不仅在理论上，而且在实际的政策中，弥补了自由主义理论的诸多缺陷，因此，得到美国社会各界的普遍认同，并成为其他西方发达国家的"范本"。

但不能不指出，社会责任理论只是对自由主义理论的一种修正，而不能从根本上消除西方资产阶级媒介运行中的各种矛盾。它没有也不可能完全克服自由主义理论的缺陷；它的种种设想，在实践中往往走样，不能有效地解决实际问题；它一方面反对政府侵犯传播自由；另一方面又提出政府为保障大众的自由可干预媒介；它既抨击媒介为追求利润而损害公众利益，又一再申明必须维护媒介的私有制等。凡此种种，无不反映了资本主义体制下的传播结构充满了复杂而深刻的"二律背反"现象，而这也非社会责任理论自身能独立解决的问题。

（张国良）

10. 简述民主参与理论

民主参与理论是 20 世纪 70 年代以后在西方国家出现的新的媒介规范理论，其主要观点包括如下几个方面。

第一，任何个人和弱小群体都拥有知晓权、传播权和媒介接近权。

第二，媒介应主要为受众而存在，而不应主要为媒介组织、职业宣传家或广告赞助商而存在。

第三，与大规模的、单向的、垄断的大媒介相比，小规模的、双向的、参与的媒介更合乎社会理想。民主参与理论的核心价值是多元性、小规模性、双向互动性、传播关系的平等性。

（郭庆光）

11. 发展中国家媒介规范理论主要包括哪些内容？

20 世纪 70 年代以来，发展中国家的媒介制度和理论受到了人们的瞩目。大多数发展中国家经济比较落后，发展经济是国家的首要目标。政局不稳，有些国家甚至经常面临内战、政变和外来颠覆的威胁。从大众传播的状况来看，发展中国家在硬件和软件两个方面对西方发达国家依赖程度都很高。发展中国家的媒介制度和理论大致反映了这种现实状况。其要点包括如下几个方面。

第一，大众传播活动必须与国家政策保持同一轨道，以推动国家发展为基本任务。

第二，媒介的自由必须伴随相应的责任和义务。

第三，在传播内容上要以本国文化优先，优先使用本民族语言。

第四，在新闻和信息合作领域，优先发展同地理、政治和文化比较接近的其他发展中国家的关系。

第五，在事关国家利益和社会稳定的利害问题上，国家有权对传播媒介进行检查、干预、限制乃至管制。 （郭庆光）

12. 简述国家发展（国益）优先理论

由于迄今的各种理论，皆偏重于考察发达国家的状况。因此，有人指出，也不应忽视发展中国家的实践。麦奎尔在其《大众传播理论》一书中就认为，根据大多数发展中国家的共同特点，可概括出一种"国家发展优先理论"（发展传播理论）。

他认为，经历了从不发达和殖民主义向独立和更好的物质条件转变的社会，经常缺乏基础结构、资金、传统和专业技术，甚至缺乏支撑传媒机构所需的可与第一世界或第二世界受众相比的受众。许多发展中国家的媒介，常常受经济来源支配，受外国控制，受专横的集权主义统治。如此，这种传媒理论就倾向于强调如下目标：把国家发展任务（经济、社会、文化和政治）放在首位；追求文化和资讯的自主权；与别的发展中国家团结一致。由于优先考虑这些目标，传媒可得到的优先资源由政府分配，就可能是合理合法的，新闻自由也可能受到限制。对传媒责任的强调，要高于对传媒权利和自由的强调。事实上，许多发展中国家的媒介体系，仍然是集权式的。

总之，该理论的核心观点就是把经济的发展、国家的建设放在第一位。媒介的一切行为都应当服从这一目标。具体地说，这一理论包括以下几个方面。

第一，方针——媒介的方针，应与国家的方针、政策步调一致。

第二，内容——媒介的内容，应优先弘扬本国文化。

第三，国际合作——应优先考虑与兄弟发展中国家的合作。

第四，与自由的关系——媒介应当既是自由的，又是负责的。

第五，与国家的关系——媒介与国家利益发生冲突时，国家权力可介入，使用各种相应的控制手段。 （张国良）

13. 大众传播媒介的运行机制和管理模式有哪些类型？

大众媒介作为一种社会组织，有其自身的结构形式和运行机制。

作为一种专门从事大众传播活动以满足社会需要的社会单位或群体，传媒组织一般具有以下特点：媒介组织是经过认真筹划、充分准备建立起来的，而不是自然形成的；它的成立得到了权威部门的认定和社会大众的认同；它拥有明确的目标，即满足社会大众的信息需求；它的成员专门从事大众传播活动，并以此为生；它拥有固定的媒介技术或手段；它通过明确的分工和分权，形成内部特有的角色关系；它讲究效率，强调实效；它制定各种规章制度，以约束成员的行为，为实现目标提供保证。

不过，就媒介的运行机制（其核心是所有制）而言，世界各国有很大的不同。报刊方面，以私有制和国有制为主，也有很少的公有制、半国有制。广播、电视方面，则并存着私有制、公有制和国有制三种形式。一般来说，私有制媒介的运作特点是以盈利和满足市场需求为重心；公有制媒介则既考虑国家利益，也照顾市场需要；国有制媒介则以国家利益为最高目的。

总体而言，资本主义（包括发达和发展中）国家的报刊，大多实行私有制，而包括中国在内的社会主义国家的报刊，以国有制为主。资本主义国家中，广播、电视的情况较为复杂，一种以美国为代表，主要实行私有制，如三个广播电视网 ABC、NBC、CBS 以及后起之秀的 CNN、FOX 等，无不为私人资本家所有；另一种以西欧、日本为代表，实行公有、私有并行制，如英国的 BBC、日本的 NHK、加拿大的 CBC、韩国的 KBS 等，皆为典型的公有制广播电视机构（主要收入来自受众交纳的试听费，因此被期待更能保证节目质量，适应公众需要），但同时为了克服公有制媒介缺少活力的弊端，西欧各国普遍掀起了一股媒介私有化的热潮。当然，社会主义国家的广播、电视，仍以国有制为其特色，可是，以中国为例，由于大量广告的播放（这与公有制不同），使之又受到商业化、市场化的强烈影响。

如上所述，世界各国的大众媒介分属于私有、公有、国有三种所有制，体制不同其管理模式也有所不同。通常，私有媒介采用股份制和董事会形式；公有媒介采用社会化管理方式；国有媒介采用政府领导方式。

一般来说，报社、杂志社的组织机构有三个部门：生产成品的编辑部、筹集资金的广告部和经营成品的行政管理部门。编辑部以总编辑为首，制作报刊内容，并确定相关的报道编辑方针。总编辑以下，通常设副总编辑或编辑部主任，专门管理生产过程及与此有关的一切准备工作。接下来，就是记者和编辑，各报刊的人数不等，少则数人、十几人，多则数百人，乃至上千人。他们根据报刊工作的需要而分成若干部分，如国内部、国际部、财经部、体育部、文教部、政法部、社会新闻部等。此外，还有一些为报道部门服务的资料、图片和电传等辅助部门。为了扩大新闻来源和影响，向外地或外国派驻记者或分支结构的报刊也不在少数。至于行政管理部，包括财会、人事、发行等处室。这与其他企业大同小异。不过，媒介的行政管理部门的特点在于必须为编辑等部门服务，即听从编辑部的指挥。

其他媒介的内部组织机构也大体相似，但出版社和电影公司没有记者，代之以编辑和导演。编辑全权负责一本书的全部出版过程。而导演是整个摄制组的灵魂，领导从演员、编导，到美工、摄影、音响等操作人员。

在媒介内部，各个部门、各个环节都必须紧密配合，协同工作。每一项工作皆如整台机器中的零部件不可或缺。为此，媒介内部必须高度重视，妥善处理各种关系，才能充分发挥整体效应，使整台机器正常运转，圆满、有效地生产出各自的成品，为人们提供各种信息、知识和娱乐等合格的精神食粮。 （张国良）

14. 简述认识传播媒介的意义

传播媒介是人们用来传递信息符号的中介物，是一种物质实体。我们可以通过使用它、控制它来进行传播，而传播媒介也以其自身的规律及特点反作用于整个传播过程。如果使用得当，传播媒介可以提高传播效果。如果使用不当，传播媒介反而会制约传播的意图。因此，我们必须认识和了解传播媒介的特点及其自身规律，这样才能为传播工作做好准备，才能提高传播效果、实现传播意图。

具体而言，充分认识传播媒介有以下几种益处：

第一，把握传播媒介的特点及其规律，充分认识我们进行传播活动的物质手段。通过研究传播媒介，可以清楚地认识每一种媒介的优势、劣势及其运作的基本规律。"工欲善其事，必先利其器"，传播媒介就是传播者手中的"利器"，只有在充分把握传播媒介规律的基础上，我们才可能得心应手、游刃有余地开展传播活动。

第二，遵循传播媒介的基本规律，不断改进传播工作。如果对媒介特点认识不清楚甚至认识错误，那么传播活动必然会扬短避长，抑制了媒介的优势，缩减了传播的效果。把握媒介的规律才能熟练地驾驭和使用媒介。那些将媒介的优势发挥得淋漓尽致的传播工作者往往都能取得较好的传播效果。

第三，认清传播媒介的发展方向，顺应进步的潮流。在传播的演进中，媒介的发展是最迅速的。随着科学技术的进步，经济水平的增长，媒介种类的增多和传播水平的提高，人类发明了新的传播工具，旧有的传播工具也不断提高其性能和效率。互联网的迅速普及改变了人们接受信息的习惯，也大大改变了传播媒介系统的面貌。同时，媒介也逐步走向专业化、分众化，针对特定地区、特定阶层、特定兴趣的受众进行专门的传播成为趋势，这与整个社会的发展方向相一致。

我们应该把握媒介的发展趋势，即向更快、更广、更专、更便捷、更有效的方向发展，同时把握每一种媒介的特点和规律，理解媒介之间的互相冲击和融合，不断扬长避短，对传播活动进行更新，使之成为适应潮流的、更为有效的传播媒介。

总之，正确认识媒介的特点及规律，对于我们立足现实，更好地使用媒介，提升传播效果意义重大，对于我们面向未来，跟上媒介发展潮流也有重要的作用。　（胡正荣）

15. 大众传媒的组织目标与制约因素有哪些？

大众传媒的组织目标包括两个方面：其一是经营目标，这是维持传媒自身生存和发展的前提。其二是宣传目标，主要通过言论和报道活动来实现。

大众传媒活动的制约除了社会制度和意识形态以外，主要来自它的公共性和公益性。公共性和公益性是大众传媒权利的基础，也是它们责任和义务的依据。　　（郭庆光）

16. 简述大众传媒的特点

在不同类型的传播活动中，传播者的地位和作用是不同的。同其他类型的传播者相比，作为传播者的大众传媒具有以下几个特点。

第一，地位稳固。在面对面的人际传播中，由于互动渠道的畅通，传播者和受传者可以轮流扮演说话人和听话人的角色，因此传受双方是相互影响和相互作用的关系。而在大众传播中则不同，大众传媒与受众的角色关系是固定的，我们在读书、看报、听广播、看电视时只能单方面接受来自传媒的信息。

第二，大众传媒是一种社会组织，具有自身的组织目标和组织结构。这个组织的基本成员是记者、编辑等专业传播工作者以及相关人员，他们被分配到不同的部门，执行不同的职能。这些人虽然也作为个体而存在，但是他们在大众传播过程中以组织代表的身份出现。

第三，大众传媒是大众传播生产资料的直接控制者和使用者。大众传播以先进的技术、昂贵的设备为必要的工具和手段，这些工具和手段直接由传媒组织控制和使用。

大众传媒的上述三个特点，使它们比其他类型的传播者地位更优越、力量更强大。从某种意义上来说，大众传媒也是传播特权的拥有者，它们所拥有的传播能力和权利都远远超过了作为个人的社会成员或其他一般社会群体。　　　　　　（郭庆光）

17. 大众传媒的优势有哪些？

大众传媒不但是"原子"信息的最大提供者，而且正在成为"比特"信息的最大提供者，这是由大众传媒的优势决定的。

第一，大众传媒是专业的媒介组织，其收集、加工、生产和传播信息的能力和效率是一般个人和非专业组织所不能比拟的。

第二，大众传媒具有公开可靠的信源，其信息的可信性和可确认性要大大高于处于"匿名"或"半匿名"状态的其他传播者。

第三，大众传媒在百余年的传播实践中，尤其是在新闻传播领域形成了一整套为社会广泛承认的行业规范和职业道德，并在此基础上形成了一套吸引和联系受众的有效机制。

以上这些优势，决定了大众传媒在未来信息社会依然会是影响力最大的传播者。

（郭庆光）

18. 传播媒介与传播符号、传播形式、传播渠道的区别是什么？

第一，传播媒介有别于传播符号。符号是指表达或负载特定信息或意义的代码，而媒介是指介于传播者与受传者之间，用以负载、扩大、延伸、传递特定符号的物质实体。作为一种代码或手段，符号反映了人对事物认识的过程和信息表达的逻辑特点，因此往往具有抽象性、有序性、思维性和意识性的特点。作为一种物质实体，媒介反映了物质和能源的本身特点和存在形貌，它们都有形体、有重量、有尺寸、可移动、可保存、可毁坏。信息与符号、符号与媒介之间的关系，犹如毛与皮的关系，皮之不存，毛将焉附？

第二，传播媒介不同于传播形式。传播形式是指传播者进行传播活动时所采用的作用于受众的具体方式，如口头传播形式、文字传播形式、图像传播形式和综合传播形式等。一种传播形式可以动用不同的媒介，而一种媒介也可以服务于不同的形式。但传播形式表明的只是传播活动的状态、方式和结构，而传播媒介显示的却是实实在在的物体。

第三，传播媒介还有异于传播渠道。英语"channel"一词，原意是指航道、水道、途径、通路、门径、渠道等。在传播学中，它是指传播过程中传受双方沟通和交流信息的各种通道，不同的传播渠道需用不同的传播媒介相配合，而不同的传播媒介对不同的传播渠道进行定型。

（邵培仁）

19. 简述传播媒介的构成要素

传播媒介由三个要素构成。

第一，物体。物质实体是传播媒介得以存在的首要因素。物质是第一性的，精神是第二性的。没有具体而实在的物质实体，无论多么精美的精神内容也无所依附、无法传播。物质实体是构成传播媒介的前提条件。

第二，符号。符号是构成传播媒介的第二要素。一般的物质实体上若没有刻画、负载上特定的文字、图像、声音等人类能够识别、译读的符号，那它可能就是普通的石头、木板、布帛、骨头、金属、砖块……而不是传播媒介。符号是传播媒介与其他普通的物质实体相区别的一个重要标志，也是构成传播媒介的重要因素。

第三，信息。信息也是构成传播媒介的重要因素。首先，传播信息是传播媒介的基本功能和唯一使命；其次，任何有序的完整的符号都蕴含着特定的信息；此外，信息也是传播者与受传者发生关系、形成互动的理由和前提。

总之，物体、符号、信息三者是构成传播媒介的核心要素，它们相辅相成，缺一不可。当然，将符号转移、负载、录制到物质实体上的技术，将信息载体加工、转变为便于使用和接收的技术等，也是构成传播媒介尤其是现代媒介的基本条件。　　（邵培仁）

20. 简述传播媒介的基本特点

传播媒介是指介于传播者与受传者之间用以负载、传递、延伸、扩大特定符号的物质实体，具有实体性、中介性、负载性、还原性和扩张性等特点。

第一，实体性。作为实体性的媒介，它有质地、形状、重量，给人的感觉是可见、可触、可感，是具体真实的物质存在，故也就有磨损、消耗和锈蚀。在大众传播中，图书、报纸、收音机、电视机、计算机等都是用于传播的实体。在面对面的传播中，空气、光线是传播的实体，人体及人体器官也是传播的实体，人体和人体器官的媒介功能既存在于人际传播中，也存在于组织传播和大众传播之中。

第二，中介性。媒介的中介特点，一是指它的居间性，即它居于传播者与受传者之间。二是指它的桥梁性，即可以使受传两者通过它交流信息、发生关系。当其他的物质实体插入人与人之间，它会使人与人隔离、分开。但传播媒介则是在传受两者之间建立联系、沟通信息的"渡船"、"桥梁"、"纽带"和"窗口"。

第三，负载性。负载符号既是传播媒介的特点，也是传播媒介存在的前提和必须完成的使命。由于传播媒介不仅负载符号而且通过符号负载了信息或内容，因此，当人们说"传播媒介"时，往往既指其物质实体，也指媒介实体、符号、信息的混合物，有时甚至泛指媒介机构或媒介组织。这正是对媒介负载性过分重视的结果。

第四，还原性。作为中介的传播媒介，它决定了在传播过程中所负载符号的原声、原形、原样，而不是对符号作扭曲、变形、嫁接。换句话说，传播媒介在将传播者编制的符号传递给受传者之后，应在受传者那里将传播者所编制的符码形态还原。

第五，扩张性。媒介不仅可以"穿针引线"使传受两者产生关系，还可以将个人的思想、感情和所见所闻扩张开来为许多人所共享。　　（邵培仁）

21. 媒介分析的标准有哪些？

对传播媒介的认识和理解，既可以从概念解释、特点分析入手，也可以通过对各种媒介不同性质的比较分析作出描述。对媒介进行比较分析的标准共有六种。

第一，时空偏倚。任何传播媒介都是一种物质实体，因此也必然会以一定的形态存在于一定的时间和空间之中，并显示出自身的性质。空间性媒介以负载有序的线型文字符号为主，因而较适宜用来传播高深的观念、复杂的思想、琐碎的情报和严谨的材料，也适合用于传播篇幅较长、准备作为证信或不紧急的信息资料。时间性媒介以负载有规律的诉诸听觉器官的声音符号为主，因此较适合用来传播悦耳的音乐、紧急的事情和短促的、无须留存或不准备作为证信的信息，也适合用来表述"弦外之音"和进行情感暗示。时空性媒介则兼有时间媒介和空间媒介的优点和弱点，受众较为消极被动，无法控制传播内容或速度，但传播中的时空共进、声形并茂、形神兼备是时间媒介和空间媒介所不具备的。时空偏倚的分析尺度，是受伊尼斯的媒介偏倚论的启发而提出来的。

第二，参与程度。受众在传播中不仅有知晓权，还应有参与传播的权利。但是，由于不同的传播媒介具有不同的特性和功能，允许受众参与的程度也是各不相同的。通常，人际传播的媒介被允许参与的程度最高、其次为组织传播的媒介，参与程度最低的为大众传播媒介。

高度的参与性，会使受传者产生"自己人"效应和团体感、圈内感，容易形成一个互相影响、共同讨论、集体决策的模式。低度的参与性，会使受传者产生置身事外的感觉。因此，前者较适合用来交换意见、协调立场、形成决定等。后者较适宜用来传播新闻、传递情报、提供知识和娱乐等。

第三，传播速度。大众传播事业作为一种特殊的信息产业，其传播过程实际上也是一种生产过程和销售过程，产品是经过许多信息工作者"智化"过的精神产品——媒介。但是，不同产品生产周期是不同的，这就决定了媒介在传播信息时速度必然有快有慢。网络、广播和电视能够迅速及时地传播新近发生的事情，速度最快。报纸在传播新闻方面也有相当的及时性和时效性。传播速度递减的媒介分别为杂志、电影、书籍。

第四，保存时间。传播媒介作为物质实体，在时间的长河中难免要磨损、锈蚀、损坏，于是如何长久保存它，就成了传播者必须考虑的问题。在常用的传播媒介中，书籍便于保存，恒久性最大；杂志和电影次之；报纸略具恒久性；广播、电视、网络的恒久性更小；最小的是电话和当面交谈。可以保存较长时间的媒介——书籍、杂志，大多用来发挥深层教化工作，传播组织严密的材料、系统全面的知识和高深的理论、严肃的法律等。保存时间难以长久的媒介，通常被用来发挥其报道新闻、宣传教育的作用。

第五，媒介威望。大众传播媒介组织都有一定的权威性和声誉、名望。这种威望，不只是媒介组织本身所表现出来的不同于一般的样子，更重要的是他能将这种威望赋予它所传播或支持的观点、主张以及它所认可或拥护的个人和团体，进而对受众的态度产生某种指向、推动和定势作用。因此，从产品、服务到个人、团体等，无不希望有关自身的正面信息在大众媒介上广为传播，以分享媒介威望，博取公众好感。但是，由于国度、内容、覆盖面等的不同，媒介组织的威望也不相等。

第六，传播过程。如果说凡是居于传播者与受传者之间、起到某种传播信息作用的物质实体都可以被称之为传播媒介的话，那么从它的传播过程来看，我们可以将所有媒介分为三类：制作媒介、传输媒介、接收媒介。制作媒介有笔、画笔、相机、录音机、摄像机、摄影机、编辑机和剪辑机等，其主要任务是将意欲传播的信息制作或编写成一系列有序的符号或代码。传输媒介主要有网络、电缆、印刷机械、电台和电视台的发射机械、放映机、放像机和扩音机等，它们的主要任务是将准备传播的一系列有序符号加以大量复制或无限扩张，使之能够在很大的范围内为很多受众所接收。接收媒介位于受众一端，包括收音机、电视机、银幕、随身听、随身看等，其任务是将传播媒介发出的信号或符码等接收下来，供受众通过大脑思维将符号"翻译"、"还原"为传播者所传播的那种信息。 (邵培仁)

22. 简述威廉斯的媒介观

欧洲著名学者 R·威廉斯从传播与社会之间关系的视角出发，提出了与麦克卢汉完全不同的媒介观。其主要观点如下：

第一，传播在社会发展中的重要地位。

以往，人们习惯于从政治、经济角度描述社会与生活，而威廉斯强调，传播在社会发展中具有重要的地位。在《长期的革命》一书中，他指出，传统的政治学观点使人们把权力和政府视为社会现实的主要方面，传统的经济学观点则使人们把财产、生产和贸易当做主要的关注点，但现在，人们认识到除了权力、财产和生产关系之外，人们的传播关系也同样是十分重要的。在他看来，传播是人类基本的社会活动。因为，大众媒介就是大众世界本身，这是他的另一个著名观点。

第二，大众媒介就是大众世界本身。

进入 20 世纪，随着科学技术的进步和文化工业机制的日益完善，大众传播的产品，即大众文化，从类型到数量，从生产到分配，得到了几何级数的增长和发展。

起先，学者大多对横扫一切的大众文化抱着嗤之以鼻的批判态度，认为其麻醉了人们的精神，浪费了人们的时间，使人们的思考能力减退，文化水平下降。因为在传统观念中，"文化"等同于"经典"、"高雅"的精英文化，是人类智慧和创造力的结晶，是人类追求完美的一种心灵状态，而大众文化只是文化工业批量生产的商品。但与传统观念不同，威廉斯在《长期的革命》一书中提出"文化即生活"的观点，认为文化是一种整体的生活方式。威廉斯的这种观点，将文化从传统的精英文化的狭隘定义中解放出来，认为文化不只是精英人士倍加推崇的"阳春白雪"，也包括"下里巴人"，与日常生活同义，这是对文化的一种全新理解。威廉斯认为，大众文化、大众传播媒介产品形式单一、内容庸俗，但是这种程式化的形式，在传送信息时方便而高效。与以往的传播系统相比，大众传播的兴起，给信息在社会中的传播带来了明显的进步。

第三，社会意向与科技发展的关系。

威廉斯对麦克卢汉的媒介理论持批评态度，将其看做技术决定论。关键就在于，认为该理论避而不谈社会意向的问题，在媒介的背后，见不到社会的踪影。

通过对媒介发展史的研究，威廉斯认识到，媒介的发展并不纯粹是技术发展的结果，其中涉及社会的许多方面，必然伴随着各种利益取向，他称之为社会意向。科技的发明和创造，无不沿着社会意向进行。初始的意向，在科技发展的过程中，有可能因为其他不同意向的介入而得到修正。在许多情况下，技术往往产生始料未及的使用情况和效果，这其实也是对初始意向的修正。

威廉斯进一步指出，科技能否满足社会需求，取决于这一需求在社会经济结构中所占据的地位，取决于拥有这一需求的主体在社会阶级结构中占据的地位，取决于当时科学技术水平的状况。

第四，威廉斯的媒介观的评价。

威廉斯把大众传媒及其活动置于整个社会生活和历史进程中来进行研究。在他看来，大众传播是现代社会中的重要文化现象，它不但与媒介技术的发展密切相关，而且与社会的制度、文化和经济等方面的力量以及人们使用媒介的社会意向紧密相连。因此，媒介研究应关注大众传媒同社会制度和文化之间的复杂关系，这就为传播学的研究开启了文化社会学的崭新视角。但是，威廉斯的媒介观也有其局限性，他过分强调文化的重要性，在有关决定论的问题上，未能始终坚持"生产力是社会发展的最终决定力量"、"经济基础决定上层建筑"的唯物主义观点。

（张国良）

23. 简述伊尼斯的传播的偏向理论

哈罗德·伊尼斯在 20 世纪 40 年代从加拿大经济史逐渐转向了对人类文明史的研究。他在传播与媒介研究方面的代表作包括《帝国与传播》和《传播的偏倚》。他认为，没有一样传播媒介不具有时间和空间的偏向，而这种偏向时间或偏向空间的特性，影响了社会的知识状况、权力结构和政治形态。

他认为，偏向时间的媒介包括语言、石头和羊皮纸等，它们共同的特点是比较耐久，能够克服时间的障碍，但是不适合流通和传播。这种媒介有助于树立权威，形成等级森严的社会体制，有利于传统和宗教的稳定性。例如，羊皮纸在西方宗教中的地位非常重要，它协助形成了一种权威感，并使得教会掌握了对知识的垄断，进一步实现了对社会的精神控制和政治控制。然而这种媒介的时间性使得它无法及于远方，也导致了社会的不均衡。伊尼斯说："羊皮纸在西方的全面使用夸张了时间的重要性。基于羊皮纸的知识垄断也引来了新媒介的竞争，例如强调空间重要性的纸张。"

偏向空间的媒介包括文字、纸张以及更早期的纸莎草等。这些东西作为媒介的共同特点是，虽然经不起时间的销蚀，但是非常轻便易携，可以克服空间的障碍。这种媒介有助于帝国的扩张、知识的扩散以及世俗政权的建立。它能够帮助中央政权控制更大的疆界，但是却有可能削弱中央的权威。他以中国历史为例说明："中国境内的传播由于口述传承又有多种方言，所以颇受阻碍。但由于帝国使用同一种而且颇为简单的文字，所以可以弥补巨大的鸿沟。由于帝国组织强调空间概念，所以对时间的观念便较不重视，也较无能力处理朝代的承袭问题。"他认为，中国古代的政权虽然疆域辽阔，但改朝换代却比较频繁，起因就在于中国文字的空间性。

伊尼斯还认为，近代印刷术诞生之后的各种媒介，如书籍、报纸、广播等都是空间性的，它们有助于领土的扩张，却有可能导致西方文明的崩溃。在他看来，最值得留恋的文明景象就是古希腊时期的口语传统，因为它达到了时间性和空间性的平衡。

伊尼斯的最大启发在于他把媒介的技术和物质特性作为整个文明构造的起点，这一点深深影响了后来的学者。麦克卢汉曾说："伊尼斯是第一个从技术形态发展出一套历史变迁理论的人。和他相比，我不过是给他的著作写下注脚。" **（胡正荣）**

【参考知识点】

伊尼斯的媒介偏倚理论

哈罗德·伊尼斯，生于加拿大安大略省，毕业于加拿大麦克马斯特大学，获得硕士学位，后转美国芝加哥大学，师从社会学家帕克，获博士学位。他是一位经济历史学家，加拿大多伦多学派的鼻祖，媒介决定论的提出者，也是麦克卢汉的老师。他一生的事业以 1940 年为界，分为前后两个截然不同的时期。早期的伊尼斯是位声名卓著的经济史学家和经济理论家。后期的伊尼斯则沉浸在从古到今的经济与传播关系的研究之中。《报纸在经济发展中的作用》是伊尼斯的第一篇传播研究论文，认为报纸是推动市场的动力。此后，他着重将传播作为一切历史运转的轴心来探讨。这方面的著述有《帝国与传播》、《传播的偏倚》、《变化中的时间概念》，还有一部上千页的未完成手稿《传播的历史》一直未出版。

伊尼斯认为，媒体是人类思维的延伸，而传播就是思想的扩展。在他看来，新闻近代史是一种传播偏倚的历史，也是一部由印刷业兴起而导致的知识控制史。

伊尼斯在《帝国与传播》和《传播的偏倚》中不仅分析了媒介与帝国垄断之间的关系，更重要的是论述了传播媒介的偏倚性问题。伊尼斯认为，要了解各种传播媒介的传播思想、控制知识、垄断文化的实质，必先认识媒介的时间偏倚和空间偏倚的特性。前者是质地较重、耐久性强的媒介，如黏土、石头和羊皮纸等，较适于克服时间的障碍，能长久保存。后者是质地较轻、容易运送的媒介，如纸、草纸、白报纸等，较适于克服空间障碍。因此，任何传播媒介若不具有长久保存的特性来控制时间，便会具有便于运送的特点来控制空间，二者必居其一。人类传播媒介的演进史，是由质地较重向质地较轻，由偏倚时间向偏倚空间发展的历史，而且与人类文明进步阶梯相协调。

在伊尼斯笔下，偏倚时间的媒介是某种意义上的个人的、宗教的、商业的特权媒介，强调传播者对媒介的垄断和在传播上的权威性、等级性和神圣性，但是，它不利于权力中心对边陲的控制。

偏倚空间的媒介是一种大众的、政治的、文化的普通媒介，强调传播的世俗化、现代化和公平化。因此它有利于帝国扩张，强化政治统治，增强权力中心对边陲的控制力，也有利于传播科学文化知识。但是，权力中心要想确保社会稳定，在现代社会过分倾向于使用偏倚时间的媒介已不合时宜，正确的做法是保持媒介的时间偏倚和空间偏倚的平衡，使之取长补短。

伊尼斯的观点似乎是消极和悲观的。他对"帝国"从纸张、印刷垄断到知识、文化、信息垄断的情况的分析有点夸大和过分恐惧，因为美元并不能支配一切。他认为，人类传播中的所有革新都意味着是对偏倚时间媒介的挑战，进而造成对时间偏倚的破坏，结果妨碍人们对事物的系统理解，特别是对西方文明的永恒问题的理解。他的这种看法不仅悲观而且简单、武断，显然是媒介决定论的因果模式在作怪。

（邵培仁）

24. 梅罗维茨的媒介情境论

美国传播学家约舒亚·梅罗维茨的可贵处在于既能冷静、客观地对待麦克卢汉的媒介理论，不跟随在许多人后面起哄，善于从麦克卢汉著作和人们的争辩中汲取营养，又能以开放、综合的观念将美国著名社会学家戈夫曼的社会互动论引入媒介研究，从而在一个新的高度和层面上建立了一个有特色的媒介理论。

梅罗维茨的媒介理论集中反映在他于1985年出版的《消失的地域：电子媒介对社会行为的影响》一书中，通过研究电视这种媒介形态，论证了媒介本身如何成为一种环境。

从梅罗维茨的著作中，我们能够看到戈夫曼对梅罗维茨的影响。

欧文·戈夫曼是符号互动论者，又是"拟剧论"的倡导人，1922年出生于加拿大曼维尔，1945年毕业于多伦多大学，他在逝世前为宾夕法尼亚大学社会学教授和美国社会学协会主席。在他的八部著作中，最为学术界推崇的是他的第一部重要著作《日常生活中的自我呈现》。戈夫曼在这部著作中出色地介绍了"拟剧论"在社会相互作用上的应用。而对梅罗维茨影响最大的也是这一理论，尽管梅罗维茨将其解释为情境决定论，但其实质是一回事。

戈夫曼在社会研究的许多方面都有重要见解，但他一生中最关心的是对在短暂的人际交往中人们制造印象以及别人根据自己的印象做出反应这一过程的研究。戈夫曼把人际交往比做"演戏"，把场所比做"剧场"，社会成员则在这里按照社会剧本的需要扮演角色，以取得别人的赞许，而演出又受到十分警觉的观众的鉴定。在日常生活中，每个人都在做戏，小心翼翼地表现自己，以把握自己给他人造成的印象，从而使自身形象能最好地为自己欲达到的目的服务。戈夫曼认为，一场演出要包括三种人：演员、观众和观察者。演员或集体表演，或演独角戏。他们使用"道具"，对照"剧本"，登上"舞台"，并活动于"前台"和"幕后"之间。戈夫曼把专门为陌生人或偶然结识的朋友所做的动作称之为"前台行为"，而将只有关系更为密切的人才能看到的暴露演员真实感情的动作称为"幕后行为"。

但是，有时演员在表现一种（前台）印象时，会由于他无意识地或不恰当地表现使观众觉察或观看到另一种（幕后）印象。戈夫曼接着说，尽管人们常常知道人仅仅是在扮演各自角色，他们还是要保护演员的角色。因为，如果印象受到挑战，演员"丢了脸"，就会使观众和演员感到窘迫。

戈夫曼的观点遭到了杰克·道格拉斯等人的批评。他们说，戈夫曼所说的一切无非是怎样为了自己的利益来控制"社会形势"。他所强调的也只是自我表现的非常静止的一面而忽略了它的动态的一面。梅罗维茨接受了"拟剧论"，认为这是一种观察社会角色及规则的既有用又有趣的意见，但也批评了戈夫曼以静态的观点而不是以动态的观点分析问题的方法，同时指责他仅局限于短暂的面对面的认同交往范型的研究，而忽视了通过媒介所进行的大规模的符号互动现象的研究。梅罗维茨将伊尼斯、麦克卢汉的媒介理论同戈夫曼学说中的情境论融合起来，将戈夫曼的静态场所研究结合麦克卢汉的媒介环境观点延伸为动态的情景分析，将自然环境和场所研究延伸到传播媒介所造成的社会环境研究，以更全面地解释社会现实。

梅罗维茨认为，在现代社会，媒介的变化必然导致社会环境的变化，而社会环境的变化又必然导致人类行为的变化，其中尤其是电子传播媒介对社会变化所产生的巨大影响更令人瞩目，因为它能更有效地重新组织社会环境和削弱自然环境及物质场所间一贯密切的联系。因此梅罗维茨声称，他提出新的媒介理论的目的就在于提供一种"研究媒介影响和社会变化的新方法"，以解释和说明人类传播活动中过去的、现在的和未来的这类变化现象。

梅罗维茨的媒介情境论中，情境就是信息系统，是一个重要的观点。构成信息系统的是"谁处在什么地点"和"什么类型的行为可被谁观察到"的两种情形，或者说是以人们接触社会信息——自己和别人行为的消息——的机会为核心。在这个信息系统内，"信息不但在自然环境流通，也通过媒介传播"，因此，"运用媒介所造成的信息环境如同地点场所一样，都促成了一定的信息流通形式"。

梅罗维茨的另一主要观点是：每一种独特的行为需要一种独特的情境。他认为，不同情境的分离使不同行为的分离成为可能，而不同情境的重叠或混淆则会引起行为的错乱，因此，真正不同的行为需要真正不同的情境。人们需要始终如一地扮演自己的社会角色，而两种或两种以上不同的情境一旦重叠或混淆，社会角色就会随之变化，面对混乱的角色特点，人们会感到困惑不解，不知所措。

梅罗维茨的第三个观点是电子媒介促成原来不同情境的合并。首先，它促成了不同类型的受众群的合并。其次，电子媒介还促成了原先接受情境、顺序和群体的改变。最后，电子媒介使原来的私人情境并入公共情境。

梅罗维茨的理论不仅在某种意义上发展和超越了伊尼斯、麦克卢汉的理论，而且也的确成功地融合了伊尼斯、麦克卢汉和戈夫曼三个理论的精华，吸收了亚历山大关于社会交往中情境认同论的一些见解，摒弃了一些片面、消极的内容，所以，与前人的媒介理论相比，梅罗维茨的媒介理论应该说又前进一步，又踏上了一级新的台阶。其中主要表现在三个方面：一是媒介研究与社会有密切的关系，因为媒介是社会环境的一部分，社会环境制约媒介选择。而媒介对社会环境又有着巨大的影响力，所以将媒介与社会特别是社会环境的变化联系起来研究。二是以动态的和可变的眼光分析情境与行为关系。三是将受众的概念纳入媒介情境的分析之中，提出了一系列"情景合并"的论点。

梅罗维茨的理论其缺点与优点一样十分明显。首先，过分夸大了媒介科技的作用。梅罗维茨与伊、麦两位学者一样，认为媒介在影响社会环境和人们的社会行为方面扮演了唯一重要的角色。只要媒介科技改变，社会环境必随之改变。前者是因，后者是果。他认为，科技越先进，往往越不需要受众有较多知识。所以，电子媒介的迅速普及，电视将取代原有的传播媒介，这不仅迅速合并了受众群，随着人们在享受信息时具有"平均主义"的特点，而且将有可能把"人类社会变得类似于古代的渔猎社会"。另外，梅罗维茨虽然像麦克卢汉那样说媒介就是讯息，但他在实际论述中往往将媒介与讯息甚至连同情境混淆在一起，而有时又会不恰当地人为地将媒介与内容分割开来，结果经常自相矛盾。

（邵培仁）

【参考知识点】

简述梅罗维茨的媒介理论

麦克卢汉的媒介理论流传甚广、影响很大，吸引了众多追随者，美国传播学者梅罗维茨也是其中之一。在1985年出版的专著《空间感的失落：电子媒介对社会行为的影响》中，梅罗维茨提出的媒介理论就深深打上了麦克卢汉理论的烙印，但又有所创新和超越。他结合麦克卢汉的媒介理论和美国社会学家戈夫曼的情境理论，并沿袭了麦克卢汉将媒介技术视做社会变化动因的基本立场，来分析媒介所造成的社会情境，因此产生了相对广泛的影响。

首先，情境应被视为信息系统。

戈夫曼的情境理论，将人们在生活中的行为，与演员表演戏剧的活动进行类比，认为每个人时刻都在不同的社会舞台上扮演着各种不同的社会角色。当人们进入某种情境时，他们就得对这一社会情境以及情境中的其他人有所了解。担任某一社会角色的人，必须使自己的言行适合这一角色所代表的那一类人的角色规范。

戈夫曼把演员的表演活动分为两类：在"前台区域"的前台行为和在"后台区域"的后台行为。在前台区域，演员扮演某一特定的角色出现在"观众"面前，在后台区域，他们则完全放松，成为他们"自己"，并不时就他们在前台区域的表演评头论足。

戈夫曼的情境理论所关注的是人们行为时所处的自然环境，即具体地点。在梅罗维茨看来，地点对情境来说之所以重要，是因为进入该地点之后，人们就进入了"感觉区域"，可以感觉到正在其间发生的活动。未进入该地点的人们，则被排除在"感觉区域"之外，感觉不到其间发生的活动。因此，地点并非问题的关键所在，人们接触信息的机会，才是情境的要点，情境应被视为信息系统。

梅罗维茨进一步指出，在现代社会，信息不仅在自然环境中传播，而且也通过大众媒介传播。大众媒介，特别是电子媒介，同样建构了一个"感觉区域"，使深处其中的人们能接触到许多信息。因此，在探讨社会情境时，应把媒介放在重要的位置上来考虑。

其次，电子媒介的普及造成社会情境的变化。

梅罗维茨集中研究了电子媒介的普及给社会情境带来的变化。这表现在既相区别又相互联系的两个方面：一方面，电子媒介的广泛应用，正在打破一系列旧有的情境界线，致使一些不同的情境合并；另一方面，电子媒介的普及又使旧有情境中的一些联系、结合消失，导致情境分离。

第一，媒介符号（信息传送的形式）的不同，导致了情境的合并。

梅罗维茨认为，传统印刷媒介的符号是文字，人们必须首先通过学习，掌握读写技能后，才能领会其传达的信息。不同的印刷品，其符号的复杂程度也不同。一个只有初级读写水平的人，要完全理解符号复杂程度较高的印刷品的内容，只有通过由简单到复杂的读写学习才有可能。这就限制了印刷媒介的使用，把读者分成了不同的群体。而电子媒介的符号，是我们日常生活中的视听形象，要理解其传达的信息，既不需专门学习，更不必经过固定的顺序和阶段。因此，电子媒介冲破了由印刷媒介所造成不同受众群的分界线，使不同的受众群得以融合，由此，使昔日的社会情境发生了合并。

第二，媒介物理特征的不同，导致了情境的合并。

梅罗维茨提出，印刷媒介的物理特征是有形的实体，媒介与信息内容之间有一种自然的联系，媒介的物理特点因信息特点的变化而不同。以书籍为例，每本书及其信息内容构成一个特定的有形的实物。人们购买一本书的内容，同时也购买这本书的实体。一本篇幅短小的书重量很轻，而一部长篇巨著的重量却很重。与之不同，电子媒介的物理特征不是有形的实体，媒介与信息内容之间不存在自然的联系，媒介的物理特点也不会因信息特点的变化而不同，如广播和电视的信息内容瞬间即逝，消费后留不下有形的证据。人们通过同一实物，如一台收音机或电视机，可接收不同的信息内容。不论播送的内容多少，收音机和电视机的尺寸重量都不会变化。媒介物理特征的种种变化，导致了社会情境的合并。

第三，媒介信息内容的不同，导致了情境的合并。

仍以书籍为例，梅罗维茨认为，印刷媒介都有特定的内容，人们买书是依据其内容来选择的。特定的读者日常接触的信息，有其特定的内容。一个人的私人藏书，往往把此人同某类人群、某类信息联系在一起，同时，也把此人同其他人群、其他信息分开。而电子媒介恰恰相反，任何电视机都能使受众同某类群体、某类信息相连接或相分离。例如，书籍可划分为儿童读物和成人读物，但任何一台电视机都没有这种区别，不存在只供儿童或成人接触的信息载体。于是，广播、电视的普及，打破了以往由印刷媒介造成的不同受众群的界线，使情境产生了合并。

另外，梅罗维茨还认为，在以往，地点场所界定了大多数的社会情境，某一特定场所拥有特定的时间和空间信息，地点场所和社会情境密不可分。人们只能通过进入某一特定的地点、场所，或通过面对面的交流，才能感知社会信息。而电子媒介打破了物质场所和社会场所之间的连接，造成了两者的分离，这就大大削弱了接触信息与进入地点场所的一致性，导致了情境分离。电子媒介的广泛应用，使一些不同的情境合并，又使一些相同的情境分离，从而导致了新情境的形成。

再次，媒介的变化促使人们行为的变化。

在不同的情境下，人们扮演着不同的角色，因为人们的行为总要与当时的情境相适应。当两种或两种以上不同的情境重叠时，将造成社会角色的混淆不清，使人感到困惑，不知所措。针对该情况，梅罗维茨提出：媒介的运用，有可能混淆不同情境的分界线；不同情境分界线的混淆，可导致新的情境的发生；新的情境的产生，要求人们采取新的行为，使其适应新的情境。

最后，与麦克卢汉理论的比较。

由上不难看出，梅罗维茨的媒介理论是对麦克卢汉媒介理论的继承和发展。最具共性的是，就媒介技术与社会发展进程的关系而言，梅罗维茨与麦克卢汉立场一致，即视传播技术及其变迁为社会变迁的动因。与麦克卢汉一样，梅罗维茨也忽略了媒介技术的发展本身就是经济、社会发展的产物的事实，忽略社会意向对媒介技术发明和应用的重要影响。而事实上，仅用媒介技术的单一原因，难以全面解释人类社会的变迁和发展。

但与麦克卢汉的理论相比，梅罗维茨的理论显得较为具体和扎实。前者有泛泛而谈的缺点，想象代替逻辑的推敲，断言多于严谨的论证。后者则善于通过对日常生活中的传媒现象的分析，推导出自己的结论。这些例证都发生在日常生活中，人们可以体悟、检验，也因此其观点易于被人们接受。另外，就表述方式而言，前者的著述富有文学色彩，思维发散、比喻新奇、措辞大胆、语出惊人，但很多观点经不起学理上的推敲。后者的文字则较为传统，按照环环相扣的方式展开论述，结构连贯、推理缜密，更加符合学术规范，具有很强的说服力。

（张国良）

25. 论述布热津斯基的媒介失控论

兹比格涅夫·布热津斯基于1928年出生于波兰华沙，1953年获哈佛大学哲学博士学位，1958年加入美国国籍，先后任肯尼迪总统的外交政策顾问、约翰逊总统的科学顾问和美国前国家安全事务助理，是美国著名的政治学家、战略家。

布热津斯基的一系列观点反映和代表了当今美国政治界和传播界许多人的态度和见解，受到了美国和西方政界的重视，成为美国政府制定外交和传播政策的参考，进而影响到包括我国在内的世界各国的大众传播活动以及传播政策的制定与实施。

布热津斯基关于大众传播媒介问题的观点，有的可以在《两个时代之间》一书中见到踪影，有的可以在《运筹帷幄》一书中发现线索，还可以在《大棋局——美国的首要地位及其地缘战略》一书里看到只言片语，但大多集中在他1993年出版的《失去控制：21世纪全球的全球混乱》中。布热津斯基对媒介发展失控的论述，只是他对全球变化失控论述的一部分，但是这一"部分"是引人瞩目的。

在布热津斯基的笔下电视是万恶之源、罪魁祸首。

首先，电视"刺激了全球群众在物质上的攀比欲望"。其次，电视引发了"全球范围内的精神危机"。此外，"大众媒介所传播的价值观念一再表明，它完全有理由可被称之为道德败坏和文化堕落。在这方面，电视尤其是罪魁祸首。"

如何制止媒介失控、继续发挥美国的"催化作用"？作为资本主义的卫道士，布热津斯基认为首先要"对一味追求满足个人的欲望进行自我控制"。但是，自我控制不等于强制，而是公众自我克制，它需要人们"出于真诚的动机"，"需要具备甘心自愿服务、牺牲和进行自我约束的内在精神"。其次，"要强化教育，反复向公众灌输这样的思想：不能仅仅因为新奇精巧的东西和新技术不断涌现而改变了社会生活的外观，就放弃持久的价值观念"。此外，还应"在21世纪更加拥挤和亲密的世界上建立共同的道德共识"，并号召人们自觉自愿地加以遵守。总之，"只有通过建立一个受某些共同遵守的自我约束准则所指导的社会，才能有助于塑造出一个真正掌握自己命运的世界"。

在布热津斯基眼中，美国利益高于他国利益，甚至高于人类利益，而他分析问题也总是以是否符合美国利益为基本出发点。对于美国大众传播尤其是视觉传媒对全球的议论、全球的认识、全球的价值观念产生的消极影响以及世界许多国家对于大众传播中的"信息不平衡"、美国"文化帝国主义"对本国文化多样性的威胁等现象的批评与指控，布热津斯基非但未对美国传媒加以检讨、评析，相反倒打一耙。这是外国自己着意要模仿美国，以美国为榜样，并亦步亦趋。如果说美国的大众传播对某国的民族文化构成威胁，那么其他国家的文化也在影响美国，他甚至认为，文化多样性比单一民族文化要好，美国的"公开的多元文化就加强了美国与世界其他地区之间的有机联系"。

布热津斯基还认为，全球识字的普及造就了无数政治觉醒的群众，这无疑也对"位居第一"的美国超级大国地位构成某种威胁。但是，这还不是最可怕的，最可怕的是电视煽动起来的"目前着力追求处于道德混乱中的物质享受的目标会带来风险"。这些风险表现为："容易导致无理性的和逃避现实思想的新浪潮"，让穷人看到了"现金国家的阔绰富裕的生活方式"，激发了"一无所有的贫困之感"，"就会无意地点燃沮丧的但不是有组织的妒忌之火，而这种妒忌反过来很容易被蛊惑人心的极端分子所利用"。所以，如果世界上再次发生大规模的穷人针对富人的革命，那么布热津斯基的潜台词就是电视是最坏的"颠覆者"和"教唆者"。所以，布热津斯基最担心的是美国在21世纪的全球大失控、大混乱中失去作为超级大国的"催化作用"。　　（邵培仁）

26. "获知权"和"接近权"的要点是什么？

随着大众的日益觉醒，针对社会责任理论的局限性，发达国家出现了一些新的理论动向。其中，较有代表性的为"获知权"和"接近权"（也称"参与权"）理论。如果说，社会责任理论的立足点仍然是媒介，则新理论就以受众为出发点，因此有其重大的进步意义。

第一，获知权。它有两个含义：一是从媒介与当权者处获得各种公共信息的权利；二是从大众与当权者处获得各种公共信息的权利。

从性质上看，"获知权"是一种民主政治权利，公民能否享有充分的"获知权"，也是现代法治社会的标准之一。随着信息时代的来临，"获知权"又被赋予了新的内容。公民不仅需要对事关自己利益的信息和决策知情，更需要在知情中获得自己发展的机会。因此，充分享受公共信息，将成为公民实现自己发展的前提之一。这是一个多元资讯的时代，"让你知道得更多一些、更快一点"应成为媒介的座右铭。对公众获知权的保护，是媒介责无旁贷的重任。公正、完整地向广大受众传达来自第一线的真实情形，既是媒介作为公众代表的权利，也是其应尽的义务。

第二，接近权。与上述"获知权"相对，这属于"告知权"的一种。但它不是一般意义上的言论自由、表达自由，而是特指大众即社会的每一个成员皆应有接近、利用媒介发表意见的自由。

这一理论的首倡者为美国的 J·巴隆。他于 1967 年提出："古典自由论"时代关于"意见的自由市场"的浪漫主义理想已然过时，为确保大众的言论自由，必须由宪法确认大众"接近"媒介的权利。此后，尽管媒介方面持冷淡态度，但这一观点很快受到大多数人的欢迎。其背景就是媒介的大规模化、垄断化倾向。既然一般个人再也无力创办媒介，则所谓"言论自由"岂不成了空话？于是，便合乎逻辑地推出了这一让个人接近媒介的权利概念。这从一个侧面反映了当代受众觉悟的提高和力量的增大。诚然，在资本主义体制下，大众是很难真正、完全地掌握媒介的，但在他们的努力下，使媒介向人民靠的近一些则是可能的。因此，西方的进步学者对这个理论表现出相当浓厚的兴趣。

具体地说，"接近权"有两种主要形式：反论权和意见广告（刊播权）。

反论权，也称"反驳权"，指大众面对媒介发表的批评自己（或与自己对立）的意见，可要求该媒介免费提供版面、时间进行反驳的权利。目前，从总体上看，各国多倾向于承认该权利对广播、电视的适用性，而否认或有条件地承认其对报刊的适用性。

"反论权"是先有媒介的信息而后有大众的意见；"意见广告"则是一开始就由大众媒介通过媒介发布信息。此外，在以下两个方面，"意见广告"也不同于"反论权"，或刚好相反：它作为广告是"付费"而不是"免费"的。一般认为，它适用于报刊而不适用于广播、电视（理由是与前者相比，后者的广告费用更大、感情色彩更浓、频率频道又相当有限等）。

这一"接近"手段的最大问题，是难免造成金钱支配的局面。因为，富人可购买大量版面，使穷人难以与之对抗。但多数学者认为，不管是谁，只要有一定资金，就可以在报刊上发表自己的主张，这终究不失为一种"接近"媒介的有力措施。特别是大部分报刊并不限制"意见广告"的内容，即使与编辑方针相左，也照登不误。这不仅有利于保障言论、意见的多样化以及保障大众对多样化信息的"获知权"，同时，还可能成为启示报刊，促其改进原编辑方针的契机。

此外，广播电视方面的"参与节目"也被认为是一种"接近"的有效形式。但这里所说的"参与节目"，不是指一般的听众、观众参加节目，而是指在接受一定条件（如不攻击他人、不作政治性或营利性宣传等）之后，由大众（个人或团体）来负责设计、制作节目。

实际上，传统的"读者（听众、观众）来信（来电、来访）"，也可说是一种对媒介的"接近"方式。其缺陷过去并不明显，但随着时代的推移，越来越显露出来：一是认识上没有提高到"权利"的层次；二是实践中仍然以媒介为立足点，受众只是被动的存在。正因如此，才产生了上述种种变革的需求和行为。

还必须指出，进入21世纪以来，网络技术使人们期待已久的传受互动不再那么艰难，并以其开放式结构和海量存储能力，为各种讯息和意见的进入与碰撞提供了包容空间。网络相对较低的准入门槛（包括技术、文化和物质条件等的普及），在为大众提供发表多样意见园地的同时，其实也打破了传统媒介的信息准入特权。因此可以说，随着互联网技术的勃兴，受众的媒介"接近权"得到了前所未有的大幅度提升。这一状况已引起传统媒介的警醒和反思，迫使其进一步提高向大众开放的程度，总的趋势是越来越有利于受众。

如今，越来越多的研究者倾向于认为，应以"信息权"或"传播权"的大概念，包容"获知权"、"告知权"（含"接近权"）和"免知权"（即"隐私权"）等小概念。人民大众是所有这些权利的主体。从这一视角出发，则可望形成一种"信息权"或曰"传播权"理论。

（张国良）

27. 什么是"电子乌托邦"思想？

新的电子媒介的发展为变革人类的传播活动，改造人类社会提供了丰富的技术上的可能性。但是，我们在探讨这些可能性之际，还应该防止一种过于简单化的观点，这就是近年来广为流行的"电子乌托邦"思想。这种观点对媒介技术的发展寄予无条件的乐观主义期待，认为新的传播技术必将会把人类带入一个高度自由、民主和平等的理想国。

"电子乌托邦"思想是建立在对新媒介某些技术的期待基础之上的。例如，有的学者认为，电子传播网络的双向性使每个人既是传播者又是受传者，它将改变传统的大众传播过程受到传播者支配的局面，使传播过程变得更加平等，而这种平等必将带来社会关系的平等。有的学者认为，新媒介技术将保障每个人自主发表言论的权利或机会，并形成"真正的观点的自由市场"等。

这些观点看起来似乎都有一定的道理，新的媒介技术传播工具的确蕴含着广泛的可能性。但是单纯技术上的可能性并不能必然保证理想的社会形态的出现。一种理想社会的到来，不仅需要技术上的条件，而且需要更为复杂的社会条件，其中包括社会结构、社会制度的合理化以及人的自身素质的提高等。简单地断言某种传播技术或工具必然导致某种社会形态的观点是幼稚的。

"电子乌托邦"思想有其历史渊源。在大众传媒发展和普及的初级阶段，不少人对它有过"乌托邦式"的期待。麦克卢汉的媒介理论也对现代"电子乌托邦"思想产生了巨大的影响。但是，任何一种"媒介乌托邦"或"电子乌托邦"思想都是缺乏历史依据和科学依据的。

媒介技术或工具是中性的，它们本身并不必然导致某种"社会善"或"社会恶"。归根到底，媒介工具是人的创造物，重要的是人如何使用它，利用它来传播什么，达到什么样的社会目的。从这个角度而言，传播媒介的社会影响并不仅仅取决于媒介的技术或形式特性，而是取决于掌握和运作它的社会组织，取决于它们生产和传播的信息内容。

（郭庆光）

28. "电视人"、"容器人"是说明什么问题的概念？

"电视人"是日本学者林雄二郎提出的概念。所谓"电视人"，指的是伴随着电视的普及而诞生和成长的一代。他们在电视画面和音响的感官刺激环境中长大，是注重感觉的"感觉人"，表现在行为方式上是"跟着感觉走"。这一点，与在媒介环境中成长的他们的父辈重理性，重视逻辑思维的行为方式形成鲜明的对比。同时，由于收看电视是在背靠沙发，面向荧屏的狭小空间中进行的，这种封闭、缺乏现实社会互动的环境，使得他们当中的大多数人养成了孤独、内向、以自我为中心的性格，社会责任感较弱。

"容器人"这一概念是由另一位日本学者中野收提出来的。他认为，在大众传播特别是以电视为主的媒介环境中成长起来的现代日本人的内心世界类似于一种"罐状"的容器，这个容器是孤立、封闭的。"容器人"为了摆脱孤独状态也希望与他人接触，但这种接触只是一种容器外壁的碰撞，不能深入到对方的内部，因为他们相互之间都不希望对方深入自己的内心世界，于是保持一定距离便成了人际关系的最佳选择。"容器人"注重自我意志的自由，对任何外部强制和权威都不采取认同的态度，但却很容易接受大众传播媒介的影响，他们的行为也像不断切换镜头的电视画面一样，力图摆脱日常烦琐性的束缚，追求心理空间的移位、物理空间的跳跃，而现代社会中忽起忽落、变幻不定的各种流行和大众现象正是"容器人"心理和行为特征的具体写照。

"电视人"和"容器人"概念是建立在对现代人的一种社会病理现象——"媒介依存症"的批评的基础上的。 （郭庆光）

29. 近年来新媒介的发展趋势具有哪些特点？

新媒介是相对于铅字出版、报纸、广播和电视等传统媒介而言的。与传统媒介相比，新媒介技术的发展趋势主要表现在以下几个方面。

第一，传播过程双向性的增强。传统的大众传播过程是一个信息单向流动的过程，虽然也有读者或视听众来信来访等反馈渠道，但这种反馈是迟延的，而且是通过其他通信系统进行的。新媒介传播系统通常本身即具有双向渠道。

第二，多媒体化和媒介功能的融合。传统媒介的功能大多是单一的，新媒介则可以利用多媒体技术，将丰富多样的传播功能融合于一个系统之中。

第三，媒介资源的丰富化。这是数字化技术发展的巨大成果。数字化指的是在电子信号的传输方式上，用数字压缩方式来取代传统的信号模拟方式。数字化以后，不仅信息的保真性更强，传输质量更高，而且能够大幅度节约电波频率资源。

第四，信息传播的全球化。传统媒介的传播活动大多囿于特定国家和地区的范围之内，而电子通信、卫星和互联网络等新媒介技术则为大面积的跨国传播乃至全球传播提供了条件。

这些特点具有重要的社会意义：传播过程双向性的增强将大大改善传统大众传播过程中受众的被动地位，增加传受双方的互动性；多媒体技术为人们进行信息的收集、处理和传输提供了空前便利的条件，有助于提高传播活动的质量和效率；传播资源的丰富化将改变少数大众传播机构垄断资源的状况，为更多的社会成员、群体和组织成为能动的传播者提供了基础条件；全球传播技术的发展则把人类的传播范围扩展到整个世界，使人们的认知、判断和行为受到更多变量的影响。一句话，新的媒介技术和工具正在使人类的传播活动发生重大的变革。 （郭庆光）

30. 简述互联网传播的特点

互联网与其他媒介相比，具有如下特点。

第一，互联网是一种"多媒体"的传播工具。

多媒体，一方面指的是互联网可以整合其他大众媒介及信息传播工具为一个平台；另一方面，指的是建立在电脑技术基础上的互联网，使用的是多重符号体系，诉诸的是人们的各个感官。在互联网传播中，人们可以使用包括文字、图片、图像、声音在内的各种符号进行传播，对眼睛、耳朵等视听通道施加多重的信息刺激。它兼具时间性和空间性。

第二，互联网的时效性较强。

互联网如同广播、电视一样，也可以24小时随时更新其传播内容，对重要的新闻事件进行现场直播，做到新闻报道与新闻事件的零时差。在需要的时候，一个网站可以成为一份24小时随时刷新的报纸，它的时效性有可能做到最强。

第三，互联网的保存性较强。

互联网上的各种符号信息，可以统一以数字化方式传输并储存，它的保存性非常强。受众可以像阅读报纸一样反复阅读、观看、收听互联网上的内容，同时以比报纸更方便的形式将各种信息存储下来，还能提供非常强的信息检索功能。

第四，互联网的选择性较强。

互联网兼具时间性和空间性，但空间性占据主导地位，它是一种非线性的媒介。受众可以随意决定浏览互联网内容的顺序、速度、详略及频率。超链接为受众在各种内容之间的选择提供了便利，人们还有机会定制互联网的新闻和其他信息内容，甚至参与到整个传播过程中。

基于以上特点，互联网的最大的传播优势在于其超时空性和交互性。

首先，互联网兼具时间性和空间性。它像报纸一样，保存性、选择性强，又像广播、电视一样，具有极强的时效性。甚至在以上方面，它还要胜过报纸、广播、电视一筹。

其次，互联网不仅是一种大众媒介，也是一种人际传播的重要工具。人们使用电子邮件、即时通讯等方式进行人际传播，也通过万维网浏览大众传播的信息。在接受大众传播的同时，人们也可以通过留言板或论坛提供评论或反馈信息。随着 Web 2.0 理念和技术的成熟，人们既可以从互联网上获取信息，也可以提供和发布信息。未来的互联网传播将是真正的多元互动：传播者多元化，而传播过程交互化。

正因为这种巨大的优势，互联网迅速成为当代大众传播格局中最具潜力、最具影响力的媒介。但是，它也有问题存在。首先，它对受众在技术、设备、经济成本和文化水平上要求较高，限制了受众范围。其次，正因为它的交互性，也使得互联网上的信息良莠不齐，权威性和可信度大大降低。

而传统媒介虽然受到互联网的巨大冲击，但仍有自己的优势所在。互联网虽然也以文字为主体，但在传递深度信息这一点上还是报纸更加擅长；互联网虽然时效性强，但在接收的便捷性和伴随性上还是不敌广播；互联网虽然提供了丰富的多媒体信息，但无法像电视一样模拟人们日常接触外界环境的形式，在形象感、现场感和过程感上稍逊。因此，互联网不可能完全替代传统媒介，各种媒介呈现出互相补充、逐步融合的趋势，形成一种竞争与互补并存的格局。　　　　　　　　　　　　（胡正荣）

31. 马克思和恩格斯关于无产阶级党报的基本指导思想和工作原则是什么？

无产阶级思想家和革命家们都十分重视报刊在革命中的作用。1848年，马克思和恩格斯在欧洲革命风暴中创办了《新莱茵报》，并在领导和组织这张"革命无产阶级最好的机关报"的过程中，将"人民报刊"思想进一步发展成为无产阶级报刊思想和党报思想。我国新闻学学者成美认为，马克思和恩格斯关于无产阶级党报的基本指导思想和工作原则正是在这个期间确立的，其要点包括：党的报刊宣传活动是工人阶级政治行动的一部分，必须接受党的领导；党的政治纲领是党报进行宣传的最高准则，党的一切宣传工作必须严格遵循党的政治纲领；必须调节处理好党报和党的领导机关以及无产阶级群众三者之间的关系；必须依靠人民并且由工人自己提供资金，坚持作为工人阶级群众性舆论工具的独立性等。

（郭庆光）

32. "新闻专业主义"有哪些内涵和特征？

西方社会学界对专业化的研究显示，专业化程度较高的职业，其职业角色是通过职业理念和职业精神的内化而成，强调个体在从业过程中的社会道义和服务公众的责任；专业化程度较低的职业，其职业行为更多地受到外部控制而非来自内部压力的影响。这类研究应用一些社会学的标准，考察一个职业是否已成为专业。这些标准，就是专业主义的具体表现。

在行业层面，专业主义的标准包括：第一，以这个职业为全时工作；第二，建立专门的训练学校；第三，建立专业协会；第四，其代表人物具有政治动员的力量为行业赢得自律的法律保障；第五，专业协会建立自律的行为准则。就个体层面而言，专业主义的标准就是系列化的专业信念、价值观、行为标准和从业实践规范。所谓专业化，就是进入这一行业的个体通过"社会化"的过程实现这种内化。这一过程，包括在校的专业训练和在岗实践，执行"社会化"过程的实体，包括专业训练的老师、行业的典范、专业组织及传媒组织。

专业主义提倡利他主义，提倡为社会和公众利益服务。但是，这种利他主义并非泛泛而言，而是"将利他主义建立在确立专业领域的社会角色之上，是以充分发挥与其专业对应的一系列社会功能为目标指向的"。

如果用上述西方专业主义的标准来评价新闻业，可以发现如下几点。

首先，新闻业经过长期的发展，已成为一项正式的全日制职业，这是新闻业获得专业称号的基本条件。

其次，新闻业是服务于全体人民而不是某一利益团体的，需要以利他主义为基础。在西方国家，大众媒介才具备独立性，在信息传播中不能为党派团体、商业团体所用，不能有其私利。新闻业的独立性是新闻专业主义得以形成的前提。

最后，新闻业已完成了一系列的专业化步骤。以美国为例，反映在专业组织的建立、专业行为准则的公布、新闻教育的开始、专业自律机制的建立等方面。这些步骤，使新闻业得以在实践过程中持续地提供高质量的专业服务，维护公众利益的价值取向。

但是，从另一个角度来说，由于新闻业在知识和技能层面的要求相对比较简单，准入门槛低，使它并未获得国家的排他性的市场保护，未建立起严格的行业壁垒。知识体系的单薄与特殊技能的匮乏，使"新闻无学"不时成为人们的话题。正因如此，从专业社会学的意义上来说，新闻业目前只属于正走向专业化过程中的行业。

具体来说，新闻专业主义既可理解为一种有关新闻媒介社会功能的信念，一种用以规范新闻工作的职业伦理，一种自觉服务公众的精神和态度，也可视为一种对新闻业与其他权力和利益团体的关系的意识形态。

新闻专业主义的核心理念一是客观性；二是公共利益至上。前者是对媒介行为表现和独立地位的要求，后者是对媒介理念及责任义务的要求。

这两个核心理念，决定了新闻专业主义的基本特征和原则，包括新闻自由，媒介平等，媒介多元，信息的（平衡、中立、准确、充分、相关），维护社会及文化秩序。这些原则里又包含一套复杂的知识和技能，如新闻素材分类、平衡和对等原则、第三者的写作态度、中性词及引语的使用等步骤与程序。正是这些特征和原则，树立起新闻媒介的专业身份。

新闻自由更多的是指条件，而不仅仅是媒介行为表现的准则。它有双重面向：提供广泛的声音，并回应广泛的需求。新闻自由的要素主要包括结构条件（尤其是传播与出版的法律自由）；运作条件（真正独立于经济和政治压力之外，而且在媒介组织中，新闻记者和其他传播从业人员拥有相对独立性）；社会中的各种"声音"，有获得接近、使用媒介渠道的机会；内容品质对接受者的益处，根据相关性、多元性、可靠性、兴趣、原创性及个人的满足等基准。

媒介平等原则要求，不能偏爱特定的权力拥有者，而必须向受众提供均等的媒介接近与使用权，同时普遍的将这种平等权赋予持对立或不同意见、观点的主张者。传媒具有社会公器的职能，新闻工作必须服务于公众利益，而不能仅仅服务于政治或经济利益集团。

媒介多元原则的要素主要包括如下几个方面：媒介应当在结构和内容上反映出所处社会中不同的政治、经济、文化情况；媒介应当提供同等的机会，让那些属于少数的社会文化族群能接近、使用媒介；媒介应当担任不同利益或不同社会、社区观点的论坛；媒介应当在某个时间点上提供相关的内容选择，同时也随时提供符合受众需求与利益的各种内容。

所谓信息品质，是对信息搜集、处理与分配过程的一种特殊态度和要求。按照通行的标准，可归纳如下：媒介对于社会和世界所发生的事件，应针对相关新闻与背景资讯进行一种全面性的供应；资讯应透过正确、诚实、充分、完整、真实、可靠、意见与事实分离等标准达到客观的要求；资讯应平衡与公正（不偏不倚），以一种不煽情、不偏私的方式来报道另类的观点。

维护社会和文化秩序的原则，要求大众媒介的潜在目标，应当是通过促进共同合作、整合社会与文化价值观的方式来维持既定的社会文化秩序，包括关切生活条件较差或受到伤害的个人或团体以促进社会整合；在国家安全的事物方面，媒介行动自由可受到国家利益考量的限制；遵守广泛而被公开接受的主流规范，并且避免引发重大的公共犯罪事件；保护文化遗产等。

（张国良）

33. 简述媒介专业主义的基本原则

媒介专业主义的基本原则是建立在新闻专业主义基础之上的。

第一，媒介专业主义包括三个方面的内容，即新闻传媒的社会功能、新闻从业者的使命和社会责任、新闻从业者的行为准则。西方新闻专业主义的核心是一些基本原则，它包括如下几个方面。

（1）媒介具有社会公器的职能，新闻工作必须服务于公众利益，而不仅限于服务政治或经济利益集团。

（2）新闻从业者是社会的观察者、事实的报道者，而不是某一利益集团的宣传员或政治、经济利益冲突的参与者或鼓动者。

（3）他们是信息流通的"把关人"，采纳的基准是以中产阶级为主体的主流社会的价值观念，而不是任何需要向社会主流灌输的意识形态。

（4）他们以实证科学的理性标准评判事实的真相，服从于事实这一最高权威，而不是臣服于任何政治权力或经济势力。

（5）他们受制于建立在上述原则之上的专业规范，接受专业社区的自律，而不接受自此之外的任何权力或权威的控制。

第二，莱提拉对31个欧洲国家的媒介道德守则进行了研究，发现大量的原则都可以归入六类，这代表西方媒介专业主义的基本规范：信息的真实性；信息的准确性；对公众权利的捍卫；对舆论的负责；搜集和呈现信息的标准；尊重信息来源。

第三，根据中华全国新闻工作者协会公布的《中国新闻工作者职业道德准则》，我国的媒介专业主义包括以下原则：全心全意为人民服务；坚持正确的舆论导向；遵守法律和纪律；维护新闻的真实性；保持清正廉洁的作风；发扬团结协作精神。

综上所述，我们看出，媒介专业主义（主要以新闻专业主义为主体）在全世界有一些共通的原则，如维护新闻的真实性，同时也在不同的社会背景下具有不同的特色。

（胡正荣）

34. 简述新闻专业主义的困境

在现实社会中，新闻专业主义所面临的压力，主要来自两个方面：一是政治力量；二是商业力量。

在发达国家，商业力量是阻碍新闻专业主义的最关键因素。在商业的压力下，媒介尤其注重三个因素，即制作成本、受众广度、与利益攸关者的冲突程度。其新闻制作准则是以尽可能低的成本制作新闻等内容，以吸引尽可能多对广告商有价值的目标受众，并尽可能不触犯利益攸关者。这与新闻专业主义着眼于满足受众"获知权"而不计制作成本的传播理念显然有相悖之处。市场压力要求媒介将受众当做"消费者"，尽可能满足和迎合他们大多数人的喜好和需求。这样，那些制作成本高、触犯到利益攸关者的一些"硬新闻"，就处于不利地位。由此，商业力量的入侵给媒介带来的后果就是媒介产品的质量有普遍降低的趋势，新闻专业主义在市场经济环境下陷入了困境。

在中国，媒介受到来自经济和政治领域的双重压力。有学者对当前中国媒介的新闻专业主义精神和职业伦理道德匮乏的现状，进行了较为全面的归纳，主要体现为以下几个方面。

第一，传媒的编辑部门与广告、发行或经营部门，混岗现象较为普遍。从中央到地方传媒，都存在着要求记者拉广告、分摊征订任务的问题，而且作为基本工作之一必须完成，否则将受到经济处罚。

第二，广告与新闻栏目（节目）或其他节目混淆（当下的通行概念是"有偿新闻"），同样较为普遍。

第三，传媒的栏目或节目，与企业合办的现象相当普遍。传媒负有监测社会的职能，这样的"合办"即意味着此栏目或节目（乃至整个媒介）自动放弃对该企业的监督权利。

第四，受贿封口。这一现象近几年呈上升趋势，即在一些恶性事故或其他不利于既得利益者的重大事件中，为封口而收买采访的记者，使其默不作声。

第五，假新闻出现的频率越来越高。

第六，"媒介事件"频繁。一方面，市场经济条件下社会性"公关"十分活跃，从企业到党政机关都意识到自身形象的重要性，于是想方设法制造其实并无多大新闻价值的人为"事实"，吸引媒体报道；另一方面，传媒自己策划"媒介事件"，借以提高传媒的威望，却遮蔽了人们了解真实世界的视野。

第七，免费看节目和比赛，免费旅游，赶场拿"红包"，由被采访单位报销各种费用（如吃喝、住宿和交通费），接受"土特产"礼品等，被相当多的记者视为常态。

第八，侵犯公民的各种隐私权。

第九，"媒介审判"较为普遍。

第十，偷拍偷录成风。

第十一，拒绝更正与答辩。多数传媒对自身出现的差错，除非受到上级党政部门或法庭判决的压力，一般不予更正或不允许当事人答辩。

第十二，炒作明星绯闻和犯罪新闻。

第十三，没有人性的冷漠新闻。

第十四，虚假广告和低俗广告。

以上各种违背专业精神的媒介行为，有些已获得从业者的共识，初步得到遏制，如侵犯公民的隐私权等，更正与答辩的意识已开始萌芽。但仍有一些偏向，如编辑部门与经营部门的混岗、传媒参与事实进程的"新闻策划"等还大量存在，且不乏愈演愈烈的动向。

作为专业的媒介行为规范和社会控制模式，新闻（媒介）专业主义在中国当下仍显得步履维艰，任重道远。其发展前景不仅有赖于媒介从业者自身专业素养的提升，还有赖于包括媒介体制、法律规范、社会结构、文化习俗等在内的一系列结构性、体制性的变革。

（张国良）

35. 如何反思媒介专业主义？

媒介专业主义引起了学者们的反思。除了探讨专业主义内涵的偏差之外，他们更对这种职业意识形态的根本存在机制进行了剖析。

拉扎斯菲尔德和默顿提出了"社会顺从论"，指出大众媒介在强调公共服务的同时，却总是肯定社会现行体制。这是西方的媒介专业主义从未明确反思过的。他们认为，由于商业力量对媒介的支持作用，导致媒介的内容通常都是肯定和赞同现存社会结构的，"这种持续不断的肯定强化了接受的义务"。媒介"未能提出有关社会结构的基本问题"，反而常常因为经济的压力忽略那些敏感的争议性话题。媒介机构中确定的新闻和编辑政策往往会制约记者和编辑想要突破这个"雷区"的努力。

美国学者约翰·麦克马纳斯指出，新闻工作者从来都不是独立的专业人士，而是雇员。新闻工作者不像医生那样可以自由地追求专业规范，所获得的报酬也不是来自那些消费其服务的人，也不从专业社团那儿获得执照并遵守其纪律。同时，新闻部门也不像医院、大学、小学一样，需要达到某些专业鉴定标准。专业人士为客户服务，按照自己对客户利益的理解来做事。但雇员为市场服务，必须满足消费者的解释——对新闻业来说就是广告客户。他明确提出："没有任何证据表明，新闻专业主义能节制企业对利润的追求。"他引用巴格迪坎的话指出："美国新闻媒介从未像今天一样拥有如此多的受过正规教育的专业新闻工作者，但一味牟利的企业主管却继续把企业带到远离高质量新闻业的另一个方向去。"

英国学者菲利普·爱略特更直接指出："在某些媒体机构中，称自己为专业人员只不过是在表明自己的工作能力。"他认为，专业主义的说法是在将某些媒体角色或工作的日常运作神秘化。

总之，媒介专业主义若想发挥作用，必须与其他社会规范性因素在一起才能真正有效。而媒介工作者在按照专业主义规范约束自己的时候，也应该反思这种行为和角色模式究竟是如何形成的。

（胡正荣）

36. 简述中国共产党的新闻职业道德的基本内容

中国共产党的新闻职业道德的基本内容，主要有以下几个方面。

第一，坚持无产阶级党性原则。党报是党的集体宣传者、鼓动者和组织者，必须开展全党办报活动。从这一原则出发，党的新闻工作者应当具备的基本职业道德要求是：在思想上以马克思主义为指导思想；在政治上正确地宣传党的路线、方针和政策；在组织上坚持民主集中制。

第二，全心全意为人民服务，联系实际，联系群众。这既是中国共产党人的基本政治道德要求，也是新闻工作者的基本职业道德要求。办报要为读者服务，报道要向社会负责。

第三，坚持正义与真理，维护新闻的真实性。要在新闻实践中深入实际，调查研究。

（张国良）

37. 媒介自律制度形成的意义

媒介自律制度的形成，对于媒介行业的发展无疑具有重要意义。它是新闻业、传媒业职业化建设的里程碑，是现代新闻传播事业作为严格意义上的职业走向成熟的标志。任何真正意义上的职业，必定有职业标准、职业道德规范，必然要求从业人员奉行职业道德准则，达到职业标准。传媒界的自律，需要全体从业者有维护职业道德规范的自觉性，有崇高理想和职业伦理的激励，还需要以职业规范为基础的媒介自律和他律相结合。唯有如此，新闻传播活动中的越轨行为才能得到有效遏制，这一行业才能得到良性、健康的发展。

（张国良）

38. 试述媒介的全球化趋势及其对社会的影响

当今世界已进入经济全球化的新时代。在此背景下，与经济息息相关的媒介的发展，在很大程度上也反映着全球化的大趋势，并反过来促进和推动着经济的全球化。

媒介全球化是指一种对媒介经营活动进行全球性的而非只局限于本地范围内的认识及其活动过程，具体表现为媒介生产、销售和传播的全球化以及媒介管理、法规和影响的全球化。全球媒体的出现是其重要表现。

全球媒体的概念，是相对于传统的地方媒体和国家媒体提出来的。它是在一个总部的控制下，在全球范围内投资、经营多种媒体企业，向各国的受众传播信息的国际化媒体集团。全球媒体的主要特点包括如下几个方面。

第一，媒介经营和管理的跨国性、开放性。即国际传媒集团主导下的人力资源、物质资源、资本资源以及各种信息、娱乐等媒介产品，在跨国情境中大规模地聚集和流动，其供应链呈现全球化的态势，急剧延伸，跨国贸易迅速扩展。面对这种情况，作为媒介管理机构，必须审时度势地在世界市场上确立自身的位置，尽可能多地占据全球市场份额，提高自身的全球竞争力，为媒介赢得更大的市场空间。

第二，媒介经营地点的世界性。媒介全球化将整个世界看做一个市场，走出国界，在全球范围内组织媒介产品的生产和流通活动。这样势必追求在各个最适宜的地方生产和销售相应的产品，从而有利于压缩成本，提高效益。

第三，竞争激烈、高度集中、赢家通吃。总体而言，全球媒体市场主要由世界上十来家纵向一体化的媒体公司寡头所垄断，它们中的大多数以美国为基地，如著名的迪斯尼媒介集团。这些公司在一种由寡头专卖公司控制的市场上经营着，要想进入这个市场可谓障碍重重。

第四，媒介内容的商业化和娱乐化。伴随全球竞争的激烈化和高度集中化趋势，未来的全球媒体在很大程度上是以广告业作为财务支持以及彻底商业化的。为占有更多的市场份额，赚取利润，媒介为公共领域和社会大众服务的空间和意识有可能逐渐缩小、淡化，媒介内容的娱乐化、媚俗化、商业化气息越来越浓。这样，会导致未来的全球媒体涌向几个最有商业前途的领域，如音乐等，任何一家公司提供的节目内容，与其他商业媒体所含的内容几乎毫无区别。

全球媒介系统的出现，有其深刻的经济、政治和技术因素。首先，媒体全球化是市场经济发展全球化的需要，也是世界经济信息化和经济一体化时代媒体发展的大趋势。其次，跨国广告、贸易和投资迅速增长，扩大了对媒体和其他通讯服务的需求。再次，许多传统的机构障碍和禁止跨国传播经营媒介的法律障碍在减少和消除。最后，传播技术的进步也大大刺激了传播全球化的趋势，全球卫星系统的发达和成熟，20世纪最后20年个人电脑的普及，网络信息传输速度的加快，使信息的传播在距离、范围、信息量和速度等方面都有了极大提高，这些基础设施水平的提升，无疑对媒介全球化的发展起到了关键性的作用。

媒介全球化带来的影响必将是全方位的。在经济层面，跨国媒体将促进技术、资本、人才等资源以及媒介产品在全世界范围内的分配、生产、销售和消费，市场规则和国际准则将日益凸显。并且，全球媒体必将对国有媒体构成竞争压力，迫使其扩大和深化服务。在政治层面，随着媒体对信息流动的支配权力越来越大，影响政治议程的能力日益增强，政治影响也越来越大。在文化层面，一方面，世界上主要商业中心的流行文化迅速传播到全球各个角落，从而扩大了世界各国人民的联系，加强了各国对不同文化的理解。另一方面，个人主义、对权威的怀疑主义、女权和少数民族权力等西方基本价值观都可以跨国传播。

总之，我们可以看到，媒介全球化不仅意味着媒介产品生产和销售过程的全球化，还标示着与经济、政治、文化、生活等层面相关的社会各个环节在世界传播环境中的重大变迁。伴随着传媒市场结构的改变，世界上的政治、经济格局也将发生相应变化。

（张国良）

39. 试述媒介的集中化趋势及其对社会的影响
所谓集中化，指通过接管、合并或联合，或干脆通过吸收等方式，加强企业的竞争地位。集中化已越来越成为经济全球化进程中的一部分，也因此成为世界传媒业发展的主流特征。

媒介集中主要包括两种类型：横向集中和纵向集中。所谓横向集中，指某一家媒介公司购买另一家媒介公司的主要股份，后者可能并不直接与前者的行业相关，或其主要资金来源根本与媒介无关。这种水平式的集中，造成了联合大企业所有权的产生和扩张，这种联合是不同产业公司合并的产物。所谓纵向集中，指相同的产业生产线上多家公司的集中，使一家公司能够控制整个生产过程。

西方的大众媒介基本上是作为产业来经营的，随着高新技术的扩散，传播能力的加强，原先分散的大众传播产业结构已不太适应现状，于是呈现出集中化的趋势，产业经营向综合性的方向发展。同时，伴随着知识经济的来临、传播技术的不断发展和融合，传媒业与其他行业的传统界限日益模糊，行业之间的交叉、兼并和联合，成为传媒业发展的大趋势。尤其是数码和网络技术的发展，使娱乐、电信、计算机等行业加盟媒介产业的动向更加活跃，如时代—华纳公司与CNN所属的特纳广播公司合并。这些产业渗透到大众传媒业之后，获利甚多。

自20世纪90年代始，全世界尤其是西方经历了一场史无前例的全球媒体巨头之间的合并、收购浪潮。这一时期，受全球化、科技进步、管制放松、产业融合的影响，西方各国媒介集团加速兼并，超大规模的媒介集团纷纷形成，尤为引人注目的是西方的六大媒介集团：美国在线—时代华纳、沃尔特·迪斯尼、新闻集团、贝塔斯曼、维亚康姆和维旺迪。它们都是多元化经营的大型跨国媒介集团，跨平面媒体和电子媒体等多个传播领域，并大量涉足其他领域，如电信行业等，其势力遍布全球。

全球媒介集中化的趋势日益凸显。并购是跨国媒介实现多元整合，形成规模效应，迅速扩张的有效途径，而且这些媒介集团通过企业兼并，将自身的触角延伸到书籍出版、音像制品、电视电影、主题公园等领域，使原来已多元化经营的集团更加巨型化，从而导致了媒介市场占有率越发集中的现象，这将是未来全球媒介发展的一大趋势。

（张国良）

40. 论述媒介恐慌论

媒介恐慌论是指媒介在对社会恐慌事件进行大规模报道的过程中会导致产生新的更多的恐慌现象或恐慌心理的媒介理论。这是在特定社会背景下由许多专家学者同时进行研究的一个比较年轻的学术话题。关于恐怖主义和社会恐怖的研究最先是由非传播学领域的政府官员和学者进行的，如保罗·威尔金森德的《政治恐怖主义》、P·卢本斯泰因《炼金术的革命：现代社会的恐怖主义》、格拉斯的《恐怖文化：美国人何以会为错误的信息害怕》。

媒体恐怖论认为，反映民主社会价值观的自有媒体在争抢信息和争夺受众的市场竞争中，对恐怖行为无节制地夸大报道会在社会上产生一些不必要的恐慌，并给恐怖分子平添了不应属于他们的成就感，从而起到了反宣传的作用。目前，学界对恐怖行为特征的描述，有的强调其意图的政治性；有的强调其组织的非法性；有的强调其效果的恐怖性；有的强调其手段的残暴性；有的强调其运作的隐蔽性；但更多是强调其受害者的无辜性。

温卡特·艾伊尔描述的恐怖行为："通常是指经过精心预谋的、袭击的对象是相当随机的，但具有一定的象征性或很高地位的非武装人员，旨在造成一种恐惧气氛，以达到影响政府或者其他一些机构的政策制定。"甚至可以说，"恐怖行为和媒体之间经常具有相互提供支持的倾向。媒体因此承担了一定的特殊责任，除非媒体保持独立、公正地提供新闻，否则就很难避免成为恐怖行为的帮凶。"

媒体恐慌论或媒体恐怖论既不是空穴来风，也不是夸大其词，而是有一定证据的具体现实。它源于世界恐怖主义日益膨胀和媒体世界浓厚的暴力氛围：一方面，恐怖分子不断地从地下冒出来在全球范围内、在媒体的视野之内制造祸患。另一方面，媒体也偏爱报道暴力和犯罪现象，而公众人物又喜欢谈论犯罪问题和恐怖事件。

应该如何解决媒体在报道恐怖事件的同时又避免助长恐怖事件的两难困境呢？不同的学者对此有不同的建议。

阿龙·玛希哲在《亚洲媒体扩张对人们认识种族冲突的影响》一文中提出的建议是：第一，让记者在新闻院校读书时不仅要奠定准确、公正、客观、平衡、理想的新闻报道基石，而且要进行跨文化学习，培养学生对文化差异和世界观分歧的认知。第二，让每个主要媒体可以根据自己的特定需要为那些没有实践经验的记者开设文化定向课程，让他们对媒体文化有基本认知。第三，可以设立媒体监察办公室，以帮助人们充当向导、消除疑惑、处理投诉、解决争执、监督检查。

温卡特·艾伊尔的观点是在构建合理的自律体系的基础上，要求记者自愿遵守一些由媒体从业人员或专业的媒体组织提出来的报道原则：一是强调新闻人员对恐怖分子及其帮凶利用和操纵媒体保持警惕；二是禁止出版可能妨碍政府处理危机的信息；三是限制播出对恐怖分子的采访；四是要求媒体在政府人员和恐怖分子或其代表进行敏感谈判的时候，淡化处理一些可能引起更大范围恐慌或者过分扰乱公众情绪的消息；五是号召记者一定不要成为恐怖事件的参与者。 （邵培仁）

41. 简述传播者的把关过程

传播者在传播过程中负责搜集、整理、选择、加工与传播信息，他们被称为"把关人"，他们的行为被称为"把关"。

具体而言，传播者的把关过程基本如下。

首先，搜集信息。即到社会乃至自然界中去寻求适合传播、有传播价值的信息。

其次，过滤信息。根据传播目的、信息与受众的情况等，对已搜集到的信息进行筛选和过滤。

再次，加工信息。将确定要传播的信息进行符号化（编码）的处理，加工成为讯息。

最后，传播信息。将制作好的传播品（如节目、报纸、影片等）通过媒介的网络和渠道发布出去，抵达受众。

认识和研究传播者的把关过程具有重要的价值。通过揭示把关的过程，它使传播对象更好地懂得应该如何评价已经过关的内容。此外，它促使"把关人"对自己借以决定取舍的理由作出评价。 （胡正荣）

42. 简述影响传播者把关的因素

"把关人"对信息进行取舍的理由源于什么考虑？它又对已经过关的内容产生了什么影响？这就需要对传播者的把关标准进行考察。看上去，一次具体的把关似乎是个人行为，但实际上其中隐含着一系列其他因素所发挥的作用。

第一，政治、法律因素。

传播者的把关行为必然受其所处的政治体制及政治现状的制约。在资本主义国家，从早期的"政党报刊"到如今的大型商业化媒介集团，从来都不是在政治上绝对中立的，而往往会为某个政治利益集团乃至整个统治阶级摇旗呐喊。大众媒介可能批评政府，也可能在某些政治事件中保持中立，而这恰恰是与整个民主政治体系相适应的，也反映了政治因素的影响。在我国，大众媒介是党和政府的耳目喉舌，也必然要符合政治的要求。

法律是现代社会影响与制约"把关人"行为的一种有效的规范体系。其中有专门涉及与约束传播者行为的法律，如广告法等，其他法律中也有与传播者行为相关的部分。

第二，经济因素。

大众媒介日益成为一个产业，"把关人"也不得不顾及由此而来的经济压力。许多传播学学者都曾经分析过利润的驱动对传播业选择信息的影响。当代美国的报纸、电视和其他大众媒介都尽量选择娱乐性内容和趣味化手法来制作传播产品，以便获得更多受众。这一因素的影响力在我国大众媒介的运作中也影响深远。如何处理好社会效益和经济效益之间的关系，成为传播者首先要考虑的问题。

第三，社会、文化因素。

传播者在进行把关的时候，也必须考虑社会价值标准体系和文化开放程度。如果有悖于社会主流价值观和基本文化规范，传播内容可能会引起争议，遭到抵制。

美国传播学学者鲁尔在《中国打开了电视》一书中曾指出我国电视节目中一些价值混乱和矛盾的现象，如教育性节目强调社会贡献、勤俭节约等中华民族的美德，而电视剧和广告则以豪华的酒宴或商品来刺激人们的超前消费倾向。鲁尔认为："电视这种媒介，本应反映和宣传某种一贯的社会哲学并示意人们去服从于它，但在中国的电视界，这种哲学目前尚不存在。"进入21世纪后，鲁尔所提醒的这种状况在我国实际上有增无减，值得警醒。

第四，信息自身的因素。

信息自身是否具有较强的传播价值，是"把关人"选择时考虑的重要因素之一。新闻工作者在选择新闻时，首要的评价标准就是新闻价值。换句话说，就是判断信息是否具有传播的必要性。中外学者关于新闻价值的判断标准的探讨有所不同，但比较公认的标准包括时效性、接近性、重要性、显著性、趣味性等。

除新闻之外，传播者在其他内容范畴也会对信息内在要素的价值进行衡量，进行题材和内容的选择。

第五，传播组织自身的因素。

传播组织自身的目标、对象、功能、重点等有所不同，因此在进行把关时也就必然以本组织的各种要求、规范、传统、标准等进行把关。

公共媒体和商业媒体在进行传播时，对信息把关的原则有所差别。不同地域、不同族群、不同行业的媒体因涉及的领域不同，也会选择不同的信息进行传播。总之，大众传播组织要根据自己的定位来进行相应的把关，同时在较长时期的发展过程中，大众传播组织也可能会形成独特的传播理念和传播规范，从而影响了对信息的筛选。

第六，受众因素。

受众是信息的终点，也是传播者在进行把关时不得不考虑的重要因素。

无论是出于实现社会效益还是经济效益的目的，大众媒体总是希望获得尽可能多的目标受众的认可。因此，传播者需要经常性地获取受众的反馈信息和前馈信息，了解受众的需要、构成、心理、行为等方面的情况，以便使自己的传播行为更为普及和有效。

现在，大众传播组织不仅自己使用各种方式来获取受众的反馈和前馈，还越来越多地借助专业调查公司的协助来了解受众情况，促进传播活动。

第七，技术因素。

每一种大众媒介都有其独特的技术手段，不同的传播组织所掌握的技术、设备在先进程度上也有差别，这也成为影响把关的重要方面。

例如，对同一个新闻事件进行报道的时候，由于电视媒体使用视听传播手段，就决定了它选取的信息与报纸、杂志、广播等有所不同。而大型电视媒体掌握的先进传播工具和技术使得它有更大的选择范围，如进行现场报道，这是小型电视媒体的设备水平往往无法做到的。

第八，传播者个人的因素。

传播者的个人特质也是影响把关的重要因素。首先是个人的世界观、价值观；其次是个人的个性特征，包括性格、创造力、经验阅历、能力素质等；最后是个人的传播方式，包括个人编码方式与水平、个人的传播技能等。以上这些都会影响传播者的把关行动。

虽然传播者个人必然受制于其他因素的制约，但在某些情况下，传播者个人因素的影响在整个把关活动中也可能非常突出。

当然，以上各种影响是交织在一起的，在具体的传播体制下，共同构成了把关活动的规范性系统。而传播者所遵循的行为准则，正是这个规范系统的集中体现。（**胡正荣**）

43. 传媒组织在信息生产中的"把关"作用及其实质是什么？

大众传媒在新闻与信息的生产、传播过程中起着重要的控制作用。新闻选择的"把关"理论说明社会上存在着大量新闻素材，新闻报道不是也不可能是"有闻必录"，而是一个取舍选择的过程。在这个过程中，传媒组织形成了一道关口，通过这道关口传达给受众的新闻只是众多新闻素材中的少数。媒介的新闻选择是根据一定的标准进行的，这些标准包括：首先，新闻信息的客观属性；其次，专业标准和市场标准（新闻价值和新闻要素）；最后，媒介组织的立场和方针。

把关过程的实质是：第一，大众传媒的新闻报道与信息传播并不具有纯粹的"客观中立性"，而是根据传媒的立场、方针和价值而进行的选择和加工活动。

第二，新闻和信息的选择受到媒体的经营目标、受众需求以及社会文化等多种要素的制约，与媒介方针和利益一致或相符的内容更容易优先入选，优先得到传播。

第三，媒介的"把关"是一个多环节、有组织的过程，其中虽有记者、编辑个人的活动，但"把关"的结果在总体上是传媒组织的立场和方针的体现。　　　　（**郭庆光**）

三、论述题

1. 论述认识传播媒介的原则

传播媒介是不断更新的。它由最初的单一媒介发展到今天的多种媒介，每种媒介又吸收、借用了其他媒介的优势。因此，我们认识传播媒介也应该多角度、多侧面地进行，只有这样才能全面把握各种媒介及其规律。

施拉姆曾经提出，认识和分析我们所使用传播媒介可以从以下的角度进行。

第一，它们所刺激的感官。即媒介为符号通过所提供的渠道是听觉的、视觉的还是其他。例如，广播和电话诉诸听觉，报纸诉诸视觉，但这种视觉又与电视对视觉的刺激有所不同。"多媒体"也意味着这种媒介可以通过多种感官刺激来进行传播。"能够同时同尽可能多的方面进行交流看来也是有利的"，但是"一个人绝不可能从通向两种感觉器官的传播获得双倍于只通向一种感官传播的信息量"。

第二，反馈的机会。不同媒介的反馈速度及数量不尽相同。面对面的双向交流比大众传播而言，反馈的机会更多。大众媒介为了获得及时的反馈信息以调整传播行为，必须付出专门的努力。

第三，速度的控制。不同的媒介在其传播的可控性上有所不同。面对面的信息交流是双方共同进行的一种控制，而大众媒介的情形各有不同，广播和电视很少给受众提供对传播速度的控制权，但印刷读物的传播速度则可由读者自行控制。

第四，讯息代码。不同媒介使用不同的讯息代码。面对面的交流中除了使用口头语言之外，还使用了其他许多非语言符号。印刷媒介以文字符号为主，易于做到抽象化；而视听媒介文字相对较少，易于做到具体化。

第五，增殖的力量。面对面交流的增殖需要付出极大努力。"大众传播则不然，它们有巨大的能力使单方面的传播增大无数倍并且使它在许多地方都能做到。它们能克服距离和时间引起的问题。视听媒介还可能超越发展中地区由于文盲而造成的障碍。"

第六，保存信息的力量。面对面的交流以及电子媒介传播转瞬即逝，而"印刷品则始终在保存事实、思想和图片方面拥有极大的优越性"。电子媒介也日益走向专业化以增强其保存信息的力量。"大众传播的接受者力求掌握个人控制权的趋势将持续增强，而集中的形式将会改变。"

第七，克服弃取的力量。所谓弃取，即受众放弃接受某种传播内容。这里讨论的是传播媒介克服这种可能性的力量。比较而言，转换电视频道比取消面对面交流容易得多。"在其他条件相等的情况下，通过面对面的交流比通过媒介渠道更易于引起并集中注意力。"

第八，满足专门需要的力量。大众传播媒介满足社会的一般需要迅速而有效，其力量无可比拟，然而在满足特殊和专门的需要方面则比较差，尤其是电子媒介更差。因此，"大多数以说服、教育为目标的运动都力图把大众媒介同个人的渠道结合起来，使其互相加强、互为补充"。目前看来，互联网在满足专门需要的力量上是最强大的。

施拉姆提出的认识媒介的八个原则，适用于包括人际传播在内的各种传播活动所使用的媒介，从这八个方面可以理解各种形形色色的媒介具有什么特性。

认识大众媒介的角度主要有以下四种。

为了更清晰地理解大众媒介的特性和规律，除了借鉴施拉姆提出的八个原则之外，我们还可以从以下四个角度来进行认识。

第一，媒介的传播手段。

媒介使用哪些符号来进行传播？这些符号按照什么样的规则来组成传播内容？符号作用于信息接受者的哪些器官？这些涉及媒介传播手段的问题是认识媒介特性的出发点，也是区分各种媒介的根本点。正是由于每一种媒介所使用的符号及其组合规则不同，才决定了媒介的形态及其传播规律，如报纸、杂志使用抽象的文字和其他视觉符号来传播信息，广播使用听觉符号来传播信息，电视则同时运用了视觉和听觉两个层面上的符号来进行传播。

媒介使用不同的符号和传播手段，导致了媒介在时间、空间形态上的差异。报纸、杂志是平面印刷的，它们占有空间，可称之为空间媒介；广播则是典型的按时间运动的线性方式进行传播，不具有空间立体性，可称之为时间媒介；电视集时间性及空间性于一体，是一种时空媒介，但时间性占主导；互联网也是一种时空媒介，但空间性占主导。时间媒介或时间性占主导的媒介是线性媒介，其传播顺序不容变更；而空间媒介或空间性占主导的媒介是非线性媒介，其传播顺序和传播传播速度可为信息接受者所控制。这就相应决定了不同媒介的传播特性。

第二，媒介的时效性。

大众媒介是以传播新闻信息为主要任务的媒介，因此传播信息速度的快慢就成为值得重视的特性。广播是按时间线性流动的媒介，电视也具备这一特征，因而两者的时效性最强。而报纸是固定平面印刷的空间媒介，其时效性天然弱于广播、电视等电子传播媒介，杂志由于出版周期的缘故，时效性是最弱的。互联网虽然以空间性为主导，但由于新闻更新的周期较短，使得其时效性也可以达到很强的程度。一般而言，时效性强的媒介以传播基本信息为主，而报纸、杂志等时效性较弱的媒介则擅长报道新闻事实的细节，挖掘新闻的深度。

第三，媒介的持久性。

媒介的持久性指保存信息的时间长度以及提供信息给受众接触的可能性的特性。持久性与时效性成反比。新闻性杂志的出版周期最长，可达一周、数周甚至一个月，因此它的生命周期也最长，持久性和保存性最强。报纸次之，广播、电视的持久性最弱。互联网是一个特例，虽然它的时效性可以很强，但它的信息可以存储和查询，因此持久性和保存性也可以做到最强。

持久性强的媒介可以被受众多次、重复接触，因而适合报道新闻背景、进行深度剖析和评论，而持久性较弱的媒介则可用来及时传递信息，主要承担告知的功能。

第四，受众参与媒介的程度。

受众与传播者的关系是双向互动的，受众在接触媒介的时候，总是带有自己的目的和意图，主动去使用它。受众参与媒介的程度，一方面指的是受众进入传播过程的可能性；另一方面指的是在其接受传播内容时调动自身想象力的程度。

以报纸为例，它在进行传播时，传播者无法与受众进行即时的互动。报纸的读者是无法立刻提供自己的反馈以改变传播进程的。与此同时，报纸主要使用文字符号转述现场、事件等，可读不可闻，可读不可见，因而要求受众必须调动自己的想象力去设身处地地进行理解。所以，它在前一方面的受众参与度较低，但在后一方面的受众参与度较高。

从以上四个方面进行认识可以比较全面地从根本上认识和把握大众媒介的特点与规律。

我们认识传播媒介的特点和规律是为了更好地把握和使用传播媒介。从这个过程中，我们有必要坚持以下两个基本观点。

第一，大众传播媒介各有所长，也各有所短。一种新型媒介并不会取代传统媒介，而是在互相竞争的格局中达到某种平衡甚至融合。

电视刚刚出现的时候，它的威力迅速展现，在一个时期内对报纸、广播乃至电影都形成了极大的冲击。有人曾据此预言：电视将取代报纸、广播、电影等媒介。然而，几十年传播媒介发展的事实证明：电视虽然一直在发展壮大，但报纸的发行量也一直在上升，广播的普及率也一直维持在一个比较高的水平，甚至在某些发达国家，广播的收听率还超过了电视的收视率。

同样，当20世纪末互联网迅速普及的时候，人们也曾经担忧过报纸、广播、电视等传统媒介会"化为泡沫"。然而，传统媒介所占有的份额虽有下降，但从未下降到会被替代的地步。它们在新的传播格局中重新确立自己的位置，并积极与互联网开展互动和整合，借用它来传播自己的网络版本，也借用它来搜集信息资源和反馈。最终的媒介格局将是在竞争中达到平衡和融合，而不会简单地以一种新媒介取代所有的旧媒介。

第二，传播媒介既然各有所长，各有所短，那么在人类对它们的使用过程中，必须取长补短，扬长避短。

电视自然有其优势，如视听兼备、形象感和现场感强、生动、及时等，但也有它的不足之处。例如，电视的本性决定了其传播内容往往比较肤浅，并且转瞬即逝，也不容观众进行选择，广播的优势在于声音的感染力强，其收听的便捷性也是其他媒介难以比拟的，但它同样有类似电视的不足；报纸虽然时效性和直观性比不上电子媒介，但它更善于报道事件的背景，进行深度的解释和分析，同时允许读者自由选择；互联网在各个方面都有自己的优势，但这个媒介为受众设置的障碍和陷阱，和它提供的方便几乎一样多。

传播媒介在相互竞争的格局中，在新型媒介的强烈冲击下，不断扬长避短，以求进一步的生存和发展。报纸在广播、电视等电子媒介的压力之下，在四个方面加以改进：一是增强实效性；二是发挥出自己深度报道的优势；三是增加图片，增强现场感；四是改进报纸版面编排，吸引、方便读者阅读。同样，广播在面临电视、互联网等媒介的冲击下，一方面，发挥自己听觉传播的特点，发挥快速及时向听众播报最新信息的优势；另一方面，发挥自己收听便捷的特点，缩小收听工具，将视听工具与移动工具整合，以便受众随时随地收听。

（胡正荣）

2. 如何认识媒介与社会的关系？

大众传播媒介，亦简称大众媒介，其种类包括报纸、杂志、网络等。作为一种向社会大众（不特定的多数人）传送信息的行业，人们又称之为"大众传播业（事业、产业）"或"媒介产业"。时至今日，各种媒介已广泛渗透到人类生活的各个领域中。

大众对媒介的依赖程度越来越深，对媒介的要求也越来越高。

作为社会系统的组成部分，大众传播受到社会各种力量的制约，总是在一定的社会制度条件下运行，具体表现为：大众传播必须依赖社会而存在，没有社会就没有大众传播；大众传播是社会生产力发展到一定阶段的产物，即大众传播技术的进步，是以生产力的发展为基础的；大众传播必然被打上社会阶层、阶级的烙印；大众传播必然受社会各方面的制约，包括受法律的保护和约束和受大众的监督等。

大众媒介既是现代社会不可分割的一个重要组成部分，又是维系社会，推动社会发展的一个重要因素。大众传播所提供的及时、广泛、大量、公开的信息交流，促进了现代生活的进行。但反过来，大众媒介也不可能凌驾于社会之上，而总是置身于社会各种力量的制约之中。

具体地说，一方面大众媒介通过传播信息，满足社会各个系统的信息需求，使社会有机体之间保持沟通与交流，因此与社会各个子系统发生密切的互动关系，成为各种社会关系的连接者；另一方面，大众媒介作为一种既定的社会组织，处于整个社会框架和社会制度的制约中，这种制约在很大程度上决定了媒介机构的基本面貌、运作方式、内部规则、职业理念等。

第一，媒介在社会中的位置。

对于媒介与社会的关系，英国著名传播学学者丹尼斯·麦奎尔曾着力予以考察，他借鉴社会学的宏观视野和分析框架，将大众媒介置于整个社会体系汇总，并以模式化的方式，具体而清晰地揭示了媒介与社会的关系。

麦奎尔认为，作为社会过程的大众传播，是各种社会关系的中介。他使用许多隐喻来阐释媒介把我们与现实相连接的不同方式，媒介可以是事件和经验的窗口、社会和世界事件的镜子、过滤器或守门人、路标、指南或诠释者、受众表达信息与观念的论坛或平台、对话者或在谈话中消息灵通的搭档。麦奎尔还阐释了媒介作为客观世界和公众之间的连接者的中介作用：一方面，社会的政治、经济、法律、教育、文化等各种体系与公众之间以及这些体系相互之间，皆依赖大众媒介而联系；另一方面，大众媒介受制于其他社会系统的影响，也反作用于这些社会系统。

第二，媒介的社会功能。

关于大众媒介的社会功能研究，主要从两条路径展开：一是从宏观角度，将大众媒介纳入社会学的理论视野中，考察其社会功能；二是从微观角度，具体考察媒介的正、负社会效应。

前一种研究取向，主要源于社会学的结构功能主义研究范式。其核心观点是：人类社会是一个有机整体，它的各个部分构成相互依存的体系，每一部分都为该体系的平衡做出贡献，任何一个部分的变化都可引发该体系的暂时失衡，从而引发其他部分的变化，甚至改变整个体系，形成新的平衡，使有机体产生新的功能。

依据这一理论框架，就可以发现大众媒介是整个社会有机体的一个组成部分，它通过重复性的社会活动方式促进信息的沟通和交流，联系社会的上下左右，传播社会的共同知识、信仰、规范和价值观，以凝聚社会的方方面面，从而为整个社会的平衡做出贡献。相反，如果媒介只传播各种形式的偏差行为或离经叛道的文化，其结果就可能引发社会的失衡。因此，结构功能理论特别强调大众媒介的传达、沟通和协调功能，从整体上维护社会的平衡和稳定。当然，媒介也可能起阻碍功能（或称反功能）作用，即妨碍社会有机体的平衡和稳定。

就第二种研究取向而言，传播学的两位先驱拉斯韦尔和拉扎斯菲尔德，都对媒介的正、负功能展开了具体探讨。毫无疑问，大众媒介作为现代社会的一种结构性因素，已渗入到社会生活的各个方面，在整个社会的经济、政治和文化生活等各个领域发挥着越来越重要的作用。

在经济领域，大众媒介作为信息传播的主要载体，是经济活动有效运作的基础。媒介传递的各种经济信息，影响着市场主体的经济决策。媒介广告则激活、引导着消费者需求，促进市场的发育和完善。媒介减少了市场的信息不对称，有利于市场机制的有效发挥。同时，作为信息产业的一个组成部分，传媒业本身已发展成一个新兴产业，构成国民经济中不可或缺的组成部分，提供了大量的就业机会。尤其是伴随着信息化社会的到来，新传播技术的发展，使大众媒介在信息资源的生产和分配中扮演着越来越重要的角色。

在政治领域，大众媒介是所有社会政治活动得以实现和进行舆论监督，参与政治决策，推进政治民主化进程的基础。当今社会，"随着大众传媒的发展，政治民主、政治行为的开放性、政治体系吸纳民众意见的能力都随之出现了新的变化，在提高政治过程中的透明度、参与度方面，大众传媒发挥了重要的作用"。一方面，媒介是任何政府实行社会控制，整合社会意识形态和民众价值观的有力工具；另一方面，随着市民社会的发展，媒介也成为反映社会要求，表达和整合社会呼声的"公共领域"，从而在社会民主化进程中扮演了不可或缺的社会角色。尤其是进入20世纪90年代以后，异军突起的互联网，因其海量信息、匿名交流、互动及时等技术特性，日益成为最具开放、公平、自由特色的公共论坛，使媒介作为民主交流的社会平台的功能更加凸显。

在文化领域，大众媒介承担着传承文化，启发民智和维护主流价值观的重要功能。作为文化的载体，媒介将文化中的精华记载下来，传播开去，使文化在历史长河中得以沉淀和积存。在推进国民教育方面，它也是一种有效的工具，作为普及科学文化及卫生健康知识的重要手段，为公众灵活学习、终身学习创造了条件，对于国民素质的提高和人力资本的积累，具有重要作用。另外，媒介还推动着世界各国之间的文化交流。从更深的层次看，文化的核心是价值观。一个社会的主流价值观，反映着这个国家的意识形态和社会准则的基本取向。大众媒介以建构社会真实的方式，维护着整个社会的价值观体系的共识，从而维护着社会秩序和稳定性。

随着信息社会的到来，媒介产生的影响将越来越大，它在国家秩序和社会发展中的作用也将越来越突出。

第三，影响媒介的社会因素。

媒介不仅是社会影响的施加者，同时也是受动者。作为社会子系统之一的大众媒介，一方面对社会的政治、经济、文化等系统发挥着重要影响。另一方面，社会体系中的政治、法律、经济、文化等因素也直接制约和影响着大众媒介。大众传播总是在特定的社会制度条件下展开。因此，盈利和商业竞争的压力，政治权力机构的压力以及整个社会的文化规范、价值取向造成的压力等，都对媒介构成了制约和规范。

在整个社会体系中，政治对大众媒介的制约作用尤为突出。媒介总是带着它所属社会，尤其是政治结构的形式和色彩，政治体制往往对媒介体制起决定性的作用。政治体系对媒介的制约，主要体现在：（1）政治体制决定着媒介结构的所有制性质。（2）国家或政府在法制、法规层面上制约着媒介的行为，包括对媒介的创办进行审批、登记，对媒介活动进行多方面的监督和管理，限制或禁止某些不法信息内容的传播等，这是国家或政府对媒介实行行政控制和规范化管理的基本方式。（3）政府的政策、行为制约着媒介及其信息来源的内容。包括政府的各种审查机构和审查制度、行政命令、宣传纪律以及发布政治信息、宣传政治主张、引导舆论等，无不是制约媒介内容的重要因素。（4）国家意识形态制约着媒介组织的结构和活动。与法律、规章、制度等有形的正式控制不同，这是一种无形的制约，以价值、意义、信念体系等，构成对媒介软性的、却更为宏大的、无处不在的制约网络，由此决定着整个媒介体系必然服务于统治阶级的意识形态体系。

除了政治体系的制约因素外，来自商业结构和利益驱动的压力，是媒介的另一支配力量。在市场经济体制中，媒介必须创造利润以争取足够的资金支持来维持自身运转，因此视听率、发行量以及其他与媒介财政收入相关的商业压力，都对媒介施加着巨大影响，并且伴随着市场机制的成熟，这种经济层面的制约因素将更加凸显。

这种经济制约主要表现为如下几种形态：（1）宏观经济体制。它决定媒介机构的所有制性质和运作方式，是媒介最核心的制约因素之一。（2）来自市场环境和市场运行机制的压力。在市场经济体制中，媒介机构本身就是一种自主营利的组织，因此必须根据市场特点来运作，保持足够的市场份额，使成本最低化、利润最大化。（3）来自广告主或赞助商的压力。广告和赞助收入，是大众媒介赢利的主要渠道，因此广告主和赞助商可凭借手中的广告费和赞助来换取媒体为其宣传和服务，从而获得对媒介内容的支配权，甚至迫使媒介的从业理念、方针发生变化。（4）来自其他经济利益团体的控制。媒介内容往往反映其背后资金提供者的利益，如金融机构或企业财团等。这种经济团体的控制，主要包括三种类型：（1）通过资金注入而成为媒体的股东。（2）兼并某些经营不善或势力较弱的新闻媒介，使之成为自己的下属企业。（3）连锁董事制。通过这些形式，媒介利益和经济团体的利益紧密结合在一起，于是媒介不得不受制于为其提供资金来源的经济集团的控制。在西方发达国家，媒介由企业集团操控的局面十分普遍，尤其是伴随着媒介集团的建立。

具体地看，在日常生活中，媒介更多地与政府、采访对象、广告客户、社区、一般受众及其他媒介发生种种关系。这些关系也至为重要，因其直接构成了媒介的生存环境，使媒介不能不慎重对待。

第一，政府关系。媒介与政府的关系，因各国体制不同而存在很大差异。有些国家强调新闻和言论自由，媒介与政府的关系时常表现为对立状态。媒介作为监督政府的舆论工具，频繁揭露政府工作中的事务，抨击腐败现象。换言之，在制度设计上，媒介不受政府控制，只受法律约束。但实际上，对立并不是绝对的，同时还存在着协作的关系。从政府方面说，为顺利开展工作，不能不拉拢媒介。从媒介方面说，由于政府是主要信息来源之一，也不能不与之保持一种若即若离的关系。有些国家的政府，控制一切媒介，其有关部门可（事先或事后）审查媒介的各种信息。也有些国家的政府，不通过具体审查，而通过新闻政策，从宏观上制约媒介。总之，在这些国家里，媒介与政府的关系是领导与被领导的关系。媒介必须自觉遵守政府的法令、规定等。为此，不仅要熟悉政府的新闻与传播政策，还要不断关注、研究政策的变动，据此调查自己的活动，同时力求与政府各有关部门保持良好关系。

第二，受众关系。不言而喻，媒介与受众的关系是非常重要的，有时甚至关系到媒介的生死存亡。没有观众，媒介就不可能生存。从这个意义上说，广大受众确实是媒介的"上帝"。几乎所有媒介都设置了专门处理民众来信来访的部门，以保持与大众的联系，吸收他们的意见，改进工作。

为妥善处理媒介与受众的关系，必须了解受众。媒介应针对不同类型、不同层次、不同年龄的受众，经常展开调查与研究，包括进行民意测验等。唯此，才能有的放矢地切实改进媒介的工作，以最大限度地吸引受众。

应大力提倡媒介为公众、为社会服务，如策划、举办各种让受众参与的活动等，这样必然有助于提高媒介的声誉。对受众的日常来信来访，更不能忽视，而应尽力帮助他们，使他们感到媒介确实是真诚为大众服务的公共机构。

应不断提高媒介的质量。受众要求媒介提供的内容既不同凡响，又雅俗共赏。无论消息还是通讯，都应当精益求精。书籍也应是珍品。影视作品同样不能粗制滥造。这样，长此以往，媒介就能在受众心目中树立起美好形象，为两者之间的良好关系打下牢固的基础。

第三，广告客户关系。媒介与广告客户的关系颇为微妙。一般来说，市场经济在很大程度上有赖于广告业的推动，而广告业的发展又有赖于大众媒介的发达。特别是报纸、广播、电视、网络等媒介，动辄拥有亿万受众，由它们进行广告传播极为有效。广告依赖媒介，反过来媒介的生存也依赖广告，广告费已经成为大众媒介的主要经济来源。

问题在于，作为广告媒介的报刊、广播、电视和网络等，同时又作为公共媒介发挥着监视环境、引导社会舆论的功能。这两种身份不发生冲突时，媒介与广告客户的关系比较容易处理，一旦媒介的内容与广告客户的利益相抵触，尤其是媒介为履行社会责任而需要批评广告客户时，关系就难以处理了。

一方面，媒介应热诚为广告客户服务，发挥自身的特长和优势，把广告信息传布到每家每户，乃至每个潜在的顾客。媒介广告能轻易到达各个不同的社会阶层，并重复使用，渗透性极强。媒介广告还可以最大限度地根据客户的性别、年龄、地理位置等特点，有的放矢，以取得最佳效果。另一方面，媒介应坚持原则，为维护社会公众的利益而拒绝刊播某些不当广告，甚至不惜得罪广告客户。西方有些国家的法律规定，媒介广告部负责人有权拒绝刊播其认为有悖于该报宗旨的一切广告，而不必作任何解释。总之，处理媒介与广告客户的关系，最重要的原则就是维护社会公益和公德。

第四，其他媒介关系。大众媒介之间是一种竞争加合作的错综复杂的关系。报刊和广播、电视乃至网络，各有长短，因此在竞争中宜各自扬长避短，合理地分割、占领受众市场。即使是同一种媒介，因各自的性质、方针、对象等的不同，彼此之间也不只形成竞争，而完全有可能互补和合作。概而言之，任何媒介都必须注意到，正确处理与其他媒介的关系是十分重要的。一般而言，以私有制为基础的国家，媒介之间的激烈竞争关系占主要地位，协作甚少。而公有制国家的媒介，因皆服务于一个共同目标，故时常联手合作。但竞争的不充分，也会带来许多弊端。因此，当公有制国家进行改革，引入市场经济机制之后，媒介之间的竞争即充分展开，也日趋激烈。

第五，社区关系。从活动空间看，大众媒介可分为两大类：全国性媒介和地方性媒介。后者包括为数众多的社区媒介，因此妥善处理社区关系，就成为这些媒介的重要议题。媒介作为法人单位和社区居民，必须遵守地方法令法规，树立良好的风范和威信，以获得地方政府、公民的爱护、合作和支持。社区即媒介的用武之地和受众市场，媒介必须为公众说话，关心受众疾苦，保持与社区公众的密切联系。媒介还应对社区的公益事业担负起应尽的责任，成为称职的社区信息中心。如此，不仅对大众有利，为社区造福，同时也树立起媒介的良好形象，从而有利于媒介的发展。

在处理各种外部关系的过程中，大众媒介应坚持原则性和策略性的完美结合，既重视协调与政府、广告客户、受众、社区等各方面的关系，又始终保持自己的独立品格，并充分发挥监视环境、监督政府、服务社会、提高大众等作用。唯有如此，媒介才能无愧于时代的要求，才可能获得最大数量的受众，在激烈的竞争中使自己立于不败之地。

综上所述，大众媒介作为社会系统的一部分，既在社会中扮演着不可或缺的中介角色，发挥着十分重要的社会功能，同时也受制于社会的政治、经济力量以及文化意识形态。这可以说是任何国家的大众媒介的共同之处。 （张国良）

3. 论述麦克卢汉的媒介理论

关于媒介手段或技术在社会发展史上的地位和作用，许多学者从不同角度进行过考察。在这个领域，较有影响的是加拿大学者马歇尔·麦克卢汉的学说。麦克卢汉生前先后出版了《机械的新娘》（1951）、《古登堡群英》（1962）、《理解媒介：人的延伸》（1964）、《媒介即讯息》（1969）等著作，逝世后于 1980 年又出版了与他人合著的《地球村》一书。这些著作中，他提出了三个著名的观点："媒介即讯息"、"媒介：人的延伸"和"热媒介与冷媒介"，这三个观点构成了麦克卢汉媒介学说的主要内容。

第一，媒介即讯息。

这是麦克卢汉对传播媒介在人类社会发展中的地位和作用的高度概括。其含义是：媒介本身才是真正有意义的讯息。也就是说，人类有了某种媒介才能从事与之相应的传播或其他活动。因此，真正有意义、有价值的讯息不是各个时代的传播内容，而是这个时代所使用的传播工具的性质、它们所开创的可能性以及带来的社会变革。

麦克卢汉的媒介概念是广义的，它不仅指语言、文字、印刷物、电信和广播电视，而且包括各种交通运输工具在内。他认为，媒介是社会发展的基本动力，每一种新媒介的产生，都开创了人类感知和认识世界的方式，传播中的变革改变了人类的感觉，也改变了人与人之间的关系，并创造出新的社会行为类型。因此，媒介又是区分不同社会形态的标志。

第二，媒介：人的延伸。

与"媒介即讯息"的观点相联系，麦克卢汉还提出了"媒介即人的延伸"的论断。在麦克卢汉看来，任何媒介都不外乎人的感觉和感官的扩展或延伸，文字和印刷媒介是人的视觉能力的综合延伸，广播是人的听觉能力的延伸，电视则是视觉、听觉和触觉能力的综合延伸。麦克卢汉的这个观点是为了说明传播媒介对人类感觉中枢的影响，因此，在他的眼里，媒介和社会发展史同时也是人的感官能力由"统合"—"分化"—"再统合"的历史。

麦克卢汉认为，史前人的听觉文化在感觉上是具有统合性的，在那个时代，虽然感觉主要是由耳朵来把握，但同时却牵动着全部感觉的相互作用和相互影响，因此，部落人的感觉能力大体上是平衡的，他们的行为与他们所处的环境是浑然一体的。而文明人以文字和印刷媒介为主的视觉文化的特点是集中于细节，并把细节从整体中抽象出来。眼睛孤立地起作用，观察的是一个单一、连续的世界，而每次只能偏重于一个局部，因此，从口语转向文字和印刷，实际上扩张的只是从人类感觉的集束中分离出来的一种感觉。这种由感觉领域的分割造成的感觉分离，使人类对环境具有巨大的能动作用，因为它可以推动人们对事物的抽象的、深层的认识，但与此同时，疏远其他感觉只重视视觉也会产生情感的分离，使人的总体感觉能力下降。不过，现代电子媒介尤其是电视正在改变文明人受视觉支配的状况，电视不仅扩张了人类的视觉和听觉，而且由于强烈的现场感和接触感而扩展了人类的触觉，因此，现代人正在找回长期失落的"感觉总体"，重新回到一种感觉平衡的状态。

麦克卢汉的"媒介即人的延伸"的观点具有重要的启发意义，但它并不是严密的科学考察的结论，而是建立在"洞察"基础上的一种思辨性的推论。

第三，"热媒介"与"冷媒介"。

"热媒介"与"冷媒介"是麦克卢汉就媒介分类提出的两个著名概念。对这两种媒介的分类标准，麦克卢汉本人未进行明确的界定，人们只能根据他的叙述进行推测。一种解释是："热媒介"传递的信息比较清晰明确，接受者不需要动员更多的感官和联想活动就能够理解，它本身是"热"的，人们在进行信息处理之际不必进行"热身运动"；而"冷媒介"则相反，它传递的信息含量少而模糊，在理解时需要动员多种感官的配合和丰富的想象力。

但是麦克卢汉的这种分类并没有一贯的标准，而且存在着逻辑上的矛盾。"热媒介"和"冷媒介"的分类本身并没有多少科学和实用价值，重要的是它给我们的启示：不同媒介作用于人的方式不同，引起的心理和行为反应也各具特点，研究媒介应该把这些因素考虑在内。

第四，麦克卢汉的媒介理论的意义与局限性。

麦克卢汉的媒介理论的意义在于，它开拓了从媒介技术出发观察人类社会发展的视角，并强调了媒介技术的社会历史作用。从唯物史观出发看问题，科学技术是第一生产力，媒介工具和技术作为生产力的重要组成部分，无疑具有推动社会前进和变革的巨大力量。这一点，已经为信息社会的发展所证实。此外，麦克卢汉关于"媒介即人的延伸"的观点对我们理解不同媒介的作用机制富有启迪意义，他的关于"地球村"的语言，也是符合当代世界的发展趋势的。

但是，麦克卢汉的理论带有极端性和片面性，这主要表现在以下几个方面：（1）麦克卢汉把媒介技术视为社会发展和变革的唯一决定因素，而忽略了生产关系和社会关系等各种复杂的社会因素的作用；（2）在麦克卢汉的理论中，我们看不到人的主体性和能动性，人似乎成了完全受到自己所发明的媒介技术或工具主宰的对象；（3）麦克卢汉理论的全部依据都集中在媒介工具对中枢感觉系统的影响上，并由此出发解释人类的全部行为也是片面的。感觉是重要的，但人并不是完全受感觉支配的低等动物，人之所以为人，更重要的是人具有人的理性活动，这种理性活动反过来会对感觉以及作为它们的延伸形式的媒介产生能动的制约作用。一句话，我们在麦克卢汉的理论中看不到从事着能动的社会实践的人，看不到人与人的社会关系。

那么，我们应该如何正确认识媒介工具和技术在社会发展和社会形态变革中的作用呢？马克思主义认为，决定社会形态发展和变革的基本因素是生产方式及其内在的矛盾运动。生产方式包括生产力和生产关系两个方面，生产力是矛盾的主要方面，是社会发展的基本动力。但是，生产关系并不是完全被动的，它对生产力的发展起着重要的制约作用，在一定时期还会上升为主要矛盾，两者永远处于相互作用的关系之中。从历史唯物主义观点来看，一方面，媒介工具和技术属于社会生产力的一部分，具有推动社会发展的巨大力量；另一方面，媒介归根到底是人类的主体活动的创造物，人如何利用和控制媒介，社会占有结构、所有制关系如何，也反过来规定着媒介活动的特点和性质。麦克卢汉的媒介理论只强调了媒介工具和技术的巨大能动性的一面，而没有看到社会关系和社会制度对它制约的一面，其理论具有明显的片面性。

（郭庆光）

【参考知识点】

（1）麦克卢汉的传播理论有哪些主要贡献和缺陷

在有关大众传播媒介技术的研究领域中，迄今已积累起不少理论成果。其中最独特的，还数加拿大学者麦克卢汉的学说。作为多伦多大学的教授，他于20世纪60年代出版的一系列著作，引起了学术界乃至社会的广泛关注和争论，并使他一跃成为20世纪六七十年代国际传播学界最闻名且最有争议的学者。麦克卢汉的传播理论的主要内容如下。

第一，媒介即讯息。

麦克卢汉认为，人类历史由三个阶段组成：（1）部落文化阶段。那时，人类以群居方式生活，彼此十分接近，用口头方式传播。（2）戈登堡阶段或个人阶段。人类用印刷的文字进行传播，思维也随之变得具有线性、连续性的特点。（3）新部落文化阶段或电子文化阶段。在此阶段中，电子计算机、电视及其他电子传播媒介，使人类又重新接近。

在《理解媒介：人的延伸》一书中，麦克卢汉对各种媒介进行了详尽而独到的分析。他认为，每一种媒介发出的讯息，都代表着或是规模、或是速度、或是类型的变化，所有这些，无不介入人类的生活。因此，这里的讯息，也就是技术特征，甚至比内容更加重要。由此，他引申媒介即讯息这一核心观点。在麦克卢汉看来，每一种新媒介一旦出现，无论他传递的内容如何，这种媒介的形式本身就会给人类社会带来某种信息，并引起社会的某种变革。从这个意义上说，媒介本身就代表着某种时代的信息，媒介就是信息。

第二，媒介是人的延伸。

富有想象力的麦克卢汉认为，技术的任何进步，都使人类更有效地生活和劳动。

媒介的任何发展，都能延伸人类五官的功能。他把所有的媒介都视为人的延伸。他的媒介观念，不仅包括传播的技术硬件，还包括具有社会情感的软件。他从 W·麦克道格尔的心理学体系中撷取研究的方法，用一种"泛"媒介的观点来看待、解释各种现象。他认为，所有这些媒介，都影响并改变着人们的生活方式、工作方式和思维方式。人的任何延伸，无论眼、耳等，都必将对社会的发展造成影响，促成变革，使一部分人行进在时代的前列，而使另一部分人落伍。

第三，"冷媒介"与"热媒介"。

麦克卢汉提出，所谓"热媒介"，就是具有"高清晰度"（指充满资料数据的状态）和"低参与度"（对受众而言）的媒介；"冷媒介"则相反。他由此还引申出对社会、历史的看法：发展中国家是冷的，发达国家是热的；农村是冷的，城市是热的等。

第四，地球村。

麦克卢汉指出，电视和卫星等技术的出现，使地球越来越小，人类已跨越空间和时间的限制，使信息在瞬息之间即可传送到世界的每一个角落，因此，地球已变成了一个小村庄。村民即人类互相之间的信息传播和思想交流极为方便。在这个信息爆炸的时代，任何国家都不可能与世隔绝而游离于地球村之外。

在论述这一概念时，麦克卢汉重申了"媒介是人的延伸"的观点。他首先从医学角度剖析了人脑的功能：人脑分为右半球和左半球，一个协调声音和空间的结构及非语言概念，一个具有计算、讲话、书写和通常的语言能力，两者都具有听觉、视觉等功能。不过，人脑所有功能的发挥，都有赖于接受外界信息的刺激。来自外界的信息传播，可划分为视觉空间和听觉空间两个区域，人类之所以创造发明如此复杂多样的媒介，归根到底是为了延伸人脑的视觉和听觉功能。在电子计算机、通信卫星、数据库以及刚起步的多功能信息系统的作用下，世界已紧密地联系在一起。地球村的出现，不仅改变了人体感官的功能，还有效地改变了人类的观念和生活方式。传统的时空观受到冲击，平民百姓的视野超出了国界的限制。这一切，使人类变得相互更了解，彼此更依赖，更富有想象力和创造性。同时，这一现象还为一国经济向世界性经济转变提供了条件。新传播技术的运用，使国与国、地区与地区间的信息交流更频繁、迅速，人类的小生产经营方式和某些传统的资本主义经营方式将受到猛烈冲击等。总之，一个改革和发展的时代已经到来。

第五，对麦克卢汉理论的评价。

麦克卢汉以其全新的思维方式，提出了他独特的媒介理论，引起了西方学术界和社会各界的极大关注。他的标新立异，无疑给崇尚新思想的美国人注射了一针兴奋剂。但是，对他的理论，从一开始就不乏反对意见。不过，大部分人虽不完全同意他的观点，却不能不承认其思想大胆，敢于创新。综合起来，主要评价有以下几点。

首先，麦克卢汉所说的媒介与人们平时所说的媒介概念不尽相同。他不仅仅拘泥于研究传播过程和传播内容中的媒介，而是把媒介放到一个更广阔的社会、历史和文化背景下加以考察，将世界上的万事万物都视为媒介。他的"媒介即讯息"的论断，正是建立在这一基础上的。这一点颇受好评，有的学者认为他的理论是世界进入信息时代的先导。这或许高估了麦克卢汉的贡献，但不可否认，他确实拓宽了人们的思路，特别是强调指出了长期以来忽视媒介、技术本身对社会的独特影响的偏向，功不可没。

其次，不能不指出，他过分强调和夸大了媒介的作用，忽略了人的主导性、能动性，也忽略了媒介内容即信息的重要性。这就难免有"技术决定论"之嫌。

再次，他的晦涩文风也引起很大争议。他极力贬低印刷媒介那种直线的、逻辑的表达方式，而采用一种跳跃的、不连贯的方式写作，使观点变得难以捉摸。而且，他的学术态度有些故弄玄虚，缺乏客观性。

最后，对有关"冷"、"热"媒介的学说，人们颇多微词。很多人认为，这种划分方法既不科学，也不实用。事实上，这也确有一些自相矛盾，不能令人信服之处。

（张国良）

（2）论述麦克卢汉的媒介理论

马歇尔·麦克卢汉是加拿大的著名文学批评家，也是大众传播理论的一代宗师。麦克卢汉的事业生涯可以分为三个阶段：20世纪40年代是他的成长期，热衷于文学批评，其重要成果是《机械的新娘》；50年代是他的转化期，他成为伊尼斯的学生，沉浸于文化人类学之中，并编辑了《探索》杂志；60年代是他的成熟期，致力于传播研究，相继出版了《古登堡群英》、《理解媒介：人的延伸》、《媒介即讯息》和图画书籍《媒介是按摩、是逆风》等书。

麦克卢汉有三个重要的观点。

第一，媒介是人的延伸。

传播媒介传情达意的特定方式能改变人的"所见"、"所听"、"所触"、"所尝"、"所嗅"，因而亦能改变人的"所知"和"所为"。在麦克卢汉的书中，媒介几乎无所不包，除了书籍、报刊和广播、电视等典型媒介之外，还包括服饰、房屋、车辆等任何具有延伸人体性质、可以传递信息的人造事物。于是穴居人的石斧是手的延伸，书是眼的延伸，广播是耳的延伸，车轮是腿脚的延伸，衣服是皮肤的延伸，电视成为触觉与知觉的延伸，电子技术是中枢神经系统的延伸，而数字则成为触觉的延伸，电报成为社会的荷尔蒙——一种奇特的化学性报信的物质，电话成为耳朵与声音的延伸，电视成为触觉与知觉的交织感的延伸。"总之，要想了解和认识传播媒介，就必须先探讨它与人体和神经系统之间的联系"，因为"媒介是我们人类生理与神经系统的延伸，它构成了一种系列化交互作用的世界"。

第二，媒介即讯息。

"媒介即讯息"显然指的就是由传播技术的任何进展引起人类事物在规模、步伐或类型上的变化。在麦克卢汉的眼里，媒介是重要的，讯息是次要的。"媒介的影响之所以非常强烈，恰恰是因为另一种媒介变成了它的'内容'。一部电影的内容是一本小说、一个剧本或一场歌剧。电影形式产生的影响与它的节目内容没有关系。文字或印刷的'内容'是语言，但读者几乎完全没有意识到印刷的内容，也未意识到语言的内容。"所以，李金铨对此的解释是"媒介是一种科技，一种形式，它本身便是信息；而'内容'则是科技的'使用'。形式重要，内容不重要。"

第三，媒介之"热性"与"冷性"。

麦克卢汉以冷热的特性将媒介一分为二。所谓"热媒介"，是指对某一感觉器官具有高清晰度扩张的一类传播媒介（如照片、拼音文字、印刷品、收音机、电影）。"冷媒介"则是指对某一感觉器官具有低清晰度抑退的一类传播媒介（如卡通画、象形文字、手稿、电话、电视、口语）。在麦克卢汉看来，"清晰度即讯息和资料完备、明确的状态"。"热媒介"作为高清晰度的媒介，提供的信息较多，明确度和完备度较高，因而要求接受者补充的信息少，参与的程度低，无需发挥想象力和进行再创造。"冷媒介"作为低清晰度的媒介，提供的信息较少，明确度和完备度较低，因而需要接受者积极参与、发挥想象力，努力填补媒介在传播中留下的许多空白和"回旋余地"。

由于"媒介"在麦克卢汉的笔下是广义的，于是"热媒介"和"冷媒介"的概念也就可以用来解释许多社会现象。

第四，对麦克卢汉及其主要观点的评判。

麦克卢汉的著作犹如天书一般让当代人无法读解，这是他在死后受到冷遇的一个重要原因。他在著作和演讲中的出尔反尔、自相矛盾的做法，也遭到众多批评。

麦克卢汉在言论上的神谕性和论述上的极端性，也是公认的缺点。他的媒介延伸论，含义隐晦，令人困惑。人与媒介有本质区别，不可混淆。媒介未为人利用并有效使用时，只是作为一种潜在的人的能力，不直接在人身上体现。只有媒介的功能与人的实践相联系，渗透于传播各环节中，媒介才能转化为人的能力，表现为人的延伸，才能对人类发展和社会进步产生促进作用。

从长远和客观的观点来看，麦克卢汉在传播研究上是个有贡献的并且是引人注目的人物。他对现代传播媒介的分析深刻地改变了人们对 20 世纪生活观念的认识，特别是当代青年人的观念。同伊尼斯一样的技术决定论思想固然错误，但他着眼于传播科技的历史影响的研究至少是对长期局限于媒介内容的短期效果研究的一种补充或丰富。他对传播科技本身形式的发明或进步便是变革的动力和不靠"内容"而起作用的论述，是对以往那种媒介不起作用、只有内容才起作用认识的一种订正或完善。他预言地球成为一个小小的"地球村"的浪漫情景，不仅让当代人兴奋不已，而且着实成了当代科技工作者奋斗的目标。

（邵培仁）

4. 试述传媒组织在信息生产过程中的作用

新闻是一种重要的社会信息，它是关于新近发生的事实的报道，其基本功能是帮助社会成员消除关于环境变化的不确定性，并在此基础上协调自己的社会行为。报道新闻是大众传媒的一项主要活动，大众传媒也是现代社会中主要的信息提供者。但是，即便大众传媒具有强大的信息生产和传播能力，它们所能提供的信息也只能是无限丰富的社会信息的一部分。那么，大众传媒是怎样报道新闻的呢？"把关人"理论提供了形象的说明。

第一，新闻选择的"把关人"理论。

"把关人"这个概念，最早是美国社会心理学家、传播学的奠基人之一库尔特·卢因提出的。1950 年，传播学学者怀特将这个概念引进新闻研究领域，明确提出了新闻筛选过程的"把关"模式（见图 6-1）：

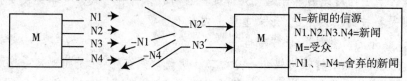

图 6-1 怀特的新闻选择把关模式

　　这个模式说明：社会上存在着大量新闻素材，大众传媒的新闻报道不是也不能是"有闻必录"，而是一个取舍选择的过程。在这个过程中，传媒组织形成了一道"关口"，通过这道"关口"传达到受众那里的新闻只是众多新闻素材中的少数。不过，怀特在提出这个模式时并没有意识到把关是一种组织行为，而认为它主要是新闻编辑基于个人主观判断的取舍选择活动，并且只强调了编辑的"把关人"作用。但是，正如后来不少学者指出的，新闻选择过程中的"把关人"并不只有一个。传媒内部存在着一系列的把关环节，把关是一种组织活动。

　　第二，大众传媒的把关标准。

　　"把关人"理论告诉我们，传媒组织决定着什么样的新闻信息能够进入大众传播渠道。那么，传媒进行这种取舍选择的标准究竟是什么？

　　这里，首先涉及新闻信息的客观属性问题。根据陆定一"新闻是关于新近发生的事实的报道"的定义，我们可以看到，新闻信息有两个环节：其一，新闻信息必须有真实性，它传达的是客观的事实而不是虚构的或捏造的事物；其二，新闻信息必须具有及时性和新意，过时的事件、历史的回忆等，不能成为新闻。不具备这两个属性是不能作为新闻加以传播的。这其中，真实性原则是新闻的第一标准，除了不负责任的黄色小报和低级媒介外，规范化的传媒组织一般都会承认和遵守这条标准。其次，新闻的选择受到新闻制作中的业务标准和新闻传播中的市场标准的制约。在这个方面，新闻价值和新闻要素可以为我们提供若干理解。所谓新闻价值，即对一个事件能否成为新闻所做的价值判断。新闻要素，即构成这种价值判断的各种因素。

　　美国学者盖尔顿和鲁治曾经对新闻的选择标准进行过详细研究，他们认为，有九种要素对新闻的选择和加工发生重要的影响。

　　（1）时间跨度——一个事件发生如果符合某种媒介的时间表，就会受到该媒介较多的关注。

　　（2）强度或阈限价值——一个事件越是具有震动性，或事件的重要性突然增加，就越有可能受到传媒的重视。

　　（3）明晰性——事件的意义越清晰、模糊性越低，越适合做新闻处理。

　　（4）文化接近性——事件越是接近受众文化或受众兴趣，越有可能被选做新闻。

　　（5）预期性——符合某些既有的期待或预想的事件更容易被选做新闻。

　　（6）出乎预料性——事件越是不同寻常，越出乎意料，越容易选做新闻。

　　（7）连续性——一旦某个事件被确认为有新闻价值，就会引起对该事件或相关事件的持续关注。

　　（8）组合性——某些事件的采用出于媒介内容的整体构成或平衡性的需要，有些事件则作为对照性事件而得到选入。

　　（9）社会文化价值——受众群体或"把关人"的社会观念和文化价值也会对新闻选择产生重要的影响。

　　盖尔顿和鲁治认为，一个事件并不是只有具备上述全部要素才能成为新闻，新闻的筛选是依据三个基本前提进行的：一是附加性前提，事件包含的新闻要素越多，越有可能成为新闻；二是补偿性前提，一个事件在某些要素上是平淡的，但可能因其他要素比较突出而得到补充；三是排除性前提，如果一个事件所有新闻要素含量都偏低，那么这个事件就可能被排除在新闻之外。

由上可以看出，新闻价值或新闻要素所体现的，主要是新闻选择中的业务标准和市场标准。业务标准指的是新闻事件适合于媒介进行新闻处理的各种条件，如时间跨度、明晰性以及组合性等。市场标准指的是事件能够满足受众新闻需求的诸条件以及吸引受众兴趣的诸条件。

新闻价值或新闻要素研究，揭示了市场标准是新闻选择中"把关"的重要标准。但是，市场标准并不是唯一的"把关"标准。传媒组织除了经营目标之外，还有自己的宣传目标或社会目标。对新闻报道是否具有宣传性这个问题，社会主义媒介与资本主义媒介的观点和态度是不同的。社会主义媒介认为新闻报道也是一种宣传活动，具有政治和意识形态导向的作用，并旗帜鲜明地表明自己的政治立场。资本主义媒介则极力否认新闻报道具有宣传性，通过标榜"独立性"和"中立性"来掩盖自己为垄断资本或现存资本主义制度服务的本质。但是，欧洲批判学派所进行的文本分析或内容分析的结果表明，资本主义媒介在本质上是垄断资本或现存资本主义制度的工具。他们认为，随着社会的发展，过去的那种直接宣传已很难奏效，现在资本主义传媒所采用的主要方法就是通过新闻或信息内容的选择，来潜移默化地为统治阶级服务。这主要表现在以下几个方面。

（1）在传播内容中极力夸大资本主义社会的繁荣、民主和自由，制造"幸福生活"印象，灌输资产阶级价值观，以求增强社会成员对资本主义制度的向心力。

（2）通过无休无止地刺激人们的享受欲望和把他们引向娱乐领域的方法，来转移社会成员对政治制度和社会制度问题的注意力。

（3）把资本主义社会的基本矛盾——资本与劳动的对立变形为抽象、暧昧的"我们与他们"、"市民对官僚"、"温和的多数与好斗的少数"、"英国人（或美国人）与他们的敌人"的对立和冲突，抹杀阶级统治关系，抑制劳动阶级意识的成长。

（4）它们以传播通俗文化为名，实际上主要是选择通俗文化中落后的、对统治阶级有利的内容加以传播。

批判学派的上述倾向，对我们理解资本主义媒介服务于统治阶级和现存制度的本质是具有启迪意义的。

第三，"把关"过程的实质。

大众传媒对新闻和信息的选择或"把关"活动是一个复杂的过程。在理解"把关"活动的实质之际，我们不应该仅止于新闻价值或新闻要素分析，而是应该把政治、经济和意识形态因素考虑在内。这是因为，首先，大众传媒的新闻或信息的生产与传播并不具有纯粹的的"客观中立性"，而是依据传媒的一定立场、方针和价值标准所进行的一种有目的的选择和加工活动；其次，新闻和信息的选择受到媒体的经营目标、受众需求以及社会文化等多种因素的制约，但是，与媒介的方针和利益一致或相符的内容更容易优先入选，优先得到传播；最后，传媒的"把关"是一个多环节、有组织的过程，其中虽然也有记者、编辑个人的活动，但在媒介内部控制机制的作用下，个人因素所起的作用是有限的。"把关"过程及其结构，在总体上是传媒组织的立场和方针的体现。

（郭庆光）

5. "把关人"理论对实际工作有什么意义？

所谓"把关人"，即采集、制作信息的过程中对各个环节乃至决策发生影响的人。

大众传播的"把关人"多种多样，除公认的记者和编辑外，还包括专门接收通讯社稿的工作人员——电讯稿编辑、标题制作编辑以及分配任务的总编辑、电视编导等。

从社会控制的角度看，无论在资本主义国家还是在社会主义国家，"把关人"的根本作用是相同的，即体现决策人的意志。但由于各个媒介机构运行的宗旨不同，具体标准也不同，实际操作的差异则更大，从而形成各自在微观层次上内容和风格的千差万别。不过，相对来说，社会主义国家对"把关人"的作用更加重视。这里的大众媒介，不仅是信息载体，而且是执政党的耳目喉舌，党和政府视之为社会控制的重要组成部分，因此对"把关人"的（思想和业务）要求就更严更高。

在综合分析种种关于"把关"的看法后，著名学者休梅克于1991年指出，"把关"就是剔除与摒弃多数信息而选择并传递少数信息给受众的过程。众多的"把关"研究只注重新闻的选择，而事实上"把关"不只包括选择。正如唐纳休等学者指出，"把关"应被视为一个"宽泛的信息控制过程"，它包含了信息编码的所有方面，不仅有信息的选择，还有信息的抑制、传送、构造、呈现、重复以及它从传者到受者过程中的定时、定位等。换言之，"把关"过程应包括信息从传者到受众之间的选择、处理和控制的每一个环节，无论是经由大众传播渠道还是人际传播渠道。这种对信息或"进"或"出"的选择过程的本质，将会影响对那些已被选中信息的处理，这样的一个过程就是"把关"。

休梅克认为，"把关"的过程就是创造社会现实的过程。媒介呈现出的现实，与我们从别的途径感知到的现实并不总是吻合的，它对事件进行报道是必然经过选择的，而选择的标准（大体基于新闻价值），可能导致媒介报道的内容比事件本身更显得有趣和重要。媒介机构出售的，毕竟是报道而非事件本身。总体而言，媒介倾向于将自己的产品包装得尽可能有吸引力。

休梅克认为，"把关"对受众产生的最明显的作用发生在认知层面上，即为受众塑造"世界是什么"的认知，也称"认知地图"。不过，新闻的取舍实际上也包含了一种评估的标准，可潜在地影响受众的态度和意见。因此，媒介从业人员和机构的"把关"是相当重要的，它直接影响受众对社会现实的看法，人们如何定义周围世界和自身生活的方式，在很大程度上就是"把关"过程的结果。

"把关"是一个相当复杂的问题，尽管此前已提出了很多"把关"模式，但未能涵盖传播过程中的"把关"现象的全貌。休梅克在总结前人成果的基础上，试图从5个层面对"把关"理论进行提升，并参考有关社会学和心理学的文献，提出她的"把关"模式，得到广泛认同。其要点包括如下几个方面。

第一，个体传播工作者层面。

在研究作为"把关人"的个体时，休梅克集中探究如何思考、如何做出决定，考察"把关人"有什么独特的个性特点、背景、价值观、角色认知、经历等。

休梅克借鉴了社会心理学的有关理论成果，从思维模式、决策过程、价值观、"把关人"的个性特点、角色认知、工作类型等方面，对个体"把关人"展开研究。这就超越了仅对个体态度或偏见层面的简单考察，而把思维理论、二次猜测、认知启发学、决策理论等引入研究，可谓贡献卓著。

尤其值得一提的是认知启发学的参照意义。其中心思想是将某一信息按其与某一类别中其他信息的相似性进行归类，可用于评估对某一信息是应对还是拒绝。人们面临不确定的信息时，总会援用一些判断策略，通常有两种：可得性策略和代表性策略。前者有助于人们判断某些事物出现的频度，或事件发生的可能性，他们往往把那些在认知上容易获得的东西作为判断的依据。后者则有助于人们确定事件到底应归属于哪一个类别。这样，"把关人"对讯息的认知判断，就有可能影响他们是否让其通过关口的决定，并进一步影响对它的解释。正如尼斯贝特和罗斯所指出的，新闻记者对讯息进行判断时，有一些预存的认知结构在影响他们的决定，可称为"新闻基模"，即讯息早已被"把关人"预存的心智结构所同化了，只有那些符合"新闻基模"的信息才比较有可能通过关口。休梅克在这一理论启发下，对个体的"把关"行为给出了新的阐释。

第二，媒介日常工作惯例层面。

所谓日常惯例，就是指"媒介工作者在他们的工作过程中所采用的模式化、规则化、重复性的作业方式"，如截稿时间、版面要求等，皆属于工作惯例。从组织层面来看，例行工作的主要目的，无非是发展出一套对组织而言风险最小、最不容易出差错的行为模式。日常惯例在"把关"行为中是非常重要的，它决定了新闻报道的整体风貌和模式，而个体"把关人"所决定的，只是哪些新闻报道将被采纳到既定的框架里。"把关人"总是遵循着某些准则，即既定的行为模式，来从事他们的选择，这些准则代表着组织或社会的立场，而不仅仅是个人的意向。

进一步分析，新闻工作实际上是一种高度标准化的活动，记者对于某种素材的选择、凸显或扣压、排除等，都可以从标准或框架的角度来说明，正是这种模式化的认知、解释和呈现方式，决定了媒介的一系列工作流程，包括新闻的选择。日常惯例对重大新闻的选择产生的影响最大，因此很多媒介的头条新闻都是相同或相似的。相对来说，对次要新闻或不太重要的新闻进行选择之际，个体"把关人"的因素才比较明显。

休梅克还根据盖尔顿和鲁奇等学者的归纳，对新闻价值判断的日常惯例进行了总结，列举了9条新闻选择标准，即时间跨度（不仅指时新性，而且要求时间符合相关媒介的时间程序表），价值强度（相当于重要性），明晰、不模棱两可（即真实性），文化相关性和接近性（即所谓接近性和趣味性），一致性（指符合人们既定期望和预想的事件更可能入选），意外性（即反常性，在一致性的前提下，越反常的事件越有报道价值），连续性（一旦某事件被认为有新闻价值，可出现不断注意、连续反映的势头），构成（也叫平衡性，即某些事件是因为需要关照、平衡而被选中的），社会文化价值观念（包括"把关人"和整个社会的价值观，都可能影响信息的选择）。

第三，组织层面。

组织是雇佣"把关人"并制定规则的结构，因此它对"把关"行为的影响自然是相当大的。传播工作的日常惯例实践，为很多媒介组织所共同拥有，但组织层面的因素却各不相同，往往有各自的特点和要求。休梅克从过滤和预先选择体系，组织特点（如组织的性质、文化、政策、大小等），组织边界角色（指在组织与组织之间扮演中介者的"把关人"，只有它能与组织之外的其他组织接触，并决定哪些讯息可流进或流出），组织的社会化四个方面，对组织的"把关"行为进行了研究。

另外，休梅克还引入了心理学中的"群组思维"概念，她注意到媒介从业人员的群组压力，尤其是他们的社会凝聚力程度对个体"把关"行为构成的巨大影响。休梅克借用欧文·詹尼斯对"群组思维"的说明，"它是这样一种思维模式，如果人们身处一个有凝聚力的内部小组中，群组成员对一致性的追求超过了他们的个人动机，就会导致心理功效、现实考察和道德判断的恶化，这主要是来源于内部小组的压力。"也就是说，这种"群组思维"可导致批判性思考的丧失以及对外部其他群组采取一种非理性和不人道的行动。

第四，社会结构层面。

媒介组织所处的社会体系中，必然有其他社会机构或组织，它们也必然影响"把关"过程，如某些利益集团支持或反对某些媒介内容，政府通过法规对信息流动进行控制等。休梅克主要从消息来源、受众、消费市场、广告商、政府、利益集团、公共关系组织、其他媒介等方面，阐述了这些机构对"把关"的影响。

第五，社会体系层面。

影响一个社会变迁的所有重要因素，包括社会结构、文化及意识形态等，都会影响到媒介的"把关"。既然各个社会的文化价值观有所不同，则媒介选择新闻的"把关"过程，也就反映了该社会的文化价值观。社会的多元结构，也同样反映在"把关人"的决策里。所谓意识形态，指一个社会的意义、价值、信念等体系，是整个社会的多数成员所共享的价值体系。按照葛兰西的"霸权理论"，"把关人"置身于其中的意识形态体系使他们所选择的新闻必须服务于权力精英。大众传媒作为权力精英的代理机构，总是为受众创造出一种虚幻意识，以确保权力精英的统治。一些讯息之所以被选择，是因为它们可以强化社会现状。而另一些反常讯息之所以被选择，则是因为它们揭示了现存社会潜在的危险，成为呼吁社会"修复"的信号。

在此基础上，休梅克提出了一个全局意义上的新"把关"模式。该模式的开端，始于大量讯息通过多重传播渠道抵达各种传播组织，如通讯社等。此时，组织中的一些成员就被分派扮演边界角色，他们拥有决定哪些讯息可以流入组织并对已通过关口的讯息进行加工、构建的权力。同时，社会文化和意识形态对整个"把关"造成全局性的影响，其他社会机构也对"把关"过程发挥了大小不一的作用。

休梅克还针对"把关"理论研究的未来，提出了如下见解。

第一，对于"把关"的角色，可从多种分析层面（而不只是从单一层面）予以思考，如可结合个体态度（个人层面）与传播日常惯例进行研究，有利于拓宽视野，大有裨益。

第二，考察各个层面之间的关联，将特别有助于研究。例如，考察社会体系变量通过什么样的机制影响社会机构？社会体系、社会机构又通过什么样的机制影响传播组织？传播组织和惯例层面的因素又如何影响个体层面的"把关"过程等。

第三，对于每个层面相对的权限，皆应予以强调。有一种观点认为，个体层面的影响是最不重要的，它被传播日常惯例和其他更高层面的影响有效控制着。可是，也有一些研究发现，传播日常管理层面只是在某些层面下比个体层面重要，而非绝对如此，如赫斯克所指出，"把关"研究正是从"主观偏见"出发的，不过这可以从个体层面之外的多个层面展开分析。假定某个个体"把关人"根据自身的态度作出了"把关"的决定，那么他拥有的自主权究竟有多大？他拥有多大的权力可以把自己的议题安排到媒介的内容中去？哪些条件有助于个体把自身的判断施加于结构性的约束之上？

第四，个体层面的研究，需超越简单的态度或偏见问题的考察。前面已提及一系列的研究方法，如思维模式理论、认知启发学、决策理论等都可引入并拓宽个体层面的研究。

第五，为了提升"把关"研究的分析层次，可运用一些尚未得到普遍应用的理论和方法，如"组织边界角色理论"等。

第六，"把关"研究应更多地集中考察关口自身和关口前后的压力。例如，关口之前（或之后）已有消息的数量，会影响施加其压力的态度和方向吗？通过关口的运动，总是朝着一个方向吗？有些消息是否会改变方向？为什么？有些关口是否会比其他关口更加容易通过？

第七，"把关"应被视为一种宽泛的过程，而不仅仅是选择的行为，它同样包括对讯息的构建、呈现、定时、定位、抑制和重复等，尤其应当考察在这一过程中处在关口之前和关口之后的力量。

第八，多考察讯息自身的特点。如尼斯贝特和罗斯提出，鲜活的讯息比苍白的讯息更容易通过关口，但这一思想并未见诸"把关"研究中。另外，还应发展出一套可衡量的能否通过关口的系列维度，这将有助于我们预测某一讯息能否通过关口。

第九，可比较不同类型的媒介组织之间的把关活动。例如，电视、报纸等的传播日常惯例有何不同？这些媒介组织的不同目标，如何影响着讯息的输入和输出，并且不单表现在讯息的选择方式方面，也同样表现在讯息的内容构建方面。　　（张国良）

6. 论述大众传媒的组织目标与制约因素

大众传媒是一种社会组织，然而，社会组织的性质是由组织目标来决定的。组织社会学家艾兹奥尼曾据此将组织分为三类：第一类是强制性组织，这些组织为实现组织目标通常采用强制性手段；第二类是功利性组织，该类组织从事物质商品生产或流通，通常以金钱或物质报酬以及法律合同为实现组织目标的主要手段；第三类是规范性组织，其实现组织目标的主要手段是宣传、传授或讨论，社会成员的参与具有自发性。英国新闻学者托斯塔尔简明扼要地将报社的组织目标分为两个方面：经济收益目标或非经济收益目标，认为报社的组织目标就是两者的综合体。这种观点，可以说是比较客观的。以下我们从经营目标、宣传目标以及公共性和公益性三个方面，来分析从下制约和影响传媒组织活动的各种因素。

第一，大众传媒的经营目标。

大众传媒必须从事经营活动，这是维持传媒组织自身生存和发展的前提。传媒需要支付雇员工资，需要购买昂贵的技术设备，需要保障信息生产和传播正常进行的资金流动，需要为扩大再生产积累资金。这些客观需要的存在，使得传媒组织必须把经营活动放至重要地位。传媒必须把自己的信息产品或服务作为商品在市场上销售出去。要达到这个目的，传媒必须满足各种各样的社会需求，提供为消费者所广泛接受的信息产品或服务。

传媒组织具有经营目标，说明它们面对着巨大的市场压力。传媒组织的经济收益主要来自于两个方面：一是广告收益；二是信息产品的销售收益。这意味着传媒面对的市场压力同样主要来自于两个方面，即广告主和作为消费者的广大受众。这二者之间既相互联系又相互矛盾：一方面，受众越欢迎、发行量越大或收视率越高，媒介的广告价值也就越高；另一方面，受众的利益与广告主并不是一回事，而且两者之间往往存在着对立的关系。除此之外，传媒组织还面临着市场变化和激烈的同业竞争的压力。这些特殊和复杂的市场压力关系及其处理方式，是形成各种传媒组织不同特点和倾向的重要因素之一。

第二，大众传媒的宣传目标。

大众传媒在从事市场和经营活动的同时，还具有重要的经济收益目标，其中包括宣传某种思想、灌输某种意识形态、提倡某种信念、行使某种权利或社会影响力等，简言之即宣传目标。传媒组织之所以具有宣传功能，是与信息生产的特殊性分不开的。信息生产属于与社会上层建筑直接相关的精神生产，每一种社会信息产品中都不可避免地包含着特定的观念、价值和意识形态，对社会意识和社会行为具有重要的引导和控制作用。正因为如此，社会上的各种利益集团或组织都必然会把大众传媒作为行使社会影响力和维护自身利益的工具。

大众传媒的宣传目标主要通过两种活动得到实现：一是言论活动；二是报道活动。前者具有直接的宣传功能，传媒组织可以通过社论、评论等形式直接宣传某种思想，提倡某种观点，或对重要的社会事件和问题表明传媒的立场或态度。后者具有间接的宣传功能，其主要做法是在新闻或信息的选择、加工的过程中贯彻传媒的意图和方针，获得潜移默化的宣传效果。此外，娱乐内容的选择和提供活动，同样也能够贯彻特定的宣传意图。

任何大众传媒都有其政治、经济和意识形态背景，它们必须要为特定的利益服务。社会主义媒介并不讳言这一点，公开表明自己是无产阶级及其先锋队组织的喉舌，强调自己为社会主义制度及其意识形态服务的宗旨。资本主义媒介则极力标榜自己的"独立性"或"公正性"，掩盖其政治和意识形态立场。但是，由于资本主义传播事业的最大特点是垄断，传播媒介控制在垄断资本手中，这就决定了它们在本质上是资产阶级和垄断资本意识形态工具。

第三，大众传媒的公共性和公益性。

大众传媒拥有自己的经营目标和宣传目标，但他们与单纯的营利企业不同，与宗教或政治团体的单纯机关媒介也不同。大众传媒的活动，在更大程度上受到公共性和公益性的制约。这种公共性和公益性的依据包括三个方面：首先，大众传媒是现代社会必不可少的信息生产者和提供者，在满足社会的普遍信息需求方面起着一种公共服务的作用；其次，大众传媒的信息和传播活动对社会的政治、经济和文化道德具有广泛而强大的影响力，这种影响力涉及普遍的社会秩序和社会公共生活；最后，大众传媒是某些"稀有"公共传播资源的受托使用者，作为公共财产的使用人，他们必须对社会和公众承担相应的义务和责任。

这种公共性和公益性，是大众传媒的权力基础。一方面，大众传媒拥有最大限度的采访权、言论权、编辑权和刊载权，并拥有广泛的舆论监督的权利。另一方面，公益性和公共性也对大众传媒产生重要的制约，它要求传媒的活动必须符合社会公共利益。

如上所述，传媒组织的活动受到它们的经营目标和宣传目标的制约，同时又受到公共性和公益性的制约。但是，在现实和不同形态的媒介组织中，以上各种因素的制约程度是不同的。一般来说，国有或公营媒介的活动受宣传目标和公共性、公益性制约的程度较高，其主要目的是追求社会效益。不过，随着社会信息化的发展，不少国家都把大众传播事业作为信息产业的骨干部分加以定位，国营或公共媒介也都大幅度加强了经营活动。一方面，在向社会主义市场经济转轨的过程中，我国的大众传媒也出现了产业化、集团化和营销化的趋势，经营在传媒活动中的地位越来越重要。另一方面，作为私营企业的商业媒介受经营目标制约的程度较高，其主要目的是追求利润。同时我们也要看到，大多数商业媒介在从事经营活动的同时也把宣传目标放在重要的位置，它们在维护资本主义制度和意识形态方面发挥着重大作用。　　　　（郭庆光）

7. 论述关于传播制度的几种规范理论。

任何一种有关大众传播活动规范的观点大致都包含着以下几个方面的内容：对大众传播社会影响力的认识；对大众传播所应执行的社会功能的期待；基于这些认识和期待，对传播制度或传播体制的构想。英国学者 D·麦奎尔曾经将各种规范体系中所内含的观点和主张称为关于传播制度或媒介制度的"规范理论"，并归纳了它的六种主要类型：（1）极权主义理论；（2）自由主义理论；（3）社会责任理论；（4）苏联的共产主义媒介理论；（5）民主参与的媒介理论；（6）发展中国家的媒介理论。这些理论有的已经变成了现实的传播制度，有的还处于萌芽和形成状态。在上述理论中，前四种是美国学者 F·S·席伯特和 W·施拉姆等人在《报刊的四种理论》一书中概括的，这种概括未必正确，而且其中充满了资产阶级学者的偏见。以下我们从极权主义制度下的媒介规范理论、资本主义制度下的媒介规范理论、社会主义制度下的媒介规范理论以及发展中国家的媒介规范理论四个方面，对这些问题作一个概略的分析和探讨。

第一，极权主义制度下的媒介规范理论。

极权主义，也称权威主义。顾名思义，这是一种在对社会事物进行评价和判断时，不是从事物本身的内在价值而是从与外部权力或权威的关系上考虑问题的认知态度和思维方式。极权主义者主张社会事物必须一切以权力或权威为转移，强调社会等级秩序和上下之间的绝对支配与服从关系。

极权主义理论是维护专制统治的理论，极权主义的媒介规范理论，同样体现了极权主义政治制度理论的观点，它最大的特点是主张媒介必须一切以权力的意志为转移，一切为统治者服务。

这种理论是在 15 世纪中叶近代印刷技术发明后不久欧洲封建专制主义的气候下产生的。印刷术的发明导致了近代报刊的诞生，随着文艺复兴和宗教革命的发展，欧洲各国出现了不少反对封建专制，宣传新兴资产阶级革命思想的书籍和报刊，封建王朝和专制政府把这些出版物视为对自己统治地位的巨大威胁，迅速采取了严厉的管制和镇压措施。例如，在英国，国王亨利八世于 1529 年公布了第一个禁书法案。16 世纪后期，英国统治者已经形成了一套完整的出版管制制度，这就是都铎王朝在 1586 年发布的《星法院法令》。

极权主义的媒介制度以及它所内含的规范理论正是在这个过程中形成的。它的主要内容包括：（1）报刊必须对当权者负责，维护国王和专制国家的利益；（2）报刊必须绝对服从于权利或权威，不得批判占统治地位的道德和政治价值；（3）政府有权对出版物进行事先检查，这种检查是合理的；（4）对当权者或当局制度的批判属于犯罪行为，给予严厉的法律制裁。

近代极权主义传播制度随着资产阶级革命的胜利而崩溃，但在现代史上也出现过死灰复燃。"第二次世界大战"中的德、意、日法西斯的传播体制是一种现代极权主义，它的特点是并不满足于对传播媒介的消极控制，而是通过积极的强制改造使之成为国家宣传机器和战争宣传机器，它对人类社会带来的危害远远超过了古典的极权主义。

（郭庆光）

【参考知识点】

极权主义制度下的媒介规范理论

这一理论的研究者赛伯特认为，极权主义理论是人类传播史上第一种也是最古老的一种传播制度理论。报刊是国家的公刊，必须对当权者负责；大众媒介统一步调，国家才能顺利地为公众的利益服务；在某些情况下，极权原则甚至体现人民的意志。所以，对报刊应严加控制和审查，对违反有关规则的应加重处罚。研究认为，这一理论本身在当今的大多数国家已经被摒弃了。

（邵培仁）

第二，资本主义制度下的媒介规范理论。

资本主义的传播制度是现代多数西方发达国家现行的传播制度。现代资本主义传播制度是很复杂的，对这个制度产生影响的有多种规范理论，有的属于占统治地位的理论，有的则在制度外起着一种牵制作用。这种状况体现了资本主义社会内部和外部矛盾的多样性和复杂性。这些理论，包括自由主义媒介规范理论、社会责任理论和民主参与理论。

第一，自由主义媒介规范理论。

自由主义媒介规范理论也称报刊的自由主义理论，反映了资产阶级自由主义的观点，即认为报刊应该是"观点的自由市场"，是实行自律的自由企业。

自由主义理论的主要原理原则包括：（1）任何人都拥有出版自由而不必经过政府当局的特别许可；（2）除人身攻击外，报刊有权批评政府和官吏，这种批评是正当合法的；（3）新闻出版不应接受第三者的事先检查，出版内容不能受到任何强制；（4）在涉及观点、意见和信念的问题上，真理和"谬误"的传播必须同样得到保证。

自由主义媒介规范理论是在17世纪、18世纪资产阶级革命时期，在同极权主义制度及其规范理论的斗争中形成的。英国诗人、政治家约翰·弥尔顿在1644年出版的政治小册子《论出版自由》产生过重要的影响。在这部小册子中，他根据"主权在民"和"天赋人权"的思想，对封建专制制度对人民的自由民主权力的压制进行了犀利的揭露和批判，并提出出版自由是人与生俱来的权利的观点。

美国学者F·S·席伯特指出，现代自由主义理论中两个重要原则——"观点的公开市场"和"自我修正过程"，就是从弥尔顿的思想发展而来的。这两个原则的基本假设，一是希望了解真理并愿意服从真理的人；二是为了接近真理，唯一的方法就是保证各种不同意见能够在"公开的市场"上进行自由竞争；三是人们的意见不可能都是相同的，应该以承认他人的权利为前提，保障每个人自由表达自己意见的权利；四是在各种不同意见的讨论和碰撞中，最终能够产生出一般人所能承认的最

.195.

合理的意见。

除了弥尔顿以外，对自由主义理论的形成产生过重要影响的，还有 19 世纪英国哲学家约翰·斯图亚特·米尔以及美国独立战争时期的思想家和革命家托马斯·潘恩、托马斯·杰弗逊等。

早期自由主义理论对打破极权主义专制制度和等级支配观念，确立自由、平等和权利思想起到了巨大的作用。对自由主义理论提出的"出版自由"的口号，马克思和恩格斯等无产阶级革命家都给予过高度评价和肯定。

然而，自由主义理论是与资本主义的政治和经济制度结合在一起的，这种制度所保障的并不是全体社会成员的利益，而是私有资本的利益。自由主义理论没有也不可能实现它最初设想的社会理想。相反，随着资本主义发展到垄断阶段，自由主义理论本身也发生了蜕变，成了维护垄断资本利益的理论。在信息全球化的今天，这一理论则进一步演变成了个别传播大国推行文化帝国主义的理论。 （郭庆光）

【参考知识点】

自由主义媒介规范理论

由约翰·弥尔顿在《论出版自由》一书中最先提出，由约翰·密尔的《论自由》一书中加以系统化。报刊的自由主义理论，坚持个人的重要性，依靠个人的理智和活动能力，主张言论和出版自由，进而形成"观点的公开市场"。在此市场中，最好的思想总会得到承认，而最劣的思想则会失去作用。赛伯特在论述中引用查菲的观点认为，下述控制或压制都是对报刊自由地冒犯：要求报刊出版必须事先领取执照；对传播内容进行审查；对触犯或批评当局的内容处以罚金；对有关传播者予以刑事处分，并在民事上承担损害赔偿；对信息采集与报道横加干涉；对人们购买、阅读或收听、收看征税并加以干预。 （邵培仁）

第二，社会责任理论。

社会责任理论是继自由主义理论之后出现的又一种媒介规范理论。它由美国"新闻自由委员会"在 20 世纪 40 年代提出，其代表性著作是 1947 年出版的《自由与负责的报刊》一书。社会责任理论是强调大众传播媒介对社会和公众应该承担一定的责任和义务的理论，它是对自由主义理论的一种修正。

进入 20 世纪以后，传播媒介的垄断程度越来越高，传播资源越来越集中于少数人手中，所谓"观点的公开市场"的理念与实际的社会现状发生了尖锐的矛盾；自由主义理论强调的是传播者的权利，而没有涉及作为公众的受传者的权利；这个理论谈论的对象是意见、观点或思想的自由，而没有更多地考虑到作为私有企业营利活动信息传播的性质和影响问题。换句话说，媒介集中和垄断的加剧使媒介越来越被少数人所控制，而大多数人则越来越失去表达自己意见的手段和计划；私有媒介的传播在盈利动机的驱使下，越来越有浅薄化、刺激化、煽情化的倾向，严重地危害了健康的社会道德规范，并带来了不少深刻的社会问题。

社会责任理论有一个不同于自由主义理论的大前提，这就是它主张媒介的自由不是绝对的，"自由伴随着一定的义务，享受着政府赋予特权地位的报刊，有义务对社会承担一定的责任，这就是作为现代社会的公众通信工具而执行一定的基本功能"。

现代社会责任理论大体包括以下几个原理原则：（1）大众传播具有很强的公共

性，因而媒介机构必须对社会和公众承担和履行一定的责任和义务；（2）媒介的新闻报道和信息传播应该符合真实性、客观性、公正性等专业标准；（3）媒介必须在现存法律和制度的范围内进行自我约束，不能煽动社会犯罪，不能传播宗教或种族歧视的内容；（4）受众有权要求媒介从事高品位的传播活动，这种干预是正当的。

社会责任理论提出的目的可以说是有两个方面：一是为了防止由传播事业的高度垄断而引起的资本主义内部的社会矛盾激化；二是为了防止由传媒内容的浅薄化、煽情化、刺激化而引起的社会道德和文化堕落。在第二个方面已经有了一些制度化的措施，如美国《1996 年电信法》规定了限制暴力和色情内容的"V 芯片"制度和节目内容分级制度，但在第一个方面，由于社会责任理论仅仅把希望寄托于"媒介自律"，其效果是微乎其微的。

（郭庆光）

【参考知识点】

社会责任理论

这一理论是对自由主义理论的修正，也是"在传统理论上一个新思想的接枝"。这一理论的核心内容，全部蕴含在美国新闻自由委员会的《自由和负责的报刊》和霍京的《新闻自由；原则的纲要》中。社会责任论主张：传媒对社会有着种种义务，要不负公众的信任；报刊要"供给真实的、概括的、明智的关于当天事件的记述，它要能说明事件的意义"；它应当成为"一个交换评论和批评的论坛"；要能描绘出"社会各个成员集体的典型图画"；要负责介绍和阐明社会的目标和美德；要使人们"便于获得当天的消息。"作为真正的职业传播者，还应当遵循公认的道德准则和职业标准，不会为金钱而去做某些事，切实关心公众利益和国家利益。

（邵培仁）

第三，民主参与理论。

民主参与理论也称受众参与理论，是在 20 世纪 70 年代以后随着社会信息化的发展和媒介集中垄断程度达到新的高度，在美国和欧洲、日本等一些发达国家和地区出现的一种新的媒介规范理论。一方面，信息化的发展使信息与传播的问题在社会政治、经济、文化生活中的作用越来越重要，并与每个社会成员发生越来越直接的联系；另一方面，现实的媒介垄断使传播资源越来越集中于少数人手中，在资本主义的排他性私人占有制下，一般民众接近和使用传播媒介的机会越来越少。民主参与理论正是在一般民众要求自主利用媒介的意识不断提高，而现实中又缺乏可以利用的传播资源的矛盾状态下出现的。在民主参与理论诞生和发展的过程中，美国学者 J·A·巴隆的《媒介接近权：为了谁的出版自由》和巴格迪坎的《传播媒介的垄断》产生过重要的影响。

民主参与理论的主要观点包括以下几个方面：（1）民众个人和弱小社会群体都拥有知晓权、传播权、对媒介的接近和使用权、接受媒介服务的权利；（2）媒介应主要为受众而存在，而不应主要为媒介组织、职业宣传家或广告赞助人而存在；（3）社会各群体、组织、社区都应该拥有自己的媒介；（4）与大规模的、单向的、垄断性的巨大媒介相比，小规模的、双向性的、参与性的媒介更合乎社会理想。

民主参与理论的核心价值是多元性、小规模性、双向互动性、传播关系的横向性或平等性。

民主参与理论反映了一般民众对社会责任理论的失望心理，因为这种理论并没有改变少数人垄断媒介的现状。在信息已经成为一种基础资源的今天，民众唯有自己行动起来才能争取到自身的传播权和媒介接近权。在西方资本主义国家，民主参与理论属于一种体制外的规范理论，但由于它是社会公众呼声，其力量也是不可忽视的，特别是在公共性较强的广播、电视、有线电视以及社区媒介领域，民主参与理论产生了广泛的影响。

综上所述，西方资本主义社会有多种媒介规范理论对大众传播活动产生着影响，但它们的性质是不一样的。民主参与理论虽然具有一定的影响，但它仍然只是作为民众的要求在体制外起着一种牵制作用。在资本主义的排他性私人占有制下，受众的传播权和媒介接近权在客观上是很有限的。资本主义国家占统治地位的媒介规范是自由主义理论和社会责任理论，政府和法律机构主要通过这两种理论来协调和平衡国家内外的传播关系。以美国为例，从目前的状况而言，美国政府对这两种理论的实用主义态度也是很明显的。一方面，美国在国内传播领域更强调社会责任理论，因为它有助于维持国内传播秩序的稳定；另一方面，在跨国传播或全球传播领域，美国更强调自由主义理论，主张信息流通的绝对自由，反对发展中国家对外来信息进行自主管理。在世界上绝大部分跨国媒介和通信工具控制在以美国为首的少数传播大国手中的情况下，所谓信息流通的自由，只能是少数传播大国的自由，因为发展中国家无论在硬件还是在软件方面都缺乏与之抗衡的实力。美国在跨国传播领域热心主张信息流通自由，实际上已经蜕变成了个别传播大国推行文化帝国主义的工具。

第四，社会主义制度下的媒介规范理论。

社会主义传播制度是当今世界的两大主要传播制度之一。社会主义制度下的媒介规范理论，与资本主义制度下的媒介规范理论有着不同的理论渊源和社会实践背景。社会主义媒介规范理论的形成经历了革命战争和社会主义建设两个时期，并且正处于不断发展和完善的过程之中。

1917 年，俄国"十月革命"获得胜利，建立了世界上第一个社会主义国家。根据无产阶级革命的既定目标，苏联党和政府对资产阶级新闻事业进行了彻底的改造，并建立了一套全新的传播制度。经过两次世界大战，无产阶级革命在东欧和亚洲等国家取得胜利，社会主义传播制度成为与资本主义传播制度相抗衡的主要力量。

以苏联为代表的社会主义国家的传播制度具有以下几方面的原则和规范：（1）传播媒介和传播资源是国家的公有财产，不允许私人占有；（2）传播媒介必须为工人阶级服务，必须接受工人阶级先锋队——共产党在思想和组织上的领导；（3）媒介必须按照马列主义原理、社会主义的意识形态和价值体系来传播信息，宣传、动员、组织和教育群众；（4）在服务社会总体目标的同时，媒介应该满足广大群众的愿望与需求；（5）国家有权监督和管理出版物，取缔反社会的传播内容。

社会主义制度的建立为消灭阶级剥削和阶级压迫，实现普遍的社会民主、平等和自由提供了可能性。但是，要把这种可能性变成现实，还需要更复杂的社会条件，需要社会物质文明和精神文明的高度发展。

（郭庆光）

【参考知识点】

苏联社会主义传播制度及其媒介规范理论

威尔伯·施拉姆认为，这一理论可以从马克思那里找到它的根，在列宁和斯大林的花园中看到它的茎。大众传播媒介与组织传播媒介不可分割；大众传播媒介是作为国家和党的工具来使用的，并作为实现统一，发布"指示"的工具；它们几乎是专用于宣传和鼓动；传播者被强制性地要求承担严格的宣传责任；它们由国家经营和控制；传播者的自由和责任也不可分地连在一起。施拉姆在这一理论的分析上带有明显的片面性、主观性和"冷战"色彩。麦奎尔的分析则冷静得多："毫不奇怪，该理论并不赞成自由表达，强调传媒在社会上和在世界上发挥积极作用，非常重视文化和资讯，重视经济和社会发展的任务。"

（邵培仁）

我国目前正处在社会主义初级阶段，建设高度的物质文明是我国社会发展的首要任务。新闻传播是一定社会经济基础的反映，因此，我国目前的传播制度及其基本规范包含了以下几个方面的内容。

（1）我国的新闻传播事业实行社会主义公有制，这是防止私人和资本垄断，保障传播媒介和传播资源掌握在全体人民手中的根本制度，也是实行社会主义新闻自由的重要基础。

（2）我国社会主义新闻传播事业是中国共产党领导下的事业，必须坚持党性原则。党性原则的具体要求是：在思想上，要宣传党的理论基础和思想体系，以党的指导思想为新闻工作的准绳；在政治上，要宣传党的纲领路线、方针政策，使之成为亿万人民的实际行动；在组织上，要接受党的领导，遵守党的组织原则和新闻宣传工作的纪律。人民的利益是党的最高利益，因此，坚持党性原则与服务于人民的利益是一致的。

（3）社会主义新闻传播事业执行报道新闻、传递信息、引导舆论、提供娱乐等多方面的社会职能。报道新闻、传递信息是新闻传播事业的基本职能，传播媒介应坚持新闻的真实性原则，向广大群众提供高品位、高质量的新闻和信息服务。引导舆论，包括反映舆论等各个方面，是吸引群众关心国家大事，参与社会公共事务，发扬社会主义民主的重要途径。与此同时，社会主义传播媒介还应该是丰富多彩的文化和娱乐活动的提供者，满足广大社会成员精神生活的各种需求。

（4）社会主义新闻传播事业具有重要的经济功能。这种功能包括两个方面：①新闻传播事业通过沟通生产、流通和消费为国民经济的发展服务；②新闻传播事业本身也是社会主义市场的重要组成部分，是新兴的信息和知识产业的骨干，新闻传播事业的发展可以带动国家和社会的全面发展。

在新的市场经济条件下，我国的新闻传播事业也面临着一系列新的课题。企业化经营为媒介机构带来了独自的经济利益，这一方面可以推动媒介之间的相互竞争，有利于提高传播活动的质量；另一方面也为商业主义和营利主义的抬头提供了条件。我国的社会主义传播制度及其规范体系还处在不断的改革、发展和完善之中。我们要在实践中不断摸索和总结经验，建设和完善符合中国国情，具有中国特色的社会主义传播制度及其规范体系。

发展中国家的社会制度是多种多样的，但就国家发展的状况和条件来说也有不少相同的特点。发展中国家的传播制度和理论从总体上反映了这种现实状况。

根据英国学者 D·麦奎尔的归纳和概括，发展中国家的传播制度和媒介规范理论大致包含了以下几个方面：（1）大众传播活动必须与国家政策保持同一轨道，以推动国家发展为基本任务；（2）媒介的自由伴随着相应的责任，这种自由必须在经济优先和满足社会需求的原则下接受一定限制；（3）在传播内容上，要优先传播本国文化，优先使用本民族语言；（4）在新闻和信息的交流领域，应优先发展与地理、政治和文化较接近的其他发展中国家的合作关系；（5）在事关国家发展和社会稳定的利害问题上，国家有权对传播媒介进行检查、干预、限制乃至实行直接管制。

从总体上看，大多数发展中国家所采取的传播制度是符合自己的国情和条件的。生存和发展问题是发展中国家面临的最大课题，这里不仅包括经济和政治上的生存和发展，而且也包括民族文化的生存和发展。在跨国传播和全球信息化飞速发展的今天，西方发达国家的文化产品正像洪水一样涌入发展中国家，造成了这些国家民族传统文化的危机。在这种状况下，为了抵御来自少数传播大国的"文化侵略"，不少发展中国家在维护"信息主权"的口号下，从制度上采取了保护和发展民族文化的措施，并加强了对外来信息的自主管理。

（郭庆光）

【扩展知识点】

阿特休尔的媒介三种体系

美国印第安纳大学新闻学院赫伯特·阿特休尔的《权力的媒介：新闻媒介在人类事务中的作用》一书，被学术界看做继《报刊的四种理论》之后的又一扛鼎之作，并对经典的《报刊的四种理论》"第一次构成了重大的挑战"。阿特休尔批评施拉姆等人从特定的框框中看问题，因此他们可以毫不费力地断定哪个媒介制度好、哪个不好，这样做妨碍了人们正确地理解媒介制度。阿特休尔认为，世界上的新闻媒介不可简单地分为"我们"、"他们"，因为全部媒介是由多种不同主题和旋律组成的交响乐。"交响乐的每一乐章都包罗了新闻媒介所处环境的全部现实，包括历史的、政治的、社会的、文化的，还有心理的现实。"但是，他认为可以将这首交响乐分为三个乐章：第一乐章为第一世界或西方乐章；第二乐章为第二世界或东方乐章；第三乐章为第三世界或南方乐章。于是，就可以将其分别冠以西方媒介体系、东方媒介体系和南方媒介体系。

第一，西方媒介体系。

这是市场经济世界的媒介体系。新闻事业的目的是教育人民正确地投票选举，以此来捍卫社会秩序；要求大众追求真理，承担社会责任；以非政治方式告知新闻；公正地为大众服务，支持现存的资本主义制度；但媒介本身又作为监督政府的工具。

西方新闻传播者的原则是：媒介不受外界干涉；为公众的知晓权服务；要力求反映真理；要公正客观地报道世界。

他们认为：新闻自由就是记者的活动不受外界控制；新闻媒介也不屈从于权力，不受权利操纵；甚至新闻自由本身也不需要国家新闻政策来保证。这一体系中的传播者和理论家总以为他们的媒介体系是最好的。

第二，东方媒介体系。

这是指马克思主义世界的媒介体系。在这一体系中，新闻事业的目的是教育人民正确地为人处世，并以此来捍卫社会制度；要求人民寻求真理，承担社会责任；以政治方式教育人民并争取盟友；要求人民拥护社会制度；在重大问题上，要求统一观点，协调行动。

东方媒介体系的新闻工作者有责任帮助人民改变错误的意识，并教育工人使之具有阶级觉悟。媒介努力满足人民的客观需要，客观地报道世界的变化，并促进社会变革。

在对新闻自由的认识上，这一体系认为，新闻自由不应仅是富人意见的表达自由，而应是全体人民自由发表意见的自由；新闻自由必须建立在反对或没有压迫和剥削的基础上；为确保新闻自由的正确实施，需要推出一项国家性的新闻政策。这一体系中的决策者们较为重视新闻媒介的政治功能，而一般不太重视其商业功能。

第三，南方媒介体系。

这是指第三世界或欠发达国家的媒介体系。这一乐章"在全部三个乐章中最公开、最直接地把新闻媒介当做教育的工具"。新闻媒介既被用来捍卫社会制度，又被用来改造社会制度，具有雄壮有力、变革创新的特点。媒介以政治的方式教育人民服务于真理和社会，与政府合作，为各种有益的目的和和平事业进行变革。

新闻传播者对新闻事业的信念是：新闻媒介是一种团结稳定的力量，是一种有益于社会变革、经济发展、社会公正的工具，是传播者与受众交流思想、沟通信息的双向传播工具。

第三世界的人们认为，新闻自由意味着新闻传播的心灵自由，其重要性仅次于国家存亡，因此，需要一项国家性的新闻政策来为自由提供合法保障。这一体系较重视媒介对发展经济和社会变革的作用。 （邵培仁）

8. 论述特定社会制度和传播制度下的媒介控制问题

第一，国家和政府的政治控制。

国家和政府的政治控制是媒介控制的主要方面。这种控制的目的，是通过规定大众传播体制，制定有关法律、法规和政策，来保障媒介活动为国家制度、意识形态以及各种国家目标的实现服务。它主要包含以下几个方面。

（1）规定传媒组织的所有制形式。规定所有制形式是政治控制的主要内容，是确立传播体制的前提。采用什么样的所有制形式，主要取决于国家的政治制度和经济制度，社会历史文化以及传媒本身的性质也对所有制形式的确立产生重要的影响。

（2）对传播媒介的活动进行法制和行政管理。包括对传媒的创办进行审批、登记；分配传播资源；对媒介活动进行多方面的监督管理等。

（3）限制或禁止某些信息内容的传播。限制或禁止的具体内容，在不同国家和不同社会制度下是不同的，一般包括以下几个方面：①与国家制度或意识形态有关的内容；②国家安全及国防机密；③名誉侵权和隐私侵权；④淫秽和非法出版物；⑤对公众利益和社会文明风气有害的其他内容。

（4）对传播事业的发展制定总体规划或实行国家援助。国家和政府的控制并不都是限制性的，积极的指导和扶持也是一个重要的方面。在历史上，许多国家都为传播事业的发展制定过优惠政策。近年来，随着信息经济时代的到来，各国政府都对发展传播事业给予了高度重视。

第二，利益群体和经济实力的控制。

国家和政府对传播媒介的控制属于直接的制度控制。但是，就媒介活动制约和影响的角度而言，国家和政府的控制并不是唯一的控制，还存在着种种社会利益群体和经济势力的控制。由于这些控制也是在一定社会制度和传播制度的范围内进行的，因此也带有明显的制度性因素。

在我国社会主义制度下，社会各阶层、政党或团体都拥有创办自己媒介的平等权利。民主党派、少数民族、工人、农民、知识阶层、妇女、青少年群体等，一般都有自己的机关媒介或主要面向他们的媒介，这些社会群体能够通过自己的媒介来维护自身的利益，传播自己的主张，参与国家的政治、经济、文化和社会生活，作为能动的主体在我国大众传播事业中起着重要的作用。

在资本主义制度下，除了垄断资本和少数大利益集团外，一般社会群体的传播权利是不能得到保障的，传播媒介的控制权主要掌握在垄断资本手中。垄断资本控制传播事业的方式主要有三种：（1）以强大的资本做后盾成立超大型媒介联合企业，对大众传播事业的主要部分实行垄断；（2）通过他们控制的议会党团或集团对公营传播媒介活动进行干预；（3）通过提供广告或赞助来间接地控制和影响其他中小媒介的活动。因此，垄断是资本主义国家的大众传播事业的最大特征，特别是在工业资本、银行资本和媒介资本密切融合的今天，这种垄断已经达到登峰造极的程度。

第三，广大受众的社会监督控制。

在现代社会，大众传播对人们社会生活的各个方面产生着重要的影响。许多传播内容，会影响到受众的利益，大众对传播媒介的活动拥有进行社会监督的正当权利。

受众对传播媒介进行社会监督控制的手段可以分为以下四种。

（1）个人的信息反馈。即以来信、来电和来访等形式直接表达对媒介活动的意见、建议、批评或抗议。这是一种最常见的受众监督方式。

（2）结成受众团体，以群体运作方式对媒介活动施加影响。

（3）诉诸法律手段。如果媒介提供的虚假报道或广告直接损害了受众的实际利益，或媒介内容侵犯了公民的名誉权或隐私权等，公民可以向法律机构提起诉讼，要求对传播媒介的违法行为进行法律制裁和补偿自己的损失。

（4）通过影响媒介的销售市场来制约媒介活动。大多数传媒机构都有经营目的，发行量和收视率是它们的生命线。对那些性质恶劣的媒介或信息产品，受众可以采取拒买、拒看、拒听行动，这是受众对媒介活动发挥控制影响的最后手段。

综上所述，媒介控制是一个非常复杂的问题，其中不仅包含着国家和政府与媒介的关系、利益群体和经济势力与媒介的关系、广大受众与媒介的关系，而且包含了自由与责任、权利与义务、竞争与秩序、生产与消费、经济效益与社会效益等各种复杂的矛盾。大众传播在不同的社会制度下具有不同的性质和特点，这些不同，实际上体现了不同社会对上述关系和矛盾性质在认识上的区别以及处理、解决方式上的差异。

（郭庆光）

四、考研真题

一、填空题

1. 麦克卢汉的媒介理论有三个要点，即（　　）、（　　）和（　　）。（北京大学 2001 研）

2. 1958 年出版的《The passing of Traditional Society》一书由著名社会学者（　　）所著，施拉姆在 1964 年出版的（　　）一书中，全面提出了关于第三世界利用大众传播事业促进社会发展的系统理论、战略和建议。（北京大学 2002 研）

二、名词解释

1. "把关人"（守门人）（清华大学 2001 研、2003 研，复旦大学 2001 研，中国传媒大学 2004 研，华东师范大学 2007 研，武汉理工大学 2007 研，中国社会科学院 2006 研，北京师范大学 2003 研，上海交通大学 2005 研、2007 研）

2. "讯息即媒介"（清华大学 2001 研，复旦大学 2003 研）

3. 媒介即信息（复旦大学 2002 研）

4. "热媒介"（南京大学 2001 研）

5. "冷媒介"（南京大学 2003 研）

6. "热媒介"与"冷媒介"（北京师范大学 2004 研，北京大学 2004 研，华中师范大学 2007 研，厦门大学 2005 研，南京大学 2003 研，华中科技大学 2005 研）

7. 充欲主义（北京师范大学 2007 研）

8. 容器人（厦门大学 2003 研）

9. "地球村"（上海交通大学 2006 研）

10. 媒介控制（中国传媒大学 2006 研）

11. 传播媒介（厦门大学 2002 研、2003 研，上海大学 2003 研，浙江大学 2003 研）

12. 媒介生态（中国人民大学 2006 研）

13. 媒介文化（中国传媒大学 2002 研）

14. 媒介事件（复旦大学 2004 研）

15. 媒介教育（北京大学 2003 研）

16. 媒介融合（media convergence）（北京大学 2008 研）

17. 媒介组织（浙江大学 2002 研）

18. 新闻体制（复旦大学 2002 研）

19. 垄断竞争模式（复旦大学 2004 研）

20. 流媒体（南京大学 2004 研）

21. 观点的自由市场（武汉大学 2003 研，南开大学 2006 研）

22. 报刊的社会责任理论（浙江大学 2004 研，华东师范大学 2007 研，华中科技大学 2005 研，武汉理工大学 2006 研，上海交通大学 2006 研）

23. 民主参与理论（受众参与理论）（中国人民大学 2004 研，厦门大学 2003 研）

24. 现代化理论（北京大学 2002 研）

25. 社会顺从理论（中国传媒大学 2006 研）

26. 公共服务广播（public service broadcasting）（北京大学 2005 研）

27. 公共新闻（中国人民大学 2005 研）

28. 乌托邦（清华大学 2003 研）

29. 公共领域（北京大学 2006 研，南开大学 2007 研，清华大学 2003 研）

30. 文化（工业）产业（北京大学 2007 研，南开大学 2007 研，复旦大学 2004 研）

三、简答题

1. 简述"报刊的四种理论"。（南京大学 2001 研）

2. 施拉姆等人所著的《报刊的四种理论》中曾经提到"社会责任论"，这一理论最早是在什么背景下提出的？产生的原因是什么？（南开大学 2004 研，武汉大学 2004 研）

3. 简述"民主参与理论"。（武汉大学 2002 研）

4. 简述民主参与理论产生的背景及主要观点。（武汉大学 2005 研）

5. 简述自由主义报刊理论的基本内容。（武汉大学 2006 研）

6. 简述媒介社会责任理论产生的社会背景。（武汉大学 2004 研）

7. 简评不同社会制度下的"新闻自由"。（南京大学 2002 研）

8. 如何理解新闻自由的历史性？（中国人民大学 2004 研）

9. 大众传播理论中的社会责任论与自由主义规范论各自的要点是什么？有什么不同？（北京大学 2001 研）

10. 西方传播制度理论存在哪些缺陷？（浙江大学 2004 研）

11. 如何理解大众传媒的公共性与公益性？（武汉大学 2002 研）

12. 简述麦克卢汉的主要理论观点。（武汉大学 2002 研）

13. 麦克卢汉在《理解媒介》一书中引用了庄子讲的一则寓言。庄子在这则寓言里借用一位农人的话说："吾闻之吾师，由机械者必有机事，有机事者必有机心，机心存于心中，则存白不备；存白不备，则神生不定；神生不定者，道之所不载也。……"请说明麦克卢汉用庄子这则寓言来阐述什么论点。（北京大学 2004 研）

14. 为什么说电视是一个娱乐主导性的媒介？（武汉大学 2004 研）

15. 传播技术的每一次发展都对人类社会产生了深远的影响，麦克卢汉用"延伸"一词概括了媒介技术的这种影响力。请论述传播技术的发展对人类社会的意义。（武汉大学 2003 研）

16. 技术在新闻传媒的形态变化中有什么作用？（复旦大学 2004 研）

17. 20 世纪 90 年代以来，西方国家纷纷对电子媒介放松管制（deregulation），请简述其背后的理念和所引发的后果。（北京大学 2009 研）

18. 大众传播媒介中的社会责任论与自由主义媒介规范论，各自的要点是什么？有什么不同？（北京大学 2001 研）

19. 媒介的进化与社会的发展有什么关系？（武汉理工大学 2007 研，华中科技大学 2006 研）

20. 如何理解媒介的进化与社会发展的关系？（清华大学 2001 研）

21. 简述媒介与社会发展之间的关系。（武汉大学 2002 研）

22. 从经营管理的角度看，中国传媒业目前存在着哪些主要问题？（复旦大学 2004 研）

23. "他请一位美国地方报纸的编辑合作，以一个星期为限，把这周内报社收到的所有电讯稿全部保留下来，……结果表明，这位报社编辑一周内共收到11910条电讯稿，而他从中选用的不过1297条，大约只占1/10，其余的9/10都被淘汰掉了。……"

请问上述研究得出了什么结论？这项研究未能揭示的问题是什么？造成了什么样的理论缺陷？（武汉大学 2003 研）

24. 现象分析：凯瑟琳·沙利文是《奥斯汀美国政治家报》的资深记者。在一次没有被报道的火灾和化学毒物泄露事件之后，她报道了奥斯汀市一家半导体芯片制造工厂工人的不安全和健康受到损害的情况。这触怒了当地的商会经济发展委员会主席。这位有权势的经纪人向该委员会的常务副主席金泽尔表示了不满。金泽尔正是《奥斯汀美国政治家报》的出版人，又是大奥斯汀商会的主席。迫于压力，沙利文不得不辞职。报社并不公布她的辞职真相，只是提出："如果她保证不对本报提出批评、起诉，不在将来的新闻报道中使用她在本报工作时收集到的资料，报社将付给她八千美元。"（华中科技大学 2004 研）

25. 指出下列媒体中哪些为电子大众媒体，并简要解释其理由。（北京大学 2005 研）

（1）中国电信（电话）

（2）北京电视台

（3）中国移动（手机）

（4）新浪网站

26. 请从相关传播学角度谈谈你对博客的认识。（北京大学 2007 研）

四、论述题

1. 试析"报刊的四种理论"。（中国传媒大学 2001 研）

2. 论述资本主义制度下媒介规范理论的演变过程及其背景。（清华大学 2001 研）

3. 我国目前的传播制度及其基本规范包括哪几个方面的内容？（厦门大学 2003 研）

4. 试举近期事例论述不同国度对传播控制的共同之处。（华中科技大学 2002 研）

5. 请结合实际，谈谈建立大众传媒公信力的必要性和重要性。（武汉大学 2004 研）

6. 试论新闻媒体在建构社会公共领域，促进我国社会主义政治文明建设中的作用。（南京大学 2004 研）

7. 评价麦克卢汉的"地球村"概念。（北京大学 2002 研）

8. 你是如何理解麦克卢汉理论的，并对该理论作出自己的评价。（北京师范大学 2006 研，华东师范大学 2005 研，上海交通大学 2007 研，上海大学 2005 研，武汉理工大学 2005 研）

9. 请分析和评价下面这段话："新媒介并不是自发地和独立地产生的——它们从媒介的形态变化中逐渐产生。当比较新的媒介形式出现时，比较旧的形式通常不会死亡，它们会继续演进和适应。"（罗杰·费德勒：《媒介形态变化：认识新媒介》，北京，华夏出版社，2000 年）（中国传媒大学 2008 研）

10. 近几年来互联网在世界范围内迅猛发展，这对既成的传播学理论有何冲击和影响？（复旦大学 2001 研）

11. 你认为互联网将对现有的传播方式和传播理论产生哪些影响？（武汉大学 2001 研）

12. 什么叫"把关人"？影响"把关人"的因素有哪些？（中国传媒大学 2002 研）

13. 结合当前的网络传播，谈谈你对"把关人"理论的看法。（北京师范大学 2006 研）

14. 2009 陈冠希的"艳照门"事件在网络上闹得沸沸扬扬，不仅成为著名的传媒事件，甚至还受到众多传媒学者的关注。请你结合有关理论，对此事进行解读。（中山大学 2009 研）

15. 雪村的《东北人》绕过被音乐工业垄断的发行推广渠道，通过互联网和私人传播获得了巨大的成功。请从传播主题多样化的角度谈谈这一现象所揭示的互联网对传统媒体工业体制造成的冲击。（北京大学 2003 研）

16. 试析传播社会控制的含义、种类及其意义。（上海交通大学 2007 研）

17. 不同社会制度下，媒介控制的方式和机制有很大差异。试以我国现阶段社会经济和文化发展环境为背景，对某中等城市一家综合性日报进行控制分析，即分析其办报活动可能受到的各种影响因素以及这些因素之间的关系。（清华大学 2004 研）

18. 试述新闻业与政治、经济、文化及传播技术发展的基本关系。（中国人民大学 2003 研）

19. 结合实际谈谈你对媒介整合的看法。（中国传媒大学 2001 研）

20. 论我国传播媒介产业化趋势。（北京大学 2002 研）

21. 选取适当的角度，结合实际谈谈大众媒体在现代战争中的作用以及相关国家如何对战争报道进行控制。（中国人民大学 2005 研）

22. 请就下面的这一材料写一论述文。

杜马严控"反恐"报道

美联社莫斯科 11 月 1 日电——车臣臭名昭著的反叛军阀沙米利·巴萨耶夫今天在网上承认说，是他策划了在莫斯科一家剧院发生的人质挟持事件。与此同时，俄罗斯立法人员采取行动，严加控制包括车臣在内的有关反恐行动的新闻报道。

巴萨耶夫说，他组织策划了人质事件，并发誓将来的袭击将更具破坏性。

同时，俄罗斯杜马今天通过了对该国媒体法的修正案，修正后的媒体法将严加控制有关"反恐行动"的新闻报道，其中包括对车臣战争和特种部队采取行动解救数百名人质但导致人质死亡的报道。（载《参考消息》，2002 年 11 月 3 日）（复旦大学 2003 研）

第七章　大众传播的受众

一、名词解释

1. **大众**：大众是伴随着大众社会理论的形成而出现的一个特定概念。这种理论认为19世纪末20世纪初是人类进入大众社会的一个分界点。在这个时代，作为工业革命、资产阶级以及大众传播发展的结果，过去的那种传统社会结构、等级秩序和统一的价值体系已被打破，社会成员失去了统一的行为参照体系，变成了孤立的、分散的、均质的、原子式的存在，即所谓"大众"。　　　　　　　　　　　　　　　（郭庆光）

2. **受众**：是指大众传播的信息接受者或传播对象。在大众传播研究中，受众是一个集合概念，是最直观地体现为作为大众传媒信息接受者的社会人群。　（郭庆光）

3. **"使用与满足"研究**：是一种研究受众行为的理论。该理论把能否满足受众的需求作为衡量传播效果的基本标准，把受众成员看做有着特定"需求"的个人，把受众的媒介接触活动看做基于特定的需求动机来"使用"媒介，从而考察这些需求得到"满足"的过程。该理论的研究起源于20世纪40年代的美国。　　（郭庆光）

4. **IPP指数**：即既有的政治倾向指数，是一个从社会经济地位、居住区域和宗教信仰三个方面来显示受众在接触媒介宣传前已有的政治立场和态度的综合指数。

（郭庆光）

5. **政治既有倾向假说**：拉扎斯菲尔德等人在对调查结果的研究中发现，选民的投票立场与他们既有的政治倾向有着密切的关系。在人们就选举或其他政治问题作出决定之际，这种决定并不取决于一时的政治宣传和大众传播，而是基本上取决于他们迄今所持的政治倾向。很显然，人们的政治态度，与他们归属的社会群体和社会背景是分不开的。　　　　　　　　　　　　　　　　　　　　　　　　　（郭庆光）

6. **选择性接触假说**：既有政治倾向不但决定着人们的政治选择，而且也制约着人们对大众传媒内容的接触。在调查中，拉扎斯菲尔德等人还发现，受众在接触大众传播的信息时不是不加选择的，而是更愿意选择那些与自己的既有立场和态度一致或接近的内容加以接触，而对与此对立或冲突的内容有一种回避的倾向。他们把这个结论称为"选择性接触假说"。大量研究表明，"选择性接触"并不仅仅存在于政治信息领域，在消费、文化和娱乐信息领域，这种机制都是普遍存在的。而作为选择之依据的，除了兴趣或爱好等个人因素以外，他们的群体价值和群体规范起着重要的作用。"选择性接触"机制的存在说明，受众在大众传媒面前并不完全被动，而具有某种能动性，大众传媒并没有随心所欲地支配和左右受众的力量。　　　　　　（郭庆光）

7. **传播权**：传播权是构成社会的每个成员所享受的基本权利之一，在传统上称为表现自由或言论自由的权利。社会成员是社会实践和社会生活的主体，他们有权将自己的经验、体会、思想、观点和认识通过言论、创作、著述等活动表现出来，并有权通过一切合法手段和渠道加以传播。在这里，理所当然地也包括通过大众传媒渠道进

行传播的权利。 （郭庆光）

8. 知晓权：从广义上来说，知晓权指的是社会成员获得有关自身所处的环境及其变化的信息、保障社会生活所需的各种有用信息的权利，从这个意义上来说，它也是人的生存权的基本内容之一。从狭义上来说，知晓权指的是公民对国家的立法、司法和行政等公共权力机构的活动所拥有的知情或知察的权利，这是公民的一项基本政治权利，也意味着公共权力机构对公民负有信息公开的责任和义务。 （郭庆光）

9. 传媒接近权：传媒接近权即一般社会成员利用传播媒介阐述主张、发表言论以及开展各种社会和文化活动的权利，同时，这项权利也赋予了传媒应该向受众开放的义务和责任。这个新的权利概念出现于 20 世纪 60 年代的美国，并在西方国家产生了普遍的社会影响。媒介接近权的核心内容是传媒必须向受众开放。 （郭庆光）

10. 反论权：即社会成员或群体在受到歪曲性报道之际，有权要求传媒刊登或播出反驳声明。 （郭庆光）

11. 预存立场：指受众接受信息以前所固有的态度、观念，乃至世界观和价值观。 （张国良）

12. 移情心理：指受众对自己无力实现的欲望，或不存在的经历，通过对讯息内容的角度置换，达成心理满足。 （张国良）

13. 选择性理解：指具有不同心理特征、文化倾向和社会成员关系的人会以不同的方式解释媒介内容。 （胡正荣）

14. 选择性记忆：指受众往往只记忆对自己有利、符合自己兴趣或与自己意见一致的传播内容。 （胡正荣）

15. 从众：是受众在传播活动中不知不觉受到群体压力而在认识、行为和观点等方面发生与群体中大多数人相一致的变化。形成从众心理的根本原因是群体压力。单个受众都是属于不同团体的，群体为保持其共同活动的顺利进行和关系状态的稳定，有着一些共同的价值观念和行为规范。违反者会受到孤立冷落乃至被驱逐，于是人在保护自己的同时要屈从于团体利益。 （胡正荣）

16. 社会"一体化"：指社会中所有的个人、集团以至国家都从大众传播中获取不同的信息，从而相互了解、认识和鉴赏他人的生活条件、观点和愿望。 （胡正荣）

17. 基本群体：是指长期持续的、亲密的、面对面接触的群体，如家人、同学等。 （胡正荣）

18. 参考群体：是个人在其帮助下可以确定自己的态度、价值观和行为的群体。个人无须是参考群体的成员，但该群体的规范对他有指导意义。 （胡正荣）

二、简答题

1. 什么是受众，有哪些特征和类型？

受众指信息传播的接受者群体。在大众传播活动中，它广泛包括书籍和报刊的读者、广播的听众、电影和电视的观众以及网络信息的网民等。

第一，受众的类型。

区分受众的类型，有助于辨别和掌握受众之间的差异，有助于探索和了解特定受众群的结构特点，有助于认识和把握特定受众群体的传播规律。按不同的区分标准，可得到不同的受众分类结果。例如，根据信息传播和范围特征及其与受众的关系，我们可把受众划分为"广"受众和"窄"受众两大类。

所谓"广"受众，是指他们关注的信息面广泛。对一切媒介及信息都有兴趣接触和使用，但往往没有明确的接收方向和固定的接收重点。这类受众数量众多，居住分散，个性迥异，兴趣不一。大众传播媒介主要以他们为传播对象，受众研究也以这类人群为研究重点。传者在这方面已积累了丰富的经验，往往从受众的总体趋势、普遍心理出发，使信息内容具有广泛的适应性，老少皆宜，以无所不包的"广传"对付无所不包的"广受"。

所谓"窄"受众，与"广"受众相反。尽管他们也具有分散性、多样性和匿名性，但同时他们在某一或某些方面显示出共同的接受倾向，即选择信息的某种共性。因此，为提高传播效果，大众媒介不能不尽力加强针对性，增加"窄传"的内容。近年来，我国的传媒已从纯粹的"广传"向"广传、窄传"结合的方向发展。

不过，需要强调的是，现实中并不存在绝对意义上的"广"受众和"窄"受众，每个受众或多或少总有自己兴趣聚焦的部分，也或强或弱总有了解社会整体的需求，作这样的区分，只是为了便于对特定条件下的受众行为的主要倾向进行概括。这两类受众之间，不仅不是对立或毫无联系的，相反它们总是你中有我，我中有你，"广""窄"结合，相互渗透，并不断地变化和发展。而且，无论受众个体或群体，其兴趣都可以培养、形成、转变乃至消失。因此，对于受众类型的研究和把握，也必然是一项不断变化和发展的工作。

第二，受众的社会特征。

受众是千差万别的，又是具有一定共性的。受众置身于一定的社会文化背景中，不同的环境因素影响并促成了他们的不同特征。决定受众社会特征的主要因素，大体可分为文化传统、社会环境和群体影响。

从文化传统看，最突出的是民族特征。由于宗教、历史等复杂原因，不同的民族往往体现出不同的心理倾向，如中国人追求和谐、平衡等。这些文化特征，同样表现在受众的具体传播行为中，成为传者不可忽视的因素。有些学者甚至指出，国际关系中的冲突，主要源于国际文化传播中的冲突，而文化传播中的冲突，又主要源于对对方文化背景缺乏了解而造成的讯息"误译"。

所谓社会环境，指不同的社会经济政治条件。这些条件决定了受众的社会角色。不同阶级、不同阶层的人，在传播活动中，往往显出不同的特征。即使是同一类人，在不同的生活境遇下，也可能有不同的传播行为。任何传播过程，事实上都涉及传者、受众与讯息内容（提供方）三者之间的利益关系，因此，除了受众对社会信息持价值判断外，传者（广义包括讯息的提供者和发布者）与受众的利益一致与否，也影响着传播的效果。在欧洲批判学派的研究中，社会环境的地位日趋突出，甚至从受众研究中分离出来，成为独立的传播学研究分支。

至于群体影响，也是受众研究的一个重要方面。群体理论认为，受众的特征在不同程度上反映了较为密切的社会群体的特征。群体对个体的影响，大体表现在四个方面：（1）信息与群体的关系。信息与受众所属社会群体的关系越密切，利益或态度越一致，传者与受众越容易沟通。（2）受者与群体的关系。受者与群体的关系越密切，地位越突出，则在信息交流中群体特征的影响越明显，在多级传播中对群体成员的影响也越大。（3）群体的亲和度。群体在受众心目中的形象越具有亲善性和可信性，对受者的吸引力就越大，群体的倾向也就越能影响受者的传播行为。（4）群体的约束力。群体规模越大，组织力越强，受者对其依存度越高，群体利益对受者传播行为的约束力也就越强。

有的传播学者甚至忽视或贬斥受众个体因素，认为受众只不过是其所处社会文化环境的一个具体代表，是各种社会关系网络的一个节点，或者说只是一个符号而已。这种看法自然有失偏颇，但在传播学研究尤其是受众个体特征不明显的大众传播学研究中，不失为一种有参考价值的思路。当我们对传播对象缺乏具体了解时，如能知悉他们所处的社会文化背景、社会群体利益等外围信息，必将有助于了解受众特征，有利于传播活动的顺利进行。

第三，受众的个体特征。

受众的个体特征，是区分单个受众与其他受众、区分受者与其所处群体、区分受者与其社会文化背景的主要因素，一般包括性别、年龄、个性、智力、经历、兴趣、爱好和预存立场等。

从个体特征看，不仅表现为不同性别的受众对传播内容的选择有较显著的不同，而且表现为不同性别的受众对不同性别的传者（或不同性质的传播机构）也有不同的看法。例如，男性倾向于接受较正规的传播机构发布的讯息、较严肃的讯息，女性较容易遵从男性的观点等。

年龄特征也不容忽视。老年人一般倾向于轻视或怀疑年轻人的意见。年轻人则一般倾向于选择变动、新奇、不规范的信息。

个性，包括性格、气质、能力等，是用以描述和说明个体自然差异及行为特征的词语。研究表明，不同个性的人，对信息感知的广度和深度是有差异的。能力不同的人，对事物的感知也有差异。

智力，事实上是人类独有的、高度发展的能力。对传播过程来说，智力水平高的受众要求"编码"严谨周密，讯息内容偏严肃，信息量大。智力水平低的受众则希望"编码"简单明了，讯息内容偏轻松，信息量不大。在劝服过程中，对高智力者合适的劝服方法，是提供正反两方面的材料，偏重理性，结论较为含蓄。对低智力者则宜单方面陈述，偏重情感，结论较明确。

经历，形成一个人的经验范围。同一信息内容，对经历不同的受众往往产生不同的认知效果。一般来说，符合经验范围的信息比较容易接受。如果把信息分成理智型和情感型，则与经验范围重合度越高，越应加大情感型信息的比重，反之，则应加大理智型信息的比重。当然，对受众个人经历特征的把握，要有一个恰当的度。受众完全熟悉的东西能唤起受众的情感，但不能提供新鲜内容，不容易奏效。完全陌生的东西，能刺激受众的兴趣，但难以获得准确理解，同样不容易奏效。因此，应当在两者之间寻找最佳结合点。

受众的兴趣爱好，也是影响传播效果的重要因素。某人一旦对某事物产生兴趣，他在进行选择性注意、理解和记忆时，自然就倾向于该事物。兴趣爱好与个性有关，但较之"江山易改，本性难移"的个性，兴趣爱好相对容易发生转移，可逐步培养，也可慢慢淡化。

所谓预存立场，指受众接受信息以前所固有的态度、观念，乃至世界观和价值观。如果说兴趣爱好是人们伸向外部世界以获取自己欲知信息的触角，那么预存立场就是受众筛选外界信息的过滤网。受众正是据此进行选择性注意、理解和记忆的。如果信息内容与受众预存立场相一致，就容易通过，否则受众就可能视而不见、充耳不闻，或采取怀疑、歪曲、遗忘乃至抵制等消极措施，使传播失效。

上述受众的个体特征，在概念层次上有所交叉，某些特征之间有较高的相关度，需要从整体上加以把握。

第四，受众的心理特征。

受众研究最初就是从受众心理结构的差异展开的。一般来说，受众的心理特征包括认知心理、好奇心理、从众心理、表现心理、移情心理和攻击心理六个方面。

（1）认知心理，指受众普遍存在的寻求信息的心理想象。人们寻求信息的目的，是减少或消除对周围环境的不确定性，从而更好地生存和发展。因此每一个受者皆有一定的求知欲，希望不断了解环境的变化，并对所获得的信息进行验证。媒介的讯息如果不能为受众提供真实、必要的知识和经验，甚至发布虚假的内容，无助于提高他们认知行为的有效性，则必然遭到回避或拒斥。

（2）好奇心理，也称喜新心理。与认知心理密切相关，人们总是乐于接受反常的、新奇的、罕见的信息。除了讯息内容的新鲜、奇特之外，讯息形式方面的创意，如遣词造句、图文搭配、篇章结构等同样可满足受众对大信息量的期待。

（3）遵从心理，也称从众心理。生活在一定社会群体中的受众个体，都希望被群体接纳、肯定，而避免被群体抛弃、否定。在这种心理状态下，大多数个体的行为总是尽可能与群体的总趋向相一致，使群体影响由压力变为动力。当受众感知所属群体对某个传者或某种信息持肯定或否定态度时，往往采取与群体相一致的态度。当群体中的不同个体或小团体意见不一致时，受者将感到矛盾和不安，并最终倾向于选择与优势个体或团体相一致的信息。群体的意见或价值标准，往往通过群体中的精英、英雄或意见领袖及其相关的权威性事物，集中地体现出来。因此，在特定条件下，遵从心理又可能表现、发展为崇拜心理乃至迷信心理。

（4）表现心理，即在群体面前显示自己优势的欲望。这种心理现象，与从众心理相互联系、相互补充。人们在遵从优势力量的同时，普遍潜藏着使自己成为优势力量的愿望，因此通常都希望得到群体的肯定和奖励，其最高程度就是成为英雄或主角。这种表现欲的进一步发展，则是领导欲和支配欲，其心理机制，与崇拜欲、从众欲相通。

（5）移情心理，指受众对自己无力实现的欲望，或不存在的经历，通过对讯息内容的角度置换，达成心理满足。另外，对一些不幸的人物或事件，我们也可设身处地、感同身受地沉浸在悲伤之中。而一些富有人性和生活情趣的信息，则可激发起我们欢乐的情感共鸣。

（6）攻击心理，在消极状态下，可称反抗心理、逆反心理。当一个人的观念、意见和需求与周围环境严重不一致时，势必产生对抗的心理状态。在受众的传播行为中，攻击心理表现为对信息的回避、拒斥、怀疑和曲解等。在这种攻击心理的影响下，传播效果自然无从实现，甚至适得其反。

最后，需要说明的是，上述受众心理特征是相互关联的，一些似乎对立的心理现象，有时也能相互转化。同时，这些心理特征与受众的社会文化特征也密切相关。只有切实掌握了受众的各种特征及其内在联系，才可提高传播活动的效率。

（张国良）

【参考知识点】

受众的特征

作为个体的受众千差万别，但作为整体的大众传播的受众是具有一些共性的。受众特征有社会的、个体的和心理的等不同层次。

首先，每种大众媒介的受众都是由有共同经验的个人组成。社会环境、社会角色、文化背景、民族特征等不同，在传播活动中显示了不同的特征。传播过程中，传播者、受众和传播内容三者之间，除受众对社会讯息有独立的价值判断外，传播者与受众的利益是否一致，也会影响到传播效果。

其次，受众作为群体中的个体，受到人际传播和社会联系的影响，并按照现实与自身的习惯有意识地选择信息。一般而言，群体的规模越大、组织力越强、受众对群体的依赖性越强，则群体利益对受众传播行为的约束力也越强。

再次，由于受众个人心理结构的差异，表现在对信息内容的选择、认知等方面均有所不同。受众的社会性特征决定其还有从众心理、逆反心理和移情心理等。受众的信息接受活动具有强烈的自主性，并不轻易被传播者左右和支配。

最后，受众由成分复杂的一大批人构成，且不是一成不变的。由于性别、年龄、个性、经验、兴趣、爱好、智力和立场等的不同，受众对不同的传播内容有着明显的选择偏向。这就使传播受众出现分众化，特定的传播媒介、特定的新闻信息只能传递给特殊的受众群体。

（胡正荣）

2. 简述受众的层次

在大众传播研究中，受众指的是大众传媒的信息接受者或传播对象。受众是一个集合概念，最直观地体现为作为大众传媒信息接受者的社会人群。受众按其规模可以分为三个不同的层次：第一个层次是特定国家或地区内能够接触到传媒信息的总人口，这是最大规模的受众，如在我国的电视覆盖区域内，凡拥有电视机或能观看电视节目的人都是电视传媒的受众；第二个层次是对特定传媒或特定信息内容保持着定期接触的人，如报纸的定期读者或电视节目的稳定观众；第三个层次是不但接触了媒介内容而且也在态度或行动上实际接受了媒介影响的人，对传媒而言这部分人属于有效观众，在他们身上体现了实质性的传播效果。

（郭庆光）

3. 简述大众的主要特点

在传播学和社会学中，大众是伴随着大众社会理论的形成而出现的一个特定概念。这种理论认为，19世纪末20世纪初是人类进入大众传播发展的时期，过去的那种传统社会结构、等级秩序和统一的价值体系已经被打破，社会成员失去了统一的行为参照体系，变成了孤立的、分散的、原子式的存在，即所谓大众。

大众是一种新的未组织化的社会群体，与既有的群体形态相比，有着明显不同的特点。大众的主要特点包括如下几个方面。

（1）规模的巨大性——在人数上超过其他社会群体或集团；（2）分散性和异质性——广泛分布于社会的各个阶层，其成员具有不同的社会属性；（3）匿名性——成员之间互不相识，对社会精英来说也是难以把握的对象；（4）流通性——大众的范围对象时有变化，其成员是流动的；（5）无组织性——缺乏自我意识和主体性，大众行为主要是在外部力量的刺激和动员下形成的；（6）同质性——具有相同的行为倾向，因而容易受到外部力量的操作和影响。

在大众社会理论看来，现代社会主要分成两个部分：一部分是广泛的大众；另一部分是少数权力精英，包括政治精英、经济精英和传媒精英。权力精英永远在试图控制和影响大众。大众虽然是被动的、分散的存在，但由于数量庞大，能够产生不可抗拒的"多数"的压力和力量。因此，在现代社会，谁掌握了大众，谁就掌握了一切。

（郭庆光）

【参考知识点】

简述大众传播受众的特点

受众指信息传播的接受者群体。在大众传播活动中，它广泛包括书籍和报刊的读者、广播的听众、电影和电视的观众以及网络信息的网民等。

在传播过程中，受众既是传播的对象、出发点，也是传播的目标、归宿点。传者发出的讯息，只有被受众所接受，一个传播过程才能真正完成。了解受众对于讯息的态度和反应，将有助于传者进行相应的调整，从而实现更好的传播效果。

一般来说，大众传播的受众具有以下几个特点：（1）众多。必须通过特定的传播工具才能将讯息传达。（2）分散。分布于社会的各个阶层和各个区域。（3）匿名。对于传者来说，受众是隐蔽和不确定的，传者只能根据反馈，从总体上大致把握受众的特征，却难以具体指认。（4）流动。受众的构成始终处于流动状态，具体成员是不固定的。（5）异质。受众具有不同的社会属性和个性特征，其偏好、兴趣、需求千差万别。

（张国良）

4. 大众与既有群体形态的区别

大众与既有的群体形态相比，有着明显不同的特点。

大众不同于初级群体或小群体。初级群体和小群体的特点是：成员之间通常保持着面识关系，拥有共同的目标或价值，并且在时间上具有一定的稳定性。

大众也不同于群集。群集指集合状态下的人群。它的规模虽然大于小群体，但通常局限于一定的物理空间之内。群集通常具有匿名性、情绪性、明示性和感染性，能够从事一定的集合行为。不过，群集一般是由临时参加或卷入事件、活动的人组成的，并不具备成为稳定的社会构成体的条件。

大众又不同于公众。公众虽然规模很大而且分布范围广，但这个概念一般指社会上围绕共同关系的公共事务或问题，通过公开、合理的讨论而形成的能动的社会群体，他们是社会公共利益的维护者，其行为是有理性的。

（郭庆光）

5. 什么是"大众社会"理论？它与传播学有何联系？

人们对于受众的理解，总是或多或少地受到所谓"大众社会"理论的影响。

有关"大众社会"的论述大概源于19世纪中后期。当时，工业革命的浪潮席卷西方，不仅给社会生产方式带来巨大变化，而且对社会关系、社会政治和意识形态等诸多领域都产生了深刻的影响。人口从农村向城市集中，传统的以血缘和亲情为基础的人际关系纽带断裂。城市人口密度大增，人与人之间的关系变得疏远和淡漠，社会完全依靠外在的权力机构和法律制度来维持。新的工人阶级崛起，资产阶级不仅获取经济上的利益，而且谋取政治上的权利，挑战传统的贵族统治。这一系列的变化，使敏感的学者意识到，整个社会的基础已今非昔比，过去的"人民"正被现在的"大众"所代替。

早期的学者往往站在贵族精英的立场来看待这场社会巨变。他们排斥资产阶级的价值观，缅怀闲适的贵族生活方式，又常常抱有浪漫的田园理想，而将前工业社会理想化。因此在他们眼中，大众社会是与社会秩序混乱、道德沦丧和文明破坏联系在一起的。大众则是由一群没有理性、没有责任感、自私自利的平庸者构成。

20世纪初，随着电影、收音机等大众媒介的诞生并产生巨大的社会影响，学者们从多种视角进一步分析大众社会。一些学者从社会学的角度对大众社会提出批评，认为它腐蚀了个人的理性和自由，为极权统治提供了滋长的土壤，如德国法兰克福学派的理论家们认为，从马克思主义理论和社会革命的角度出发，认为大众社会尽管提供了一定的福利，也比较舒适，但导致无产阶级丧失了激进的力量。在大众媒介等因素的综合作用下，大众社会由一个个孤立的原子式的个体所构成，人际关系冷漠，原本密切相关的人们失去了联系，也失去了相互之间的心理扶持，这些原子式的大众因此很脆弱，很容易受到外来力量的操纵。20世纪30年代法西斯极权主义的兴起，正是这种大众社会发展的结果。

"第二次世界大战"结束后，美国的一批学者从本土的社会状况出发，对大众媒介影响下的大众社会展开分析。里斯曼在《孤独的群众》（1961）一书中提出，美国传媒体现出强烈的种族中心主义，并以其新闻报道误导大众，美国的繁荣背后是官僚政治的发展和社会关系的唯利是图。米尔斯则在《权力的精英》（1956）一书中，对美国的权力结构进行剖析，认为市场导向的大众媒介为人们提供了一个虚假的世界，它不仅不能帮助人们了解公共事务，反而剥夺了人们理性的交换意见的机会，促进了大众社会的形成，并使社会权力更加趋向集中。

不过，也有一些学者对现代社会的发展持比较乐观的看法。他们认为，现代社会中，人们的生活质量大有改善，识字率提高，参与式的民主形式得到发展，而不是相反。美国学者丹尼尔·贝尔，是持这一见解的代表人物。他提出了"后工业社会"概念，认为工业化和科技发展不仅没有损伤民主，反而给人们提供了更大的自由发展的空间，过去只能由一小部分人享用文化活动，现在渗透到普通大众中，过去资本是最重要的生产要素，而现在科技知识取而代之。随着以白领为代表的中产阶级的崛起，先前的统治阶级已失去其强大的统治能力，而比较没有阶级色彩的知识分子和专家成为社会管理者。这一派学者认为，大众媒介并不具有集权的本质，相反它带来了民主的、共享的文化形式。

尽管"受众"和"大众"这两个概念起源不同，但大众社会理论与传播学之间确有某种联系。早期的传播效果研究曾认为，大众媒介对受众有强大的影响力，媒介讯息犹如子弹射中靶子一样到达受众，受众只能全盘接受，毫无抵抗能力。这种在今日看来十分幼稚的"枪弹论"，之所以在当时能成为流行观点，与原子式的大众观是息息相关的。

（张国良）

6. 受众研究有哪些主要成果？

首先，受众研究的沿革。

有关受众研究基本思想的萌芽，与传播学尤其是大众传播学的学科发展几乎是同步的。1946年，拉斯韦尔在《宣传、传播和舆论》一书的序言中提出，大众传播学的基本问题在于回答5个W，其中的"对谁"（to whom）也就是受众研究的课题。1949年，施拉姆出版的《大众传播学》更明确地将"大众传播的对象"列为8个研究主题之一。但是，由于社会思潮的影响和方法论的局限，长期以来，传播学界一直以传者—媒介为中心，受众研究只是作为效果研究的一部分，未能得到充分重视。

早期的传播研究，深受心理学"刺激—反应"理论的影响，认为受众的反应完全取决于刺激的内容，因此只注重对媒介宣传控制和传播内容进行分析。与此相联系，传播效果研究领域中出现了视受众为靶子的"枪弹论"。

此后，行为主义心理学家华生提出的"环境决定论"风行一时。他认为，每个人在环境的影响下，经过社会学习的过程，都建立起一套固定的"预存立场"。在此基础上，出现了受众研究中的"个体差异论"，及与此互补的"社会分类论"和"社会关系论"。

由于媒介本身的迅速发展，媒介的巨大影响与实际效果的不对称，使20世纪五六十年代的效果研究陷入困境，这又促进了受众研究的发展。

20世纪70年代以来，实证主义受到质疑，历史主义与人文科学重新抬头，社会科学与人文科学的碰撞、交流，为传播研究产生了新的动力。与此同时，批判学派也开始崛起，尤为重视社会政治经济环境因素对传播活动的影响。一些以受众为中心的理论经过修正后，得到了广泛的传播，如"使用与满足"理论研究等。在效果研究中，对受众能动作用的认识也得到了加强。

近年来，受众研究与整个传播学研究一样，除了外延的扩展（如国际传播、新媒体传播）之外，未有新的理论突破，但有关受众特性、需求、传播行为、群体压力、文化冲突等许多课题，吸收了社会学、心理学、语言学的新成果，并取得了深入进展。尤其是把受众置于社会环境、社会网络之中，研究更加整体化，也更具体化了，大量的受众调查采取了更完善的方法设备也更及时、更准确了。

其次，受众研究的经典理论。

以上从受众的传播行为、主要特征等方面概述了传播学关于受众的一些研究成果。这里，对迄今为止的经典性受众理论，再作一简略介绍。

美国传播学者德弗勒在1975年出版的《大众传播理论》一书中，将受众理论归纳为四种，即"个人差异论"、"社会分类论"、"社会关系论"和"文化规范论"。

（1）"个人差异论"，以"刺激—反应"论为基础，从行为主义的角度阐述受众特征，认为并不存在统一的大众传播的受众。由于每个人身处的社会环境和经历不同，造成个人的种种差异，包括个人心理结构、先天禀赋、后天习性、态度、价值观、信仰、素质等方面的不同，决定了他们对信息有不同的选择和理解，进而有不同的态度和行为。"个人差异论"主要停留在差异阶段，但最有价值的是，它提出了选择性注意和选择性理解的观点，对受众研究产生了很大影响。

（2）"社会分类论"，主要观点是有些受众在性别、年龄、文化程度、收入和职业等方面有共同特征，从而构成了各种社会群体。他们有共同的经历或特征，持相似的社会观、价值观和各种具体见解。

（3）"社会关系论"，强调人与人之间的各种关系，对受众有重要影响。受众既非由孤立的个体构成，也不仅仅是依照人口学特征而划分的一个个群体，他们在现实生活中，往往归属于一个个具体的"圈子"（关系），如朋友圈子等。受众对媒介信息的接受，在很大程度上受到这些社会关系的影响。一方面，受众个体彼此之间相互影响；另一方面，受众与有关社会群体之间也不断地相互影响。与此相关的"群体压力论"则认为受众所属的社会组织、团体的意见和倾向，时常构成压力，影响受众的传播行为。

（4）"文化规范论"，这其实是一种间接效果或长期效果理论。强调大众传播未必直接使受众发生变化，但它可以作用于受众所处的社会文化环境，通过变化的社会文化环境，再作用于受众，使其观念发生变化。这一理论充分吸收了欧洲学者对社会环境研究的成果。

另外，还有两种从其他视角出发的理论也值得一提，即"社会参与论"和"信息平衡论"。

"社会参与论"即"获知论"和"接近权"理论。"信息平衡论"则反映了"信息论"和"耗散结构论"的一些观点，认为社会乃至自然充满了各种信息，而信息的流动总是从高密度地区流向低密度地区，即趋于平衡。信息本身是无序的，因此变革的社会、动乱的国家、活跃的组织和人物等，拥有较大信息量，容易成为传者，而相对稳定的个人和组织，往往成为受者。不过，这种变动和稳定又是相对的，由于信息的流动是多变的，因此传者和受者的角色也是经常互换的。

（张国良）

【参考知识点】

简述各种受众理论

各国对大众传播研究的逐步开展和深入以及新技术发展带来的新媒体的出现，使得大众传播中受众研究的领域和方法都在不断发展。1990 年，詹森和罗森格伦在《受众研究的五种传统》一文中，将受众研究分为五个主要研究取向，即效果研究、使用与满足研究、文学批评、文化研究和接收分析。这标志着受众研究已经将人文学科研究与社会科学研究进一步结合起来。

早期的研究认为，大众传播具有强大威力，各种各样的思想、感情、知识或动机通过大众媒介可以不知不觉地灌输到受众的头脑里，进而改变态度，影响行为。研究人员没有看到受众的主动性，认为受众是被动的、消极的，只要是传播的信息就会被全盘接受，于是，产生了"刺激—反应"理论、"皮下注射"理论（枪弹论）等。

由于心理学家、社会学家发展了有关人类个人属性和群体行为方式的新认识，传播学研究中关于受众的研究也出现了一些更符合人性的理论。1975 年，美国著名传播学家梅尔文·德弗勒在他的《大众传播理论》一书中，对受众理论作了一个总结，将其归纳为"个人差异论"、"社会分化论"、"社会关系论"和"文化规范论"，巴伦在1967 年还提出了"社会参与论"。此外，有关受众的理论还有"使用与满足理论"、

"游戏理论"等。

第一，个人差异论。

大众传播中，同样的信息往往会收到不同的效果。显然，这种情况的出现不仅仅是由传播的内容引起的。为此，一些学者转而研究受传者，并提出对于同一信息的不同反应是由于人们性格和态度上的差异造成的。这就是个人差异论的起源。

个人差异论的理论基础是"刺激—反应"论，它是从行为主义的角度出发来对受众加以研究的。该理论由卡尔·霍夫兰于1946年首先提出，经梅尔文·德弗勒作出修正后形成。该理论认为，人的心理和性格虽然有遗传的因素，但主要还是后天形成的。每个人的成长环境和社会经历都不尽相同，他们的性格也就各有差异。因此，具体到大众传播学，其实并不存在整齐划一的受众。在大众传播提供的信息面前，个人由于需要、习惯、信念、价值观、态度、技能等的差异而对信息做出不同的选择和理解，随之而来的态度和行为的改变也会因人而异。世界上没有完全一样和一成不变的传播对象。

德弗勒在《大众传播理论》中认为：（1）人们各自的心理结构是千差万别的；（2）人们的先天条件和后天知识形成了个人之间的差异；（3）一个人的心理构成之所以不同于其他人，是由于他在认识客观环境时获得的立场、价值观念和信仰所造成的；（4）个性的千差万别来源于人们在认识客观事物时所处的不同社会环境；（5）人们认识客观世界的重要产品之一，就是在理解客观事物时带有偏见。

个人差异论的主要理论贡献在于提出了"选择性和注意性理解"。德弗勒认为，由于个人兴趣、态度、信仰、价值观的不同，导致接受信息时的反映不同。符合受众固有观念的信息受注意和理解，否则会被忽视或曲解，直到符合其原来的立场。

因此，传播者要善于了解、利用来自受众的经验、态度、立场等，并从尊重受众的角度来进行传播活动。

第二，社会分化论。

该理论是在个人差异论的基础上发展起来的，是对个人差异论的扩展和修正，又名社会类别或社会范畴论。它与个人差异论的区别在于后者是从心理学角度出发，强调受众个体在心态和性格上的差异，而社会分化论是从社会学角度出发，强调人的社会群体性差异。这是由美国传播学学者赖利夫妇于1959年在《大众传播与社会系统》中首先提出的。这一理论认为，社会现实中的受众，在接受媒介和选择内容的过程中不但有"个人差异"，还有共性。受众是生活在各种不同的社会群体中的个体，必然在行动时受到群体规范和群体压力的影响。

受众可以根据年龄、性别、种族、文化程度、宗教信仰以及经济收入等人口学意义上的相似而组成不同社会类型的群体。这些因人口学因素相同或相似而结成的群体，又有着相似的性格和心理结构，在人生观、价值观等方面也有着较为一致的看法。相同社会类型的成员常常行为类似。而不同社会类型的成员趋向于选择不同的媒介内容，并以不同于其他社会类型成员的方式去解释同一讯息，有选择地记忆，并采取不同的行动。

莱利夫妇提出的社会类型论揭示了基本群体在传播过程中所扮演的角色。他们认为，对个人的传播行为产生作用的群体是基本群体和参考群体。所谓基本群体，是长期持续的、亲密的、面对面接触的群体，如家人、同学等。参考群体则是个人在其帮助下可以确定自己的态度、价值观和行为的群体。个人无须是参考群体的成员，但该群体的规范对他有指导意义。

受众可以划分为许多的"社会群"，大众媒介应该考虑到不同群体的受众对信息接收倾向性的差异和受众的接受理解为所属群体的引导，有针对性地选择信息、制作节目或安排内容，这样才会使自身别具特色和具有吸引力。

第三，社会关系论。

与前两种理论不同，社会关系论强调的是群体关系在传播活动中的作用。它将注意力放在了群体压力、合力对个人接收传播信息所产生的影响上，认为受众所属团体的压力和合力对于受众接受信息时的态度和行为产生的影响很大，而媒介通常难以改变人们固有的信念和态度。

这一理论是拉扎斯菲尔德、贝雷尔森和卡茨等人的研究成果。他们认为，个人差异论和社会分类论都忽视了受众之间错综复杂的相互关系，而这种社会关系对于受众研究是极为重要的。受众的社会关系对受众有着巨大的影响，在受众的媒介接触中，社会关系经常既能加强也能削弱媒介的影响。事实上，媒介的效果经常为受众的社会关系所削减。社会关系主要包括人际网络、群体规范和意见领袖等，具体到受众的社会关系则主要有他们所处的工作单位、社会组织以及各种非正式的群体等。社会关系论为大众传播和人际交往提供了一个结合点，而结合的桥梁就是社会关系。

早在1940年，拉扎斯菲尔德和贝雷尔森等人在俄亥俄州伊利县所作的研究就发现了群体对社会成员的巨大影响。这项研究旨在调查关于大众传播的报道对改变人们在总统竞选中投票的态度的作用，调查发现："只有很少一部分人是由于大众传播信息而改变了早期的投票意向"，大众传播的作用没有人们想象的那么直接和强大。对投票意向和媒介行为影响很大的是社会群体。其中年龄、党派、性别、城乡居址、经济地位及教育程度是关键变量，"社会成员类型决定了兴趣之所在并导致了早期的投票决定。"调查者认为，受众所属的不同群体，不仅影响了人们接受大众传播信息的程度和方向，而且决定了这些内容对他们的各种影响。这一调查之后，产生了一种新的传播理论——"两极传播论（后被拓展为多级传播理论）"，拉扎斯菲尔德等在1944年出版的《人们的选择》中还提出了"舆论领袖"的概念，这是指在传播过程中给予他人影响的人。

群体压力理论是一种与社会关系论相关的理论。这种理论认为，群体压力能够影响受众对媒介内容的接受。人们一般都会选择加入与自己意见一致的团体，团体对这些意见的认同会加强个人关于此意见的信心。媒介的信息一旦不符合团体的利益和规范时，便会受到团体的抵制。在这种情况下，团体成员往往会对这一媒介产生怀疑，固守并加强对原有信念的坚持。这时，媒介的力量被削弱已经成为不争的事实。如果媒介内容与团体规范的冲突并不是特别严重，团体则会对媒介意见另作解释，由于与其原有意见较为接近，所以团体成员也倾向于接受这种解释。这时，媒介的作用也会被减弱。因此，传播媒介要想改变人们固有的意见是非常困难的，除非它与这些人所处群体的意见一致。

从上面的理论中，我们可以看到：群体对受众接受信息产生重要影响，对大众传播也产生重要影响；群体可以使受众态度定型，并使它们难以改变；了解某人所属或认可的团体，可以帮助我们预测这个人的行为，政治团体尤其如此；真正有效的传播很多时候是大众传播与人际传播相结合的。传播媒介必须认识到，受众不会接受媒介的操纵，只是从传播媒介那里取己所需，并拿来为己所用。

第四，文化规范论。

文化规范论与前三种理论有所不同。前三种理论是以受众为出发点来探讨媒介与受众之间的关系，而文化规范论则以传播媒介为出发点，认为大众传播的内容会促使接收对象发生种种变化。

受众的文化规范理论认为，受众能够从媒介内容中学到新的观点，这种观点可能加强或改变原有看法。这种理论强调大众传播间接和长期的效果。可以说，在现代社会里，大众传播充当着文化的选择者和创造者的角色，传播媒介为社会树立了文化规范。而人们在社会文化之中生活，久而久之，就会形成与这种文化相符合的社会观、价值观。在这一点上，文化规范论与"议程设置"理论有一定的联系。

但还有许多学者认为，大众传播改变了人们的生活习惯并创造新的社会文化规范只是少数情况，多数情况下，大众传播所起的是加强现有社会文化规范的作用。总的来讲，文化规范论肯定了大众传播对受众所造成的影响，并认为如果这种影响增强，会造成社会的"一体化"，为未来社会制造新文化。所谓社会"一体化"，指社会所有的个人、集团以至国家都从大众传播中获取不同的信息，从而相互了解、认识和鉴赏他人的生活条件、观点和愿望。

雷·埃尔登·希伯特等人将上述四种理论概括起来：人们广大受众中的一员，每个受众对传播的内容信息的反应不相同。但是，具有相同经验和相同的社会关系的受众有相似的反应。更重要的是，人们作为受众，他们必须受到整个传播经验的影响。

第五，社会参与论。

该理论由美国学者巴伦在1967年发表的《对报纸的参与权利》一文中最早提出。他提出："为了维护传播媒介受众的表现自由，保障他们参与和使用信息传播媒介的权利，公民对传播媒介的参与权必须在宪法中得以确认。"

社会参与论的主要观点可以归纳如下：（1）大众传播媒介应是公众的讲坛，而不是少数人的传声筒。（2）时代在发展，受众在变化，许多人已不满足消极地当一名接受者，一种试图传播的自我表现欲正在增长。（3）让受众参与传播正是为了让其接受传播，因为人们对于接受他们亲身参与而形成的观点，要比他们被动地接受从别人那里听到的观点容易得多。（4）参与传播也是受众表达权、讨论权的具体表现。

随着社会的进步，受众积极参与大众媒介信息传送的要求日益强烈。大众传播媒介应该本着尊重受众、提高传播效果的原则，在传播形式上尽可能地考虑和照顾到受众这种积极参与的愿望、要求和权利。在我国，改革开放以来，受众的参与热情得到了极大的满足。读者来信、听众点播等传播参与形式越来越多地出现在传播活动中，密切了传受双方的联系。

第六，使用与满足理论。

使用与满足理论又名满足需要论，是一种新兴的受众理论。它同传统的媒介传播信息以影响受众的思路迥异，是从受众的需要和接收信息的原因出发进行的研究。这

传播学理论基础与实战练习

一理论的代表人物是卡茨、麦奎尔、E·罗森格伦、G·布卢姆勒等。这一理论认为，受众是有着特定需求的个人，他们接触媒介的活动是基于特定的需求动机，从而使自己的特定需求得到满足。每个人的需求各不相同，在这样的情境下，大众媒介所传递的信息就不可能同时被所有的受众接受，受众总是从中挑选可以满足自己的信息。研究表明，受众通过使用媒介而获得的满足至少来自三个方面：媒介内容、媒介接触本身以及接触不同媒介时的情境。

这一观点说明受众面对大众传播并不是被动的，实际上受众总是主动地选择自己所偏爱和所需要的媒介内容和讯息，而且不同的受众还可以通过同一媒介讯息来满足不同的需要，并达到不同的目的。因此不是传播媒介在操纵受众，而是受众在使用传播媒介，传播活动的主动权是由受众而不是传播者所掌握的。

使用与满足理论特别强调受众的作用，突出了受众在传播活动中的地位，认为受众通过对媒介的积极使用，实际上制约着整个传播过程。这一理论为受众分析提供了新的视角，但它也存在明显的不足之处：首先，它假定受众都知道自己需要什么，并知道如何在使用媒介中满足其需求，这在现实生活中往往不能成立。其次，它的理论前提是受众可以随心所欲地选择讯息，可以按照自己的愿望，根据自己的心意去对讯息进行取舍。但是从整个社会背景和媒介环境来看，受众并没有多大的选择余地。　　　（**胡正荣**）

7. 简述受众不同类型的需要与媒介满足的关系

卡茨等人系统地梳理了有关大众媒介的社会和心理功能的研究文献，得出受众使用媒介的 35 种需要，并将之分为五大类：（1）认知的需要。包括获得资讯、知识，了解情况等。（2）情感的需要。包括情绪的、愉快的或美感的经验等。（3）人际整合的需要。如加强可信度、信心、稳重感和提高身份地位等。（4）社会整合的需要。如加强与家人、朋友的联系等。（5）缓解压力的需要。如逃避现实、消遣娱乐等。

他们还通过对 1500 名以色列受访者的研究，就受众不同类型的需要与媒介满足的关系，得出一系列结论：

第一，总体上，非媒介来源（或与媒介共同组成的来源）比大众媒介更能满足人们的需要；家人朋友等都是满足需要的非媒介来源。

第二，与满足所指的对象——社会的、生理的或心理的——距离越远，媒介的角色就越重要，但是，正式的和非正式的人际传播会竭力对之施加影响。

第三，整体而言，在自我整合，甚至获得娱乐的满足方面，朋友比大众传媒更重要。

第四，对那些认为国家和社会的事件对他们来说很重要的人而言，媒介用处的得分多少，与这种需求的强烈程度完全一致，在这方面，报纸最重要，广播次之，接下来是电视，书籍和电影远远落后。

第五，不同类型的媒介在满足个人需求方面各有优势，书籍能满足自我了解的需要，娱乐需要与电影、电视和书籍有关，报纸则对自我约束和提高自信心作用较大。　　　（**张国良**）

8. 简述受众的选择性心理和行为

受众在接受信息时，并不是不分巨细、不加分析地照单全收，而往往是有所选择、有所侧重的，这就是心理学研究中的所谓选择性规律的体现。受众对信息的选择性心理和行为，体现在对信息的接触、理解和记忆这三个环节。

首先，是选择性注意。当传者传送的信息到达受众时，受众接受信息的第一步是注意。注意，是调动感觉器官指向和集中于一定对象的心理活动。注意的指向性和集中性，决定了它的选择性。事实上，人无时无刻不在接受外界的刺激，但不可能对所有的信息刺激作出反应，不然，行为就无法实施，生活就无法组织，社会也将陷入无序。而人总是选择那些自己需要的、感兴趣的信息。于是，选择性注意成为受众接受信息的第一道"闸门"和"筛子"。

信息要顺利通过这第一关，就必须提高自己的竞争能力，在信息堆中"突"出来。影响信息认知的主要因素，包括结构性因素和功能性因素。

所谓结构性因素，主要涉及信息的形式，包括信息刺激的强度、对比度、重复率和新鲜度，如大音量等，体现了信息刺激的强度。一般来说，刺激强度越高，信息越容易被注意。但是，强烈音乐中的片刻寂静，尽管刺激强度很弱，反而更吸引人们的注意，这就是对比度的作用。与周围的信息反差越大，注意度越高。重复刺激，是改善强度与对比度的一种综合手段，它增加了信息刺激的总强度，并且能在一定程度上克服遗忘的影响，从而产生更好的效果。同时，重复使单体信息成为时间序列中的有序组合，与其他偶然出现的信息的无序状态形成对比。新鲜度，则可以说是一种时间的对比度，如发型的改变、行为的反常等，与平时的信息形成对比，越少见，改变越大，刺激强度就越大，越能为人们所注意。

所谓功能性因素包括延缓性因素和即时性因素。前者是人们在文化、社会因素长期作用下形成的比较稳定的个人特征，如个人信念、理想、价值观和个人性格等。后者指受众在接触信息时的心理状态，如情绪、精神面貌、具体需求等。

其次，是选择性理解。如前所述，信息传播是一个"编码"与"解码"的过程，即传者将一定的意义"编制"成一定的符号，受众则把以符号为载体的信息回译成"意义"。这个翻译过程，不是简单的还原，而是积极的、带有创造性的活动，因此不可避免地带有强烈的主观色彩。经过编译后的受者心目中的意义，与传者心目中的意义，就存在一定的差异。而造成差异的原因，从受众方面看，也就是选择性理解。

影响受众对信息的理解活动的因素，主要在于：（1）特定的文化背景。个人的观念、性情、态度、习惯等，受他身处的特定文化环境的熏陶而形成，因此在接受信息时，也必然站在一定的文化立场上对之进行阐释，其理解的信息就不可避免地打上他自身文化背景的烙印。（2）个人动机。动机是引起个人采取某种行为，并维持这一行为的内在原因，也直接影响个体对信息的理解，对同一件事情，不同动机的人可有不同的理解。（3）个人心理预期。个人在接受某个特定信息前，有可能或多或少了解与此相关或相近的信息，从而对此类信息（事件）形成一定的心理预期，当他接受这个特定信息时，就倾向于朝自己所预期的方向去理解。（4）个体当下的情绪。情绪指个体受到某种刺激所产生的一种特殊的身心状态，对同一条信息，由于个体情绪状态的不同，所形成的理解也可能截然不同。

由于人类传播活动往往是多次反复的过程，一次信息互动，可给下一次信息互动带来影响，因此受众的选择行为还包括注意、理解之后的记忆，即选择性记忆。同样，人们倾向于只记得与自己的观念、经验、个性、需求等因素相一致的信息。

这三层选择，可视为三个防卫圈。选择性注意是最外一圈，选择性理解是中间一圈，选择性记忆是最里一圈。不合己意的信息往往在最外圈就被"挡驾"。如果无从回避，在接触这些信息时，可实行选择性理解，挡住一部分意义，或歪曲一部分意义。如果还是不行，就采取选择性记忆，将那些进入最里圈的信息逐出圈外。 （张国良）

9. 影响受众选择的因素

受众选择信息的过程受到多种因素的影响和制约，选择性心理只是其中之一。

第一，社会文化因素。

受众所处的社会环境、社会地位、文化背景的不同，使不同的受众对相同的传播内容产生了不同的看法和态度，从而受传播的影响及程度也不同。

巴鲁赫·斯宾诺莎说过，人是社会的动物。因此，人的本质属性是社会性，而很多社会事业的兴起和发展也是源于人的需要。社会上不同的人组成了不同的阶级、阶层、团体、组织等，每个人都会隶属于其中不同的部分，受众的思想观念、道德、行为规范等都受到其影响和制约。每个社会组织类型（团体）都有一套约定俗成的规范、准则、章程等，这些无形的约束使得同一类型的社会成员有几乎相同的价值取向，反映在对传播内容的接受上就是相同社会类型的受众大体选择相同的传播媒介、传播内容，并作出近似的反应。同时，受众所处的社会关系也会对其选择或排斥传播媒介的信息产生重要影响。

不同的国家和地区有着不同的文化背景，文化的差异也影响着人们参与社会传播活动的方式、方法，不同的宗教信仰、生活习惯、整体教育水平、文化生活方式都会对传播内容的正常流动造成影响。因此，受众对传播内容所产生的不同反应和态度受其所处的社会环境、文化背景影响。

第二，心理因素。

受众的心理影响因素有两方面的内容：一方面是受众因个体差异而产生的选择性心理和逆反心理；另一方面因为受众生活在不同的团体中，需要同环境保持一致，得到认可和接纳，采取与大多数人相一致的心理或行为。所以，受众在接受媒介的传播内容时还要受到从众心理（或称做遵从性心理）的影响。

在传播学中，从众就是受众在传播活动中不知不觉受到群体压力而在认识、行为和观点等方面发生与群体中大多数人相一致的变化。形成从众心理的根本原因是群体压力。单个受众都是属于不同的团体的。群体为保持其共同活动的顺利进行和关系状态的稳定，有着一些共同的价值观念和行为规范。违反者会受到孤立冷落乃至被驱逐，于是人在保护自己的同时要屈从于团体利益。

黎维特将群体意见对个体所形成的压力过程划分为四个阶段：（1）热烈讨论后分出多数派和少数派的合理辩论阶段。（2）多数派劝少数派赞同大家意见的好言相劝阶段。（3）对少数固执己见的个体群起而攻之的围攻抨击阶段。（4）使极少数派陷入完全孤立的隔离排挤阶段。

由于群体规范压力而形成从众的心理和行为，在社会生活中较为普遍。在那些文化层次较低的群体或受众个人没有清楚认识的问题上尤其如此。由于从众心理而造成的群体一致有助于受众的态度定型，实现群体目标和维护群体稳定，对传播媒介进行有效信息沟通有着不可忽视的作用。 （胡正荣）

10. 简述作为权利主体的受众

受众不仅仅是传媒信息的使用者和消费者，他们还是构成社会的基本成员，也是参与社会管理和社会公共事务的公众。当我们把受众看做社会成员和公众的时候，受众拥有各种各样的正当权利。受众在大众传播过程中享有的基本权利包括以下几个方面：

首先，传播权。传播权是构成社会的每个成员所享有的基本权利之一，在传统上称为表现自由或言论自由的权利。社会成员是社会实践和社会生活的主体，他们有权将自己的经验、体会、思想、观点和认识通过言论、创作、著述等活动表现出来，并有权通过一切合法手段和渠道加以传播。

其次，知晓权。从广义上说，它指的是社会成员获得有关自身所处的环境及其变化的信息、保障社会生活所需的各种有用信息的权利。从这个意义上说，它也是人的生存权的基本内容之一。从狭义上来说，知晓权指的是公民对国家的立法、司法和行政等公共权力机构的活动所拥有的知情或知察的权利，这是公民的一项基本政治权利，也意味着公共权力机构对公民负有信息公开的责任和义务。

再次，传媒接近权。传媒接近权即一般社会成员利用传播媒介阐述主张，发表言论以及开展各种社会和文化活动的权利，同时，这项权利也赋予了传媒应该向受众开放的义务和责任。媒介接近权的概念，反映了资本主义媒介制度下社会成员的表现自由或言论自由的权利与媒介的私人占有制之间的巨大矛盾。

媒介接近权的核心内容是要求传媒必须向受众开放。它虽然尚未形成法律上的明文规定，但至少在三个方面已经产生了普遍的影响：第一个方面是"反论权"，即社会成员或群体在受到传媒攻击或歪曲性报道之际，有权要求传媒刊登或播出反驳声明。第二个方面是"意见广告"。为了争取受众的好感和信任，目前很多印刷媒介已经能够在不同程度上以收费形式接受读者要求刊登的意见广告。第三个方面体现在多频道有线电视领域，一些国家基于媒介接近权原理，在发放有线电视系统经营许可证之际，规定了必须开设允许受众自主参与的"开放频道"的附加条件。这些措施虽然不能从根本上解决问题，但在缓解社会矛盾方面起到了一定的作用

我国的传媒实行社会主义公有制，从原理上来说不存在受众的媒介接近权问题的。不过，伴随着近年的市场经济的发展，我国的大众传媒业逐渐具有了经营实体的性质，有了自身的经济利益。当传媒的自身利益与受众利益发生冲突之际，如何自觉地尊重、维护和保障受众的权利和利益，在我国传媒活动中也是一个应该引起重视的问题。

最后，媒介监督权。大众传播的信息生产和传播活动涉及受众广泛的利益，受众有权通过各种形式对传媒的活动进行监督。 （郭庆光）

【参考知识点】

简述受众的权利

随着受众在传播活动中地位的提高，人们逐渐认识并承认，作为传播活动主体之一的受众在传播活动中有一定的权利。概括而言，受众权利包括如下几个方面。

第一，知情权。

受众享有知悉有关方面真实情况的权利。受众有权要求大众传播媒介提供社会成员所应获得的有关种种事实的消息情报，有权得知有关公共信息和国内外每天发生的

重大事件或有意义的事情。国家和传播媒介应为公民享有这些权利提供法律和实际业务的保障，方便信息向受众流动。

第二，参与权。

受众享有参与和借助媒介表达意见、表演节目、传递信息、展示作品、点播节目等权利。现代社会的受众认识到了自己在传播活动中的主体地位，于是希望在接受信息的同时传播信息，成为大众传播的积极参与者。传播机构应公平对待并依法保护受众享有、使用媒介及服务的权利。

第三，讨论权。

受众享有对社会问题发表意见的权利，这对稳定社会和提高社会政治生活质量很有意义。通过有效渠道及时交流意见是公民参政议政的条件，是受众享有社会民主权利的体现，同时，自由交流讨论的权利可以保证集体行为的真正一致，并影响到权威人士和决策机构所作的决定。

第四，隐私权。

受众享有对个人与公众利益和公众事物无关的私生活进行保密、不受新闻媒介打扰和干涉以及个人的名誉和利益不受侵害的权利。由于传播媒介的失实报道、不公正报道或评论而使公民名誉、利益受到损害或隐私受到侵犯的事时有发生。目前，我国已经初步形成了对权利较为完整的成文法律保护体系。受众保护自己免受新闻侵害有了法律保障，有权要求传播机构作对等的更正、答辩或要求赔偿。

第五，监督权。

受众享有对大众传播媒介的运作和传播者的传播行为进行察看并督促的权利。通常受众是根据法律条文、道德规范、行为准则等，并以写信、打电话、停止订阅、舆论声张等多种形式对新闻媒介和新闻传播者进行监督，促使其寻找适合国情、民情的途径和按照受众能够接受的方式行事。　　　　　　　　　　　　　　（胡正荣）

11. 简述作为社会群体成员的受众

不同的受众观会导致对受众在大众传播过程中的性质、地位或作用的不同理解。用大众社会论的受众观看问题，我们眼前呈现的是一大群原子结构的、沙粒般、分散的、无防护的个人，这些个人在大众传媒有计划、有组织的传播活动面前是被动、缺乏抵抗力的。传播效果研究早期的"子弹论"、"皮下注射论"或"靶子论"的观点，就是建立在这样一种受众观的基础上的。

如果我们把受众看做社会群体的成员，就会发现受众并不是孤立的存在，而是分属于不同的社会集团或群体，有着不同的社会背景。受众对大众传媒的接触虽然是个人的活动，但这种活动通常受到他的群体归属关系、群体利益以及群体规范的制约。受众的群体背景可以分成两个方面：一是人口统计学意义的群体，包括性别、年龄、籍贯、民族、职业、学历等。二是社会关系意义的群体，如家庭、单位、团体、政治、经济和文化的归属基础、宗教信仰群体等。受众个人的群体属性不同，意味着他们所处的时代、社会环境、社会化的条件、社会地位、价值和信念、对事物的立场观点和看法、心理特点和文化背景都有很大差异，对大众传媒信息的需求、接触和反应方式也是千差万别的。

受众的群体背景或社会背景是决定他们对事物的态度和行动的重要因素，这种影响有时甚至超过大众传播的影响。早在 20 世纪 40 年代，拉扎斯菲尔德等人进行的 IPP 指数分析就已经证明了这一点，而"选择性接触"机制的存在也说明，受众在大众传媒面前并不完全被动，而具有某种能动性，大众传媒并没有随心所欲地支配和左右受众的力量。

（郭庆光）

12. 试析"受众即市场"的观点

把受众看做信息产品的消费者和大众传媒的市场，也是一种很普遍的受众观。这种观点在 19 世纪 30 年代以后大众传媒向企业经营形态转变的过程中就已经出现了，在大众传播事业成为信息产业的一个重要组成部分的今天，更为常见。

麦奎尔认为，如果从市场的角度考虑问题，受众可以定义为特定的媒体或讯息所指向的、具有特定的社会经济侧面的和潜在的消费者的集合体。

把受众看做市场或消费者的观点，是建立在以下几个基本认识的基础上的：第一，大众传媒是一种经营组织，必须把自己的产品或服务在市场上销售出去。第二，要做到这一点，必须使自己的产品或服务以商品具备一定的使用价值或交换价值，换句话说，即能够满足消费者的各种需求。第三，传媒活动既然是市场活动，那么各传媒机构之间必然存在着激烈的竞争关系，而竞争的对象自然是消费者。

"受众即市场"是大多数媒介机构的基本观点。不过，对受众市场性质的看法，随着时代变迁也有一个变化的过程。20 世纪 80 年代以前，多数传媒把受众看做一个未分化的"大众"市场。其有效经营方式是提供能够满足普遍需求的信息产品或服务。而在媒体丰富化的今天，许多传媒则认为大众市场已经饱和，因此，准确进行受众定位，开拓具有特定需求的"小众"市场成了保证经济效益的最佳选择。

"受众即市场"的观点反映了传媒活动的某些特点，也能够揭示受众作为消费者的某些行为特点。但是，从传播学的角度来看，这个概念是不完善的。麦奎尔曾指出它有以下几个问题：

首先，它容易把传媒与受众的关系固定为"卖方"和"买方"的关系。传媒负责提供，受众只能在被提供的商品范围内进行选择。在这里，复杂的社会传播关系被简化成了单纯的买卖关系。

其次，这种观点更多地着眼于受众的购买能力与消费特点相关的人口统计学属性，如收入、性别、年龄、学历等，而不能反映受众内部更深层次的社会关系和意识形态。

再次，这种观点容易把"商品销售量"——收视率或发行量作为判断传媒成功与否的唯一标准，而把公益性和社会效益标准放在次要的位置上。

最后，把受众视为"市场"的观点只能是传媒一方的观点，只能使人从传媒的立场出发考虑问题，而不是从受众的立场出发考虑问题。因为在受众看来，他们并不单纯是消费者，而且还是社会公共事务的参与者，是拥有传播权利的主体。

因此，我们不能将受众简单地等同于物质商品的消费者，也不能将传媒简单地等同于生产和提供物质商品的企业，归根到底，这是由精神产品的生产和消费过程的特殊性所决定的。

（郭庆光）

13. 论述清水几太郎的"拷贝支配"社会

清水几太郎从社会传播结构的变化以及大众传播的性质上来说明受众被动的原因，他认为现在的社会是一个"拷贝支配"的社会，而导致这种状况的重要原因是环境的扩大和社会生活的间接化。换句话说，环境的扩大和社会生活的间接化意味着人们与大多数重要的"实物"不可能保持实际接触，要了解他们只能依靠传媒提供的第二手信息——"拷贝"。"拷贝"不是"实物"本身，而人们又缺乏将之与"实物"相对照的手段，也只能把它们作为"实物"的代替物。由于大众传媒的大量生产和大量提供，现代人每日每时都处在"拷贝"洪水的包围之中，要躲避它们的影响是不可能的。

另外，"拷贝的支配"也会转化为"心理的暴力"，这是因为在"拷贝"制作和提供过程中存在着两条"抽象的原理"。

第一条是利润原理。也就是说，"拷贝"收集、制作和提供是作为盈利活动来进行的。为了获取利润，传媒必须争取多数的受众，而要做到这一点，就必须满足广泛的受众需求。为了达到此目的传媒通常有两种做法：一是为特定的受众提供特定的"拷贝"；二是提供满足最广泛的普遍兴趣的"拷贝"。问题在于后者，因为最广泛的普遍兴趣也就是超越人的阶层、群体、职业、学历等社会属性的兴趣，说到底无非就是与性爱、犯罪、冲突、猎奇等有关的本能兴趣。清水几太郎认为，这种最普遍的兴趣也就是人的"原始兴趣"，这种兴趣存在于人的本能之中。在传媒提供的大量刺激人的原始需求的"拷贝"面前，如果没有生理障碍或特殊的毅力，一般经受不住它们的诱惑。

第二条是政治或宣传原理。根据清水几太郎的定义，宣传即"使用语言或其他象征手段，将众多的人引向某种行动的活动"，大众传媒的"拷贝"制作和提供不仅受到利润原理的驱动，而且受到政治和宣传原理的制约。不过他认为，大众传媒的宣传与政府或政党的直接宣传不同，主要是通过"拷贝"的选择和加工活动来潜移默化地进行，更具有一种"麻醉"效果。在现代资本主义社会，"拷贝"的制作、采集和分配控制在巨大垄断媒介手中，而一般大众只能作为消费者，以完全被动的态度接受单向的"拷贝"洪流的冲击。

清水几太郎认为，在"拷贝"带有心理暴力性质的强大支配力面前，现代人"已经屈服于大众传媒结构的庞大规模和它们的垄断地位"，对来自传媒的种种刺激已经放弃了严肃认真的态度，在玩世不恭和无可奈何的心态主导下自甘消极、被动。他们已经"无条件地放弃了自己的批判能力，形成了无思想的划一主义"。

清水几太郎的分析揭示了大众传播的单向性，它在社会影响力方面是有说服力的，但是他把受众看做绝对被动的存在的观点有失偏颇。在现代社会，阶层大众传播是社会成员的一项重要活动，但并不是全部活动，他们同时还参与各种能动的社会实践活动，有着丰富的现实社会关系，而这样一些社会关系和实践也必然会对他们接触大众传播产生能动的影响。受众不仅不是被动的，而且具有很强的能动性。

（郭庆光）

14. 简述"使用与满足"研究

受众成员的媒介接触活动是一种满足个人基本需求的活动。但是使用与满足的过程充满复杂性和多样性。受众成员的需求不仅与他的性格、兴趣等个人属性相关联，而且受到他所处的环境或社会条件因素的制约。

在考虑到社会条件因素重要性的基础上，传播学家 E·卡兹等人在 1974 年发表的《个人对大众传播的使用》一文中，将媒介接触行为概括为一个"社会因素＋心理因素→媒介期待→需求满足"的因果连锁过程，提出了"使用与满足"过程的基本模式。1977 年，日本学者竹内郁郎对这个模式做了若干补充。

该模式的基本含义是：（1）人们接触传媒的目的是为了满足他们的特定需求，这些需求具有一定的社会和个人心理起源。（2）实际接触行为的发生需要两个条件，其一是媒介接触的可能性，即身边必须要有电视机或报纸一类的物质条件，如果不具备这种条件，人们就会转向其他代替性的满足手段。其二是媒介印象，即媒介能否满足自己的现实需求的评价，它是在以往媒介接触经验的基础上形成的。（3）根据媒介印象，人们选择特定媒介或内容开始具体的接触行为。（4）接触行为的结果可能有两种，即需求得到满足或没有得到满足。（5）无论满足与否，这一结果将影响到以后的媒介接触行为，人们会根据满足的结果来修正既有的媒介印象，在不同程度上改变对媒介的期待。

"使用与满足"研究曾经在大众传播效果研究史上产生过重要影响。此前的效果研究主要是从传播者或传媒的角度出发，考察传媒活动是否达到了预期目的或者对受众产生了什么影响，而"使用与满足"研究则是从受众角度出发，通过分析受众的媒介接触动机以及这些接触满足了他们的什么需求，来考察大众传播给人们带来的心理或行为上的效用。因此，这一研究开创了从受众角度出发考察大众传播过程的先河。

"使用与满足"研究把能否满足大众的需求作为衡量传播效果的基本标准，这个视角具有重要意义。第一，它认为受众的媒介接触是基于自己的需求对媒介内容进行选择的过程，这种选择具有某种自主性，有助于纠正"受众绝对被动"的观点。第二，揭示了受众媒介使用形态的多样性，强调了受众需求对传播效果的制约，对否定早期的"子弹论"效果观具有意义。第三，它指出了大众传播对受众的一些基本效果和影响，对"有限效果"理论也是有益的矫正。

不过，"使用与满足"研究也有它的局限性。

首先，"使用与满足"研究过于强调个人和心理因素，行为主义和功能主义色彩较浓。一些学者虽然也提到了社会条件或社会结构因素的作用，但他们却未能对此进行充分考察。

其次，它脱离了传媒内容的生产和提供过程，单纯考察受众的媒介接触行为，因而不能全面揭示受众与传媒的社会关系。英国的批判学者D·莫利认为，传媒的信息生产是一个符号化的过程，这个过程受到传媒的利益和意识形态的制约，带有特定的倾向性。而受众的传媒接触是一个符号解读的过程，解读过程受到受众的社会背景、文化和意识形态的影响制约，这两者之间必然会存在矛盾、冲突或妥协的复杂关系。这种关系，在"使用与满足"研究的框架下是反映不出来的。

最后，"使用与满足"研究指出了受众的能动性，但这种能动性是有限的，仅仅限于对媒介提供的内容进行"有选择的接触"的范围之内，因而不能反映受众作为社会实践的主体，有着传播需求和传播权利的主体所具有的能动性。（郭庆光）

15. 请对"使用与满足"研究进行评价

"使用与满足"研究从受众的需求和满足的角度来考察传播效果，强调了传播过程中受众的主动性，指出大众传播对受众是有效用的，是对"有限效果论"的有益修正，在传播学研究史上产生了重要影响。但是，它在基本假设及研究方法方面都存在缺陷，因此自20世纪70年代以来，也一直受到批评。总的来说，对"使用与满足"研究的批评，主要有以下三点。

第一，从研究方法来说，主要依据研究对象的自我报告来确定受众接触媒介的动

.传播学理论基础与实战练习.

机，致使结论过于简单和天真。另外，过于强调对个体的研究，而忽视社会结构和社会环境因素的影响。

第二，从研究假设来说，过于强调受众的主动性，强调受众的媒介接触行为有明确的目的，但不少研究发现，受众接触大众媒介常常是漫不经心的，其主动性也是有限的，受众只能在媒介所提供的有限范围内进行选择，因此过于强调受众的主动性，实际上是一种误导。

第三，从研究范围来看，忽视媒介内容对受众的影响。受众的媒介接触过程，实际上是一个符号解读的过程，大众媒介所提供的讯息，通常倾向于强化统治阶级、阶层的价值体系，受众在符号解读的过程中，很难完全回避媒介的这种倾向性。

（张国良）

16. 简述对印刷媒介的"使用与满足"研究

对印刷媒介的使用形态较早进行考察的是贝雷尔森。1940 年，在《读书为我们带来什么》一文中，贝雷尔森指出人们对书籍的使用在受到性别、年龄、学历、职业等因素影响的同时，还受到一些其他读书动机的影响。1949 年，贝雷尔森还发表了《没有报纸意味着什么》的研究论文，这项研究以 1945 年 6 月 30 日纽约八大报纸的发送员大罢工为背景，通过调查没有报纸带来的不便来揭示报纸在日常生活中的效用。根据调查结果，贝雷尔森总结了人们对报纸的六种利用形态：（1）获得外界消息的信息来源——没有报纸就失去了了解外部变化的耳目；（2）日常的工具——如看不到广播节目表，得不到天气、交通、购物的消息等；（3）休憩的手段——从读报中获得安静和休息；（4）获得社会威信的手段——经常披露从报纸上读来的新闻或新知识，可以获得周围人的尊敬；（5）社交的手段——读报可以提供丰富的话题，活跃社交生活；（6）读报本身的目的化——每天读报已经成为习惯性行为，读不到报纸便缺乏生活的充实感。

（郭庆光）

17. 对电视媒介的"使用与满足"研究有哪些？

20 世纪 40 年代的"使用与满足"研究还是比较简单的。这主要表现在以下几个方面：第一，早期的研究仅仅归纳了"使用"或"满足"的基本类型，在理论上没有进一步的突破。第二，在方法上以访谈记录为主，没有形成较严密的调查分析程序。因此，"使用与满足"研究在 20 世纪 50 年代进入了一个停滞期。直到 20 世纪 60 年代以后，这项研究的价值才重新得到肯定，再次复兴起来，其中，有代表性的成果是 D·麦奎尔等人于 1969 年开始的对电视节目的调查。

与早期的研究不同，这项研究在概念操作、受众样本抽选和数据分析方面，都采用了一套严格的程序。这次调查不仅归纳了各种节目提供"满足"的不同特点，而且抽出了它们之间共通的四种基本类型。

（1）心绪转换效用。电视节目可以提供消遣和娱乐，能够帮助人们"逃避"日常生活的压力和负担，带来情绪上的解放感。

（2）人际关系效用。这里的人际关系包括两种：一种是"拟态"人际关系，即观众对节目出场人物、主持人等所产生的一种"熟人"或"朋友"的感觉；另一种是现实人际关系，即通过谈论节目内容，可以融洽家庭关系，建立社交圈子等。

（3）自我确认效用。即电视节目中的人物、事件、状况、矛盾冲突的解决方法等，可以为观众提供自我评论的参考框架，通过比较，观众能够引起对自身行为的反省，并在此基础上协调自己的观念和行为。

（4）环境监测效用。通过观看电视节目，可以获得与自己的生活直接或间接相关的各种信息，即把握环境的变化。

麦奎尔等人虽然使用了严格的调查分析程序，但不难看出，他们总结的关于电视的"使用与满足"类型，与20世纪40年代关于其他媒介的研究结论并没有多大区别。这种情况也说明，不管是什么媒介，人们接触媒介都是基于一些基本需求进行的，包括信息需求、娱乐需求、社会关系需求以及精神和心理需求等。现实中的各种媒介或内容形式都具有满足这些基本需求的效用，只不过满足的侧重点和程度各有差异罢了。（郭庆光）

三、论述题

1. 论述"使用与满足理论"

受众从宏观上来看是一个巨大的集合体，从微观上来看又体现为具有丰富的社会多样性的个人。在现代社会，接触大众媒介在每个人的生活中都占据着重要的位置。那么，受众个人为什么要接触大众传媒？这种接触对他们来说究竟具有什么样的效用？换言之，研究受众的性质和作用，不应该仅止于宏观的社会结构和社会规范的分析，还应该对受众心理和受众行为进行微观考察。在这方面，值得一提的是"使用与满足"研究的成果。顾名思义，"使用与满足"的研究把受众成员看做有着特定"需求"的个人，把他们的媒介接触活动看做基于特定的需求动机来"使用"媒介，从而使这些需求得到满足的过程。

从传媒接触的社会条件因素来看，受众成员的媒介接触获得是一种满足个人基本需求的活动，这是毋庸置疑的。但是，笼统地知道这一点尚不能说明使用与满足过程的复杂性和多样性。受众成员的需求不仅与其性格、兴趣等个人属性相关联，而且受到他所处的环境或社会条件因素的制约。

在考虑到社会条件因素重要性的基础上，传播学家 E·卡兹等人在1974年发表的《个人对大众传播的使用》一文中，将媒介接触行为概括为一个"社会因素＋心理因素→媒介期待→需求满足"的因果连锁过程，提出了"使用与满足"过程的基本模式，1977年，日本学者竹内郁郎对这个模式作了若干补充，如图7-1。

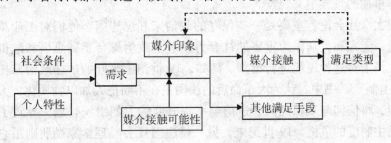

图7-1　"使用与满足"过程的基本模式

该图的含义是：（1）人们接触传媒的目的是为了满足他们的特定需求，这些需求具有一定的社会和个人心理起源。（2）实际接触行为的发生需要两个条件，其一是媒介接触的可能性，即身边必须要有电视机或报纸一类的物质条件，如果不具备这种条件，人们就会转向其他代替性的满足手段；其二是媒介印象，即媒介能否满足自己的现实需求的评价，它是在以往媒介接触经验的基础上形成的。(3) 根据媒介印象，人们选择特定的媒介或内容开始具体的接触行为。(4) 接触行为的结果可能有两种，即需求得到满足或没有得到满足。(5) 无论满足与否，这一结果将影响到以后的媒介接触行为，人们会根据满足的结果来修正既有的媒介印象，在不同程度上改变对媒介的期待。

从对"使用与满足"研究的评价来看，"使用与满足"研究是从受众角度出发，通过分析受众的媒介接触动机以及这些接触满足了他们的什么需求，来考察大众传播给人们带来的心理和行为上的效用。

"使用与满足"研究把能否满足受众的需求作为衡量传播效果的基本标准，这个视角具有重要的意义。第一，它认为受众的媒介接触是基于自己的需求对媒介内容进行选择的活动，这种选择具有某种"能动性"，有助于纠正大众社会化中的"受众绝对被动"的观点。第二，它揭示了受众媒介使用形态的多样性，强调了受众需求对传播效果的制约作用，对否定早期"子弹论"或"皮下注射"论的效果观起到了重要作用。第三，"使用与满足"研究指出了大众传播对受众具有一些基本效用，这对20世纪40年代至60年代过分强调大众传播的无力性的"有限效果论"也是一种有益的矫正。在这个意义上，一些学者把它称为一种"适度效果"理论。

不过，"使用与满足"研究也有它的局限性。不少学者认为：

首先，"使用与满足"研究过于强调个人的和心理的因素，行为主义和功能主义色彩较浓。

其次，它脱离了传媒内容的生产和提供过程，单纯地考察受众的媒介接触行为，因而不能全面揭示受众与传媒的社会关系。

最后，"使用与满足"研究指出了受众的某种能动性，但这种能动性是有限的，仅仅限于对媒介提供的内容进行"有选择地接触"的范围之内，因而不能反映受众作为社会实践的主体、有着传播需求和传播权利的主体所具有的能动性。　　（郭庆光）

2. 试论述大众社会理论的形成和变化

大众社会理论是一种复杂的理论，在当代社会学学界有着广泛的影响。它有一个形成、发展和变化的过程。

第一，早期的贵族主义观点。

早期的大众社会论者主要是一些保守的政治家和思想家，他们对工业革命、资产阶级革命后，工人和大众作为重要的社会力量登上政治舞台感到恐惧和危机，并站在贵族主义立场上对这种现状进行批判。例如，19世纪上半叶的法国政治家托克威尔在《美国的民主制》一书中，认为大革命后的法国正在不断把人加以物质化，大批不顾正义只求功利，将信仰与知识隔离、道德与幸福分断的人们纷纷登场，导致了社会秩序的混乱和民主制度的危机。19世纪末，另一位法国社会心理学家勒朋则用它的群集理论来描述法国大革命中的群众行为，认为他们是一群受到暗示和感染机制支配，无视理性和法律的"暴徒"，如果这种非合理性人群成为政治支配力量，则必然使迄今由少数贵族阶层所创造的文明遭到破坏。进入20世纪后，基于贵族立场的大众社会论者主要是西班牙的奥特伽，他在1930年出版的《大众的造反》一书中认为，工业革命和大众传播造成了一种缺乏历史感、自我意识和义务意识，只有强烈的欲望和权利意识的平庸者的集合体——大众，而大众的崛起将会导致对"有理性"、"有创造力"的少数社会精英的压迫，从而引起道德的颓废和国家的没落。早期的大众社会论充满了正在失去权力和影响力的贵族阶级对崛起的大众的仇视心理和偏见，其观点并无可取之处。

第二，对法西斯极权主义的批判。

20世纪30年代以后，大众社会理论发生了重要的变化，它开始脱离贵族主义立场，并成为批判法西斯极权主义制度的武器，其代表人物是社会学家卡尔·曼海姆等。

与早期的大众社会论者一样，曼海姆等同样把工业革命带来的产业化，资产阶级革命带来的平权化、民主化以及大众传播手段的发展看做大众社会产生的基础，但他们得出的结论却大不相同。曼海姆认为，随着产业化的发展，人的活动变得越来越具有功能合理性，而现代官僚组织则是最大限度地追求功能合理性的社会形态。但是，功能合理性却大大压抑和剥夺了一般个人的思考能力和责任能力，并把这些活动托付给少数居领导地位的精英人物。功能合理性的结果反而降低了一般大众的"本质合理性"，扩大了大众与精英人物之间的社会差距，这使一般大众越来越陷入异化感、不安全感和绝望感的笼罩之中，容易引起他们情绪上的躁动。另一方面，由于"民主化"赋予了一般大众参与政治的机会和权利，而大众传播又为权力精英提供了操纵大众的手段，如果大众情绪受到别有用心的精英集团的利用，就会引发具有极大破坏力的大众行动。法西斯体制的确立，就具有这样一种深刻的社会背景。原子化的、不定形的大众存在是法西斯专制政治的社会基础。法西斯势力破坏了所有中间群体，使人们变成了孤立的、分散的"大众人"，并通过暴力强制和宣传动员加以操纵，使他们变成了法西斯主义的狂热支持者。

这个时期的大众社会理论，主要着眼于产业化和资本主义大众民主制的内在矛盾，分析大众的"异化"及其社会结果，并试图说明法西斯体制出现的社会原因。

第三，战后美国的大众社会理论。

"第二次世界大战"后，从20世纪50年代开始，美国也出现了一批大众社会论者，著名的有查尔斯、李斯曼、孔豪瑟等人，他们的目的在于考察美国当代的各种社会病理现象。

查尔斯认为，在现代社会，随着大企业的增多和组织官僚化程度越来越高，过去那种以农场主和中小企业家为主体的"旧中产阶级"已经衰落，代之而起的是以管理人员、专业和事务人员等为主的"新中产阶级"，即白领阶层。白领阶层不但不拥有任何资产，而且仅仅作为大企业组织这架机器上的零件，机械地承担着"非人格化"的作业或服务。在高度合理化的大企业组织面前，他们常常抱有一种失落感或无力感，这使得他们对政治不感兴趣，而在业余生活中则"逃避"到大众传媒提供的消遣或娱乐领域。也就是说，这种白领阶层虽然在人口中占的比重不断增加，但在本质上是被排斥在统治势力之外的。他们与蓝领劳动工人一起，构成了美国社会中的"大众"。查尔斯认为，大众的状态以及他们与少数居支配地位的权力精英的矛盾，是美国各种社会病理现象产生的重要原因。

李斯曼主要从人的社会性格或社会适应方式的变化来说明大众社会的成因。他认为，随着社会人口的增加，人们的社会适应方式经历了一个从"传统型"到"内向型"又到

"外向型"的变化过程，而现代人的典型社会性格是"外向型"，即总是顾及周围的状况以及他人对自己的看法。这种社会性格意味着现代人的行为具有过多的"趋同"倾向，其结果便是社会成员自主性的降低和均质性的增加，成为无个性的一般大众。

孔豪瑟则强调现代大众社会具有双重的性质。非精英的大众易受到精英的操纵，而同时精英人物又容易受到非精英大众的压力和影响。他认为中间社会群体的衰退、人际关系的淡漠和孤立性、社会权力的集中性、大众传播导致的文化的均一性和流动性是现代大众社会的主要特点。

第四，如何评价大众社会理论。

大众社会论并不是一个严密的理论体系，而是一种看问题的视角或方法。从上面的论述可以看出，所有的大众社会论者都把现代社会作为原子化的大众社会来把握，但他们的立场和观点各不相同，有的是出于贵族立场对人民大众的攻击，有的是对法西斯体制的批判，有的则是为了揭示现代资本主义社会的弊病。

大众社会论的一个主要问题是它的精英史观。它虽然把权力精英作为批判的对象，但又把他们看做历史的主导者，而大众则是软弱无力、一盘散沙式的存在，只能被动地接受权力精英的操纵。这种精英史观与人民群众创造历史的唯物史观是格格不入的。

不过我们也应该看到，大众社会理论的独特视角对我们理解现代社会不无助益，他们的分析也触及了现代社会的许多重要课题。归纳起来说，大众社会理论认为大众社会的成立有六个基本条件：（1）产业化的大量生产和大量消费的存在。（2）社会的平权化或民主化的发展。（3）大众传媒的发达和大量信息、娱乐产品的提供。（4）生活水平的全面提高。（5）传统的中产阶层的衰退和以白领为主的"新中产阶层"的扩大。（6）社会组织中的官僚化的发展。这些条件是现代社会中的普遍现象。在处于现代化和向市场经济转轨中的我国，除了第六个条件尚不明显之外，可以说也具备了其他五个条件。因此，客观的分析和研究这样一些社会条件的意味及其对社会发展的影响，对推进我国的现代化建设无疑也具有重要的意义。

（郭庆光）

3. 受众调查有何意义，如何开展？

大众传播作为一种单向（至少是以单向为主的）传播，其受众人数众多而分散，反馈机制极为薄弱。因此对传者来说，受众的特征是模糊和不确定的。要了解受众的特点、兴趣、爱好以及他们对媒介讯息的意见等，必须借助特殊的调查技术，这就必须开展受众调查。

在科学化的受众调查技术诞生之前，受众来信、来电是媒介获得受众反馈的主要渠道。虽然受众来信、来电给媒介提供了宝贵的信息，但它们并不能成为媒介采取相关措施的充分依据，因为写信、致电媒介机构以传达自己反应的人毕竟只是受众中的少数自发者，难以代表受众喜好和需求的一般倾向，需要媒介仔细辨别。唯有专业的受众调查，通过科学、系统的调查方法，才有可能获得有关受众的具有代表性的信息。

早在 20 世纪 20 年代，欧美国家的大众媒介就开始采用社会学的调查技术（结合抽样技术、问卷调查等方法）来了解受众情况，经过几十年的发展，受众调查的方法和技术手段不断完善。如今，发达国家的受众调查甚至形成了一个盈利丰厚的产业。美国有许多独立于媒介机构之外，专门从事受众调查的公司，特别著名的如从事视听率调查的尼尔森公司，从事平面媒体读者调查的西蒙斯公司、波利兹公司，从事民意调查的盖洛普公司等。

从调查的内容看，受众调查一般包括受众构成调查、媒介接触行为调查和受众意向调查。

第一，受众构成调查。主要了解媒介受众的一些人口学特征，即性别、职业、年龄、收入、文化程度等。

第二，媒介接触行为调查。主要了解受众的数量，受众接触什么媒介和内容（如什么报纸、什么版面等）以及花费的时间等情况。

第三，受众意向调查。主要了解受众对媒介内容的态度和意见。如果说前两类调查偏向于量化统计，则意向调查比较偏向于对媒介内容进行质化分析。

从调查的媒介类型看，受众调查一般分为读者调查、听众和观众调查以及网民调查、综合调查。

问卷调查是受众调查，特别是读者调查的一种基本方法，分为自填式问卷和访问式问卷两种。自填式问卷通过邮寄或分发的方式，将问卷送达受访者手中，由受访者自行填写。访问式问卷则由调查员根据问卷向受访者逐项提问并记录回答，可以当面访问，也可以通过电话访问来执行。由于当面访问的成本很高，因此研究人员更乐意通过邮寄问卷或电话访问的方式来进行调查。

问卷调查可用来调查受众接触某一家报纸或某一个广电频率（频道）的一般情况和意见，也可用来进行专项课题研究。举例来说，美国学者坦卡德和瑞安于1974年开展的一项关于科学新闻报道正确性的研究，就是运用邮寄问卷进行的。

随着广播、电视媒介的发展，视听率调查也成为受众调查的一个重要组成部分。视听率调查的常用方法有四种：第一，面访法。由调查员亲自去样本家庭，逐一调查其家庭成员在过去24小时内的视听行为。这种方法的好处是可以深入交流，获得受众对节目的详细信息；不足在于，依赖受访者的回忆，容易造成误差。第二，电话调查法。在节目播出的同时，随即拨打电话，询问受访者的节目接触情况及其对节目的意见、看法等，也可询问受访者在刚过去一段时间里的媒介接触情况。这种调查方法的好处是迅速、廉价，但容易出现样本误差，没有安装电话的家庭就无法被调查。第三，日记法。将调查材料发送到调查对象手中，要求其逐日记下自己开机、关机的时间，收看（听）的频道、节目，定期回收。通过这种方法，可获得调查对象一段时间内的媒介接触数据，但数据的准确程度依赖于调查对象的责任心。第四，仪器记录法。调查公司向样本家庭提供专门的记录仪器，它被连接到收音机或电视机上，能自动记录收音机或电视机的开关情况以及收看（听）的频道、节目。这种调查方法收集的数据，不受人的主观因素影响，因此可有效减少数据偏差，其不足在于更多地反映了机器的使用，却难以反映人的收看（听）的具体情况。由于每一种调查方法都兼有优点和缺点，因此在实际使用中，常常结合两种以上方法同时进行。

随着互联网技术的迅速发展和普及，网络调查法正越来越受到人们的关注。所谓"网络调查"，其实有两种含义：一是以互联网为工具进行的受众调查；二是对互联网使用情况展开的调研。后一种调查，类似于传统的阅读率调查、视听率调查。而前一种调查以互联网为工具实施的调查方法，目前主要有四种类型：第一，网站（页）问卷调查。将问卷放在某个网站的网页上，然后通过电子邮件或传统媒体渠道告知调查对象，由其上网填写问卷，调查结果自动进入数据库。这种调查方法，类似于传统的刊登于报纸或杂志上的问卷调查，其主要缺点在于无法保证样本的代表性。第二，电子邮件调查。将问卷直接发送到调查对象的私人电子邮箱中，由受访者主动填答，并回送问卷。这种调查方式，需要收集到目标调查对象的电子邮箱后才能实施，类似于传统调查方式中的邮寄问卷调查。第三，弹出式调查。在网民浏览网站时，屏幕自动跳出对话窗口，邀请浏览者参与调查，获得浏览者的许可后，弹出调查问卷，由网民在线填写并提交。这一调查方式，类似于传统的街头随机调查，得到的并不是真正意义上的随机样本。第四，网上固定样本调查。通过随机抽样，获得目标群体的固定样本，并对其中的非网民采取赠送电脑和上网条件的办法，然后对这些样本定期进行网上检查。这种调查样本，具有很好的代表性，而且调查迅速、可靠，但初期投入的成本很高。

由于传统的调查方法面临越来越多的拒访和难以接触等问题，越来越多的研究者寄希望于互联网能成为一种新型而有效的调查工具。网络调查和传统调查的效果究竟有何不同？它的优势和局限是什么？目前，有许多学者正致力于回答这些问题。

一项受众调查的结果是否可靠，取决于很多原因。除了选择合适的调查方法之外，最重要的问题是整个调查过程是否严谨，包括抽样方法是否科学，问卷设计是否得当，调查人员的素质是否合格等。

（张国良）

四、考研真题

一、名词解释

1. 大众社会理论（清华大学 2003 研，北京大学 2004 研）

2. 大众文化（武汉大学 2004 研）

3. 大众（北京大学 2007 研，南开大学 2004 研）

4. 受众（中国传媒大学 2002 研，浙江大学 2002 研，华中师范大学 2005 研）

5. 受众的特征（上海交通大学 2007 研）

6. 受众中心（四川大学 2006 研）

7. 受众分割（清华大学 2002 研）

8. 个人差异论（上海交通大学 2006 研，华中科技大学 2002 研）

9. 知晓权（知的权利）（中国人民大学 2003 研，武汉大学 2004 研）

10. 知情权（中国传媒大学 2006 研，南开大学 2005 研，中国人民大学 2005 研，上海大学 2003 研、2005 研；华东师范大学 2005 研；厦门大学 2004 研）

11. 接近权（复旦大学 2001 研）

12. 认知结构（cognitive schemata）（北京大学 2003 研）

13. 选择性注意（浙江大学 2004 研）

14. 选择性理解（华南理工大学 2007 研，华东师范大学 2007 研）

15. 易读性测量（华中科技大学 2003 研）

16. 信息的选择性接受（上海交通大学 2007 研）

17. 晕轮效应（浙江大学 2003 研）

18. 新闻传媒的公共性（复旦大学 2004 研）

19. 使用与满足（北京大学 2001 研）

二、简答题

1. 试比较大众（mass）、公众（the public）、人群（crowd）和群体（group）这几个概念。（北京大学 2006 研）

2. 辨析：一般来说，大众媒介的受众是分离的、消极的、软弱无力的。（武汉大学 2007 研）

3. 谈谈大众传播的受众控制。（华中科技大学 2006 研）

4. 简述并评价目前我国大众传媒的受众调查。（西安交通大学 2004 研，上海交通大学 2007 研）

5. 简述受众的特征及信息选择。（上海交通大学 2005 研；华中科技大学 2005 研）

6. 什么是大众传播的"窄众化"？这一趋势是对"大众"这一概念的有效批评和实践上的更正吗？（北京大学 2003 研）

7. 何谓"广"受众和"窄"受众？请简述之。（上海交通大学 2006 研）

8. 辨析：现代传播的发展使受众市场越来越分化。（武汉大学 2005 研）

9. 在大众传播过程中，受众享有哪些基本权利？（武汉大学 2002 研）

10. 谈谈你对知情权的理解。（南开大学 2007 研，上海交通大学 2007 研）

11. 判断：审判公开，是公开审判这一国际通行的司法准则的要求和结果，是指任何人在受刑事指控或因其他权利义务涉诉时，有权接受法庭公开的审讯。这是一项基本人权。（中国青年政治学院 2007 研）

12. 简述受众选择信息的过程。（中国传媒大学 2001 研）

13. 举例说明"选择性接触"。（北京大学 2002 研）

14. 简要评述新闻释码中的三种"选择性"。（四川大学 2007 研）

15. 简述在传播行为理论中，关于认知研究的要点。（四川大学 2007 研）

16. "受众即市场"的理论基础和缺陷。（武汉大学 2003 研）

17. 简说你对当前娱乐新闻的看法。（南京大学 2001 研）

18. 对收视率的追求暗含着什么样的受众观？试简要评析。（北京大学 2008 研）

19. 观点谈论：应该由新闻传播者的理性判断来决定什么是新闻；应该由受众所构成的媒介市场来决定什么是新闻。（武汉大学 2003 研）

20. 结合我国电视事业的现状，简述媒体如何发挥"社会公器"的作用。（北京大学 2004 研）

21. 简述英格尔斯（Alex Inkeles）"人的现代化"研究与施拉姆"传播与社会发展"研究各自的特点和异同。（北京大学 2003 研）

22. 何谓"社会关系论"？它有何特点和意义？（上海交通大学 2007 研）

23. "社会类型论"和"社会关系论"的异同是什么？（南京大学 2007 研）

24. 简述归因理论的三个基本假设。（中国传媒大学 2004 研）

25. 谈谈"使用与满足"理论的特点及缺陷。（武汉大学 2001 研）

26. 如何评价"使用与满足"研究？（清华大学 2001 研）

27. 简述"使用与满足"理论的基本观点。（中国传媒大学 2001 研）

三、论述题

1. 试论大众传播受众的主要特点。（中国社会科学院 2004 研）

2. 试论受众在大众传播过程中的性质和作用。(武汉理工大学 2005 研)

3. 近年来出现了一些网民自发"维护道德"和"执行正义"的行为,被主流舆论称为"网络暴力",并认为网民的行为有"乌合之众"和"群氓"的特征。请分析参与类似网络集体行动的网民是否就是大众社会理论所描述的"大众"。大众社会理论能否很好地解释当下发生的网络事件?(北京大学 2008 研)

4. 大众传播理论如何适应受众细分的现实?(清华大学 2003 研、2007 研)

5. 何谓受众的细分?当前我国的新闻媒介该如何应对受众的分层化趋向?(复旦大学 2002 研)

6. 传播学意义上的大众信息权包括哪些具体内容?信息理论对于我国新闻传播事业有何现实意义?(上海交通大学 2005 研)

7. 试述受众权利及其大众传媒的影响。(中国人民大学 2001 研)

8. 结合实际谈谈你对市场引导下的传播业发展的利弊观。(中国人民大学 2001 研)

9. 试从传播学角度对目前新闻的娱乐化现象进行评析。(华南理工大学 2007 研)

10. 试论网络时代的受众变化。(清华大学 2007 研)

11. 随着网络媒体的普及,网络成为各类思想和文化交流的平台。试从传播学的角度,分别谈谈网络媒体对"精英"与"草根"的影响。(北京大学 2007 研)

12. 试论媒介与资本结合的社会效应。(中国人民大学 2002 研)

13. 试述受众的选择性心理的三个层面之间的关系。(中国传媒大学 2004 研)

14. 试论如何测定媒体对受众的影响力。(北京大学 2003 研)

15. 传播学家丹·麦奎尔等人在 20 世纪 60 年代对英国的电视节目进行了研究,其主要目的是希望发现为什么人们要收看或不收看政党节目,他们利用媒介获得什么。研究开始是以开放式问卷调查小样本人群,以确定人们看节目的动机。根据问卷,列表显示了八项看政治节目的理由。这张表又被拿来用在其后的大样本调查中。

请问,该项研究是以什么理论为基础?该理论的基本观点是什么?它在传播学理论研究中有什么意义?(武汉大学 2004 研)

第八章　传播效果研究

1. 传播效果：具有双重含义，在狭义和微观方面，指具有说服或宣传意图的传播活动在传播对象身上引起的心理、态度和行动的变化。在广义和宏观方面，指大众传媒的信息传播活动对社会和受众产生的一切影响和结果的总和，不管这些影响是有意的还是无意的、直接的还是间接的、显现的还是潜在的。

传播效果概念的双重含义，构成了这项研究既相互联系又相互区别的两个重要方面，一是对效果产生的微观过程分析；二是对它的综合、宏观过程的考察。前者主要研究具体传播过程的具体效果，后者主要研究综合的传播过程所带来的综合效果。在大众传播效果研究中，尤以大众传媒的活动对社会的运行、变化和发展所产生的宏观效果为主要考察对象。　　　　　　　　　　　　　　　　　　　　（郭庆光）

【参考知识点】

传播效果：指传播者发出的信息经媒介传至受众而引起受众思想观念、行为方式等变化。这个术语如今也用来描述媒介研究的一种特殊传统。　　　　　　（胡正荣）

2. 子弹论：20世纪初至30年代末流行的一种观点，认为传播媒介拥有不可抵抗的强大力量，它们所传递的信息在受传者身上就像子弹击中躯体，药剂注入皮肤一样，可以引起直接速效的反应。它们能够左右人们的态度和意见，甚至直接支配他们的行动。这种观点也被称为"魔弹论"或"皮下注射论"。　　　　　　　　（郭庆光）

3. 有限效果论：是克拉帕在对"传播流"研究进行了系统总结后提出的观点，该观点极力强调大众传播影响的无力性和效果的有限性，因而被称为"有限效果论"。

（郭庆光）

4. 传播流：指的是由大众传媒发出的信息，经过各种中间环节，"流"向传播对象的社会过程。构成这项研究的代表性成果有拉扎斯菲尔德等人的《人民的选择》、卡兹等人的《个人影响》、罗杰斯的《创新与普及》以及克拉帕的《大众传播效果》。

（郭庆光）

5. 政治既有倾向：是指人们在接触传媒宣传之前已有的政治立场和态度，由拉扎斯菲尔德等人在《人民的选择》一书中提出。他们在对1940年美国大选的研究中发现，当人们就选举投票或其他政治问题做出决策之际，这种决策的结果并不取决于一时的政治宣传和大众传播，而基本上取决于人们迄今所持的政治立场。后来的研究进一步证明，既有倾向的作用并不止于政治问题，在社会生活的其他方面，人们的态度和行动同样受到政治、经济、文化、意识形态等既有倾向的制约。　　（郭庆光）

6. 选择性接触：是指受众并不是不加区别地对待任何媒介内容，而是更倾向于"选择"那些与自己的既有立场和态度一致或接近的媒介内容加以接触。选择性接触行为的结果更容易在强化人们原有态度的方向上起作用，而不是导致它的改变。这是拉

扎斯菲尔德等人在《人民的选择》一书中提出的。 （郭庆光）

7. 意见领袖：是指活跃在人际传播网络中，经常为他人提供信息、观点或建议并对他人施加个人影响的人物。其特点是：（1）与被影响者处于平等关系而非上下等级关系。（2）广泛分布在社会各个阶层。（3）影响领域分为"单一型"和"综合型"。（4）社交范围广，信息渠道多，大众传播信息接触量大。意见领袖在传播效果形成过程中起着重要的中介和过滤作用。 （郭庆光）

【参考知识点】

意见领袖：是人群中那些首先或较多接触大众传播信息并将经过自己再加工后的信息传播给其他人的人。意见领袖介入传播过程，加快了信息传播并扩大了影响。他们具有影响和改变他人态度的能力。意见领袖的特点是：（1）他们在社交场合较为活跃。（2）与受其影响者处于同一团体并有共同的爱好、兴趣。（3）通晓特定问题并乐于接受和传播这方面的信息。 （胡正荣）

8. 两级传播：是关于"传播流"的一种理论。拉扎斯菲尔德等人根据意见领袖在传播过程中的存在，提出大众传播的信息不是直接流向一般受众，而是要经过意见领袖的中介，即表现为"大众传媒→意见领袖→一般个人"的两级过程。后罗杰斯对此做了修正，他把"传播流"区分为"信息流"和"影响流"，认为信息的传播可以是一级的，而影响的传播则必须是多级的，从而把"两级传播"模式发展为"多级"或"n 级"模式。 （郭庆光）

9. 客观真实：由事实构成、存在于个人之外并被体验为客观世界的真实。 （胡正荣）

10. 符号真实：对客观世界的任何形式的符号式表达，包括艺术、文学及媒介内容。 （胡正荣）

11. 主观真实：由个人在客观真实和符号真实的基础上建构的真实。 （胡正荣）

12. 广告：是"一种非人际的信息传播方式，并且本质上带有劝说性，通常是由可识别的赞助人支付，通过各种媒介途径推动人们去购买商品、服务或接受某种观点"。 （胡正荣）

13. 大众文化：是一个特定的范畴，主要是指兴起于当代都市，与当代大工业密切相关，以全球化的现代媒介（特别是电子媒介）为介质大批量生产的当代文化形态，是处于消费时代或准消费时代，由消费意识形态来筹划、引导大众，采取时尚化运作方式的当代文化消费形态。它是现代工业和市场经济充分发展后的产物，是有史以来人类广泛参与的历史上规模最大的文化事件。 （胡正荣）

14. 第一级信念：指对外在世界事实的信念。 （胡正荣）

15. 第二级信念：指的是从事实推论得出的关于期望与倾向的信念。 （胡正荣）

16. 新闻塑型：即认为新闻相加在一起构成了关于这个世界的一幅全面的图画。 （胡正荣）

17. O—S—O—R 模式：第一个 O 代表整个结构的、文化的和认知的因素所构成的接收环境对媒介受众的影响。S 不仅仅局限于讯息的不连贯的微观刺激，它可能是另一种排列在一起直至宏观讯息系统的单元概念。第二个 O 指的是在收看环境中讯息接受与受众反应之间所发生的一切。它也可以在不同的层次——从短时间的生理反应到接受环境的社会背景，再到接收后可能发生的复杂的人际变动。最后，R 所指的是反应，但也有了扩展，它的时间跨度更大。O—S—O—R 模式意在强调信息接收、理解中认知过程的重要性，并对反应做出具体的说明。 （胡正荣）

18. 说服性传播：指的是通过劝说或宣传来使受传者接受某种观点或从事某种行为的传播活动。 （郭庆光）

19. 信源的可信性效果：是霍夫兰等人在心理学实验的基础上提出的概念。他们认为，信源的可信度越高，其说服效果越大。可信度越低，其说服效果越小。这个概念说明，争取受众信任是改进传播效果的前提条件。 （郭庆光）

20. 休眠效果：霍夫兰等人在实验中发现，低可信度信源发出的信息，由于信源可信性的负影响，其内容本身的说服力不能得以马上发挥，而处于一种"休眠"状态，经过一段时间，可信性的负影响减弱或消失后，其效果才能充分表现出来，这种现象被称为"休眠效果"。"休眠效果"的存在说明，信源的可信性对信息的短期效果具有极为重要的影响，而从长期效果来看，最终起作用的是内容本身的说服力。 （郭庆光）

21. 一面提示与两面提示：对某些存在对立因素的问题进行说服或宣传之际，通常会有两种做法：一种是仅向说明的对象提示自己一方的观点或于己有利的判断材料，称为"一面提示"；另一种是在提示自己一方的观点或于己有利的材料的同时，也以某种方式提示对立一方的观点或不利于自己的材料，称为"两面提示"。这两种做法各有利弊，一般在对某些存在对立因素的问题进行说明或宣传之际酌情使用。 （郭庆光）

22. 警钟效果：是一种常见的说服方法，是指运用敲警钟的方法唤起人们的危机意识和紧张心理，促成他们的态度向特定方向发生变化。 （郭庆光）

23. 角色扮演：是人们在要顺从自己私下所不赞同的团体规范时，不得不这样做的例子。 （胡正荣）

24. 光辉泛化法：也称晕轮效应、光环效应，即将某事物与好字眼联系在一起，借好事物的光，使我们不经证实便接收或赞同另一个事物。光辉泛化法普遍应用于政治、商业和国际关系领域中，但一般很少引人注目。 （胡正荣）

25. 转移法：是将某种权威、约束力或某一令人尊敬和崇拜的事物的权威转移到其他事物上，使后者更可被接受。传播者的目的是将宣传对象与人们赞赏的东西联系起来。 （胡正荣）

26. 证词法：要某些令人尊敬或令人讨厌的人说出特定的观念、节目或产品，或说人的好话或坏话。它在广告和政治宣传中是一种很常用的技巧。 （胡正荣）

27. 平民百姓法：是指某讲话者企图让受众相信他或她的想法是好的，因为这想法是"人民的"想法，是"普通老百姓"的想法。 （胡正荣）

28. 洗牌作弊法：是选择采用陈述的方法，通过事实或谎言、清晰的或模糊的、合法的或不合法的叙述，对一个观念、计划、人或产品做尽可能好或坏的说明。 （胡正荣）

29. 乐队花车：顾名思义就是"每个人——至少我们所有的人——正在做它"，因此我们必须跟上大家，"跳上乐队花车"。宣传者用这种方法企图说服属于团体中的所有成员接受他的计划。 （胡正荣）

30. "自信心假说"：贾尼斯采用临床实验的方法，以"社会不安感"、"委曲求全性向"和"感情抑郁程度"为自信心强弱的三项指标得出的结论。自信心的强弱和可说服性的高低之间存在着密切的相关，即自信心越强，可说服性越低。自信心越弱，可说服性越高。 （郭庆光）

31. "强化"效果：指大众传播对受众既有态度的巩固和加强效果。 （郭庆光）

32. "结晶"效果：是使原来意向未明、态度未定者的态度明确起来的效果。

（郭庆光）

33. "免疫效果"（"接种效果"）："两面提示"由于包含着对相反观点的"说明"，这种"说明"就像事先接种牛痘疫苗一样，能够使人在以后遇到对立观点的宣传时具有较强的抵抗力。"两面提示"的这种效果，被称为"免疫效果"或"接种效果"。 （郭庆光）

34. 群体规范：即由过去和现实的群体归属关系所产生的观念、价值、行为准则的内在化。 （郭庆光）

35. 信息行为：指的是个人寻求、接触而后处理信息的各种行为。 （郭庆光）

36. 培养研究：在现代社会，大众传媒提示的"象征性现实"对人们认识和理解现实世界发挥着巨大影响，由于大众传媒的某些倾向性，人们在心目中描绘的"主观现实"与实际存在的客观现实之间正在出现很大的偏离。同时，这种影响不是短期的，而是一个长期的、潜移默化的"培养"过程。它在不知不觉当中制约着人们的现实观。格伯纳等人将这一研究称为"培养研究"。 （郭庆光）

37. 涵化理论：电视媒介的兴起及其强大的吸引力是许多关于社会经验效应理论化的来源。其中一项不断被提及的主题就是"透过当代主流媒体语言和图像，我们的经验被名副其实地中介"的程度如何。大众传播领域将这方面的研究称为涵化理论（或译为教养理论）。 （胡正荣）

38. "第三人效果"假说：劝服传播所面对的受众认为，这种劝服对他人比对自己有更大的影响。对媒介影响他人效果的预期，将导致自己采取某种行动。任何传播效果，与其归因于直接受众的反应，不如归因于那些预期或自认为观察到他人反应的人的行为。 （张国良）

39. 议程：指的是媒介对当前议题进行的选择，并对选中的事情进行不同程度的公开报道。 （胡正荣）

40. 沉默的螺旋：诺依曼指出，在某一特定时期内，大众媒介所鼓吹的某些观点在社会上占有优势，会对受众造成一种压力。大多数人力图避免因持有某种态度和信念而被孤立，因而在表达支配意见和不表达意见的人数增加的时候会放弃原有的想法和态度，选择与主导意见趋同。同时，由于大众媒介表达支配意见，再加上对异常意见的人际支持日益缺乏，就形成一个"沉默的螺旋"。 （胡正荣）

二、简答题

1. 什么是传播效果，它有哪些内涵、层次和类型？

所谓传播或大众传播的效果，一般指传者发出的讯息，通过一定的媒介（渠道）到达受众后，对受者的思想（包括认知、态度和情感等）与行为造成的影响。实际上，这种理解隐含着"传者中心论"的立场，与传者的目的或期望密切相关。英国传播学者麦奎尔认为，在讨论传播效果时，对这一概念作以下内涵、层次的分析，将有助于认识的深化。

首先，从外在形态看，有三个层次：媒介的"效果"指大众传播已产生的直接结果，而无论其是否符合传者的期望。媒介的"效能"指大众媒介达成有关预期目标的功能。媒介的"效力"指媒介在给定条件下可能发挥的潜在影响，或可能产生的间接效应。

其次，从内在性质看，可分为心理效果、文化效果、政治效果、经济效果等。

最后，还应区别效果或影响力的作用范围，即对受众个体的影响，对小团体及组织的影响，对社会结构的影响和对整个社会或整个文化的影响。

美国传播学学者麦克劳等人则对传播效果作了如下划分与评述。

第一，微观效果和宏观效果。在很长的时间里，受众个体一直是媒介效果研究最主要的分析单元。但近年来，传播学学者开始关注各种类型的社会系统（如家庭、社区等）在宏观层面所受到的媒介影响。同时，微观效果与宏观效果之间的跨层次研究也在探索之中。

第二，改变效果与稳定效果。多数效果研究关注媒介对受众造成的变化，实际上，效果研究也包括有关媒介强化受众固有立场或态度的研究。因此，效果研究既应研究态度的变化，也应研究态度的维持。

第三，积累效果与非积累效果。积累性效果，指多种讯息导致的长时间的积累性变化。非积累性效果则指接触单一讯息所产生的变化。

第四，短期效果与长期效果。大多数的实验性媒介效果研究，针对的是接触一种讯息之后紧接的、即时的、相对短期的效果。另一些效果研究，则探讨接触媒介后经过一段时间产生的效果，并且这种效果常常包含其他因素（如人际讨论）的影响在内。

第五，态度、认知和行为效果。传统的效果研究，基本上是针对态度改变的效果研究，近年来由于社会心理学等学科的影响，在态度改变的研究之外，认知与行为的效果研究也得到了加强。

就认知效果而言，可分为认知学习效果、认知建构效果与认知社会现实效果。认知学习效果研究，把媒介作为信息来源，把学习、记忆作为变量，涉及新闻和政治信息、广告、电视上出现的人物等。认知建构效果研究，把媒介作为事件和公共政策的解释者，乃至解决方案的建议者，认为媒介通过话语的选择、某种报道结构的重复以及各种方式组织并建构现实。认知社会现实效果研究，则考察大众媒介在我们创造符号环境方面的作用，如提供关于社会现实本质的线索，对人们所关心的问题进行议程设置以及制造舆论气氛等。

就行为效果而言，基于大众媒介常被视为行为塑造、兴奋、放松及各种行为意图（如投票）的一个主要来源，它在许多研究领域备受关注，如青少年社会化等。这些研究，大多采取微观取向，研究特定讯息的短期效果，不过长期的、跨国的以及诸如媒介形象如何影响组织结构等超越个体受众层面的宏观研究，也越来越受到重视。

英国学者戈尔丁从时间（分为短期效果与长期效果）、传者意图（分为预期效果与非预期效果）两个维度出发，将传播效果划分为四种类型。

第一种类型为短期的、预期的效果，包括宣传、个人反应等。所谓个人反应，指特定信息（这里特别指意图影响态度、知识和行为的信息）在个人身上引起的认知、态度和行为的变化。宣传是指媒介宣传活动引起的反应，是为满足传者某种意图而（由媒介）开展的说服性活动（如政治动员、促销广告、社会募捐等）造成的影响。

第二种类型为短期的、非预期的效果，包括个人反应与集体反应两类。个人反应指个人暴露于媒介刺激后产生的非预期或非计划的反应，主要包括模仿和学习的形式，尤其是攻击或偏差行为（如自杀），但也包括"有利于社会"的观念和行为形式。集体反应则指社会层面上众多的人在同一信息的影响下发生的集合性的反应，尽管其中也有益的集体行为，但研究者通常更关注那些在某种信息刺激下发生的集体性的恐慌、暴乱等破坏性行为。

第三种类型为长期的、预期的效果，指就某一主题或某项事业所展开的长期传播而产生的与传者意图相符合的累积效果。

第四种类型为长期的、非预期的效果，指长期传播所产生的非预期的客观效果或综合效果，它由整个传播事业、产业持续不断地推进的传播活动所产生和累计。

另外，传播过程中的诸多要素如传者、传播内容、传播渠道（媒介）、传播对象（受众）等，无不对传播效果产生影响。从这些要素出发，传播效果研究的课题可广泛涉及以下几个方面：（1）传者与传播效果的关系——传者的形象、传者的立场、传者的行为（如把关）、信息的产制过程等对效果的影响。（2）传播内容与传播效果的关系——特定的传播内容（如新闻、广告）与一般的传播内容对受众有何影响，传播内容的主题、陈述方式等与传播效果的关系等。（3）传播渠道（媒介）与传播效果的关系——不同的媒介对效果有何影响。（4）传播对象（受众）与传播效果的关系——受众的能动性、受众的媒介接触动机与需求、受众的人格特征、受众的人际关系、受众对信息的处理策略等与传播效果有何关系。

总而言之，传播效果的研究范围极其广阔且大有可为。大半个世纪以来有些方面的研究积累了大量成果，如媒介对选举的影响、劝服效果等。而有些方面的课题尚有待开拓，如大众媒介的宏观效果、受众的信息处理策略对效果的影响、新媒体技术的发展对效果的影响等。

（张国良）

2. 传播效果分为哪些层面？

传播效果可以分为不同层面。根据学者们大体一致的看法，依其发生的逻辑顺序和表现阶段分为三个层面：

（1）外部信息作用于人的知觉和记忆系统，引起人们知识量的增加和知识构成的变化，属于认知层面的效果。

（2）作用于观念、意识而引起的情绪或感情的变化，属于心理和态度层面上的效果。

（3）这些变化外化为人们的言行，即成为行动层面上的效果。从认知到态度再到行动，是一个效果累积、深化和扩大的过程。

上述三个层面既体现在具体的、微观的传播过程中，也体现在综合的、宏观的社会传播过程中。 **（郭庆光）**

3. 简述传播效果的类型

传播效果有多种多样的分类。从时间上考虑，可以分为短期效果和长期效果。从与传播者意图的关联上，可以分为预期效果和非预期效果。从效果的性质上，可以分为积极（正）效果、消极（负）效果、逆反效果等，此外还有一些效果的中间形态。

英国学者戈尔丁以时间和意图两个要素相组合，将大众传播效果分为四种类型，如图8-1：

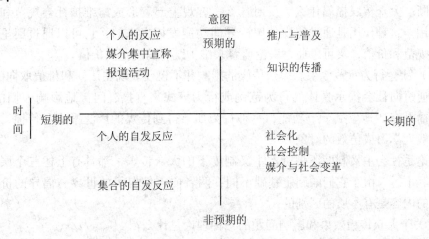

图 8-1　传播效果的分类

（1）短期的、预期效果。包括"个人的反应"和"对媒介集中宣传报道活动的反应"两种。前者指特定信息在个人身上引起的认知、态度和行动的变化。后者指的是一家或多家媒介为达成特定目标而展开的说服性宣传运动，这类效果通常作为受众对媒介意图的集合反应来把握。

（2）短期的、非预期效果。这里也有"个人的自发反应"和"集合的自发反应"两类。前者指个人接触特定信息后所产生的、与传播者意图无直接关系的模仿或学习行为，这些行为可能是有利于社会的，也可能是反社会的。后者主要指社会上许多人在同一信息的刺激和影响下发生的集合现象。"集合的自发反应"中也有一些是健康有益的，但传播学学者更加关注由信息传播引起的突发性集合行为对正常的社会秩序造成的破坏性结果。

（3）长期的、预期效果。指的是就某一主题或某项事业进行的长期信息传播所产生的与传播者意图相符的累积效果。

（4）长期的、非预期效果。这种类型指的是整个传播事业日常的、持久的传播活动所产生的综合效果或客观结果，由于这种效果受到整个新闻事业性质的制约且不以个别媒介或传播者的意志为转移，所以通常把它归入非可预期效果的范畴。

区分这些类型，有助于我们把握各种传播效果的不同形态和性质，在进行分析时做到概念清晰，更有针对性。 （郭庆光）

4. 大众传播的社会效果的三个层面是什么？

以报刊、广播、电视为代表的大众传播的社会效果的三个层面包括如下几个方面。

（1）环境认知效果。在现代社会，我们对周围世界的知觉与印象在很大程度上依赖于大众传播媒介。大众传媒以传递信息、报道事实、提示社会上发生的事件为己任，但它们并不是有闻必录。传媒报道什么、不报道什么、从什么角度进行报道，都在影响着我们对周围环境的知觉与印象。这种效果，传播学学者也称"视野制约效果"，换句话说，大众传播制约着我们观察社会和世界的视野。

（2）价值形成与维护效果。大众传媒在报道的新闻和传达的信息中，通常包含着价值判断。大众传媒提倡什么、反对什么，客观上起着形成与维护社会规范和价值体系的作用。这种作用是通过传媒的舆论导向功能发挥出来的，它可以通过舆论引导形成新的规范和价值，又可以通过舆论监督来维护既有的规范和价值。

（3）社会行为示范效果。大众传媒的影响并不仅仅表现在认知和价值取向的领域，它们还通过向社会提示具体的行为范例或行为模式来直接、间接地影响人们的行为。大众传播具有"地位赋予"功能，一种行为如果得到传媒的广泛报道和传播，往往会成为一般人学习或仿效的对象。

无论是社会主义制度还是资本主义制度下的大众传媒，都具有上述三个层面的社会效果。不过，由于它们的制定基础不同，两者向人们揭示的世界、倡导的价值和行为模式的内容是有本质的区别的。 （郭庆光）

5. 关于大众传播效果和影响问题的三种理论是什么？

传播效果研究具有重要的理论和实践意义。其理论意义，概括起来就是通过对各类传播效果的性质、产生过程和制约因素的考察，来把握传播活动的一般规律和特殊规律，加深我们对人类传播行为的科学认识。

传播效果研究又具有很强的实践性和实用性。传播效果研究既包含了对媒介活动的宏观社会效果和影响的考察，又包含了对具体效果产生过程与机制的分析，可以为丰富多彩的传播实践活动提供科学的依据。

英国传播学者麦奎尔认为，关于大众传播的效果和影响问题，主要有三种理论。

第一种是"常识理论"，即公众通过日常接触和使用传播媒介的直接体验而形成的一些观点和看法。这种"理论"虽然是直观的和零碎的，但却以舆论的形式对传媒的活动产生重要的影响。

第二种是"现场理论"，也就是在传媒内部工作的人所持的观点，包括他们对传播活动的目的与性质的理解、信息选择与加工的标准、采编业务技术规程、职业道德规范。这种理论直接支配着大众传媒的运营和日常的信息传播活动。

第三种是以传播学为代表的"社会科学理论"，社会科学理论从个人、社会与媒介三者的关系出发，通过对媒介活动及其客观结果的定量研究而获得系统的知识。它既避免了"常识理论"的直观性和零碎性，又与"现场理论"的业务主义和商业主义倾向保持了距离。社会科学理论的影响对象包括三部分：一是影响公众，推动对传媒活动的社会舆论监督。二是影响传媒工作者，促使他们增强社会责任感。三是影响传播的立法、司法与行政，为传播的管理和有关法规政策的制定提供科学依据。总之，传播效果理论的基本观点是在确保大众传媒发挥强大力量，推动社会发展的同时，又要对它实行社会制衡，最大限度地防止可能造成的负面效果。

麦奎尔的上述观点指的是资本主义社会的状况，在那里，由于媒介在资本和意识形态上的特殊利益，这三种理论之间存在着一定的对立关系。而在社会主义社会，在为人民服务和为国家发展服务这个总目标下，这三者是统一的，也是应该统一的。　　　（郭庆光）

6. 考察具体过程的传播效果，必须研究哪几个方面？

传播效果研究有着丰富的课题。每一个具体的传播过程都是由传播者、传播内容、讯息载体、媒介渠道、传播技巧、传播对象等要素和环节构成的，每一要素或环节都会对传播效果产生重要的影响，传播效果实际上是作为这些环节和要素相互作用的结果体现出来的。因此，考察具体过程的传播效果，必须研究以下几个方面的课题。

（1）传播主体与传播效果——考察传播者的性质，他们在信息的采集、筛选、加工中所起的作用以及传播者的信誉度与权威性等对效果的影响。

（2）传播内容与传播效果——考察内容的主题、观点、价值取向等信息内在因素与传播效果的关联。文本分析是考察信息内容的效果的一种基本方法。

（3）讯息载体与传播效果——讯息是通过语言、文字、声音、图形、画面、影像等载体传递的。考察这些讯息载体或象征符号的意义、功能和效果的特性，是这个领域的主要内容。

（4）传播技巧与传播效果——传播技巧指的是唤起受传者注目，引起他们特定心理和行动的反应，从而实现说服或宣传的预期目的的策略方法，包括内容提示法、说理法、诉求法等，这些研究具有很强的实用性。

（5）传播对象与传播效果——受传者并不是完全被动的信息接受者，相反，受传者的属性对传播效果起着重要的制约作用。受传者的属性既包括性格、兴趣等个人属性，也包括他们的人际传播网络、群体归属关系等社会属性。这些个人属性、心理属性和社会属性对传播效果具有重要影响。　　　（郭庆光）

7. 简述海德的认知平衡理论

海德的认知平衡理论可以用 POX 模型来表现：P 代表的是人，即分析的对象。O 代表的是另外的某人。X 即一个物质的客体、观念或事件。海德关注的是在一个人（P）的心目中，这三个实体间的关系是如何组成的。在海德的图表中，如果三者关系在所有的方面都是正面的，或者如果两种关系是反面的，一种关系是正面的，那么平衡状态就会存在。除此之外，所有的组合都是不平衡的。

在海德的理解中，喜欢的程度无法区分，其中的关系既是正面的也是负面的。他还假设，平衡的状态是稳定的，不受外界影响的，而不平衡的状态被假设为不稳定的，个人会产生心理紧张。这种紧张只有在状态发生变化，达到平衡时才能缓解。这个论点便是传播者对该理论感兴趣的焦点所在，因为它包含着一个态度改变和抗拒改变的模式。由于不稳定，不平衡状态便容易向平衡状态改变。由于稳定，平衡状态便抵制改变。

很多支持海德平衡理论的学者又进一步的进行了研究，其中纽科姆和奥斯古德在海德平衡模式上又分别发展出了对称理论和调和理论。

调和理论其实是海德平衡理论的一个特殊例子。它特别针对人们对信息来源所主张的事物的态度。这个主张是对客体 O 的，对这个客体也有自己的态度，P 对于 S 及 O 是否喜欢，喜欢的程度如何，将决定调和状态或一致状态存在与否。其实，调和与平衡的定义是一样的，但调和理论比平衡理论多了几个优点，包括能预测态度改变的方向和程度。

纽科姆于 1953 年提出的 ABX 模式是对 1946 年海德的平衡理论的扩充。ABX 模式涉及两个人即两者之间的传播，纽科姆将两个人以 A 和 B（而不是海德的 P 和 O）来表示，保留了 X，代表 A 与 B 对客体所持的态度。跟海德一样，他假设人类有对和谐的需要，即他所称的坚持倾向对称的张力。如果 A 与 B 对 X 的意见不同，则这种倾向与对称的力量有赖于 A 对 X 的态度有多强和 A 对 B 的吸引力有多大。当 A 对 B 的吸引力增加，A 对 X 的态度增强，便可能导致：(1) A 竭力达到与 B 对 X 态度的对称。(2) 很可能达到对称。(3) A 很可能加强对 B 有关 X 的传播。当然，最后一点正是我们关心的。纽科姆不同于海德之处，就是他强调传播。"海德主要关心的是参与双方各自内部的认知过程，而纽科姆的发展则是将这种理论运用于两人或更多人之间的传播。"该模式假定如果条件许可，要求态度和关系一致的压力将刺激传播。

由纽科姆模式（结合其他理论）又发展出了麦克劳德与查菲的互向模式。该模式注重人际传播或群体间的传播，即注重双向和相互作用的传播。

以海德和费斯廷格的理论为思想根源，以纽科姆的模式为基本模式，韦斯特利—麦克莱恩发展了传播研究概念模式。这个模式基于对大众传播和人际传播的主要区别，对纽科姆模式进行了修正。

（胡正荣）

8. 简述费斯廷格的认知不和谐理论

在所有一致理论中最具普遍性，而且产生了最多的实验数据的，是费斯廷格的认知不和谐理论。认知不和谐理论认为"单独考虑知识的两个要素，如果一个要素的对应部分总是追随另一个部分出现的话，这两个要素便处于不和谐的关系中"。与其他理论一样，不和谐理论认为，不和谐"由于产生心理上的不舒服，会促使人试图减轻这种不和谐感，以达到和谐"，并且"除了试着去减轻不和谐，人还将积极地避免接触会增加心理不和谐的情景及信息"。在研究中，不和谐理论产生了几个相对有趣的结果，特别是在作决定和角色扮演方面。

在作决定时，不和谐理论预测，只要被拒绝的选择包含了可能导致接受的特征，或被挑中的选择包含了可能导致拒绝的特征，就会产生不和谐的心理。换句话说，按照预测，越难作出的决定，越可能在决定后产生不和谐（决定后的不和谐）。越是重要的决定，决定后的不和谐便越强烈。很多研究报告证实了这些假设。其中一种有趣的结论是随着被迫顺从而来的态度改变，即使它并不直接与大众媒介有关，但也是值得提及的。角色扮演就是人们在要顺从自己私下所不赞同的团体规范时，不得不这样做的例子。

不和谐理论中最有趣之处是对信息的寻求与躲避，通常称为选择性接触和选择性注意。有些研究者认为，个人一般不选择或拒绝全部消息（即选择性接触），因为我们无法在事先就知道消息的内容。另一些人观察到，我们通常是被那些在主要议题上与我们意见一致的人或媒体所包围的。一些研究者主张，更典型的情况是，人们会注意到被他们强烈支持的态度、信仰或行为的那部分消息（即选择性注意），而不会注意违背自己强烈支持的立场、会导致心理上不舒服或不和谐感觉的那部分信息。但几位学者在为他们的研究归纳结论时认为，个人将避免或选择性接触所有与其信仰相反的消息，几乎没有什么证据支持这样的假说。目前只能说，在选择性接触的研究方面，最后的定论有待研究。

总而言之，目前的研究显而易见地表明，各种认知一致理论一度包含很多含义，例如人们如何看待世界、看待传播，如何使用、歪曲、忽略或忘记大众传播媒介的传播内容。这些理论以抽象的规律和研究的范围，既可应用于媒介的参与者，又可应用于媒介的消费者。

（胡正荣）

9. 简述说服理论的新模式

近年来，说服理论研究领域的进展创造了一些新的说服模式，这些模式强调说服是一个过程。主要的过程模式有3个：麦奎尔的信息处理理论，安德森的信息整合理论和佩蒂、卡西欧皮的详尽细节可能模式。

麦奎尔的信息处理理论提出，态度的改变包含6个阶段或步骤，每一阶段都成为下一阶段的必要前提。这6个阶段是：（1）说服性信息必须得到传播。（2）接收者将注意这个信息。（3）接收者将理解这个信息。（4）接收者接受和信服所陈述的观点。（5）新接受的立场得到维持。（6）期望的行为发生。

在后来的一些文章中，麦奎尔又进一步提出信息处理理论的8段论和12段论。像最初的模式一样，麦奎尔倾向于分析说服过程中几乎全部的因变量，并将它们分得越来越细。麦奎尔的理论给予我们一个很好的思路来认识态度改变过程的全貌。以前很少有理论讨论过说服过程中所有的这些部分。同时，麦奎尔的理论也提醒我们态度改变的困难，许多自变量在某一阶段起正面作用，在另一阶段又起反面作用，以至于在总的效果中相互抵消。

安德森的信息整合理论，起初是用来解释人们如何将一些人格特征整合为对一个人的整体印象的，后来发现这一理论也适用于心理学的其他领域，包括态度改变研究。

安德森认为，态度的改变过程包括一种认知代数，可以用数学公式来表达。他将态度改变描述为新信息与旧信息的整合过程。旧信息由当前的态度组成，而新信息由说服性消息组成。每一则信息都有两个特征：一个是等级值；一个是重量值。等级指接收者对该信息的喜好程度，重量则指该信息对接收者的重要性或相关性。个体接收者对每一则信息的评价（等级值与重量值）有不同的方式，从而产生不同的结果。

佩蒂和卡西欧皮的详尽细节可能模式，描述的是受众接受和选择信息时的精心与否及用心程度不同的模式。在现代社会中，多数人都遭受大众媒介的信息轰炸，这些信息都在试图说服人们相信什么东西。对一个接收者来说，大量处理这些信息显然是不可能的，通常的情况是，我们选择其中一些信息仔细接收，而以更简单、武断的方式对待其他信息。详尽细节可能模式将这两种模式途径称为抓住主要问题的路线和考虑枝节问题的路线。这个模式提出，说服既可能发生在受众高度精心的情况下，也可能发生在受众低度精心的情况下，或者两者之间的任何精心程度下。在不同的精心程度下，态度改变的过程可能是非常不同的。当说服发生于接收者采取抓住主要问题的路线时，通常是高质量的观点以一种强有力的方式被提出，当接收者被引导、赞赏，被主导立场的思想占主导地位时，最可能发生说服作用。在为枝节所左右的思考路线起作用时，说服不依赖于对消息周密的考虑，接受者使用简单的决定规则。较之旧的说服模式，详尽细节可能模式给予态度改变研究中的接收者更主动的角色作用。接收者至少决定着是采取抓住主要问题的路线，还是考虑枝节问题的路线。如果抓住的是主要路线，那么接收者在分析消息时就成为更积极的角色。 （胡正荣）

10. 简述社会认同模式

在认识到人们受他们所属的各种宽泛类型群体成员身份的影响后，研究者进一步发展出关于群体影响的一种模式，称为社会认同模式。这个模式指出，对群体成员身份的认同主要是一种认知的过程，这个过程通常是人们在回答"我是谁？"这样的问题时产生的。这个问题可以根据个人所属或所确认的群体的立场来回答。因此，一个人从其赞赏和确认归属的群体中获得一种社会认同感。不仅如此，这种社会认同感似乎并不经常起作用，而是不时地在某种特定的情境中出现，又在某种特定的情境中消失。它一旦出现，个人的言行会试图与他所属的社会类别的规范一致，并配合相关的情境采取行动。

传播学学者赖斯曾提出，大众传播在带来社会认同以支持舆论形成的过程中，扮演着很重要的角色。第一，大众媒介通过描述哪些群体对某一特定议题存在争议，从而显示出这些群体特征与议题相关。第二，媒介通过描述各种群体是如何对该议题作出反应的，可以指出每一个群体所持的意见，并且告诉认同该群体的人们应该遵守的规范。第三，群体的意见规范在受众心目中的感觉很可能被传播夸大。第四，人们自己承担起维护这种被认为是群体规范意见的责任，并且更可能去表达这种夸大的规范。正是这个时候，对不同议题的舆论可能表现得更加坚定、更具体了。 （胡正荣）

11. 简述广告的传播过程

所谓广告，是"一种非人际的信息传播方式，并且本质上带有劝说性，通常是由可识别的赞助人支付，通过各种媒介途径推动人们去购买商品、服务或接受某种观点"。萨尔文和斯戴克斯借用了前人的"模式的模式"来说明广告的传播过程。这个模式包含了三个社会过程：选择、创作、散布，还有一个心理过程——接受。

第一，选择。在新闻报道领域中，"选择"的概念是直观而引人注意的，并且与一系列有意思的调查研究相联系。但在广告的范畴内，选择的概念就不是那么清晰了。广告的选择，主要指广告中出现了什么产品、服务或是观点，而没有什么出现；还包括品牌的建设——产品的名称、品质、特色、形象等。20世纪初，销售商们开始给产品冠以品牌的名称。事实证明，在商品过剩的竞争环境中，这种方式对付实质上相同的产品（例如等价商品）是非常有效的。在这种环境中，发展品牌识别的营销手段可以促使人们购买这种产品而不是另外一种，培养人们的品牌忠诚度，使他们甚至愿意为了某种特定品牌而付出额外费用。当然，对于品牌研究的重视也反映出广告的发展，今天在广告学中已经有专门的品牌研究领域，包括品牌的发展、管理以及品牌形象的资本价值。

第二，创作。早期的广告创作主要研究的是广告各种相互独立的属性，而彼此之间很少有理论上的相互联系。在20世纪最后的40年中，广告的外部特征一直是研究的主要焦点。虽然广告很容易根据它宣传的内容进行区分，可能是产品、服务，也可能是公益信息或事件性信息，但是由于这些内容种类宽泛，广告又形成了无数种形式。在广告的形式研究中，内容分析扮演了重要的角色，经验型的表述也占了很大的比重。另外，还有一种重要的研究方法就是二次数据分析，以观察在广告效果分析或营销研究中其功能的实现。

第三，散布。散布这个概念在有关的广告学文献中有很多种解释，但通常指的是广告从创造者传向消费者的方式。主要研究媒介方面的议题，比如"什么样的广告出现在什么样的媒介上，频率如何？"这类问题经常使用实证研究以及到达率和接触率的数据模型法。当然，广告的媒介研究范围非常广泛，远远超过我们这里的所指，但有两个重要的研究领域是不得不提及的：一个是媒介的选择，即可以使商人的经济效益得到最大化；另一个是不同媒介受众的不同特质。

第四，接受。广告研究中大部分已发展的研究领域几乎都要涉及接受广告的影响。众所周知，从 20 世纪 80 年代到 90 年代，接受模式的研究占据了有关研究内容的主要部分。最新的研究模式主要有以下几种：（1）广告接受的条件模式。（2）广告接受的详尽细节可能模式。（3）广告接受的态度倾向模式。（4）广告接受的影响模式。（5）广告注意模式。 （胡正荣）

12. 请对宣传活动予以简述

对于宣传活动，我们应该承认以下事实：宣传活动基本上倾向于处理符合既有规范与价值且经过良好制度化的行为。为了让受众了解宣传在当代社会的形态及其操作的过程，麦奎尔总结了宣传活动的典型要素及其顺序：（1）集体的来源。（2）社会所允许的目标。（3）若干通道。（4）许多信息。（5）对于目标群体的不同接触。（6）过滤条件。（7）不同的信息处理。（8）达成的效果。

首先，宣传活动的发起人一般都不是个人，而是团体、政党、政府、教会、慈善机构、企业公司等。而人们对于宣传来源的社会地位的理解，能强烈地影响宣传活动成功的机会。其次，宣传活动也经常和"指引、强化并激发社会所认可的目标的既有倾向"相关，如投票、购买货品，或为了正当理由以便达成更良好的健康与安全目的而筹款等。这时，媒介就被用来增强其他的制度性力量。最后，一项宣传活动经常是由许多横跨不同媒介的信息所组成的。这些信息（在不同媒介中）具有不同的传达效果，而且媒介通道和既有的信息内容也会影响其效果。关键问题在于整体受众中的目标群体实际接触宣传活动的程度。

宣传活动过程中会存在一些潜在的障碍，阻碍信息流向整体的或特定的受众，我们称为"过滤条件"，如宣传来源的社会地位、宣传活动的类型以及受众接触宣传活动的程度，另外，目标受众对于宣传活动的感知和注意力的多少也很重要。对于一项宣传活动来说，如果没有获得受众的注意，就不可能有效果，而注意力是要根据受众的兴趣、内容的相关性、倾向以及与媒介通道的相关因素而定。受众的感知很重要，因为信息的诠释是开放性的，而一项宣传活动的成功，在某种程度上要根据"信息被诠释的方式是否和宣传发起者所想要的诠释方式相同"而定，尽量避免"回力棒效应"的负面效果产生。因此，在媒介宣传活动研究中，一定要重视以下事实："社会并非如同活动的宣传者最初所期望的那样，一成不变地呈现原子化或个人化"。

由于宣传活动过程中的复杂化，宣传活动可能产生的效果是多样的。一项成果或者有效的宣传活动,将视预计的效果和实际效果的相符程度而定。有些可能是短期的,有些可能是长期的,有些可能是有意促成的,有些可能是意料之外的。罗杰斯和斯多瑞曾得出过一个相关的结论:"由于传播效果和传播过程中的概念化转变情况,人们已经认识到传播是在一个复杂的社会、政治、经济背景下进行的,因此无法预期传播会产生什么样的效果。"

总的来说,在社会生活的许多领域中,尤其是政治和商业领域,宣传活动已经变得高度制度化了,而且也产生了系统化的宣传技巧。大众媒介作为能够保证触及整个公众的唯一渠道,被认为是成功"宣传"的要素,而且(在开放的社会中)具有"被认为值得信赖"的优点。利用大众媒介进行宣传活动所引发的问题已不仅是宣传活动是否会产生预想的效果,而是宣传活动是否会产生不好的效果。目前,大多数已得到研究的宣传活动是在竞争的情况下发生的,而我们对于为了非竞争性目的而进行的宣传活动则所知甚少。现有研究已经了解到传播者和接收者之间关系的依赖性,并讨论了个人效果,但对于媒介来源的吸引力、权威性及可信度的重视程度还不够。 （胡正荣）

13. 请对恐怖主义予以简述

恐怖主义是一种古老的政治或社会现象,从历史根源上看已有两千多年的历史。而与古代相比,现代国际恐怖主义的发展更加迅速。从理论基础上看,当前恐怖活动的特征不是以往的"输出革命"或者"左翼"、"右翼"的极端理论,而是以民族分离和宗教极端主义以及反全球化的浪潮作为其主要的理论来源。

从恐怖行为的特征来看,许多恐怖主义的暴力是事先安排的,不仅具有威胁性,更是由某些为了政治目的而(间接地)运用媒介的人所操纵的,这就会引发媒介与恐怖主义之间的复杂运动。这对恐怖主义主要的潜在好处是获取注意力,引发公众的恐惧与警戒,借以对政府产生压力。

而恐怖主义的成形已经很大程度上被归因于大众媒介对于恐怖主义的报道,即"宣传的氧气"的刺激。英国前首相撒切尔夫人就曾尖锐地指责说,新闻媒介的宣传报道是恐怖主义活动赖以生存和发展的"氧气"。暴力常常是恐怖主义者为了要接近使用大众媒介而采取的手段,甚至暴力讯息本身也是这样。因为媒介报道暴力,所以无可避免地涉入这种过程,并且传播恐怖主义的讯息。在媒介对于恐怖主义的报道中,有若干可能性的互动,包括对恐怖主义本身、对政府、对公众以及对恐怖主义受害者所产生的效果等。这些潜在的效果等于是在帮助恐怖主义或权威当局。

尽管这个议题的目标非常显著,但是相关研究所发现的效果还不够清楚。施密德和葛拉夫的研究发现一些证据,显示警察强烈地相信"媒介现场报道恐怖主义的行动会鼓动恐怖主义",而媒介从业者原则上持中立的看法。不过,皮卡德却驳斥了这种看似造成传染效果的证据,认为这是伪科学,而且威胁了媒介自由。这样的争执并没有定论,充其量也只能说这两种论点看起来难分伯仲。然而,值得注意的是,拒斥媒介报道恐怖行动的后果,将会更加难以评估。 （胡正荣）

14. 如何看待媒介描述中的暴力与性的问题?

或许在大众传播的研究领域中,没有哪个议题比媒介描述中的暴力与性的内容研究更有社会意义了。从媒介内容描述的暴力和色情的情况中所凸现出来的媒介效果议题,已经成为相当多学者的研究对象。

在媒介效果的研究历史上，有关暴力议题的研究数量巨大，据统计超过 3000 项。研究者主要担忧的是，媒介经常呈现的犯罪和攻击性内容可能带来负面影响，尤其是电视媒介。

从 20 世纪 50 年代电视媒介在美国迅速成长开始，学者和政府部门就一直将其产生的效果作为研究的重要议题，进行过多次长期的大规模的实证研究，如 1958 年到 1960 年对美国和加拿大十个社区儿童使用电视情形的调查等。有关电视暴力对人们行为可能带来的效果，主要的假说还是相当一致的，但也有人提出不同的假说。其中一个是关于净化作用的假说，它提出，戏剧主人公侵犯行为替代性地表达了人们内心的暴力倾向，因而通过观看电视暴力，可以降低采取实际侵犯行为的冲动。不过，在调查电视暴力效果的数以百计的研究中，只有极少数是支持净化作用假说的，主要的假说还是支持暴力情节刺激暴行的假说。

沃特勒等人总结出有关电视暴力学习与模仿过程的三种主要假说模式。第一种是由班杜拉的"社会学习理论"发展出的模仿假说，根据这个理论，人们从电视上学到了侵犯行为，然后再到外面去照样模仿。第二种是"预示效果"的存在，当人们观看暴力时，会激发或引发其他相关的思想与评价，这会导致人们在人际环境中更倾向于运用暴力。第三种是修斯曼的"脚本理论"，"脚本"指引人们如何对事件进行反应，也因此得以控制人们所表现的社会行为，电视正是以这种"侵略性脚本"进行编码而导致暴力的。根据这个理论，除了模仿和改变的效果假说之外，还有免除抑制假说，它认为长期暴露于暴力的描述下会导致一种普遍的"感觉迟钝"，以致抵抗暴力的能力降低，而增加了对暴力行为的容忍度，也就是说，电视暴力可能教导了一种普遍的规范，即暴力是一种与他人交往时可以被接受的方式。沃特勒等人还指出，除了个人与电视描述的暴力内容之间的关系，还有许多变量很重要，比如收视情境，即单独观看还是和父母一起观看。

在众多媒介暴力研究中，结论最为清楚的是沃尔斯特和利沃林—托马斯的实验。该实验指出，较之看过部分非暴力影片（青少年在学习技艺）的受试者，看过部分暴力电影（用刀格斗的场面）的受试者更可能增加对他人的冲动行为，而且受试者的侵犯形式已经与影片中描述的形式有所不同。1972 年美国公共卫生局局长指定的关于电视暴力效果的研究报告中作出的结论，也获得了同样的结果——观看电视暴力节目会增加侵犯行为，虽然该委员会是以相当斟酌的语气阐述这些结论的。1982 年的研究中又做了进一步补充，提供了这样的结论："所有这些暴力的效果是什么？经过十多年的研究之后，大部分研究团体的共识是，电视上的暴力的确导致了看这些节目的少年儿童的侵犯行为。这些结论是根据实验室实验法和实地研究法得出的。当然，并不是所有的儿童都会变得有侵犯倾向，但是，电视暴力与侵犯行为之间存在积极相关。就规模而言，电视暴力与侵犯行为之间的相关，就像过去进行测量的任何其他行为问题的变量一样强。因此，研究的问题已经从是否存在某种效果变为寻找对该效果的解释。"

由于产业和政策的缘故，对于观看暴力内容会增加攻击行为的可能性的观点，在大部分的时候都是有争议的。电视可能既改变又强化态度、价值观和行为。对某些人，媒介只是强化态度。对另一些人而言，电视可能有助于态度的形成，即使有别于媒介中描述的态度。有研究发现，来自高度攻击性环境（犯罪与战争）的儿童以及处于

"问题情绪状态"下的儿童，比其他儿童更容易收看攻击暴力内容并为此着迷。

在媒介暴力的议题得到系统研究的同时，也有人注意到对人类性行为方面的关注程度远大于人类的其他行为。人们注意到在性欲、刺激和行为之间存在着神经内分泌和心理上的联系，另外还能产生攻击性行为。性刺激可能增强攻击性，同样的攻击性刺激可能增强性体验。攻击性行为和性刺激之间的这种关系更说明媒介色情内容效果研究的重要意义。

毋庸置疑的是，有关性暴露内容的传播并不是新鲜事物，它古已有之，现在的色情内容只不过是通过新的媒介手段对具有几世纪悠久传统的素材进行的改编。但是，现代媒介为性暴露内容的获取提供了便利，造成混乱的局面。"对于无节制地描绘色情内容的关注重新复苏，主要的原因就是简易的新科技手段。"色情内容的消费已趋于公开化，成为任何人可支付的或轻易获得的娱乐方式——儿童和成人可一视同仁。这促使人们重新关注有关媒介色情内容的影响。

那么观看性暴露内容到底会产生什么样的影响呢？首先，其产生的效果是利于社会既定的道德规范而不是反社会道德的。对于大多数人来说，观看或者收听有关性暴露的内容会引起性兴奋，但是并不像很多人设想的那样，根据色情内容暴露程度的不同可以准确衡量出刺激程度的差异，事实上，刺激的程度主要跟个人情况的差异有关。当然，性暴露内容也会带来负面的效果，对于性的认知、态度和价值观都会有很大改变。长时间接受性暴露媒介内容的人，会对性行为的态度变得更加缺乏约束，在道德观、家庭观上都可能产生变化，尤其可能对妇女持有偏见，还可能产生性冷淡或强奸的倾向。性暴露内容的使用还可能会带来模仿、受压抑和性犯罪。正是由于性暴露内容可能产生模仿效果，因此事实上是无法得到验证的，因为科学家无法为了观察研究而冒险向未成年人展示性暴露内容的材料。另外，为了解除性压抑而使用性暴露内容的做法也受到了广泛的批评，因为在性暴露内容中描述的行为通常是与日常生活的性行为规范相背离的，而当接受性暴露内容的人得不到满足时，就可能产生强奸或是其他粗暴的性行为。由于伦理和法律程序上的约束限制了性犯罪领域的实证研究，因此可以说，媒介色情内容的研究大多还仅停留在效果假设的阶段，关于色情内容所造成的伤害效果，似乎也缺乏令人信服的证据。

不管怎样，暴力与性的内容还是会一直出现在电影、戏剧以及电视之中，我们也不必过于忧心，早在莎士比亚的作品、北欧的传奇小说以及《十日谈》中，便有暴力与性的情节。我们所担忧的是暴力与性是否会成为主流。如果媒体中的工作者和艺术家在创作中为了收视率战争或票房争夺战等因素，放弃了其内在的目标，那么这种情形的确可能发生。单就艺术创作者的特殊使命来说，他们应该向我们展示一些比暴力与性更为有趣、更为引人入胜且具娱乐效果的内容，并可以将暴力与性置于更大的背景意义之下。但目前来看，在这方面凸现出来的问题令公众失望。　　　　（胡正荣）

15. 简述性别研究

对媒介的文化研究与女性主义结合，取得了重要进展。尽管长期以来传播研究（甚至包括激进批判倾向的传播研究）中都存在"性别盲点"的问题，但随着女性主义的发展，已经有人提出了"文化女性主义媒介研究计划"。这个计划与早期的媒介性别议题相对比，谈论得更为深广，比如，"媒介所呈现的女性"、"刻板化"与"性别角色的社会化"等问题。

当前所关注的议题，超越了女性主义者和其他人所主要关注的媒介色情内容的问题，不只因为这些内容会冒犯女性，并在符号上产生降格的作用，而且还因为这些内容可能会激发强暴等行为。现在与性别相关的媒介研究数量已经非常庞大，研究的面除了部分遵循着社会阶级与种族等理论前沿的路线，大部分都具有属于自身的面向，包括重视遵循弗洛伊德式精神分析理论的观点。这些面向所关注的焦点，一方面主要放在当接收者接受男性和女性相关的影像（电影、电视、照片）时，其本身性别角色的"定位"问题。另一方面则关注媒介在散布和女性在社会中的位置相关的父权意识形态时所扮演的角色。现在，这些路线与更广泛的女权主义研究领域都有所连接。

多数与性别相关的早期媒介研究多遵循着"传送效果模式"的路线，其研究基础在于"一个接收者对于讯息刺激的直接反应"。而现在一种新的研究范式正在兴起，该范式的特征基本上是属于文化理论的，它提供了理解媒介与性别之间关系的更好方式。这种新途径的核心观念是："性别作为一种符号，是一套相互重叠的、有时候与性别差异相关的抗辩性文化描述与惯例"。媒介文本的受众要主动构建意义并认同是它重要的基础。

有关性别的议题几乎触及了媒介与文化关系的每一个层面，而较接近核心的问题可能在于性别的定义。对于性别的意义，"从来不是固定的，而是依据特定文化与历史环境而演变……并且一直进行着推论上的争执与协商"。这个问题一部分和"性别差异与其独特性如何被赋予意义"有关，另一部分是关于男性和女性价值观差异的争执。女性主义者的观点开启了不同的大众传播分析路线，而这些路线在过去大多受到忽视。其中一种分析方式所关注的是：许多媒介文本在编码的方式上通常会受到受众期望的影响，且媒介文本的编码也存在深刻而持久的性别化。费斯克曾对许多通俗电视节目进行详细的解构，结果找到了"性别化的电视节目所代表的意义"的广泛证据。在费斯克及其他人的研究中一个显著的例子是"肥皂剧类型"的文本的性别意义，它是一种受到争议的"女性美学"。根据费斯克的说法，肥皂剧"持续地质疑父权主义，将女性主义正当化，因此为那些依靠女性价值而生存的女性提供自尊。总之，肥皂剧提供给女性一种文化的手段……持续地努力建立并延伸女性价值，以对抗主流的父权价值"。

性别化的内容也可以从媒介制作的角度来进行研究，因为多数媒介选择由男性来制作。这里的焦点指向"新闻"，长期以来新闻的制作大多由男性来把持，而新闻的主流模式也呈现和男性相关的世界观。典型的新闻内容（政治、经济、体育议题）都较倾向于男性受众的导向。最近这种情形在逐渐改变，新闻媒介，包括电视与平面媒体，确实在积极地想要引起女性受众的兴趣，并且进行着激烈的竞争，以争取难以捉摸的大众。但对于当代新闻媒介"堕落"的批评之一就是所谓的琐碎化、个人化及煽情化，而这些特质又被认为和"女性化"是同义的。

对于媒介文本中性别建构的关注，只是与性别相关的传播理论中的一个层面而已。关于受众和媒介内容接受的研究显示，媒介的使用方式以及媒介使用活动的相关意义，存有相当大的性别差异。有许多证据可以说明性别社会角色模式的差异，包括男性和女性典型的日常经验和所关心的事以及获得性别形象的时间和运用的方式。它也与家庭中的权力角色以及家庭中夫妻之间或女性的普遍性本质等问题相关。不同类型的媒介内容及媒介内容的生产和使用，也与以性别为基础的"共同认同"的表达、愉悦与意义的获取相关。另外，男性和女性也可能具有心理学上的根本深层差异。不过，我们在探寻这些问题的时候要特别注意的一个前提是，发展都是持续演变的，而且"传递女性信号的符码具有历史性与文化性的特色，绝不会出现完全清晰明了或完全一致的状况"。

以性别为基础的研究途径也引发了一项思考：媒介的选择与诠释是否能够为女性提供某些手段、要素来改变或抵抗这个性别结构仍然还不平等的社会？为何女性似乎会被具有明显父权讯息的媒介内容（例如言情小说）所吸引？利用对立的解读和抵抗的潜意识来解释，有助于重新评价这种吸引的意义。还有人解释说，无论差异的原因和形式如何，不同的性别媒介文化会引起不同的反应，而且性别差异会导致从媒介中获取意义的不同模式。在媒介使用的选择上也有所差异，而这种差异又具有更广泛的社会文化含义。

可以说女性主义运动不仅是一个政治计划，也是文化技术，而在关于政治影响力或者非通俗文化的文化媒介研究中，女性主义媒介研究也不可避免地引起争论。其中部分原因是因为大量研究的关注焦点集中在通俗文本类型上，比如肥皂剧或脱口秀等以女性观众为导向的节目。很明显，早期研究者所关注的问题，尤其是通俗的媒介内容（如爱情故事、儿童故事、女性杂志），都带有显著的父权与保守主义的刻板意识形态，或是迎合于男性的"性趣"。而现在媒介内容已经发生改变，出现更多由女性制作，或为了女性而制作的内容，而且并未压抑女性的性欲。

而在运动的政治目标上，女性主义理论与研究仍然维持一种紧张关系。并非所有的研究都能对媒介中变迁的关联性以及新通俗文化理论产生说服力。范祖南就强调有必要区分女性主义在新闻和娱乐中的定位。她认为，"对于新闻媒介中的女性主义政治和政治人物，期待一种适当的、道德的以及多少具有准确地再现，这完全是正当的"，而通俗文化是属于"集体梦想、幻想与集体恐惧"的领域。赫梅丝则较为积极地来看待通俗文化的潜在角色，她提出"文化公民权"的概念，认为"通俗文化的研究（由后现代主义即女性主义理论所主导）对于我们的日常生活同样重要"，主张"重新对公民权进行思考，并接受那些居住在大众民主社会中，运用不同逻辑来塑造生活的人们"。

（胡正荣）

16. 简述社会控制与意识构成

关于媒介对社会控制欲意识构成理论的定位是连续性的。一个普遍得到认同的观点是，媒介会通过个人或机构的选择、外在的压力以及庞大受众的希望与需求等因素的混合影响，而在无意之中支持一个社群或国家中的主流价值。一种立场带有较为强烈的批判性的观点，基本上将媒介视为保守的，这是由市场力量、运作要求以及既存工作事务构成的结果。另一种观点认为，媒介是压抑意见、转移焦点或限制政治社会脱离常规的手段，会积极地投入代表统治阶级（通常也包括媒介拥有者）或是中产阶级的行列，将媒介视为资本主义合法化的工具。

尽管这些理论在精确性，对于控制机制运行方式的详细阐述以及媒介"有意的目的"和权利的属性等方面各有差异，但它们所引用的证据却大同小异，其中大部分都和内容的系统性倾向有关，而甚少与效果相关。赫曼和乔姆斯基则以一种"宣传模式"发展出有关长期系统性效果的"混血批判理论"。这个理论指出，资本主义国家的新闻必然经过若干"过滤器"的"过滤"，尤其是媒介会与其他经济形式、广告、新闻宣传、主流的社会意识形态相结合，并依赖于官方的信息来源。

从以内容为基础的长期社会控制效果的客观证据中已经发现，大多数受众所接受的媒介内容广泛地支持主流的社会规范和社会惯例（社会化以及涵化的层面之一），而国家或国家既有制度的根本性变迁则很难在大众媒介中得到反映。大众媒介的这种"倾向强化现状"的论点包括褒扬奉行现有习俗规范者或爱国行为、赋予具有精英和现存政治观点高度的注意力和优先的接近使用权，并且经常以负面或不平等的手法来处理非体制内的或偏差的行为。大众媒介还会反复地支持国家或社区的共识，而且会表现出在既定的社会"法则"之内是"可以解决问题"的倾向。涵化研究之一就是发现了"依赖电视"和"采纳共识或中间路线的政治观点"之间具有相关性的证据。

为了突出现有社会的价值观，媒介会采取选择性的强调或忽略，可能漏掉某些内容材料。早些时候，就有学者曾探索过媒介的这种选择性忽略的问题，提出用"反向内容分析"的方法比较新闻媒体的内容和开展社会的社区研究。该研究指出，美国的报纸一贯忽略和宗教、家庭、社区、企业及爱国心相抵触的新闻，而"权力"和"阶级"则受到媒介呈现内容的庇护。在若干国家间进行比较性的媒介内容分析发现，媒介会将注意力集中在特定议题即特定地区上，这也为系统性的选择性忽略提供了佐证。

媒介保守意识形态形成理论的另一要素，是媒介将特定类型的现象定义为偏离社会常规或者危害社会的。排除明显的犯罪行为不谈，这些现象包括诸如青少年帮派、吸毒者、暴力球迷以及某些偏离常规的性行为等。已经有人指出，媒介常常会明显地夸大这类团体及其活动的真实危险和严重性，并且创造出"道德恐慌"，效果在于提供社会的"代罪羔羊"和"出气筒"，以促成团结，支持法律和秩序结构，并将注意力从真实的罪恶上转移开来。也有人提出，媒介倾向于通过将数种威胁社会的不同行为连接在一起，以扩大反对范围。在恐怖主义、暴动或政治暴力的报道模式中，媒介以符号为桥梁，联结了违法乱纪者与体制外政治行为表现者（如示威者、罢工者）。

虽然我们现在已经意识到媒介在社会控制和意识构成中产生了影响，但我们几乎不可能对这种理论与研究体系所引发的实际效果进行任何有用的评估。首先，内容的证据是不完全的，这些内容只和某特定时空的某特定媒介有关。其次，即使在选择、遗漏和朝向整合观点运作的力量方面具有某些一致性的显著要素，但也无法实际地证明"任何西方国家的媒介都提供一种一贯性的意识形态"。最后，许多过程，尤其是人们用来抵制或忽略宣传的选择性使用和选择性认知，也在发挥作用。

鉴于以上要素，我们不能够将媒介视为社会变迁的重要力量，或是否定大部分通俗内容的工具。就媒介捕捉注意力、占据时间、散布有关真实及潜在的其他选择的影像方面的作用而言。媒介主要是由企业（通常是大企业）以及国家（可能是非直接的）所拥有和控制的，因此亦受到拥有大部分政治经济权力者的控制。媒介的集中化和国际化的趋势一直在加剧，我们完全可以相信，即使是运用间接的方式，包括通过其掌握的媒介来保持世界市场体系的稳定性，媒介的拥有者还是会以追求长期的利益为目标的。有人就提出相应的佐证指出，美国两大主要的精英报纸，也是和资本主义体系结合最为紧密者，倾向于采纳"公司自由主义"的观点，也就是一种"责任资本主义"。而这种控制社会的力量，比任何新闻编辑部层次中的选择性偏差的倾向都要强大得多。

当然，在任何情况下，大部分媒介在大多数时间并不会以"促进根本性的社会体系变迁"为己任，但是媒介在既定的环境中运作，而这种环境通常具有渐进地进行社会改革的共同目标。有人就指出："新闻的改革性，胜于新闻的保守性或开放性。"媒介受到自我定义的责任和意识形态所驱使而成为特定讯息（如丑闻和社会病态）的载体，而这些讯息都能刺激变革。在仍有变革可能性的系统限制之内，媒介也许确实会刺激许多干扰现有秩序的活动、风潮和忧虑，这就牵涉到社会变革的程度以及其中社会权利的分配，这些问题将超越媒介中心论的范畴，需要更广泛领域的探讨。　　　　　（胡正荣）

17. 简述"有限效果论"

1960 年，克拉帕在《大众传播效果》一书中对《人民的选择》和《个人影响》以来的"传播流"研究进行了系统总结，并提出了关于大众传播效果的"五项一般定理"。

（1）大众传播通常不是效果产生的必要和充分的原因，它只不过是众多的中介因素之一，而且只有在各种中介环节的连锁关系中并且通过这种关系才能发挥作用。

（2）大众传播最明显的倾向不是引起受众态度的改变，而是对他们既有态度的强化，即便是在这种强化过程中，大众传播也并不作为唯一的因素单独起作用。

（3）大众传播对人们的态度改变产生效果需要两个条件：一是其他中介因素不再起作用；二是其他中介因素本身也在促进人们态度的改变。

（4）传播效果的产生，受到某些心理、生理因素的制约。

（5）传播效果的产生，还受到媒介自身条件（信源的性质和内容的组织）以及舆论环境等因素的影响。

克拉帕的这些观点极力强调了大众传播影响的无力性和效果的有限性，因而被称为有限效果论。

"传播流"研究揭示了大众传播效果产生的种种制约环节和因素，这对于我们理解效果问题的全部复杂性是有益的。但是，这种研究本身也存在着许多问题，因此，从 20 世纪 60 年代末开始，"传播流"研究尤其是它的"有限效果论"观点开始受到人们的批评。批评的矛头并不是指向过去的实证研究得出的具体结论，而是它的效果观和理论框架整体的缺陷。这些缺陷一是在认知、态度和行动这三个效果层面上，"有限效果论"充其量只探讨了后两者而忽略了更早的认知阶段——大众传播在人们的环境认知过程中的作用。二是它只考察了具体传播活动的微观、短期的效果，而忽略了政府传播事业日常的、综合的信息活动所产生的宏观的、长期和潜移默化的效果。还有一些学者指出，过分强调大众传播效果的"有限性"会给传播实践带来某些消极影响，如降低传播人员的社会责任感，为低俗有害的传播内容的泛滥提供"口实"等。　　　（郭庆光）

18. 简述《个人影响》和《创新与普及》

《个人影响》是《人民的选择》的后续研究，其目的是为了验证《人民的选择》提出的各种假设在政治选举以外的其他领域是否适用。美籍以色列传播学家卡兹和拉扎斯菲尔德对购物、流行、时事等领域进行了多次调查，结果发现，既有倾向的作用、选择性接触机制、意见领袖以及两级传播现象；在这些领域也是广泛存在的。1955 年出版的《个人影响》一书，汇总了这些调查结论。

《个人影响》的一个重要贡献是提出了"中介因素"的概念。卡兹和拉扎斯菲尔德认为，制约和影响大众传播效果的"中介因素"主要有四种：（1）选择性接触机制——包括选择性注意、选择性理解、选择性记忆三个层次。这个机制的存在说明受众对某些媒介或内容具有回避性倾向，而被回避的媒介和内容是很难产生效果的。（2）媒介本身的特性——讯息的媒介渠道不同，其效果也就不同。（3）讯息内容——包括语言和表达等，其方法和技巧不同，会产生不同的心理反应。（4）受众本身的性质——受众的既有立场和倾向，他们的社会关系尤其是意见领袖的态度，会对大众传播效果发挥重要的制约作用。

1962 年，美国农村社会学家罗杰斯在对农村中新事物的采纳和普及过程进行深入调查的基础上，发表了他的研究报告《创新与普及》。这项研究对《人民的选择》和《个人影响》中的许多观点，特别是两级传播的概念做了重要的补充和修正。根据新事物普及过程调查的结果，罗杰斯把大众传播过程分为两个方面：一是作为信息传递过程的"信息流"；二是作为效果或影响的产生和波及过程的"影响流"。前者是"一级"的，即信息可以由传媒直接"流"向一般受众。而后者则是多级的，要经过人际传播中许多环节过滤。罗杰斯就把"两级传播"模式发展成为"N 级传播"模式，如图 8-2：

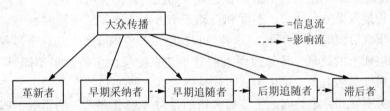

图 8-2　新事物普及过程中的"信息流"和"影响流"

《人民的选择》、《个人影响》和《创新与普及》，可以说是"传播流"研究的三部曲。这些研究揭示出大众传播效果的产生是一个极为复杂的社会过程，其间存在着众多的中介环节和制约因素，单一的大众传播并不能左右人们的态度。这些结论，从正面否定了强调简单的"刺激—反应"关系的"子弹论"观点。但另一方面，正因为"传播流"研究的角度集中于揭示效果产生的制约因素，其结论强调了大众传播效果和影响的无力性，人们把它称为"无力的大众传播观"。　　　　　　　　　（郭庆光）

19. 简述"说服性传播"的效果研究

在 20 世纪 40 年代至 60 年代，传播效果研究的另一个重要领域是"说服性传播"效果研究。"说服性传播"的效果，也称为传播的说服效果，指的是受传者的态度沿传播者说服意图的方向发生的变化。在这个意义上，它是一种"纯效果"。"第二次世界大战"期间，耶鲁大学心理学教授霍夫兰等人接受美国陆军部的委托，在军队里进行了一系列心理实验，这是关于"说服与态度改变"的最早的实证研究。

"第二次世界大战"开始后，美国军队广泛利用电影来教育士兵和激励士气，并为此制作了一部 6 集系列纪录片，题为《我们为何而战》。为了评价电影的宣传教育效果，霍夫兰以士兵为对象对其中 4 集进行了心理实验。后霍夫兰等人转而考察说服效果的形成"条件"，从战争期间直到 1961 年霍夫兰去世，他进行了数十项研究。这些研究揭示了效果的形成并不简单地取决于传播者的主观愿望，而是受到传播主题、信息内容、说服方法、受众属性等各种条件的制约。这些研究同样是否定"魔弹论"效果观的有力证据。

霍夫兰等人的"说服性传播"效果研究主要采用实验心理学方法，包括前后比较法和控制对照法等，在许多研究中，这些方法是综合并用的。此后，霍夫兰的心理实验法与拉扎斯菲尔德的抽样调查法一起，成为传播效果研究的主要方法。　　（郭庆光）

20. "议程设置功能"假说的意义

"议程设置功能"假说由美国学者麦库姆斯和肖提出。假说后来发展为"认知模式"、"显著性模式"和"优先顺序模式"。

该假说的意义包括如个方面。

第一，揭示了大众传播在人们的社会认知过程中的有力影响，对效果研究摆脱"有限论"的束缚具有重要作用。

第二，该假说认为传媒是从事"环境再构成"作业的机关，为考察大众传播过程背后的控制问题提供了新的视角。假说的不足点是只强调了媒介"形成"社会议题的一面，而忽略了"反映"社会议题的一面。　　（郭庆光）

21. 与其他传播效果研究相比，"议程设置功能"理论有何特点？

第一，传播效果分为认知、态度和行动三个方面，这些层面同时也是一个完整意义上的效果形成过程的不同阶段，"议程设置功能"假说的着眼点是这个过程的最初阶段，即认知层面上的效果。认知层面上的效果与态度层面上的效果不同，一般来说，前者指的是对"思考对象"的影响，也就是以告诉人们"想什么"的方式来把他们的关心和注意力引导到特定的问题上。后者指的是对"思考方式"的影响，即以告诉人们应该"怎样想"的方式来加强或改变人们对事物的看法或观点。由于传播效果是一个循序发生和深化的过程，认知阶段的效果并不排除对态度和行动产生联动作用的可能性。

第二，"议程设置功能"理论所考察的，不是某家媒介的某次报道活动产生的短期效果，而是作为整体的大众传播具有较长时间跨度的一系列报道活动所产生的中长期的、综合的、宏观的社会效果。这里着眼的是传播媒介的日常新闻报道和信息传播活动产生的影响。

第三，"议程设置功能"理论暗示了这样一种媒介观，即传播媒介是从事"环境再构成"作业的机构。也就是说，传播媒介对外部世界的报道不是"镜子"式的反映，而是一种有目的的取舍选择活动。传播媒介根据自己的价值观和报道方针，从现实环境中"选择"出它们认为重要的部分或方面进行加工整理，赋予一定的结构秩序，然后以"报道事实"的方式提供给受众。在现代社会里，由于大众传播是人们获得外界信息的主要渠道，不管这种"再构成"作业是对现实环境的客观反映还是歪曲的反映，都会影响到人们对周围环境的认识和判断。　　（郭庆光）

22. "议程设置功能"理论与"框架"理论有何异同？

目前的"议程设置功能"研究，是在传统的媒介议程与公众议程的相互影响之外进一步探索媒介议程对事件属性和受众归因的影响。这一类型的效果研究，被称为"框架"理论。"框架"理论自 20 世纪 80 年代兴起，如今已成为传播效果研究中一个不可忽视的重要理论。

在新闻报道中，所谓"框架"某一事件，就是传者把认为需要的部分挑选出来，在报道中加以特别处理，以体现问题界定、归因推论、道德评估以及处理方式的建议等。新闻"框架"的形成，则被认为是新闻工作人员、消息来源、受众、社会情境等多种因素之间互动的结果。

新闻"框架"的观点进一步认为，新闻不是自然产物，而是一种客观现实的建构过程，并且是媒介组织与社会文化妥协的产品，具有转换或传达社会事件的公共功能。因此，新闻活动是一种"框架"部分事实、"选择"部分事实以及主观地"重组"这些社会事实的过程。在新闻媒介建构社会事件的过程中，媒介和受众都启动了主观地诠释"基模"，通过选择机制以强调（或省略）事件中的某一部分。也就是说，"框架"至少存在于新闻消息来源、新闻文本、新闻工作者、受众以及社会文化等诸要素中。

根据斯契夫勒的观点，完整的效果意义上的"框架"理论，至少包括四个方面：一是"框架"建构（研究媒介框架的影响因素）。二是"框架"设定（研究媒介框架对受众框架的影响）。三是个人层面的"框架"效果（研究受众框架对受众归因、态度、行为等的影响）。四是"作为受众的新闻记者"（研究受众框架对媒介框架的反作用）。

需要指出，"框架"效果主要涉及媒介"框架"对受众"框架"及受众认知、态度、行为等的影响。新闻媒介（当然也包括其他传播文本）中的"框架"可通过选择并突出现实中的某些特征，忽略另外一些特征来影响受众，具体表现为界定问题（事件属性，即"这是什么样的事件"）、提示原因（事件的前因后果以及责任判断）、建议行动等。

同时，"框架"效果理论并不绝对地认为媒介"框架"与受众"框架"之间的关系是完全对应的。如麦奎尔指出，它属于 20 世纪 80 年代以来兴起的"社会建构学派"主张的"协商性"媒介效果。这一学派有两个主要观点：第一，认为大众媒介在（通过"框架"）建构社会现实方面有强大效果。第二，认为媒介效果在大众媒介与受众的互动（即"协商"）中受到了限制。从 20 世纪 80 年代至今，不少研究通过比较媒介"框架"与受众"框架"，发现在大众媒介的报道与受众解释某个事件的"框架"之间存在联系。但是，由于媒介与受众在此过程中都启动了自己的"框架"，受众也有可能以其过去经验为基础，经过选择，组合出各种不同的主观现实。即受众"框架"与媒介"框架"之间的关系，并不一定一致，也可能是某种程度上的协商，乃至对立。

"框架"理论与"议程设置功能"研究一样，主要关注新闻信息中的公共政策问题、投票者的思想与行为等。因此，这两者的关系一直被学界讨论。麦考姆斯等人认为，议程设置功能理论包含两个层次：一是媒介强调的议题与公众对此议题重要性的认知显著相关（即传统的议程设置理论）。二是媒介强调的议题的属性（或思考角度）影响受众的选择（即框架理论）。因此，"议程设置是一个过程，它既能影响人们思考什么问题，也能影响人们怎样思考"，"框架"理论是"议程设置功能"理论扩展的"新理论领域"。他们还对"议程设置理论"和"框架"理论进行了整合。

然而，其他一些学者并不同意这种合流的观点。他们认为，这两种理论有不同的理论假设和前提，吸收不同的知识背景，采用不完全相同的研究设计，因此，不能简单地认为它们之间存在着天然的"延展"关系。如斯契夫勒认为，"议程设置功能"理论和"框架"理论在理论前提上就不一样。前者的理论前提是态度接近性与基于记忆的信息处理模式，即媒介之所以能够影响受众对特定议题显著性的判断，是由于这些议题与受众记忆的联系最为紧密。而后者的理论前提是期望理论，即媒介对事件的叙述方式（遣词造句）的微妙差异，能影响受众对事件的解释。不过，"框架"理论和"议程设置功能"理论的某些方面可以互为补充、互相启发，则是没有疑问的。作为重要的传播效果理论，它们都有助于我们更深入地认识和理解客观现实、媒介现实和受众现实三者之间的复杂关系。 （张国良）

23. "沉默的螺旋"理论的三个基本命题

"沉默的螺旋"假说是从大众传播、社会心理和舆论三者的关系出发强调大众传播的强大影响的理论，由德国学者诺依曼提出。该假说包括下述三个命题：

第一，个人意见的表明是一个社会心理过程。人作为一种社会动物，总是力图从周围环境中寻求支持，避免陷入孤立状态，这是人的"社会天性"。为了防止因孤立而受到社会惩罚，个人在表明自己的观点之际首先对周围的意见环境进行观察，当发现自己属于"多数"或"优势"意见时，他们便倾向于积极大胆地表明自己的观点。当发现自己属于"少数"或"劣势"意见时，一般人就会屈于环境压力而转向"沉默"或附和。

第二，意见的表明和沉默的扩散是一个螺旋式的社会传播过程。也就是说，一方的"沉默"造成另一方意见的增势，使优势意见显得更加强大，这种强大反过来又迫使更多的持不同意见者转向"沉默"。如此循环，便形成了一个"一方越来越大声疾呼，而另一方越来越沉默下去的螺旋式过程"。

第三，大众传播通过营造"意见环境"来影响和制约舆论。舆论的形成是"意见气候"作用于人们惧怕社会孤立的心理，强制人们对"优势意见"采取趋同行动的结果，而大众传播则是"意见气候"的主要营造者。现代大众传播的"共鸣效果"、"累积效果"和"遍在效果"决定了大众传播在舆论形成过程中具有特殊优势。 （郭庆光）

24. "沉默的螺旋"假说的意义

第一，它把对舆论形成过程的考察从现象论的描述引向了社会心理分析的领域，强调了社会心理机制在这个过程中的作用。这正是传统舆论学所忽略的一个重要方面。

第二，它强调了大众传播对舆论的强大影响，并正确地指出了这种影响来自于大众传播营造"意见环境"的巨大能力。假说中对传播媒介的"赋予地位"功能、大众传播的公开性和普遍性、报道内容的类似性和累积性以及由此带来的"选择性接触"的困难性所做的分析，对重新评价大众传播的影响和效果具有重要的启迪意义。 （郭庆光）

25. "沉默的螺旋"的四个不足

（1）假说中所强调的"对社会孤立的恐惧"（趋同行为的动机）不应是一个绝对的常量，而应是一个受条件制约的变量。

（2）"多数意见"的压力以及对它的抵制力，依问题的类型和性质应有程度上的不同。

（3）"多数意见"社会压力的强弱受到社会传统、文化以及社会发展阶段的制约。

（4）由于假说在说明舆论的形成过程之际极力强调"多数"或"优势"意见的压力，以至于忽略了舆论的变化过程和"少数派"的作用。 **（郭庆光）**

26. 如何理解"舆论是我们的社会皮肤"？

"舆论是我们的社会皮肤"是诺依曼的一个著名观点。这种观点把舆论看做社会控制的机制，认为舆论未必是事实上的"多数"意见，但至少是表面上的或人们感觉中的"多数"或"优势"意见，它通过人们的从众心理来制约个人的行为，因而起着社会控制作用。在"沉默的螺旋"理论中，舆论与其说是"公共意见"或"公众意见"，还不如说是"公开的意见"。换句话说，诺依曼认为，只有那些"被认为是多数人共有的、能够在公共场合公开表明"的意见才能成为舆论。一种意见一旦具备了这种性质就会产生一种力——公开与之唱反调就会陷入孤立状态，就有遭受社会制裁的危险。为了免予这种制裁，人们只有在公开的言行中避免与其发生冲突。由此不难看出，"沉默的螺旋"理论强调的是舆论的社会控制功能。在诺依曼看来，舆论在双重意义上是"我们的社会皮肤"。它们是个人感知社会"意见气候"的变化、调整自己的环境适应行为的"皮肤"。它又在维护社会整合方面起着重要作用，就像作为"容器"的皮肤一样，防止由于意见过度分裂而引起社会解体。 **（郭庆光）**

27. 简述"培养"理论的基本内容

"培养"理论也称为"培养分析"或"教化分析"、"涵化分析"。这种研究起源于20世纪60年代的美国，其代表学者是乔治·伯格纳。最初研究的焦点是电视节目的暴力内容与社会犯罪之间的联系。后转向考察媒介提示的"象征性现实"对人们的现实观的影响。"培养"理论认为，在现代资本主义社会，大众传播对人们认识现实世界发挥着重大影响。由于传播媒介的意识形态和价值观的倾向性，人们的现实观与实际存在的客观现实之间正在发生着很大的偏离，它更接近于媒介描述的"象征性现实"而非客观现实。传播媒介对人们现实观的影响是一个长期的、潜移默化的、"培养"的过程。 **（郭庆光）**

28. 大众传播在形成"社会共识"方面起着什么样的作用？电视媒介在形成"共识"方面具有什么样的独特优势？

"培养分析"是以一定的社会观和传播观为出发点的。它的基本观点是，社会要作为统一的整体存在和发展下去，就需要社会成员对该社会有一种"共识"，也就是对客观存在的事物、重要的事物以及社会的各种事物、各个部分及其相互联系要有大体一致或接近的认识。只有在这个基础上，人们的认识、判断和行为才会有共通的基准，社会生活才能实现协调。

提供这种"共识"是社会传播的一项重要任务。在传统社会，这一功能是由教育和宗教来承担的，而在现代，媒介社会则成了大众传播的一项主要任务。大众传播通过象征性事物的选择、加工、记录和传达活动，向人们提供关于外部世界及其变化的信息，用以作为社会成员认识、判断和行动的基础。教育和宗教的传播是在有限的规模和范围内进行的，而大众传播则把同一内容的信息传达到社会的任何阶层和任何角落。伯格纳认为，大众传播不仅是现代社会的"故事讲解员"，而且是缓和社会各异质部分的矛盾与冲突的"熔炉"，在这个意义上它还是维护现存制度的"文化武器"。因此,大众传播在形成现代社会的"共识"方面,已远远超过了传统社会中教育和宗教的作用。

这样,"培养分析"一方面肯定"共识"是社会作为统一整体存在的前提,强调大众传播在形成"共识"过程中的巨大作用。另一方面又指出大众传媒所提供的"象征性现象"与客观现实之间的距离以及传媒的一些倾向(如暴力内容、对社会弱者的描述等)所带来的社会后果。"培养分析"的重要目的是揭示大众传播为占统治地位的阶级和意识形态服务的本质,其观点包含着对资本主义大众传播现状的鲜明的批判态度和改革志向。

"培养分析"尤其强调电视媒介在形成"共识"方面的作用,认为电视除了与其他媒介的共同点以外,还有自己的独特优势:(1)电视拥有最多的受众,每天的接触时间最长。(2)不需要接触印刷媒介所必需的识字能力。(3)电视把视听觉手段结合在一起,拥有强烈的目击感、现场感和冲击力。(4)现代人从幼年时代就与电视生活在一起,很难把"电视中的世界"与现实世界加以区别。(5)电视广泛渗透到社会的各个部分(包括儿童、低学历者及贫困阶层)。电视的这些特点,使得它发挥着历史上其他媒介未曾有过的巨大威力。无论多么重大的事件或问题,不经电视报道就很难被人们作为"社会现实"所认知。反之,一些微不足道的事情,经过电视媒介的大肆渲染,也会成为万众瞩目的"重大事件"。　　　　　　　　　　　　（郭庆光）

29. 什么是"知沟"假说?这个假说的核心观点是什么?

"知沟"假说是关于信息社会中大众传播与社会阶层化问题的理论,由美国学者卡茨曼、蒂奇诺等人提出。这个假说的核心观点是:尽管大众传播可以带来整个社会文化水平的提高,但在现存的资本主义经济结构下,由于经济富有者能够比贫困者以更快的速度获取信息和知识,因此,大众传播越发达,富有者和贫困者之间的"知沟"就越有扩大的趋势。"知沟"假说提出了信息社会的基本矛盾是"信息富有者"和"信息贫困者"之间的两极分化问题。在信息和知识成为重要资源和财富的今天,如何防止"知沟"的扩大已经成了关乎国家和社会发展的重大问题。　　　　　　（郭庆光）

30. "上限效果"指什么?如何评价这个假说?

"上限效果"假说是艾蒂玛和克莱因于 1977 年提出的。这个假说的观点是:个人对特定知识的追求并不是无止境的,达到某一"上限"(饱和点)后,知识量的增加就会减速乃至停止下来。社会经济地位高者获得知识的速度快,其"上限"到来的也就早。那些经济地位低者虽然知识增加的速度慢,但随着时间推移最终能够在"上限"上赶上前者。这个假说意味着,大众传播的信息传达活动的结果不是带来社会"知沟"的扩大,而是它的缩小。艾蒂玛等人为"上限效果"假说提出了三条论据:

第一,信息源的性质决定"上限"。大众传播传达的不是"高、精、尖"的知识,而是某一范围、某种程度的"一般"知识,无论社会经济地位高者还是低者,都不可能从大众传播中得到超出这个程度或范围的知识。

第二,受众本身具有的"上限"。受众中的"先驱部分"(即社会经济地位高者)在感觉到自己的某种知识已经充足的时候,就会自动减慢或停止对这种知识的追求。

第三,现有知识已经达到"上限"。即如果受众个人的知识程度已经高于大众传播的内容,他们便不会再通过大众传播去寻求知识。

应该承认，艾蒂玛等人所指出的"上限"在个人对特定知识的追求过程中是存在的，但是在人一生追求知识的总过程中，这个"上限"是否存在则是个疑问。因为，尽管个人对特定知识追求在一定阶段上会出现"饱和"或知识量增加的停顿，然而与此同时他们也就会开始对新知识的追求过程，这一过程的结果必然带来知识总量的增加。此外，考虑到知识的老化和更新的因素，社会经济地位低的人即使后来在某个"上限"赶上了社会经济地位高者，这种知识的实际价值也早已大打折扣了。因此，认为通过大众传播的"知识平均化"效果可以消除社会"知沟"，实现普遍社会平等的观点是很幼稚的。

（郭庆光）

31. 简述卡茨曼"信息沟"理论的要求，并予以分析

卡茨曼着眼于新传播技术的发展，于1974年提出了"信息沟"理论。该理论的要点如下：

首先，新传播技术的采用将带来整个社会的信息流通量和信息接触量的增大，这对每一个社会成员来说都是如此。

其次，新技术的采用带来的利益并非对所有社会成员都是均等的。换句话说，现有信息水准较高或信息能力较强的人，能够比信息能力较弱的人获得更多的信息，其理由是：（1）新技术的早期效果，会带给那些传播活跃、既有信息积蓄量大的群体。（2）对新媒介传播技术及其传播内容的接触和使用需要相关知识，这对现有信息能力较弱的人是不利的。（3）采用新技术需要经济条件或其他资源，而这些资源的现实社会分配并不均等。（4）现有信息水准的程度与采用新媒介技术的积极性成正比，主观因素也决定了前者处于有利地位。

再次，与人的能力相比，电脑等机器的信息处理和积蓄能力要强大得多。既有的信息富裕阶层通过早期采用和熟练使用这些先进机器，能够比其他人更拥有信息优势。

最后，新媒介技术层出不穷，更新换代周期越来越短，其趋势更可能是"老沟"未能填平，而"新沟"又不断出现。这种状况，在新媒介的采用过程中尤其明显。

在媒介技术发展日新月异的情况下，缩小社会的"信息沟"乃至"知沟"必须在两个方面采取具体对策：一是在"硬件"方面，必须对不发达地区或低收入阶层制定特殊的扶持政策，如对一定收入以下的家庭或地区实行价格优惠，以推进硬件在全社会的普及程度。二是在"软件"方面，必须提高全体社会成员的"媒介使用能力"。换句话说，仅有硬件的普及还不够，由于新媒介的使用伴随着一定知识和技能，如果不进行使用知识和技能的培养或教育，缩小社会知沟也只能是一句空话。

（郭庆光）

32. 简述"子弹论"或"皮下注射论"

20世纪初至30年代末是传播效果研究的初级阶段，也是大众报刊、电影、广播等媒介迅速普及和发展，人们对它们的社会作用和影响力既寄予高度期待又感到深深担忧的时期。这一时期的核心观点是：传播媒介拥有不可抵抗的强大力量，它们所传递的信息在受传者身上就像子弹击中躯体，药剂注入皮肤一样，可以引起直接速效的反应。它们能够左右人们的态度和意见，甚至直接支配他们的行动。

这种观点，后来被称为"子弹论"、"魔弹论"或"皮下注射论"。在这个时期，人们普遍认为大众传播拥有极大的影响力。产生这种观念的原因是多方面的。首先，

大众传媒发展的迅猛势头所产生的社会冲击是巨大的。在这个时期，大众报刊飞速普及，电影和广播等新的电子媒介也不断登场，大众传媒不仅成了人们获得外界信息的主要渠道，而且深深地渗透到个人、家庭和社会生活的各个方面，在它们的磅礴气势和普遍的渗透力面前，人们难免会产生一种敬畏心理。其次，在这个时期，无论是国家、政党、团体还是社会活动家、企业广告宣传人员，对传播媒介的利用都达到了空前的程度，一般个人无时无刻不处于各种形式的宣传或说服活动的包围之中，也使得人们处处感受到传播的"力量"。从当时的媒介和社会状况来看，早期人们持有这种强度效果观并不奇怪。

在传播效果研究初期，"子弹论"观点的出现与当时西方流行的本能心理学和社会学理论也有密切的关系。19 世纪末 20 世纪初是本能心理学盛行时期，这种理论认为人的行为受到本能的"刺激—反应"机制的主导，由于人的遗传生理机制是大致相同的，施以某种特定的"刺激"便能引起大致相同的"反应"。"子弹论"的另一个重要背景是大众社会论。这种理论认为，现代社会生活破坏了传统社会中的等级秩序和密切的社会联系，使社会成员变成了均质的、分散的、孤立的"原子"，个人在获得了自由的同时也失去了统一的价值观和行为参照体系，失去了传统社会结构对他们的保护。这种状况，使他们在任何有组织的说服或宣传活动面前都处于孤立无援、十分脆弱的状态。

"魔弹论"是错误的，这主要表现在它是一种唯意志论观点，它过分夸大了大众传播的力量和影响，忽视了影响传播效果的各种客观社会因素，并且否定了受众对大众传媒的能动选择和使用能力。它对传播过程做了过于简单的描述：一方是全能的媒介在发送信息；另一方是分散的大众在等待着接受它，期间别无他物。随着传播效果研究的深入，这种观点自然会被人们抛弃。　　　　　　　　　　　　　　　　（郭庆光）

33. 宏观效果研究的共同特点是什么？

进入 20 世纪 70 年代后，在对"有限效果论"进行批评和反思的基础上，传播效果研究领域又出现了一批新的理论模式或假说，其中包括"议程设置功能"理论、"沉默的螺旋"理论、"知沟"研究、"培养分析"以及"编码和释码"研究等。这些理论和假说的主题、内容各不相同，但有如下几个共同特点。

第一，它们研究的焦点大都集中于探索大众传播综合的、长期的和宏观的社会效果。第二，它们都不同程度地强调传媒影响的有力性。第三，它们都与社会信息化的现实密切结合在一起。　　　　　　　　　　　　　　　　　　（郭庆光）

34. 论述传播主体与传播效果

大众传播效果的形成受到多种因素和条件的制约，但在这一过程中居于最优越地位的无疑是作为传播主体的传播者。传播者不但掌握传播工具和手段，而且决定着信息内容的取舍选择，作为传播过程的控制者发挥着主动的作用。尽管如此，传播者本身的某些特点对传播效果产生了重要的影响。

第一，信源的可信性效果。

传播者决定着信息的内容，但从宣传说服的角度而言，即便是同一内容的信息，如果出于不同的传播者，人们对它的接受程度也是不一样的。人们首先要根据传播者本身的可信性对信息的真伪和价值作出判断。可信性包含两个要素：一个是传播者的信誉，包括是否诚实、客观、公正等品格条件；另一个是专业权威性，即传播者对特定问题是否具有发言权和发言资格。这两者构成了可信性的基础。

霍夫兰等人根据一些实证研究的结果，提出了"可信性效果"的概念：一般来说，信源的可信度越高，其说服效果越大。可信度越低，说服效果越小。"可信性效果"的概念说明，对传播者来说，树立良好的形象争取受众的信任是改进传播效果的前提条件。

第二，"休眠效果"。

由可信性带来的说服效果并不是一成不变的，霍夫兰等人在实验中发现，随着时间的推移，高可信度信源的说服效果会出现衰减，而低可信度信源的说服效果则有上升趋势。

根据遗忘曲线原理，人脑对信息的记忆量随时间推移逐渐减少，而忘却是从信息的次要属性开始的。也就是说，由高可信度信源发出的信息，由于人们对信源的信任，其说服效果最初可能会大于信息内容本身的说服力。而低可信度信源发出的信息，由于人们对信源怀有不信任感，其说服效果最初可能会小于内容本身的说服力。随着时间的推移，人们对信源与内容联系的记忆逐渐淡漠下去，由信源居主导地位的可信性效果趋于减弱或消失，内容本身的说服力才能较完全地发挥出来。

低可信度信源发出的信息，由于信源可信性的负影响，其内容本身的说服力不能得以马上发挥，处于一种"睡眠"状态，经过一段时间，可表现出来。这种现象，霍夫兰等人称为"休眠效果"，如图8-3：

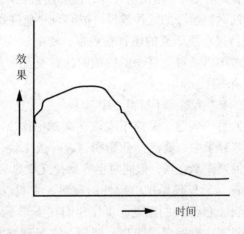

图8-3 "休眠效果"示意图

尽管"休眠效果"尚有待于进一步研究和证实，但它说明了一个重要道理，即信源的可信性对信息的短期效果具有极为重要的影响，但从长期来说，最终起决定作用的是内容本身的说服力。

（郭庆光）

35. 论述传播技巧与传播效果

传播技巧指的是在说服性传播活动中为有效地达到预期目的而采用的策略方法。传播技巧包括内容提示法、说理法和诉求法等。

第一，"一面提示"与"两面提示"。

对某些存在对立因素的问题进行说服或宣传之际，通常会有两种做法。一种是仅向说明的对象提示自己一方的观点或于己有利的判断材料，称为"一面提示"。另一种是在提示自己一方的观点或于己有利的材料的同时，也以某种方式提示对立一方的观点或不利于自己的材料，称为"两面提示"。两种方法各有利弊。一般来说，"一面提示"能够对己方观点做集中阐述，论旨明快，简洁易懂，但同时也会给人一种"咄咄逼人"的印象，使说服对象产生心理抵抗。另一方面，"两面提示"由于给对立观点以发言机会，给人一种"公平"感，可以消除说服对象的心理反感，但由于同时提示对立双方的观点，论旨变得比较复杂，理解的难度增加，在提示对方观点之际如果把握不好分寸，反而容易造成为对方做宣传的结果。霍夫兰等人就此进行了比较实验，结果表明，无论是"一面提示"还是"两面提示"，效果的大小强弱在很大程度上取决于对象的性质，离开具体对象泛论两者的优劣是没有意义的。

第二，"两面提示"的"免疫"效果。

对"一面提示"和"两面提示"的说服效果进行过比较考察的还有拉姆斯丁和贾尼斯。他们在1953年进行的实验与霍夫兰的方法相似，不同的是增加了"反宣传"测验，目的是为了比较两种提示法说服效果的持续性和稳定性。这次试验的结果证明，尽管从单纯比较来看两者的效果并无优劣强弱之分，但对"反宣传"的抵抗力却有极大区别。在接触到"反宣传"后，原先接受"一面提示"实验的人几乎都受到了相反观点的影响，而那些原接受"两面提示"实验的人的态度却没有发生明显的变化。

根据实验的结果，拉姆斯丁等认为，"两面提示"由于包含着对相反观点的"说明"，这种"说明"就像事先接种牛痘疫苗一样，能够使人在以后遇到对立观点的宣传时具有较强的抵抗力。"两面提示"的这种效果，被称为"免疫效果"或"接种效果"。

对"免疫效果"进行过系统研究的还有麦奎尔。麦奎尔认为，人们有许多没有经过考验的信念，这些信念在遇到对立观念的挑战时往往是脆弱的，就像在无菌环境里成长的人体容易感染细菌一样。

第三，"明示结论"与"寓观点于材料之中"。

说服性文章构成法的另一问题，是应不应该在文章中作出明确的结论。这是一个古老的问题，在古希腊修辞学中，就已经开始探讨。一般来说，明示结论可使观点鲜明，读者易于理解作者的意图和立场，但同时也容易使文章显得比较生硬而引起反感。另外，文中不作明确结论，而仅仅提供引导性的材料，将观点寓于材料之中的做法，则给读者一种"结论得自于自己"的感觉，可使他们在不知不觉中接受作者观点的影响。然而这种方法容易使文章主旨变得隐晦、模糊，增加理解的困难性，有时不易贯彻作者的意图。

根据众多研究的成果，我们可以得出以下几条一般结论。

（1）在论题和论旨比较复杂的场合，明示结论比不下结论效果要好。

（2）在说服对象的文化水平和理解能力较低的场合，应该明示结论。

（3）让说服对象自己得出结论的方法，用于论题简单、论旨明确或对象文化水平较高、有能力充分理解论旨的场合较佳，因为在这种场合，如果再明确提示结论则会有画蛇添足之嫌，容易引起对象的烦躁或反感而对说服效果产生负面影响。

第四，"诉诸理性"与"诉诸感情"。

在开展说服性传播活动之际，以什么方式"打动"对象也是影响传播效果的重要因素。人们通常有两种做法：一种是通过冷静地摆事实、讲道理，运用理性或逻辑的力量来达到说服的目的；另一种是主要通过营造某种气氛或是用感情色彩强烈的言辞来感染对方，以谋求特定的效果。

学者们对哪种方法更为有效仍没有一致的结论。其原因是，两种方法的有效性因人、因事、因时而异，有些问题只能靠"诉诸理性"的方法来解决，有些问题采取靠"诉诸感情"方法可能更有效。而在日常的思想教育活动中，将两者结合起来的"动之以情、晓之以理"的方法则更能收到良好的效果。无论使用哪种方法，正确把握问题的性质并充分了解说服的对象，乃是取得良好效果的基本前提。

第五，警钟效果（恐怖诉求）。

运用"敲警钟"的方法唤起人们的危机意识和紧张心理，促成他们的态度和行为向一定方向发生变化，也是一种常见的说服方法。从行为心理学的角度来说，"敲警钟"具有双重功效：（1）它对事物利害关系的强调可最大限度地唤起人们的注意，促成他们对特定传播内容的接触。（2）它所造成的紧迫感可促使人们迅速采取对应行动。但是由于"敲警钟"基本上是通过刺激人们的恐惧心理来追求特定效果，会给对象带来一定的心理不适。如果分寸把握不好，容易招致自发的防卫性反应，对传播效果产生负面影响。

（郭庆光）

36. 论述传播对象与传播效果

即便是同一个传播者，运用同一种方法传达同一内容的信息，在不同的对象那里引起的反应是不同的。这是因为，传播效果的形成是一个多种因素交互作用的过程，不仅传播主体、内容和技巧会对效果产生影响，传播对象自身的属性也起着同样重要的制约作用。

传播对象的属性通常包含以下几个方面：（1）性别、年龄、文化程度、职业等人口统计学上的属性。（2）人际传播网络。（3）群体归属关系和群体规范。（4）人格、性格特点。（5）个人过去的经验经历等。所有这些属性都作为人们接触特定媒介或信息之际的"既有倾向"或背景，规定着他们对媒介或信息的兴趣、感情、态度和看法，同时对传播效果产生重要的影响。

第一，意见领袖的作用。

意见领袖指的是活跃在人际传播网络中，经常为他人提供信息、观点或建议并对他人施加个人影响的人物。意见领袖作为媒介信息和影响的中间和过滤环节，对大众传播效果产生重要的影响。

根据卡兹和拉扎斯菲尔德在《个人影响》和罗杰斯在《创新与普及》中的概括，意见领袖有下述基本特征：

（1）与被影响者一般处于平等的关系而非上下级关系。换句话说，意见领袖未必是大人物，相反，他们是我们生活中所熟悉的人。正因为他们是人们所了解和信赖的人，他们的意见和观点也就更具有说服力。

（2）意见领袖并不集中于特定的群体或阶层，而是均匀地分布于社会上任何群体和阶层中。每一个群体都有自己的意见领袖，他们与被影响者保持着横向传播关系。

（3）意见领袖的影响力一般分为"单一型"和"综合型"。在现代都市社会中，意见领袖以"单一型"为主，即一个人只要在某个特定领域很精通或在周围人中享有一定声望，他们在这个领域便可扮演意见领袖角色，而在其他不熟悉的领域，他们则可能是一般的被影响者。在传统社会或农村社会中，意见领袖一般以"综合型"为主。

（4）意见领袖社交范围广，拥有较多的信息渠道，对大众传播的接触频度高、接触量大。意见领袖是拉扎斯菲尔德等人最早在《人民的选择》中提出的概念。在这项研究中，他们注意到了政治问题领域中意见领袖的存在。在后来的《个人影响》研究中，他们又证明了不仅在政治领域，在其他领域也都活跃着一大批意见领袖，他们对大众传播的效果起着促进或阻碍作用。后来的研究大都认为，大众传播要取得良好的效果，必须首先要重视这些意见领袖的存在。

第二，群体归属和群体规范的影响。

考察群体对个人行为的影响有两个基本视角：一是作为现实社会关系网络的群体。在这种群体中，不仅存在着意见领袖的个人影响，由成员的多数意见产生的群体压力也对个人的言行具有重要的制约作用。二是作为个人行为的精神依托点的群体，即由过去和现实的群体归属关系所产生的观念、价值、行为准则的内在化，统称为"群体规范"。在现实生活中，许多看起来似乎完全出于个人决定的行为，实际上在很大程度上受到内在化的"群体"即群体规范的影响。同样，群体归属关系和群体规范对大众传播效果也具有重要的制约作用，它不仅影响着受众对媒介和内容的"选择性接触"，而且影响着他们对观点的接受。

第三，受传者的个性与传播效果。

每个人都有不同的个性。有的人比较容易接受他人的意见或劝说，有的人则固执己见，我行我素。在传播效果研究中，这种"容易"或"难以"接受他人劝说的个性倾向，称为个人的"可说服性"。可说服性包含以下几个方面。

（1）与特定主题相关的可说服性——说服的主题是多种多样的，一个人在某些话题上可能容易接受他人意见，而在另一些话题上则可能容易产生拒绝或排斥态度。

（2）与特定议论或诉求形式相关的可说服性——如有的人容易接受说服，而有的人则容易接受场面或氛围的感染，有的人对"强加式"说服表现出自发反感，面对"诱导式"说服则很容易接受等。

（3）一般可说服性——与主题或说服形式无直接关系，受个人性格和个性所规定的、对他人意见容易接受或排斥的倾向。

从自信心角度对个性倾向与一般可说服性的关系进行了考察的是贾尼斯。1945年，他采用临床试验的方法，以"社会不安感"、"委曲求全性向"和"感情抑郁程度"为自信心强弱的三项指标，就自信心强弱与一般可说服性关系进行了测试。实验结果说明，对人际关系以及社会处境抱有较强不安感的人，做事委曲求全、尽可能避免与他人发生冲突，情绪基调以忧伤为主的人，普遍表现出较高的可说服性。相反，那些社会不安感、委曲求全性向以及感情抑郁程度较低的人，其可说服性普遍较低。根据这个结果，贾尼斯认为，在自信心的强弱和可说服性的高低之间存在着密切的相关，即自信心越强，可说服性越低。自信心越弱，可说服性越高。这一结论，被称为"自信心假说"。

除自信心之外，与可说服性相关的因素还有个人信息行为的特性。信息行为指的是个人寻求、接触和处理信息的各种行为。由于每个人的求知欲、性格和习惯不同，人们的信息行为也各具特点，这些特点也对传播效果直接或间接地产生影响。　（郭庆光）

37. 简述批判者眼中的媒介效果

研究者眼中的媒介效果是多样性的，批评家的眼中更多看到的是这一研究的同质性。这些批评研究中的许多观点，正反映了媒介效果研究中存在的局限。为简明起见，将其概括为三种观点，当然这样的概括过于简单化和偏颇，有的可能已经过时，且过于狭隘，但还是有一定的借鉴意义的。

第一，批判学派的批判。

这一批判源于批判学派的各种支流，它们大多认为，媒介效果研究建立在"刺激—反应"这一学习理论基础上，只局限于两个变量（媒介刺激和效果），没有中介。而且效果研究被认为在其研究取向上过于个体主义，在方法上又有简约主义的缺陷，盲目指责个人在知识和参与方面的欠缺。效果研究的意识形态倾向显示了其号称自己客观和道德中立的虚伪性。

它们认为，媒介研究过于局限于一种效果类型的研究，那就是劝服，其他效果类型被大大忽略了。此外，效果受制于传者的意图，也就是行政人员的操作意图。因此，媒介效果研究缺乏与根植于社会权力关系的讯息生产之间的理论关系。媒介效果研究被认为是把讯息作为中立的、毋庸置疑的东西，其有限的变量是因果关系的唯一来源，其研究所选择的讯息也过于简单化。

最根本的问题是，媒介效果研究被认为在性质和意图上全都是行政管理的。也就是说，媒介效果研究人员在很大程度上依赖大众媒介和政府机关的经费，结果研究的正当性与市场和政府政策联系在一起。于是，对理论的发展和人类条件的改善不再承担应有的责任。

具有讽刺意味的是，在批判学派看来，媒介效果研究名不副实，它低估了大众媒介的效果。由于其局限性，媒介效果研究没有探索累积、延迟、长期和用以维持现状却看不出明显意图的效果。实际上，考虑这些效果变量能加强对媒介影响力度的评估。

第二，文化研究的批判。

来自文化研究方面的批评，则加上了更多的主观色彩。其中最基本的一点，是指责媒介效果研究在论及变量及其效果时使用了不恰当的术语和因果模式。它们认为，媒介效果研究受一种过时的实证主义哲学的局限，反映的是"行为主流霸权"。它们认为，所谓对物质可观察特性的关注，没有变化的关系以及经验主义的科学举证，都是效果研究和整个社会科学的致命缺陷。

它们认为，效果传播只关注孤立个体的有限变量，对受众进行人为分割，舍弃受众人性的一面，并把受众从文化中分离出来。效果研究对人类行为总则的描述，忽略了人们在对媒介反应方式中重要的文化变量。根据文化批判，媒介效果研究有意对受众建构讯息意义的行为轻描淡写。更糟糕的是，把受众成员当做容易受愚弄的人。效果研究过分强调讯息，蓄意夸大媒介效果。忽略了文化机理中意义生产的建构过程，通过把媒介讯息简化为具体的心理刺激和把注意力放在现行的容易被操纵的特征上，将内容和受众都简单化了。效果研究中所使用的量化方法，忽略了讯息和意义在受众接收时存在着更重要的质的差异。

第三，行为科学的批判。

对媒介效果研究最为激烈的批判来自原本被认为较为宽容的行为主义科学家。他们认为，效果研究的经验性结论并不能支持其号称强大的媒介效果。根据这一学派中一位批评家的看法，这对媒介威力的期许来自水火不容的两大阵营：批判理论家和应用实践者的"阴谋"。后者是为了使他们的存在正当化和为了薪水才号称媒介威力巨大。根据他的观点，对媒介效果的夸大还来自于学术界研究人员之间对发现效果所作出的承诺——学术期刊很少发表没有什么研究发现的论文，而年轻学者又被要求发表论文。

这种来自友好阵营的第二大攻击是媒介的动机性质。在有些情况下，媒介可能只是作为一个简单的载体，承载着一些信源，如广告客户或新闻制造者的讯息，但这也是一种媒介效果。另一个问题是，因果方向含糊的非实验性的效果研究，实际上可能仅仅是从媒介中查找"原因"。一般来说，那些只从媒介中追究原因的效果研究人员所得出的结论，往往缺乏科学的准确性，因其偏离了对特定讯息所产生的特定效果的具体说明而缺乏理论性。

在行为学者的眼中，那些"以媒介为中心"的效果研究人员由于把信息生成过程的宏观概念和效果的微观概念混为一谈而导致理论上的断裂。根据这一观点，由此造成的对媒介的模糊认识而没有对"刺激"做出具体的说明，因而背离了关于人类行为的行为主义科学的基本目标。

对方法论的批评，综合起来看，主要是指责效果研究中研究设计的薄弱，缺乏全国性的样本以及没有采用最佳的统计程序。这样，在一些行为主义科学家的眼中，效果研究的合理性就更值得怀疑，并使效果研究在学术圈内更加处于边缘化的地位。（胡正荣）

38. 效果研究的未来趋势

在跨入 21 世纪的今天，尽管大众媒介依旧存在，但新型电子媒介的发展确实挑战了传播理论以及现存的媒介产业。新媒介目前在公共、个人生活领域以及许多专门的和企业环境的传播任务上，逐渐被大量运用。这些新媒介可能扮演辅助的角色，同时也可能是深度信息的来源，或是有潜在效果的广告媒介。既是弱势群体发声的平台，又是提供如大众媒介般服务与满足的另类管道。就大部分趋势来看，既存的理论与研究的框架可以轻而易举地用在新媒介身上。

从广义上来看，新媒介和既有的传统大众媒介一样，可以从"社会整合"以及其他社会结构的角度来检视。数字化所带来的"整合"概念激发出关于不同性质媒介之间任务和功能的重新分工，虽然这些趋势现在似乎造成更大的"差异性"而非"一致性"。其他的架构一般也可以从"全球化"和"科技决定论"的现象中发现。来自政治经济学派的理论皆可以用在批判新媒介和旧媒介身上，尤其是媒介的全球化特质、跨国性资本和企业利润的发展模式。就较低的理论层次而言，新媒介看起来比较像在"延续"而非"另启"受众的"小众化"和"分众化"。新媒介的互动机制确实很明显，但媒体的互动性早已存在于接受者自由选择、诠释和建构本身所偏好的意义权力之中。至少有部分由新媒介引发，但又原本是社会理论与规范理论所熟悉和探讨的议题，已经成为政策讨论的对象。尤其是关于"新传播工具发展失控"所造成的自由、控制和恐惧的问题，最受注意。

但另一方面，忽略新媒介潜能发展和应用的不确定性是不明智的。新媒介极易产生与旧媒介相当的，但又独特的社会及文化影响。目前使用的理论机制中仍有许多不足和缺陷，如果仓促地将新发展纳入旧框架中，可能会遗漏掉那些看起来并不新颖，但却可能在不知不觉中使传播与社会转型的元素。从结构的角度来看，新形态的社会网络正在浮现且日益重要，这正是由新媒介的某些特质激发出来的。

到目前为止，已经提出一些理论来尝试修补或延伸既存的框架。首先，要发展出关于信息社会或网络社会的概念。与当前推测成分较高的概念相比，这些概念将是较能实际运用来做分析的。我们应该知道相关的网络是什么以及它们是如何组织运作的。其次，必须检视有关某些媒介特质所提供的自由，是否还是与旧媒介一样受相同的管制，甚至成为更有效的社会控制手段。再次，应该探寻在技术层面之外，新媒介的互动性究竟能进行到什么程度。除了有效地提供像购物和处理银行业务之类的服务外，新媒介是否有其他显著的传播意义。最后，在缺乏面对面接触和其他社会支持的情况下，新媒介是否真的比旧媒介更能发展有意义的社会关系。

除了这些问题，我们也应该知道更多有关新媒介的实际使用经验，特别像"互动性"、"随心所欲地在广泛的内容中进行搜索"、"参与志同道合的社群"等新媒介的特质所带来的不同使用与满足经验。在理论思维上，也有一些新的面向存在。此外，大众媒介中广为人知，却少受重视的"社会责任"议题，在新媒介中几乎从未被提及。假使新媒介的供应者没有社会责任或不可信任，持久的信任关系和忠诚度就不存在了，从而会降低它的影响力与社会权力。

早期的大众传播研究中，"批判"和"功能"的观点讨论是一样多的，但时至今日，这种情况就比较少了。尽管我们在媒介真实性、范围和不可逆性上已有一定的认知，而不再是只有简单的二元对立观点，但是在后现代主义时期的今天，我们仍缺乏一套能够提供成熟批判观点与分析工具的理论。

（胡正荣）

三、论述题

1. 传播效果研究经历了哪几个阶段，各有何特点？

一般认为，大众传播效果研究的发展过程可大致分为三个阶段。与此相联系，人们对媒介影响力的认识，经历了"强—弱—强"三个时期和两次转折。在此过程中，有关传播效果的三大理论体系，即同一效果、选择效果和间接效果的理论体系相继出现。

第一阶段：从20世纪初到40年代初，被称为"强效果论"时期。其代表性理论，即通常被称为"枪弹论"的"同一效果理论"，认为大众媒介有强大的威力，在形成意见信仰、改变生活习惯并或多或少按媒介控制者的意图支配受众的行为等方面，几乎无所不能。这种"魔弹论"或"刺激—反应"理论的提出，或源于公众与学者对大众媒介迅速普及的惊惧，或依据生物学的一些论点而提出的简单比附，并非基于科学的调查和研究。因此，从方法角度看，它以思辨性的评论和探讨为主，还几乎没有严格意义上的"科学"研究。

第二阶段：从20世纪40年代初至60年代初，被称为"弱效果论"或"有限效果论"时期。所谓"有限效果"，并非说媒介毫无影响力，而是说媒介总是在一个现存社会关系的结构和一个特定的社会文化情境中运行的。对此，贝雷尔森和克拉伯有两段经典型论述："某些传播，在某些问题上，被某些人在某些情况下所注意，有某些作用。""大众传播通常并不是一个可以对受众发生影响的充分且必要的起因，它其实是通过许多中介因素的联络环节，而发挥着各种功能。"

这一阶段的起始，可追溯到20世纪30年代初美国佩恩基金会有关电影对儿童影响的系列研究。在"枪弹论"流行的背景下，研究者运用典型调查和实地调查法，大量借鉴社会心理学的成果，侧重研究利用媒介积极主动地告知信息并进行劝服的可能性以及出于防范的动机而测定媒介在造成青少年罪、社会偏见、暴力和性刺激方面的消极影响，但其结果很难证明媒介的"魔弹"效果。至20世纪四五十年代，随着拉扎斯菲尔德等人有关"二级传播"观点的提出和霍夫兰等人有关劝服研究的展开，传播效果产生的过程和机制，在科学方法的基础上得到了揭示和探索，终于导致了对"强效果论"的否定。

第三阶段：起始于20世纪60年代末，被称为"回归强效果论"或"多元效果论"时期。最早明确提出"回归强效果"观点的，是德国学者纽曼。20世纪60年代以来，许多学者试图摆脱美国经验学派的研究框架，从不同的角度，采用不同的方法，探寻媒介影响力的奥秘，从而形成了名目繁多的效果研究流派。其中，以卡茨、麦奎尔为代表的"使用与满足"理论，以麦考姆斯和肖为代表的"议程设置功能"理论，格伯纳为代表的"培养（涵化）分析"理论等，合力开辟了效果研究的新视野、新前景。

这一时期的研究重点，由"验证个人对媒介内容的接触程度与个人态度、意见、行为等变量的相关性"，转向"考察媒介的长期、潜在和间接的效果以及信息认知、社会环境等中介因素、舆论气候、信仰结构、文化模式乃至社会制度等"。这一阶段，无论在考察传播影响力的范围（个人、群体、组织、国家、社会、文化），时间（短期、长期），层次（认知、态度、行为、情感），还是在方式（显性、隐性），机制（直接、间接、积累、非积累），方法（量化、质化）等方面，相对于前两个阶段，都更为多样、丰富和多元，因此，又被称为"多元效果"理论时期。

"第二次世界大战"以后，美国传统的经验学派在这一领域主导西方学术界将近30年。以英国为主体的欧洲批判学派的崛起，并与经验学派相抗衡，只是最近的事态。美国经验学派的成熟期，正是20世纪四五十年代。可以说，效果理论由"强"到"弱"的第一次转折，主要由美国经验学派促成。事实上，正是通过这一转折，经验学派完善了自己的理论模式、研究手段，从而得以继续牢牢地占据国际大众传播研究的主导地位。

不过，20世纪60年代末"复兴"的"弱效果论"，既非对第一次转折的简单否定，也非对早期"弱效果论"的机械回归，而是效果研究取向与维度的又一次革命性转折，其意义甚至超过第一次转折。具体而言，主要反映在以下两个变化：第一，研究重心的转变。不再仅仅测定直接、短期的效果，而把更多的注意力集中于间接、潜在和长期的影响。不再仅仅从传者出发研究媒介的效果，而同时强调从受众出发探索媒介的影响潜力。不再仅仅关注态度、行为方面的效果，也同样关注认知方面的效果。第二，研究方法的转变。从"只见树木、不见森林"的机械的经验主义方法，转向把传播过程置于整个社会的政治经济文化结构中加以考察的宏观分析方法，同时还出现了方法论多元化的倾向，显示了巨大的活力。

（张国良）

2. 试联系实际评述"信息流程"理论

所谓"信息流程"，也叫"传播流程"，指信息从传到受的"流动"过程，包括信息流动的状态、特征、方向、作用等。也可以说它是一种结构、过程研究，但不再是初步的分解，而是以信息为重点，作进一步的深入分析。有关这一课题的研究，大体经历了以下几个阶段。

第一，"两级传播"模式的发现。

早期的传播效果研究，对"过程"或"流程"的认识相当简单化。当时的流行观点，是以"枪弹论"模式来把握信息的走向，认为媒介直接与每一个受者接触，受众是被动、分散、毫无抵抗力的存在，媒介发出的信息好比是强有力的"枪弹"、"魔弹"。

但没过多久，拉扎斯菲尔德、贝雷尔森、高德特等人在美国伊里县开展一项有关总统选举的"投票行为研究"时，发现了一个意外的事实。本来，他们的目的是了解大众传播的作用，结果却表明人际传播的作用更大。因为受众中有两种人：一种人频繁使用媒介、关心政治、已决定把选票投给谁；还有一种人则相反。于是，前一种人影响后一种人。前者叫"意见领袖"，后者叫"追随者"。这就是有名的"两级传播"模式。

具体而言，从 1940 年 5 月至 11 月，即罗斯福（民主党）与米尔基（共和党）竞选总统期间，拉扎斯菲尔德等人就选民（受者）投票的动机与宣传（报刊、广播、个人）的接触，投票动机的变化及其理由、个人的特性等，先后进行了七次调查。结果未能证实大众媒介有强大效果，即最终改变投票方向的人，连一成都不满。于是，拉扎斯菲尔德等人由此受到启发，提出了一系列具有重要开拓意义的思想。

（1）预存立场。即选民在接触选票之前就持有的态度。拉扎斯菲尔德等人为了解这方面情况，设计了一个"IPP 指数"，将宗教分为"新教、旧教"，地区分"城市、农村"，社会经济地位（SES）分"上、中、下"，各自给定相应的指数，然后求这一IPP 指数与投票的关系。拉扎斯菲尔德等人发现：投票行动的方向，一般不取决于政党的宣传，而取决于选民（受者）自己固有的"预存立场"。

（2）选择性接触。从 IPP 指数分析政党宣传的接触状况，拉扎斯菲尔德等人还发现，受众即选民与媒介（信息）的接触，具有明显的选择性。共和党支持者，多接触共和党的宣传，反之亦然。也就是说，人们倾向于接近与"预存立场"相容而不是相反的观点。

（3）人际影响的优势。从"态度改变"的数据看，来自人际传播的影响大于来自媒介的影响。

（4）意见领袖的作用。为了探明受众个人之间究竟有没有行使影响力的人物存在，拉扎斯菲尔德等人在调查中提出这样两个问题："您最近有没有向他人表明自己的政治见解，试图说服对方"、"您最近有没有接受他人有关政治问题的咨询"，然后将肯定回答占一项以上的人称做"意见领袖"，接着又发现，这些"意见领袖"与媒介的接触多于其他受者。

总之，个人影响、意见领袖的存在，使媒介的影响不能直接到达一般受者，从而造成"媒介—意见领袖—受者"（而非"媒介—受者"）的局面。不久，拉扎斯菲尔德等人将以上见解付梓出版，提名为《人民的选择》（1948）。

第二，"两级传播"模式的验证。

由于 1940 年的调查属于"意料未及"，未能清楚揭示"意见领袖"是怎样影响

"追随者"的，且局限于政治领域，因此为了验证"两级传播"假说的正确性，拉扎斯菲尔德等人又实施了一项"个人影响力研究"（1955）。其内容为进一步比较大众传播和人际传播的效果，进一步把握"意见领袖"的特征，在政治和投票以外的日常生活（购物、时尚、电影等）领域考察上述观点的有效性。结论如下：

就受者的态度（行为）而言，个人或者说人际的影响力，确实超过媒介的影响力。以时尚为例，研究者抽取了502个样本，调查、比较了三种人际传播方式和一种大众传播方式各自对时尚（发型、化妆品、化妆方法、服饰等）变化的影响和作用。结果是前者远胜于后者。

与此同时，"意见领袖"的存在再一次得到证实，并概括出其特征如下：（1）水平型。就意见领袖和追随者的关系而言，多数情况下呈水平型。换言之，社会经济地位高低不同的人之间，难以形成这种关系。（2）单数型。据调查，在购物、电影、时尚、时事这四个领域均拥有影响力的"意见领袖"根本没有，跨三个领域的仅有3.1%，跨两个领域的也只有10.3%，在单个领域中发挥作用的最多，为27%。（3）活跃型。作为连接大众传播和人际传播的"纽带"，"意见领袖"不但积极地接触媒介，而且在人际传播中也十分活跃。有时，还作为团体规范的维护者出场。据此，拉扎斯菲尔德等人认为，以"两级传播"模式为核心的一系列观点就被有力地证实了。

第三，对"两级传播"模式的批评。

然而，20世纪50年代以来，这一经典性成果受到了质疑。好几项研究得出相反的结论：某些重大事件一经媒介报道，就立刻被大众接受了，几乎没有意见领袖插足的余地。例如，美国学者多伊奇曼和达尼尔森选择了三条重大新闻——艾森豪威尔前总统心脏病发作（1957）、人造地球卫星"电讯1号"上天、阿拉斯加州升格（1958）——进行调查。结果发现，人们获知以上新闻的第一信息源，媒介为88%，人际为12%。这大不同于拉扎斯菲尔德等人的调查结果，即媒介直接作用于受众的情况十分明显。这样一来，"两级传播"模式似乎就要被推翻、被否定了。

但实际上并非如此。略加分析就可以发现差异，先行研究（无论"投票"还是"时尚"）的着眼点，都在于态度和行为的变化，而后续研究的着眼点，却在于新闻的流动，即一是影响，一是信息。此时，研究者才注意到应区别"流"的种类，从而作出如下划分：信息流、影响流、感情流。原来，"两级传播"模式并无大错，只是不乏疏漏之处，"意见领袖"现象也并非虚构，而是多见于影响流之中。这方面认识的提高，与"多元效果论"的崛起有着显而易见的内在联系。

第四，对"两级传播"模式的补充。

20世纪60年代初，罗杰斯等人开展的"创新扩散研究"从另一个角度构成了对"两级传播"模式的补充。这一研究富有创造性地把个人接受新事物的过程，看做一个从认识到决定的过程，分为以下几个步骤或阶段：认知——初步接触新事物，但还没有获得全部的相关信息；关心——开始关心新事物，想得到更多、更详细的信息；评价——在头脑中构想新事物的利用、利益，决定是否采用；试用——为测定自己的构想、评价是否正确，先进行小规模的试用；采用——感到满意之后，决定全面接受新事物。

这些步骤、阶段与信息源之间有什么关系呢？通过调查，罗杰斯等人得出两个结论：首先，对认识来说，媒介信息源最重要。对评价来说，人际信息源最重要。其次，全国性信息源在认知阶段最重要。地方性信息源在评价阶段最重要。

当然，人们接受新事物的过程，未必都机械地按照上述顺序而展开，但可以肯定的是，各种信息源、影响源和感情源对各个步骤、阶段的重要性是不一样的。在个人意向决定过程中，大众传播和人际传播显示出一种相互补充的关系。举例说，最近电影院在放映什么影片？这主要由媒介广泛告知，但究竟哪部影片值得一看？人们往往通过家人、同事、朋友得到确认并决定行动。同样，人们根据媒介的广告得知大量商品信息，但最终决定购买什么种类、品牌的商品，通常是在征询了亲朋好友的意见之后。

这同时意味着，受者有各种类型。罗杰斯等人按他们接受新事物的先后快慢区分为五类：革新者、初期采用者、前期追随者、后期追随者、迟钝者。然后，从价值观、个人特性、传播行为、社会关系等方面，概括出了他们各自的特征。这样一来，不仅深化、细化了流程研究，对意见领袖和追随者关系的把握也更符合实际，从而突破"两级传播"模式，形成了"多级传播"模式。在大多数情况下，信息是通过媒介直接传送给受者，而影响是以人际传播为中介，间接传播的，即信息流是"一级"，影响流是"多级"的。

第五，对"两级传播"模式的再补充。

进入20世纪60年代以后，传播学界对流程的认识进一步深化。特别是1963年美国肯尼迪总统被暗杀之际，众多研究者就传播与事件的关系开展了调查，得出一些与前人不同的结论。主要是当发生特别重大的全国性、危机性事件时，即使在认知阶段，人际传播的作用也十分突出。调查表明，受众获知肯尼迪被刺杀的第一次信息源，竟然是媒介和人际各占一半。

另外，施拉姆认为，可将重大事件报道分为三个阶段：事实传播、治疗、解释和采用。它们分别与信息流、感情流、影响流相对应。首先，肯尼迪死了到底怎么回事？人们急于了解真相（信息流）。然后，人们感受到冲击，在震惊、愤慨或悲伤的情况下，迫切需要感情交流（感情流）。最后，人们镇静下来，就想知道应采取什么对策？捉拿凶手、追查主谋、谴责暴力等（影响流）。至此，有关传播（信息）流程的理论就比较完善了。

综上所述，信息流程研究从"投票行为"入手，以丰富的第一手材料，发现并证实了以下规律：大众传播对一般受众的效果（影响力），往往是间接的。最容易取得的效果，是强化受者原有的"预存立场"。大众传播的信息大多直接地"流"向受者，其影响却大多间接地——以人际关系中的个人影响力为中介"流"向受众。"媒介—受者"的模式，被修正为"媒介—人际关系—受众"的模式。如此，在前述效果研究第一阶段中占主导地位的"枪弹论"，作为一种肤浅的效果观就被有力地否定了。这一功绩，在传播效果研究史上具有非常重大的意义。　　　　　　　　　　　　（张国良）

3. 论述"沉默的螺旋"理论

大众传播与舆论的关系问题，是政治学、社会学和传播学研究的一个历史悠久的课。传统的政治学和舆论学认为，舆论是一种"社会合意→社会讨论→合意达成"的理性过程。在这个过程中，传播媒介作为"载体"、"喉舌"或"公众的精神纽带"发挥着合理的作用。由于传统的政治学和舆论学主要从政治民主的角度来考虑问题，作为"民意"的舆论自然是具有高度的正当性和合理性的。

但是，社会生活是复杂多样的，舆论的作用也并不仅仅限于狭隘的政治领域。从更广泛的意义上来说，舆论是一种社会控制的机制，这正是社会心理学的视点。当我们把舆论视为社会控制机制的时候，我们便不能再谈论"民主"或"权利"之类的问题，而只能把它作为一种对个人和群体具有强大约束力的"力量"来探讨它的形成过程、社会作用和客观规律。从这个角度对舆论与大众传播的关系进行了研究的，是德国女社会学家诺依曼的"沉默的螺旋"理论。

第一，"沉默的螺旋"理论概要。

"沉默的螺旋"概念最早见于诺依曼1974年在《传播季刊》上发表的一篇论文，1980年以德文出版的《沉默的螺旋：舆论——我们的社会皮肤》一书，对这个理论进行了全面的概括。

诺依曼最早注意到社会生活中的"沉默的螺旋"现象是在1965年。这一年联邦德国进行议会选举，在这次调查中，诺依曼对"意见气候"和"多数意见"对个人的压力进行了多次实证研究，在此基础上提出了她的"沉默的螺旋"假说。这个假说由以下三个命题构成。

首先，个人意见的表明是一个社会心理过程。人作为一种社会动物，总是力图从周围环境中寻求支持，避免陷入孤立状态，这是人的"社会天性"。为了防止因孤立而受到社会惩罚，个人在表明自己的观点之际首先要对周围的意见环境进行观察，当发现自己属于"多数"或"优势"意见时，他们便倾向于积极大胆地表明自己的观点。当发觉自己属于"少数"或"劣势"意见时，一般人都会屈于环境压力而转向"沉默"或附和。

其次，意见的表明和"沉默"的扩散是一个螺旋的社会传播过程。也就是说，一方的"沉默"造成另一方意见的增势，使"优势"意见显得更加强大，这种强大反过来又迫使更多的持不同意见者转向"沉默"。如此循环，便形成了一个"一方越来越大声疾呼，而另一方越来越沉默下去的螺旋式过程"。

再次，大众传播通过营造"意见环境"来影响和制约舆论。根据诺依曼的观点，舆论的形成不是社会公众"理性讨论"的结果，而是"意见环境"的压力作用于人们惧怕孤立的心理，强制人们对"优势意见"采取趋同行动这一非合理过程的产物。意见环境是如何形成的？诺依曼认为，在现代社会，人们判断周围意见分布状况的主要信息源泉有两个：一是所处的社会群体；二是大众传播，而在超出人们直接感知范围的问题上，大众传播的影响尤其强大。传播媒介对人们的环境认知活动产生影响的因素有三个：（1）多数传媒的报道内容具有高度的类似性（产生"共鸣效果"）。（2）同类信息的传达活动在时间上具有持续性和重复性（产生"累积效果"）。（3）媒介信息的抵达范围具有空前的广泛性（产生"遍在效果"）。

诺依曼通过"沉默的螺旋"理论，重新提示了一种"强有力"的大众传播观。这个假说包括了以下几个要点：（1）舆论的形成是大众传播、人际传播和人们对"意见环境"的认知心理三者相互作用的结果。（2）经过大众传媒强调提示的意见由于具有公开性和传播的广泛性，容易被当做"多数"或"优势"意见所认知。（3）这种环境认知所带来的压力或安全感，会引起人际接触中的"劣势意见的沉默"和"优势意见的大声疾呼"的螺旋式扩展过程，并导致社会生活中占压倒优势的"多数意见"——舆论的诞生。

第二，"沉默的螺旋"理论的特点。

"沉默的螺旋"是一种考察大众传播与社会舆论的关系的理论，这个理论在两个方面有着自己的特点：一是它的舆论观；二是它的效果观。

舆论通常被称为"公众意见"或"公共意见"。这是一个极为复杂的概念，在不同的学科有不同的理解。第一种是政治哲学的观点，即把舆论看做"公意"，是"共同体"的最高意志，是民主政治的基础。这种观点尤以卢梭为代表；第二种是社会学的"有机体"概念，即认为舆论不是个人意见的简单集合，而是社会互动的有机整体；第三种是行为科学的观点，它或多或少地把舆论看做个人意见的简单相加，其中的多数意见便被看做"舆论"，这种观点较多地体现在现代舆论调查或"民意测验"之中；第四种是社会心理学的观点，这种观点把舆论看做社会控制的机制，认为舆论未必是事实上的"多数"意见，但至少是表面上的或人们感觉中的"多数"或"优势"意见，它通过人们的从众心理来制约个人的行为，因而起着社会控制作用。诺依曼的"沉默的螺旋"理论，正是持后一种观点。在"沉默的螺旋"理论中，舆论与其说是"公共意见"或"公众意见"，倒不如说是"公开的意见"。诺依曼认为，只有那些"被认为是多数人共有的、能够在公共场合公开表明"的意见才能成为舆论。一种意见一旦具备了这种性质就会产生一种强制力——公开与之唱反调就会陷于孤立状态，就有遭受社会制裁的危险。为了免予这种制裁，人们只有在公开的言行中避免与其发生冲突。由此不难看出，"沉默的螺旋"理论强调的是舆论的社会控制功能。诺依曼本人在论述"舆论——我们的社会皮肤"这个观点中做出了明确的说明。在她看来，舆论在双重意义上是"我们的社会皮肤"，它是个人感知社会"意见气候"的变化，调整自己的环境适应行为的"皮肤"。不仅如此，它又在维持社会整合方面起着重要作用，就像作为"容器"的皮肤一样，防止由于意见过度分裂而引起社会解体。

从传播效果研究的角度而言，"沉默的螺旋"理论强调大众传播具有强大的社会效果和影响。这里所反映的"强大影响"已经不止于认知阶段，而是包括了"认知→判断→意见→行动"的全过程。"沉默的螺旋"假说的一个重要观点是，传播媒介提示的"意见环境"未必是社会上意见分布状况的如实反映，而一般社会成员对这种分布又处于"多元无知"状态。在这种情况下，传媒提示和强调的即便是少数人的意见也会被人们当做"多数意见"来认知，其结果也会引起"沉默的螺旋"过程的始动，在传媒影响所及的范围内引起人们判断和行动上的连锁反应。换句话说，这个假说认为，传播媒介具有"创造社会现实"的巨大力量。

第三，对"沉默的螺旋"理论的研究与评价。

"沉默的螺旋"的重要理论前提之一是个人"对社会孤立的恐惧"以及由这种"恐惧"所产生的对"多数"或"优势"意见的趋同行为。就此我们能够提出一些不同见解。

（1）假说中所强调的"对社会孤立的恐惧"不应是一个绝对的常量，而应是一个受条件制约的变量。趋同行为发生的概率受到两个重要条件的制约：一个条件是有没有来自他人尤其是来自所属群体的支持，只要当场有一个支持者，趋同行为的概率便会大大降低；另一个条件是个人对自己的见解或信念的确信程度。实验心理学研究表明，对自己的观点确信度低的人，往往会通过寻求与他人类似的观点来加强自己的信念，因而比较容易接受多数派的影响，而确信度高的人则具有较强的独立性。

（2）"多数意见"的压力以及对它的抵制力问题的类型和性质应有程度上的不同。具体来说，在有关社会伦理道德、行为规范的争议问题上，多数意见可以产生巨大的社会压力，而在一些技术性、程序性的问题上，这种压力未必有效。同时，争议问题与自己是否有直接的利害关系，也是决定人们对"多数意见"或服从或抵制的重要因素之一。

（3）"多数意见"社会压力的强弱受到社会传统、文化以及社会发展阶段的制约。

"沉默的螺旋"假说的另一个问题是，由于它在说明舆论的形成过程之际极力强调"多数"或"优势"意见的压力，以至于忽略了舆论的变化过程和"少数派"的作用。莫斯考维西关于群体内合意形成过程的研究可以为我们提供重要的启发。他在考察"少数意见"的"中坚分子"的作用时发现，当这些"中坚分子"表现出意志的坚定性、主张的一贯性和表面态度的强烈性之际，可以对"多数派"产生有力的影响，甚至可以改变群体已有的合意并推动新的合意的形成。这种情况，意味着与"沉默的螺旋"不同的另一种舆论形成过程的存在。

"沉默的螺旋"假说尽管在理论或实证上还存在一些不足，但它至少在下述两个方面具有重要的意义。

首先，它把对舆论形成过程的考察从现象论的描述引向了社会心理分析的领域，强调了社会心理机制在这个过程中的作用。这正是传统的舆论学所忽略的一个重要方面。

其次，它强调大众传播对舆论的强大影响，并正确地指出了这种影响来自于大众传播营造"意见环境"的巨大能力。假说中对传播媒介的"赋予地位"功能、大众传播的公开性和普遍性、报道内容的类似性和累积性及由此带来的"选择性接触"的困难性所做的分析，对重新评价大众传播的影响和效果具有重要的启迪意义。（郭庆光）

4. 劝服研究对实际工作有何意义？

所谓"劝服性传播"，简称"劝服"，意思与"宣传"相近。一般指有明确意图的传者欲向受者施加影响的传播行为。以霍夫兰为首的耶鲁学派，较为系统、深入地研究了这类极为常见的传播现象。他们主要使用实验方法，就传播过程诸要素（传者、内容、受者等）如何影响劝服的效果，开展了一系列卓有成效的工作。其主要发现如下：

第一，传者的条件。

在日常的传播实践中，有一种常见的现象：同样的内容，由威望不同的人来说，效果全然不同。为探索其中规律，霍夫兰等人进行了两项关于"传者信誉"（可信度）的实验研究。实验的各项数据表明，高信誉的传者，效果较好。但有趣的是，四周之后，霍夫兰等人再次测验被试者时，惊奇地发现高信誉"信源"的优势消失了，这被称为"假寐效果"（或被译为"休眠效果"）。即人们一开始比较重视信誉的"光环"，但经过一段时间后，注意力就转而集中于内容本身了。这可以说是理性的觉醒，其意义在于提示我们，信源和传者的权威性、可信度固然重要，但不能过分依赖乃至陷入迷信。归根到底，信誉取决于信息内容的质量。

第二，内容的构成。

同一内容，由于构成方法不同而导致效果各异，也是屡见不鲜的现象。这主要涉及传播的技巧，霍夫兰等人就此作了细密的研究。

（1）"一面型"和"两面型"。所谓"一面型"劝服，即只说有利于自己的信息（观点、观念），"两面型"劝服兼说正、反两面信息。通过实验，得出如下结论：从受者的预存立场看，原本赞同传者意见的人，自然容易接受"一面型"劝服，并能由此而强化固有态度，但对于持反对态度的人来说，"两面型"劝服更有效；从学历看，"一面型"对低学历者较为有效，"两面型"对高学历者更有效；从效果的稳定性和持久性看，一旦接触相反信息，"一面型"致效的受者很容易"反水"，"两面型"致效者则坚定得多。这表明，"两面型"劝服有一种"种痘效果"，即增强受者抵御相反意见的免疫力。就中国的实例而言，20世纪50年代创办《参考消息》的初衷正在于此。随着我国人民整体教育水平的提高，应不断增加"两面型"信息的比重。进一步说，这不仅仅是方法、技巧层次的问题，而且是关系到获知（知情）权、民主化等权利与制度层次的重大课题。

（2）理智型和情感型。通俗地说，即晓之以理，动之以情，哪一种方式更有效？一般来说，以两者结合为佳。这方面研究中，所谓"恐惧"实验较有影响。其结论有二：一是如果利害关系直接而重大，需要人们尽快改变态度和行为，并且操作起来不复杂，宜采取强烈的"恐吓"手段，突出情感作用，如安全行车的宣传和教育。二是如果与上述条件相反，则应施加中度或轻度的"威胁"，以诉诸理智为主，如劝说人们戒烟、加强体育锻炼等。

（3）开头和结尾。很多研究表明，受者一般对信息的开头和结尾部分印象较深，因此传者宜将要点放在最先或最后，这叫"首因效应"和"近因效应"。霍夫兰等人发现，前者容易引起受者的注意，后者容易被受者记忆。在信息内容是受者赞同或可能赞同以及不熟悉的情况下，以"开门见山"为好，反之则以"曲径通幽"为好。

明示（直接告知结论）和暗示（将结论隐含）实验得出的结论是：明示优于暗示。但实际上，暗示在医学、教育、体育、商业和文艺等领域都具有重要作用，因此需灵活应对。

第三，受者的特性。

传播效果因受者而异，这不难理解。所谓"对牛弹琴"，这是形容不看对象的传播行为。但这一常识，又确实往往被人们忽视。霍夫兰等人就受者的一个侧面即被"劝服"的难易度进行研究，发现了受者所属群体（信仰、规范）的强大制约作用。实验是针对少年儿童的组织——童子军的成员展开的，先是将批判童子军的材料给这些孩童看，然后测定他们的态度。结果是归属意识低的小孩，易受"劝服"的影响，反之，归属意识高的小孩，不但不易受影响，还有"逆反"表现，即所谓"飞去来器效果"。这实际上是一个预存立场坚定与否的问题。因此，相对来说，性格内向、自我评价高、信息感受性差且进攻性强的人，不容易被说服。

如何评价"劝服性传播"研究的意义呢？这一研究的出发点，与"流程"研究相似，原先也是为了验证传播的威力，认为只要改进传播技巧，就能提高传播效率。可是，随着研究的深入，越来越多的事实表明，技巧固然重要，但仅此远远不足于致效，还必须考虑传者（可信性），受者（教育程度、个性、归属意识），环境（团体规范）等各种要素和条件。这样，它的价值就不局限于应用层面上对传播技巧的探讨，而是与"流程"研究殊途同归，在理论层面上也为否定"枪弹论"和构建"有限效果论"作出了重要贡献。

（张国良）

5. "第三人效果"研究对实际工作有何意义？

"第三人效果"假说的具体表述为："劝服传播所面对的受众认为，这种劝服对他人比对自己有更大的影响。任何传播效果，与其归因于直接受众的反应，不如归因于那些预期或自认为观察到他人反应的人的行为。"

这一理论包含两种意思：一与感受有关，即人们认为大众传播的信息对其他人比对自己有更大效果。二与效果有关，正因为有此感受，人们将采取各种行动，从而导致了信息的效果——尽管不是那么直接的效果。

近年来，"第三人效果"研究的进展，主要体现在以下几个方面：

第一，检验"第三人效果"理论的适用范围，即研究影响"第三人效果"强度的主要因素。

研究者发现的影响因素主要有：（1）受众对信息来源特征的认识。信息来源对信息主题有负面偏见时，"第三人效果"的认知较强。被试者或受访者察觉信息来源有说服动机时，也有较强的"第三人效果"认知。（2）受众对信息内容特性的认知。人们认为接受信息对自己有利时，"第三人效果"认知强度减弱。反之，人们认为接受信息对自己有害时，"第三人效果"认知强度增强。信息被认为缺乏逻辑说服力时，人们认为它对别人的影响大于自己。反之，信息被认为富有逻辑说服力时，人们认为它对别人与自己的影响差不多，甚至对自己的影响更大。（3）受众个人特质的变量，包括心理特质和社会背景。心理特质主要包括个人对信息的涉入感、自认对信息的了解程度。社会背景主要包括年龄、教育程度等人口学特征。个人对信息有强烈的预存立场时，即使媒介内容相当中立，也可能承认自己比他人更容易受到信息的影响，产生"第一人效果"，反之，则产生"第三人效果"。受访者年龄越大，他们认为年龄意味着阅历与经验的增长，自然倾向于认为自己较别人更不容易受到媒介的影响，"第三人效果"认知也就越强。如果受访者文化层次较高，他们的"第三人效果"认知也较强。在强调个人主义的社会里，人们的自我心态较强，也较容易产生"第三人效果"的认知。相对而言，在强调集体主义的社会里，人们的自我心态较弱，则"第三人效果"的认知强度也较弱。

第二，探讨"第三人效果"的起因或生成机制。戴维森提出，"第三人效果"的原因是人们认为媒介有偏见，负面报道太多，容易影响他人，并高估自己而低估他人。帕洛夫指出，人们倾向于高估大众传播信息对他人的影响是源自于"对媒介效果的认知基模"。也就是说，在一般人的知识结构中，存有关于媒介与受众关系的若干理念。在人们有关媒介影响力的信念中，或许认为大众媒介的内容能对一般人产生强烈的影响，特别是对于生动活泼、容易让人留下深刻印象的鲜明信息。许多人认为，这类信息有可能明显地影响受众对信息主题的态度。同时，人们也许认为，一般受众并不是很有主见，容易被媒介说服，因此就高估了媒介对别人的影响。

其他一些学者认为，人们低估媒介内容对自己的影响程度，可能是由于认知的或动机的因素多导致。

从认知方面来看，一般受众在接触各类媒介内容后，不一定能正确地知道自己对这些信息的认知过程。当被问到某类信息对人们造成多大影响时，很多人可能根本就不记得自己对该类信息有过何种认知程度。此外，受访者如果不能确定自己对某类议题的意见或行为倾向是否与媒介内容有明确的因果关联，也就无法确认媒介内容是否对自己产生显著的影响。同时，人们在接触媒介内容时，从报纸的民意论坛版面中，可发现不同职业的民众对重大新闻事件立即有所反应，或从广播电视媒体访谈中，也可发现有不少民众对议题有强烈反应。从这些累积的经验中，人们就倾向于认为其他人在态度或行为方面很容易受到媒介内容的影响了。

从动机方面来看，主要涉及因自私自利的偏差而形成的"基本归因谬误"。人们在为自己或其他人的行为分析原因时，通常把行为原因区分为个人因素和环境因素，并倾向于认为，自己的行为是对环境因素的反应，而他人之所以有某种行为，主要是其个人因素使然。人们之所以低估媒介内容对自己的影响力，或许是他们相信自己比他人更能辨别可能影响个人行为的环境因素。媒介内容，特别是有说服意图的或可能对自己有害的负面信息，自然是这些环境因素中的一环。由于自信有此辨别能力，因此当被问到某类媒介内容对自己造成多大影响时，便以没有"显著影响"的回答来表示本人已觉察到媒介想影响自己的意图。同时，人们既已认定，他人对环境中有可能影响个人态度或行为的因素比较缺乏认识，则受访者在预测媒介内容对他人影响程度时，也就理所当然地认为，他人比较容易受到媒介内容的影响。此外，人们之所以低估媒介对自己的影响力，也可能只是想强调自己是有独立思考能力、不轻易受外界因素影响的人，以此维护自尊。还有一种可能，当人们在接触到对自己有威胁的信息时，以否认信息对自己产生显著影响但有可能对他人产生很大影响的向下比较方式提醒自己，有很多其他成员比自己更不可靠，借此减轻面对负面信息的压力。

第三，就"第三人效果"理论的两层意思而言，以往研究大都关心第一层，即感受、认知方面的问题，并在不同领域的大量研究成果中加以验证和发展。近来研究的注意力，则越来越多地转向第二层，即效果（行为）问题。这些研究预言：作为"第三人"认知结果，人们将支持信息限制，如对色情与暴力方面的材料进行审查，即审查者认为他们自身不会受到这类信息的有害影响，而他人（一般公众，尤其是青少年或那些思想可塑性强的人群）则很容易受到影响，因此必须由他们对有关媒介的内容进行审查。

"高估自己、低估别人"其实并不是什么新发现，但以此来解释媒介发生作用的心理机制，则在效果研究史上颇具新意。"第三人效果"理论提示的是一种间接的强大媒介效果。它可以帮助我们解释许多传播现象，例如审视媒介审查制度的合理性——在当今互联网时代，阻止或限制暴力和色情内容的呼声从未停止，提议者和审查者显然认为自己是不会受到影响的，但"第三人效果"理论促使我们思考：究竟有何证据足以证明，审查者比其他人更不容易受到有害信息的影响？"第三人效果"理论还可以帮助传者更有效地进行传播，特别是说服、宣传活动，如避免直接针对目标对象可能带来的逆反心理，因此它已被运用到商业、军事、政治等传播活动中。就今后的理论发展而言，有关"第三人效果"两个层次的关系，受众的心理作用机制，不同国家、不同文化传统下的适用性等问题，仍有待深入研究。　　　　　　　　　　（张国良）

6. 论述议程设置功能理论

"议程设置功能"研究为我们提供了这样一种解释：就物理视野和活动范围有限的一般人而言，这种对于当前大事及其重要性的认识和判断，通常来自大众传播。大众传播不仅是重要的信息源，而且是重要的影响源。

第一，"议程设置功能"理论的概要和特点。

"议程设置功能"作为一种理论假设，最早见于美国传播学家麦库姆斯和肖于1972年在《舆论季刊》上发表的一篇论文，题目是"大众传播的议程设置功能"。这篇论文是他们在1968年美国总统选举期间就传播媒介的选举报道对选民的影响所做的一项调查的研究总结。

在调查中，麦库姆斯和肖发现，选民对当前重要问题的判断与大众传媒反复报道和强调的问题之间，存在着一种高度对应关系。也就是说，大众传媒作为"大事"加以报道的问题，同样也作为"大事"反映在公众的意识当中。传媒给予的强调越多，公众对该问题的重视程度也就越高。麦库姆斯和肖认为，大众传播具有一种为公众设置"议事日程"的功能，传媒的新闻报道和信息传播活动以赋予各种"议题"不同程度的显著性的方式，影响着人们对周围世界的"大事"及其重要性的判断。

传媒的"议程设置"与受众的"议程认知"之间具有高度的相关关系。"议程设置功能"具有以下几个特点。

首先，传播效果分为认知、态度和行动三个层面，这些层面同时也是一个完整意义上的效果形成过程的不同阶段，"议程设置"假说的着眼点是这个过程的最初阶段，即认知层面上的效果。认知层面上的效果与态度层面上的效果不同，一般来说，后者指的是对"思考方式"的影响，即以告诉人们应该"怎样想"的方式来加强或改变人们对事物的看法或观点。前者指的是对"思考对象"的影响，也就是以告诉人们"想什么"的方式来把他们的关心和注意力引导到特定的问题上。由于传播效果是一个循序发生和深化的过程，认知阶段的效果并不排除态度和行动产生连动作用的可能性。

其次，"议程设置功能"理论所考察的，不是某家媒介的某次报道活动产生的短期效果，而是作为整体的大众传播具有较长时间跨度的一系列报道活动所产生的中长期的、综合的、宏观的社会效果。这里着眼的是传播媒介的日常新闻报道和信息传播活动所产生的影响。

再次，"议程设置功能"理论暗示这样一种媒介观：传播媒介是从事"环境再构成作业"的机构。也就是说，传播媒介不是"镜子"式的反映，而是一种有目的地取舍选择活动。传播媒介根据自己的价值观和报道方针，从现实环境中"选择"出它们认为重要的部分或方面进行整理加工，赋予一定的结构秩序，然后以"报道事实"的方式提供给受众。在现代社会里，由于大众传播是人们获得外界信息的主要渠道，不管这种"再构成"是对现实环境的客观反映还是歪曲的反映，都会影响到人们对周围环境的认识和判断。

关于大众传播对社会成员的环境认知活动的影响问题，并不是"议程设置功能"理论提出的一个新观点。早在 20 世纪 20 年代，美国著名新闻学家李普曼就认为，大众传媒的报道活动是一种营造"拟态环境"的活动，它形成人们头脑中"关于外部世界的图像"，并由此影响人们的行为。20 世纪 40 年代末，传播学奠基人之一的拉斯韦尔进一步提出了大众传播具有"环境监测功能"。

第二，对"议程设置功能"理论的研究。

"议程设置功能"假说提出以后，引起了传播学界的广泛关注，许多学者纷纷对它进行探讨和验证。随着实证研究和理论探讨的展开，"议程设置功能"的有关概念也不断趋于细致化和明确化。这主要表现在以下几个方面：

（1）"议程设置功能"的作用机制趋于明确化。从一系列研究实例来看，学者们主要从三种机制来考察大众传播的"议程设置"效果。第一种机制称做"0/1"效果或"知觉模式"，也就是说，大众传媒报道或不报道某个"议题"会影响到公众对该"议题"的感知；第二种机制称做"0/1/2"效果或"显著性模式"，即媒介对少数"议题"的突出强调，会引起公众对这些议题的突出重视；第三种机制称做"0/1/2……N"效果或"优先顺序模式"，即传媒对一系列"议题"按照一定的优先顺序所给予的不同程度的报道，会影响公众对这些议题的重要性顺序所做的判断。一般认为，大众传媒主要是通过这三种机制来设置议程的。而且从"感知"到"重现"再到为一系列议题按其重要程度排出"优先顺序"，这是一个影响和效果一次累积的过程，越往后效果越大，影响也越深刻。

（2）对"议题"不同类型进行较深入的研究。例如，韦弗根据 1976 年的调查结果提出，公众的"议题"在本质上是受到传媒"议题"的影响的，但公众的"议题"可以分为不同的类型，如"个人议题"（个人私下认为的重要问题），"谈话议题"（在与别人交谈、议论之际受到重视的问题），"公共议题"（在自己感觉中认为社会上多数人都重视的问题）。相比较而言，传媒对后两种议题的影响更大一些。这三种议题的含义和作用各不相同，但在传播过程中有融合为一的可能性。

（3）分析不同媒体"议程设置"的不同特点。麦库姆斯和肖在 1968 年和 1972 年两次调查中，都是把报纸、杂志、电视作为一个总体来考察的，其后的许多研究则将不同的媒介加以区别，对它们不同的功能特点加以比较。例如，韦弗等人在调查中发现，报纸的"议程设置"对较长期议题的"重要性排序"影响较大，而电视的"热点化效果"比较突出。报纸的新闻报道形成"议程"的基本框架，而电视新闻报道则挑出"议程"中若干最主要的"议题"加以突出强调。电视的主要影响是提供"谈话议题"，而报纸则可以进一步对"个人议题"产生较为深刻的影响。

除此之外，一些研究还将"议程设置功能"与受众的不同属性结合起来加以考察，得出了一些初步结论，其中包括：（1）受众对各种议题的经验程度（经验感越是间接，受媒介的影响越大）。（2）受众对媒介信息的接触量（接触量越大，受媒介影响越大）。（3）人际传播的频度（对媒介的议程设置效果有"抑制"和"强化"两种作用）。（4）从人口统计学上的属性（传媒的"议程设置"对知识水准高、政治关心程度高以及从事较高层次社会职业的人影响较小）等。

第三，"议程设置功能"理论的意义与问题。

　　"议程设置功能"理论的提出具有重要的意义。以前"传播流"研究主要从个人态度改变的意义上考察传播效果，并且不恰当地得出了大众传播的影响和效果"无力"或"有限"的结论。"议程设置功能"理论则从考察大众传播在人们的环境认知过程中的作用入手重新揭示了大众传媒的有力影响，为效果研究摆脱"有限论"的束缚起到了重要的作用。

　　不仅如此，这个理论中所包含的传播媒介是"从事环境再构成作业的机构"的观点，还把西方主流传播学长期以来力图回避的一个重要问题——大众传播过程背后的控制问题重新摆在了人们面前。

　　这个问题首先会将人们的视线引向媒介内部的信息采集和加工过程。"把关"和新闻要素研究认为，影响和制约报道内容取舍选择的因素主要有三个：第一是时空因素，即在一定的时间内需要一定量的内容来填充版面和节目时间；第二是媒介的办报宗旨和报道方针、传播人员的新闻价值和倾向；第三是社会文化规范，即传播内容必须符合社会和受众的一般文化规范和价值标准。

　　但是，传播媒介的"议程设置"过程远非如此简单，在它的背后，还存在着复杂的政治、经济和意识形态的力学关系，具体来说就是传播媒介和占统治地位的信息源之间的关系。在资本主义社会，居支配地位的信息源是政府机构和垄断大企业，它们进行信息操作的手段通常有两种：一是定期举办新闻发布会"公开发表见解"；二是以"私下放风"的方式进行舆论引导。现代传播媒介之间的激烈竞争大大加剧了它们对这些定期信息源的依赖，因此，资本主义社会的媒介"议程设置"过程，从本质上来说是占统治地位的政治、经济和社会势力对舆论进行操作和控制的过程。"议程设置功能"理论的真正意义，正在于为研究这些资产阶级学者力图掩盖的问题提供了一个重要的契机。

　　"议程设置"研究与我国的舆论导向研究之间也有一定的理论节点。我国的大众传媒是社会主义媒介，不但不否认自己的舆论导向作用，而且旗帜鲜明地把引导舆论作为自己的一项基本任务。相对而言，舆论导向的含义更广泛一些，它包含了对社会认知、价值、态度和行动的全面引导。"议程设置"则是舆论导向的第一个阶段，即传媒通过有选择地报道新闻来把社会注意力和社会关心引导到特定的方向。因此，"议程设置功能"理论对我们详细考察传媒的舆论导向过程是具有一定的启发意义的。

　　当然，"议程设置功能"理论也有其不足之处。例如，它只强调了传播媒介"设置"或形成社会议题的一面，而没有涉及反映社会议题的一面。无论在哪个国家和社会，起源于民间、具有广泛社会关心的重要问题最终登上传媒"议程"的情况都是常见的。此外应该指出的是，尽管从一般意义上来说，媒介的"议程设置功能"是强大的，但也不能把它的效果绝对化。

　　　　　　　　　　　　　　　　　　　　　　　　　　　　　　　（郭庆光）

　　7. 论述大众传媒的潜移默化效果——"培养"理论

　　按照李普曼的观点，在大众传播高度发达的现代社会，人们的行为与三种意义上的"现实"发生着密切的联系：一是实际存在的"客观现实"；二是传播媒介有选择地提示的"象征性现实"（即拟态环境）；三是人们在自己头脑中描绘的"关于外部世界的图像"，即"主观现实"。"主观环境"亦即人们的现实观，它是人们的现实行为的依据。在传统社会里，主观现实是对客观现实较为直接的反映，而在媒介社会，人们对客观现实的认识在很大程度上需要经过媒介提示的"象征性现实"的中介。那么，传播媒介对人们的现实观究竟具有什么样的影响？这种影响是如何发生的？传播媒介在提示"现实"之际具有什么样的倾向性？对这些问题进行了实证考察的是以美国学者格伯纳为代表的"培养"理论研究。

第一，"培养"理论的起源和背景。

"培养"理论，也称为"培养分析"或"教化分析"、"涵化分析"。这种研究起源于20世纪60年代后期，当时美国社会的暴力和犯罪问题十分严重，美国政府专门成立一个"暴力起因与防范委员会"来研究解决这些问题的对策。格伯纳主持的"培养分析"研究就是在该委员会的支持和赞助下开始的。

"培养分析"最初的着眼点有两个：一是分析电视画面上的凶手和暴力内容与社会犯罪之间的关系；二是考察这些内容对人们认识社会现实的影响。在第一个方面，格伯纳等人并没有什么发现，然而在第二个方面，他们的研究却得出一个重要结论：电视节目中充斥的暴力内容增加了人们对现实社会环境危险程度的判断，而且，电视媒介接触量越大的人，这种社会不安全感越强。

根据一系列实证调查和分析的结果，格伯纳等人认为，在现代社会，大众传媒提示的"象征性现实"对人们认识和理解现实世界发挥着巨大影响。由于大众传媒的某些倾向性，人们在心目中描绘的"主观现实"与实际存在的客观现实之间正在出现很大的偏离。同时，这种影响不是短期的，而是一个长期的、潜移默化的"培养"过程。它在不知不觉当中制约着人们的现实观。在这个意义上，格伯纳等人将这一研究称为"培养"研究。

第二，"培养"理论关于社会与传播的基本观点。

"培养分析"是以一定的社会观和传播观为出发点的，它的基本观点是：社会要作为一个统一的整体存在和发展下去，就需要社会成员对该社会有一种"共识"，也就是对客观存在的事物、重要的事物以及社会的各种事物、各个部分及其相互关系要有大体一致或接近的认识。只有在这个基础上，人们的认识、判断和行为才会有共同的基准，社会生活才能实现协调。

提供这种"共识"是社会传播的一项重要任务。在传统社会，这一功能是由教育和宗教来承担的，而在现代媒介社会则成了大众传播的一项主要任务。大众传播通过象征性事物的选择、加工、记录和传达活动，向人们提供关于外部世界及其变化的信息，用以作为社会成员认识、判断和行动的基础。教育和宗教的传播是在有限的规模和范围内进行的，而大众传播则把同一内容的信息传达到社会的任何阶层和任何角落。大众传播在形成现代社会的"共识"方面，已远远超越了传统社会中教育和宗教的作用。

"培养分析"一方面肯定"共识"是社会作为一个统一整体存在的前提，强调大众传播在形成"共识"过程中的巨大作用；另一方面又指出大众传媒所提供的"象征性现实"与客观现实之间的距离以及传媒的一些倾向所带来的社会后果。"培养分析"的重要目的是揭示大众传播为占统治地位的阶级和意识形态服务的本质，其观点包含着对资本主义大众传播现状的鲜明的批判态度和改革志向，因此，一些学者也把它称为"美国土生土长的批判学派"。

"培养分析"尤其强调电视媒介在形成"共识"中的作用，认为电视除了与其他媒介的共同点以外，还有自己的独特优势：（1）电视拥有最多的受众，媒体的接触时间最长。（2）不需要接触印刷媒介所必需的识字能力。（3）电视把视、听觉手段结合在一起，拥有强烈的目击感、现场感和冲击力。（4）现代人从幼年时代就与电视生活在一起，很难把"电视中的世界"与现实世界加以区别。（5）电视广泛渗透到社会的各个部分。电视的这些特点，使得它发挥着历史上其他媒介所未曾有过的巨大威力。

第三，"培养"理论的外围。

"培养分析"并不是一项孤立的研究，相反，它是一项综合的系统研究的有机组成部分。这项研究被称为"文化指标研究"，起源于20世纪60年代后期，它包括三个方面："制度分析"、"信息系统分析"、"培养分析"，这三者之间有密切的联系。

（1）"制度分析"。其主要目的是分析大众传播的信息生产、传达和消费过程中的各种制度性压力和制约因素，揭示大众传播内容的特定倾向性形成的原因。这些因素包括：①国家的立法、司法和行政对传播制度和传媒活动的法律、政策的规定。②媒介企业内的经营部门和外部银行资本、广告主等对信息生产和传播过程的干预和影响。③同行业竞争和来自各种利益团体的压力。④一般受众对信息传播过程的影响。格伯纳等人认为，在这里，前三种制度性压力是形成传媒内容倾向的主要因素。一般受众对个别媒介的活动可以发挥一定影响，但对总体的媒介活动来说，这种影响是微不足道的。

（2）"信息系统分析"。大众传播的信息是通过语言、文字、画面、影像等象征符号来传达的，这些信息并不是符号的随意组合，而是根据一定的观点和意识形态进行加工整理后的具有完整的意义结构的系统。信息系统分析的目的就在于揭示媒介信息系统的整体倾向性。

（3）"培养分析"。"培养分析"是信息系统分析的延伸，它的目的是考察大众传播的特定倾向所造成的社会结果。

传播内容具有特定的价值和意识形态倾向，这些倾向通常不是以说教而是以"报道事实"、"提供娱乐"的形式传达给受众的，它们形成人们的现实观、社会观于潜移默化之中。这就是"培养分析"的核心观点。格伯纳等人认为，传播媒介的这种"培养效果"，主要表现在形成当代社会观和现实观的"主流"，而电视媒介在"主流形成"过程中尤其发挥着强大的作用，它可以超越不同的社会属性，在全社会范围内广泛"培养"人们关于社会的共同印象。

（郭庆光）

8. 论述"知沟"理论

在现代社会，电视等大众传播媒介普及到社会的每一个角落。按照人们的一般观念，传播媒介的普及可以改善知识传播和教育的条件，其结果将带来整个社会文化水平的提高，并有助于缩小社会各阶层和群体之间的差距，扩大社会平等。对这种一般观念提出疑问的，是美国学者蒂奇诺等人的"知沟"理论。

第一，"知沟"理论产生的背景。

在20世纪60年代的美国，要求实现教育平等的社会呼声不断高涨，其背景之一是学校中贫富儿童在学习能力和学习成绩上的差距引起了社会的广泛关注。美国政府推出了一个补充教育计划，试图通过大众传播和其他手段来改善贫困儿童的受教育条件。但是以缓解受教育条件不平等为目的的这部系列片，实际结果却是扩大了两者之间的差距。

1970 年，美国传播学家蒂奇诺等人在一系列实证研究的基础上，提出了这样一种理论假说"由于社会经济地位高者通常能比社会经济地位低者更快地获得信息，因此，大众媒介传递的信息越多，这两者之间的知识鸿沟也就越有扩大的趋势"。这就是"知沟"理论的诞生。

第二，"知沟"理论及其反命题。

下图是松伯格为"知沟"假说绘制的模式图，图中横轴表示时间推移，纵轴表示获得的信息和知识量的变化。该图的中心内容是：大众传播的信息传达活动无论对社会经济地位高者还是低者都会带来知识量的增加，但由于社会经济地位高的人获得信息和知识的速度大大快于后者，随着时间的推移，最终结果是两者之间的"知沟"不断变宽，差距不断变大，如图 8-4：

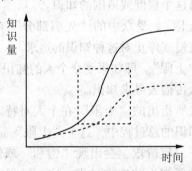

图 8-4 "知沟"假说示意图

蒂奇诺认为除了接触媒介和学习知识的经济条件的因素以外，造成"知沟"扩大的原因还有以下几个方面：①传播技能上的差异——获得关于公共事物和科学的知识，需要一定程度的阅读和理解能力。②已有知识储存量的差异——知识储存越多，对新事物、新知识的理解和掌握越快。③社交范围的差异——社交范围越广，人际交流越活跃，获得知识的过程越能加速。④信息的选择性接触、理解和记忆的因素——生活的水准、层次与媒介的内容越接近，对媒介的接触和利用程度越高。⑤大众传播媒介的性质——传播有一定深度的关于公共事务和科学知识的媒介主要是印刷媒介，其受众主要集中于高学历阶层。在上述无论哪一方面，社会经济地位高的阶层都处于有利的状况，这是造成社会"知沟"不断扩大的根本原因。

与"知沟"假说持相反观点的是艾蒂玛和克莱茵于 1977 年提出的"上限效果"假说。这个假说的观点是：个人对特定知识的追求并不是无止境的，达到某一"上限"后，知识量的增加就会减速乃至停止下来。社会经济地位高者获得知识的速度快，其"上限"到来得也就早。那些经济地位低者虽然只是增加的速度慢，但随着时间推移最终能够在"上限"上赶上前者。这个假说意味着大众传播的信息传达活动的结果不是带来社会"知沟"的扩大，而是它的缩小。艾蒂玛等人为"上限效果"假说提出了三条论据，如图 8-5：

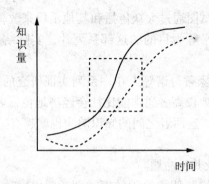

图 8-5 "上限效果"假说示意图

①信息源的性质决定的"上限"。大众传播传达的不是"高、精、尖"的知识，而是某一范围、某种程度上的"一般"知识，无论社会经济地位高者还是低者，都不可能从大众传播中得到超出这个程度或范围的知识。

②受众本身具有的"上限"。受众中的"先驱部分"在感觉到自己的某种知识已经充足的时候，就会自动减慢或停止对这种知识的追求。

③现有知识已经到达"上限"。即如果受众个人的知识程度已经高于大众传播的内容，他们便不会再通过大众传播去寻求知识。

应该承认，艾蒂玛等人所指出的"上限"在个人对特定知识的追求过程中是存在的，但是在人的一生追求知识的总过程中，这个"上限"是否存在则是个疑问。因为，尽管个人对特定知识追求在一定阶段上会出现"饱和"或知识量增加的停顿，然而与此同时，他们也就会开始对新知识的追求过程，这一过程的结果必然带来知识总量的增加。此外，考虑到知识的老化和更新的影响，社会经济地位低的人即使后来在某个"上限"赶上了社会经济地位高者，这种知识的实际价值也早已大打折扣。因此，认为通过大众传播的"知识平均化"效果可以消除社会"知沟"，实现普遍社会平等的观点是很幼稚的。

第三，"知沟"理论的应用研究及其意义。

"知沟"理论以及它的反命题"上限效果"假说的提出，反映了人们对信息社会中的阶层分化问题的重视。在信息社会里，信息就是财富，"知识就是力量"，它们还是带来新的财富的手段。因此，信息社会所面临的一个现实问题就是如何防止和解决信息富有者和信息贫困者的两极分化以及由此带来的新的社会矛盾。

"知沟"从更广泛的意义上来说也是"信息沟"。早在 1974 年，卡茨曼就着眼于新传播技术的发展，提出了他的"信息沟"理论，其主要观点包括如下几个方面。

（1）新传播技术的采用将带来整个社会的信息流通量和信息接触量的增加，这对每一个社会成员来说都是如此。

（2）新技术的采用所带来的利益并非对所有社会成员都是均等的。现有信息水准较高或信息接收能力较强的人，能够比信息接收较弱的人获得更多的信息，其理由是：①新技术的早期效果，首先会带给那些传播活跃、既有信息积蓄量大的社会群体。②对新媒介技术及其传播内容的接触和使用需要相关知识，这对现有信息接收能力较弱的人是不利的。③采用新技术需要经济条件或其他资源，而这些资源的现实社会分配并不均等。

④现有信息水准程度与采用新媒介技术的积极性成正比，主观因素也决定了前者处于有利地位。

（3）与人的能力相比，电脑等机器的信息处理和积蓄能力要强大得多。既有的信息富裕阶层通过早期采用和熟练使用这些先进机器，能够比其他人更拥有信息优势。

（4）新媒介技术层出不穷，更新换代周期越来越短，其趋势更可能是"老沟"未能填平，而"新沟"又不断出现。这种状况，在新媒介的采用过程中尤其明显。

目前，"信息沟"乃至"知沟"理论的应用研究领域有两个：一是新媒介的普及过程研究；二是地区开发和社会发展研究。普及研究的成果，意味着社会各阶层间的"信息沟"或"知沟"的根源在于社会经济结构的不平衡。　　　　　　　（郭庆光）

9. 针对受众的能动性予以论述

几十年来，从事媒介效果研究的理论工作者一直致力于如何对受众的能动性作出恰当的描述。但这一努力却很失败，结果给人的印象是受众是一些被动的、容易受蒙骗的人或是媒介内容的牺牲品。在媒介研究领域，有人甚至对是否在媒介理论中强调受众的能动性表示怀疑。吉特林就认为，"积极的受众"这一概念偏离了对媒介效果的真正理解，而格伯纳等人主张，人们看电视时并不是在看电视的内容。其他一些人也认为，看电视时介入的程度很轻微。同样，库比等人提出，观看电视基本上是一种被动的、放松的、不动脑子的行为。与这些观点不同，多数媒介学者则认识到，受众一定程度上在意义建构方面比较主动。虽然在能动性这一问题上没有统一的认识，但我们可以从受众能动性的几种研究方法上来考察一下它们与媒介效果的关系。

第一，满足。

受众因各种各样的动机使用媒介以满足自己的需要，通常被称为"使用与满足"研究，它最早起源于20世纪40年代的哥伦比亚学派，在经历了五六十年代的凋零之后，在近20年得以复兴。传统上，使用与满足理论是另一种媒介效果研究，而非对媒介效果研究的补充——即从信息主导效果（"媒介对人们做了什么"）转向受众主导的视角（"人们利用媒介做了什么"）。对这一视角的批判指出，它暗示着受众的愿望总能从各种类型的内容中得到满足，因而具有保守的功能主义倾向——使任何类型的媒介内容都正当化，从而消弭了媒介内容的一切有害效果。

但也有人把使用与满足理论看做媒介效果研究的一个重要补充。布卢姆勒和麦奎尔发现，在1964年英国大选中，收看与大选有关的电视加上强烈的收看动机，增加了观众对政治信息的获取。麦克劳和贝克从受众对政治信息的寻求中总结出四种满足的类型，在控制了媒介接触与其他变量的情况下，这四种满足的类型仍显示出一定的效果。满足性寻求可能提高对信息的学习水平，但它们也表现出妨碍议程设置的效果，那些寻求宣传信息动机最强烈的读报者，与动机较弱的人不同，他们对议题显著性的排列与他们所阅读报纸对某个议题的强调不尽一致。

第二，选择性。

选择性这一概念，至少可以追溯到早期哥伦比亚大学的宣传研究。这一概念指的是人们选择性地找出与他们已有态度和信念相一致的信息，并避免与其观点不一致的信息。海曼和希斯利总结说，在接受过程的各个环节，接触、注意、感知、理解和记忆中都有选择性行为。选择因此与媒介信息相互作用，增强了相一致的信息材料的效果，减少或消除了不一致的内容的影响。

半个世纪的研究证实，前半句基本上是正确的，因为人们确实更愿意选择支持自己观点的信息，而不是中立的或不相干的信息。但后半句关于选择的假设，即人们避免不一致的信息，在近几年的研究中显得并不可靠。仅仅从逻辑上看，要完全避免与之相冲突的信息，对一个人来说是一件很费劲的事，还不如应付所有来自媒介的与自己观点不尽一致的信息。而且有证据表明，在某些情况下，人们反而更多地关注与自己有差异的信息。

至少，在媒介接触与注意中，选择的作用取决于受众对什么信息与自己一致、什么信息与自己不一致的预测能力。对于印刷媒介，事先的选择是完全可能的，但对于电子媒介来说，因为往往搜索不易，而且事先没有什么准备，使选择成了一种很难描述的行为。不幸的是，选择常常是作为一种因变量而不是作为对信息的效果起作用的变量来使用的。对一致性信息的选择，在媒介接受的阶段比较容易操作，但它在信息加工过程中如何作用及如何产生效果的问题，至今尚不清楚。

第三，注意。

受众能动性最显而易见的形式，可能就是注意了，也就是大脑注意力的集中。常识告诉我们，高度集中的注意力能使人从媒介中学到更多的东西。在电视的使用中，注意尤为重要，不过印刷媒体的使用实际上更要求注意力，电视观看者在用脑方面更自由些，而且可同时从事其他活动。在以不同方式测量人的注意力时，情况就变得很复杂。生理性的测量发现，注意力是以毫秒这么短的时间进行的，且大多不为人的意识和控制所左右。通过自我陈述这种在更有意识的情况下进行的检测，则代表了对概括性和有意图的集中注意力的陈述，适用于较长时间跨度的特定的媒介内容类型。这类测量在注意程度上很少交叉重叠，往往针对特定的内容，如公共事务新闻内容、娱乐内容或广告，而与媒介是电视或报纸无关。

注意力的作用，有时与媒介接触程度无关。查菲等人发现，对电视新闻的关注有助于宣传知识的获取，与新闻的观看频率关系不大。不过，对那些接触报纸硬新闻的人来说，效果还是非常明显的。在某些情况下，新闻接触和注意力可能相互作用而产生一种综合效果，而不是两种作用力的简单相加。注意娱乐和广告的自我陈述，没有得到彻底的检验，有限的一些研究证明，自我陈述对广告的注意大都没有产生什么结果，但有关注意力的实验及生理性的测量却显示了广告的效果。

第四，媒介形象。

媒介学者的理论阐述了媒介内容的种种缺陷，受众对媒介也可能有类似的观念或常识。人们如果确实有这种观念或印象，那就有理由认为，这也构成了受众能动性的一部分，因为它潜在地影响了人们如何使用媒介以及他们从内容中得到了哪些东西。媒介经营者和公关人员也有他们自己关于媒介的一套理论，至少他们在研究和促销方面花费了大把的金钱。他们认为有一种形象，即可信性，对媒介效果至关重要。受众成员中最喜欢对新闻信息质量评头论足的人——那些认为新闻应具有相当准确性、完整性、思考性和责任性的人——从新闻中学到的东西显得比其他受众少。

但是，对新闻质量的感受并不意味着它是媒介形象的唯一方面，或者是最重要的一个方面。受众对媒介如何运作的感觉，有时是清晰的，有时是多变的。麦克劳等人发现，受众的媒介形象有四个方面：（1）新闻塑型，即认为新闻相加在一起构成了关于这个世界的一幅全面的图画。（2）内容的消极方面，即认为新闻是枯燥的、煽情的、以坏消息为主的、带有报道者偏见的。（3）依赖和控制，即往往认为媒介结构代表了特殊利益，同时也为自己谋取特殊利益。（4）在控制了大量结构性的和媒介使用的变量的情况下，新闻塑型显示其有助于从新闻中学到更多的东西。除了对事实性信息的学习之外，所有关于媒介形象的几个方面都通过各种形式对其他效果产生影响，如媒介使用、信息加工策略的选择、社区介入、认知的复杂性以及对主要新闻报道的建构。

第五，信息加工策略。

在人们处理"信息流"以防止被过多信息淹没的使用策略方面，也能发现受众的能动性。我们通过以下两个假设对这种策略加以辨别：一是个体通过自我陈述能对信息加工过程加以控制和描述，这些策略在一段时间内相对稳定。李维和温德尔把这种策略看做由前期行动（对时间安排和时间预算的选择）、中期行动（媒介接触过程中的理解）及后期行动（在接下来的人际交流中的兑现）构成。这三种行动形式都能增进从新闻节目中得到的满足感。另一种策略行为的研究确定了受众新闻信息加工过程的三个方面。首先是选择性浏览，因时间有限，为应付大量的新闻而略过一部分条目或换台。其次是主动加工，根据个人需要对信息作再三的理解，这反映了受众"信息加工过程中所遇到的麻烦"。最后是思维整合，指的是对新闻中常有的零散性和某些信息中显著的部分加以整合，重新回顾一遍，使之成为与别人交谈的话题。

上述的每一个方面都与各种类型的政治效果有关。政治信息的学习、政治兴趣以及政治参与，其程度都受选择性浏览的限制，但也因思维整合而得以提高。虽然，能动的信息加工过程似乎对学习没有起太大的作用，但它确实对兴趣和参与有正面的影响。

三种信息加工过程与人们解释、理解媒介信息时使用的不同概念框架有关。信息加工过程，不仅每一个个体不同，在媒介接触的每一阶段不一样，而且与认知反应的差异有关。根据这一思维框架，信息加工过程指的是个体在意义建构和理解方面的不同过程，它不是指整齐划一的、被编排就绪的"输入—输出"过程。　　　　　（胡正荣）

四、考研真题

一、填空题

20 世纪 70 年代以来，关于传播效果研究的主要理论有（　　）、（　　）、（　　）、（　　）。（复旦大学 2002 研）

二、名词解释

1. 传播效果（中国传媒大学 2002 研，浙江大学 2001 研）

2. 媒介效果（清华大学 2007 研）

3. 影响传播效果的"中介因素"（清华大学 2002 研）

4. 枪弹论（中国传媒大学 2001 研）

5. 有限效果模式（清华大学 2004 研）

6. 有限效果论（复旦大学 2003 研）

7. 弱效果理论（复旦大学 2003 研，深圳大学 2004 研、2007 研，清华大学 2004 研）

8. 可信性效果（武汉大学 2004 研）

9. 伊里调查（伊里县研究）（南开大学 2007 研，中国传媒大学 2004 研）

10. 两级传播（北京大学 2006 研，浙江大学 2004 研，北京师范大学 2007 研，中国社会科学院 2006 研，华中科技大学 2002 研）

11. 意见领域（舆论领袖、舆论权威）（北京师范大学 2004 研，中国社会科学院 2003 研、2006 研，上海交通大学 2006 研、2007 研，华东师范大学 2007 研，浙江大学 2003 研）

12. 劝服论（上海大学 2003 研）

13. "证词法"（中国传媒大学 2007 研）

14. 恐惧诉求（北京师范大学 2005 研，厦门大学 2007 研，南开大学 2006 研）

15. 第三者效应（The Third-Person Effect）（北京大学 2007 研）

16. 沉默的螺旋（北京大学 2001 研，清华大学 2001 研，武汉大学 2003 研）

17. "沉默的螺旋"理论（北京大学 2001 研，南开大学 2004 研、2007 研，武汉大学 2003 研，中国社会科学院 2006 研，深圳大学 2004 研，上海交通大学 2005 研，上海大学 2003 研）

18. 休眠效果（北京大学 2003 研，中国人民大学 2004 研，厦门大学 2007 研）

19. 信息度指数（深圳大学 2006 研）

20. 刻板模式（中国传媒大学 2004 研）

21. "培养"（cultivation）理论（清华大学 2001 研、2003 研）

22. 培养理论（cultivation theory）（北京大学 2004 研、2006 研，清华大学 2007 研，深圳大学 2004 研）

23. 创新-扩散模式（中国传媒大学 2004 研）

24. 创新扩散（innovation diffusion）的决定过程（清华大学 2002 研）

25. "知沟"理论（清华大学 2001 研）

26. "知沟"（knowledge gap）（中国人民大学 2002 研）

27. 知识沟（中国传媒大学 2001 研，武汉大学 2004 研，南京大学 2004 研）

28. "知沟"理论（南开大学 2007 研，华中科技大学 2006 研，武汉大学 2004 研，南京大学 2004 研，华中师范大学 2005 研，西安交通大学 2005 研）

29. "信息沟"（中国人民大学 2005 研）

30. 数字鸿沟（中国人民大学 2004 研）

31. 议程设置理论中的"时滞"（time lag）概念（清华大学 2003 研）

32. 媒介的议程设置（intermedia agenda setting）（清华大学 2004 研）

三、简答题

1. 简述传播效果（communication effects）概念的发展过程。（中国人民大学 2004 研）

2. 传播效果是指传播主体的传播行为对受传者和社会产生的有效结果，制约传播效果的主要因素是传播主体的传播技巧。请对此观点予以辨析。（武汉大学 2007 研）

3. 简述传播效果的内涵和层次。（北京师范大学 2007 研，华中科技大学 2006 研，武汉理工大学 2005 研，上海交通大学 2006 研）

4. "有限效果论"包括关于大众传播效果的哪五项一般定理？请逐项开列。（厦门大学 2007 研，北京师范大学 2003 研）

5. 大众传播研究中的"两级传播"理论是在什么样的研究背景下提出来的？它的提出对传播效果研究产生了怎样的冲击？（北京大学 2008 研）

6. 简述知识沟假说（knowledge gap）。（北京大学 2002 研）

7. 举例说明你对"知识沟"问题的看法。（清华大学 2002 研）

8. 简述知识沟假说的基本内容。（中国传媒大学 2002 研）

9. "上限效果"指的是什么？如何评价这个假说？（清华大学 2005 研，北京师范大学 2004 研）

10. 媒体的"议程设置"功能就是"舆论导向"吗？这两者有什么异同点？（北京大学 2004 研）

11. 简述"议程设置理论"的要点及意义。（复旦大学 2001 研）

12. 简述"创新扩散"假说与社会变革的关系。（北京大学 2004 研）

13. 罗杰斯的创新扩散理论把个体采纳创新的过程分为几个阶段？他把创新的采用者分为哪几类？（清华大学 2003 研）

14. 简述培养理论的基本观点。（中国传媒大学 2001 研）

15. 简述电视的"培养理论"。（中国传媒大学 2003 研）

16. 简评"沉默的螺旋"的有效性。（南京大学 2003 研）

17. 什么是说服效果理论？其代表学者和主要观点有哪些？（清华大学 2003 研）

18. "消息来源的可信度"与"人们对该消息的相关意见的同意程度"之间具有怎样的关系？（清华大学 2004 研）

19. 组织（如企业）进行对外宣传时，可利用的传播手段、技巧有哪些？（北京大学 2003 研）

20. 简述预防接种理论。（中国传媒大学 2004 研）

21. 什么叫"第三者效果"？试分析现实中存在的"第三者效果"现象。（中国传媒大学 2002 研）

22. 何谓"第三人效应"（The Third-Person Effect）？试举一个应用第三人效果概念可以解释的日常生活中的例子。（清华大学 2003 研、2007 研）

四、论述题

1. 传播学学者总结出哪些著名的宣传策略和方法？试举两三例加以说明，并以政治宣传或者广告宣传中的现象或者实例加以解释，谈谈你自己的看法和评价。（中国传媒大学 2003 研）

2. 应用有关传播学理论或概念，分析 2003 年春季"非典"期间，我国报纸媒体、电视媒体、网络媒体和手机短信在不同阶段的传播特点。从传播效果的角度看，你得到了什么启发？（清华大学 2004 研）

3. 论述效果研究的三个阶段。（复旦大学 2004 研）

4. 试论西方传播学效果理论研究发展的历史。（南京大学 2002 研）

5. 试述效果分析理论变迁的社会条件和学术条件。（南京大学 2003 研）

6. 传播效果研究经历了哪些历史阶段？为什么过去效果研究一直占据着传播学研究的主流位置？（清华大学 2003 研、2007 研）

7. 试论如何测定媒体对受众的影响力。（北京大学 2003 研）

8. 用实例阐释"使用与满足"经典传播学理论。（四川大学 2007 研，华中师范大学 2007 研）

9. 请从传播学学者关于电视媒介的"使用与满足"研究成果入手，分析我国现阶段某些电视节目走红的原因。（厦门大学 2007 研）

10. 谈谈你对"沉默的螺旋"理论的看法。（中国人民大学 2002 研）

11. "沉默的螺旋"理论解决了什么问题？留下了什么新的问题？（南京大学 2006 研，武汉理工大学 2005 研）

12. 对传播学理论的理解：请分析一个让你印象深刻的传播学理论（比如议程设置理论、"沉默的螺旋"理论），重点讲述它的主要观点是什么，它经过怎样的理论发展过程。（中山大学 2009 研）

13. 大众传播的议程设置理论最初是由谁验证的？这个理论的主要内容是什么？（它提出了什么样的观点？主要采用了什么样的研究方法？有什么发现？这项研究对传播活动或传播研究有何现实意义？）试举例加以说明。（中国传媒大学 2003 研）

14. 试以"知沟"理论分析我国目前的信息传播对于社会的影响。（上海交通大学 2005 研）

15. 结合三种假说谈谈你对电视暴力效果的认识。（中国传媒大学 2004 研）

16. 在对现实中的暴力犯罪情况、电视中的暴力内容以及人们对自身所处社会环境的危险程度的主观判断进行比较研究发现：按照当时美国现实暴力犯罪的发生率和件数来计算，一个美国人在一周内遭遇或卷入暴力事件的概率在 1% 以下，而根据三大电视网在 1967 年至 1978 年在黄金时间播出的 1548 部电视剧所作的内容分析，包括暴力内容的电视剧达 80%，每部电视剧中出现的暴力场面平均为 5.2 次……而许多人认为自己在一周内遭遇或卷入暴力事件的可能性在 10% 以上……

请问以上数据出自哪项研究？该项研究的理论结论是什么？根据该研究，造成人们得出以上判断的主要原因是什么？（武汉大学 2003 研）

第九章 国际传播与全球传播

一、名词解释

1. 跨国传播：指国家对外传播机构通过报刊、广播、电视、电影以及互联网等所进行的针对国外受众的传播活动。　　　　　　　　　　　　　　　　　（邵培仁）

2. 国际传播：不同国家社会系统间的传播称为国际传播。日本学者鹤木真曾经为国际传播下了这样的定义——"国际传播是以国家社会为基本单位，以大众传播为支柱的国与国之间的传播。"　　　　　　　　　　　　　　　　　　　　　　（郭庆光）

3. 全球传播：是伴随全球性信息系统形成、传播主体的多元化而出现的一种新的跨国传播形态，是国际传播的扩大和发展。　　　　　　　　　　　　　　（郭庆光）

4. 信息主权：指一个国家对本国的信息传播系统进行自主管理的权利，是信息时代的国家主权的重要组成部分。它包括三个方面的内容：（1）对本国的信息资源进行保护、开发和利用的权利。（2）不受外部干涉，自主确立本国的信息生产、加工、储存、流通和传播体制的权利。（3）对本国信息的输出和外国信息的输入进行自主管理和监控的权利。　　　　　　　　　　　　　　　　　　　　　　　（郭庆光）

5. 文化帝国主义：是指个别文化高压国家利用各种手段，以一种文化模式来取代世界文化的多元性和多样性的过程，是现代帝国主义总过程的一部分。　（郭庆光）

6. 塔罗瓦尔宣言：1981年，代表西方国家垄断大媒介利益的国际性院外活动集团——"世界自由出版委员会"在法国的塔罗瓦尔召集了"自由之声"集会，发表宣言认为，教科文组织决议将会导致各国政府对新闻出版自由的控制，关于新世界流通秩序的"论争本身对报道自由和言论自由的基本原则就是有害的"，西方国家在这个问题上付出了过于昂贵的代价，必须坚决予以抵制和反对。　　　　　　　　（郭庆光）

7. 全球化：所谓全球化，就是某个场所所发生的事物受到遥远地方发生的事物的制约和影响，或者反过来，某个场所发生的事物对遥远地方发生的事物具有指向意义，以此种关系将远隔地区相连接，并在全世界范围内不断加强这种关系的过程。　（郭庆光）

二、简答题

1. 试述跨国传播的一些新特点

今天的跨国传播借助卫星通信和互联网模式，具有了如下一些新的传播特点。

（1）跨国传播者代表国家讲话，是国家的代言人。

（2）跨国是不同国家、不同种族、不同文化之间的信息交流，有效的传播总是建立在彼此全面、正确了解的基础上。

（3）信息流通不平衡，媒介地理不平坦，发达国家和媒介强国往往也是信息输出大国，而欠发达的弱小国家除了天灾人祸等负面消息，则几乎没有正面信息输出。

（4）西方媒介强国发起的文化侵略来势凶猛，媒介欠发达国家的民族文化（包括语言和风俗习惯等）受到威胁和破坏，有的将会逐渐消融在大国文化的洪流之中。

（5）传播对象主要为对象国政治界、经济界、文化界、传播界、知识界中当前的或未来的精英和领导者。　　　　　　　　　　　　　　　　　　　　　（邵培仁）

2. 跨国传播的主要目的是什么？

（1）塑造和美化国家形象。（2）维护和捍卫国家主权和人民利益。（3）宣传本国的价值观念、方针政策。（4）报道友好往来，加强彼此了解，密切国与国之间的合作关系。（5）反对霸权主义，维护世界和平。（6）中国的对外传播还要抵制西方媒介大国的信息污染、文化渗透和文化侵略，反对其借口新闻自由干涉我国内政和外交。

传播学的研究学者认为，国与国之间的信息往来越频繁，越容易增进了解和增强好感。政治信息交流越及时，越不容易发生武装冲突。对世界舞台上的"玩火"行为提前"报警"，可以避免"火势"蔓延。当然，好斗的跨国传播媒介也可能把人民拖进战争的火海，特别是那些带有敌意的跨国传播往往会成为对象国政治动荡、社会混乱的直接祸源。　　　　　　　　　　　　　　　　　　　　　　　　（邵培仁）

3. "媒介中的外国新闻"研究结果是什么？

在20世纪70年代末80年代初，国际传播学会受联合国教科文组织委托，进行了一项题为"媒介中的外国新闻"的大型研究。这项以29个国家为对象的研究揭示：（1）国际新闻报道具有一定的选择标准，这在全世界任何媒介中都可以发现。（2）所有的传播媒介，都突出强调报道本国的事件或人物。（3）在西方媒介支配着世界的新闻生产和流通的情况下，美国和西欧在世界各地都是最经常的新闻话题。（4）仅次于美国和西欧的，是关于纷争、灾难或混乱的"异常事件"话题。（5）第三世界和社会主义国家，除非作为"异常事件"的发生地得到报道，否则很少出现在国际新闻当中。（6）国际新闻的主要提供者是少数几家西方大媒介和通讯社，许多发展中国家的传播媒介只能从这样一些外部信源那里"选择"或"翻译"新闻，仅仅起到一种"二次把关"的作用。　　　　　　　　　　　　　　　　　　　　　　　　（郭庆光）

4. 大众传媒在国际传播中扮演什么样的角色？

第一，它执行对内报道的功能，不断地将国际社会的重要事件和变化传达给本国社会。第二，它执行对外报道的功能，担负着宣传本国的政治、经济、文化以及对外方针和立场的重要任务。　　　　　　　　　　　　　　　　　　　　　　（郭庆光）

5. 国际传播的组成部分有哪些？

日本学者鹤木真曾经为国际传播下了这样的定义："国际传播是以国家社会为基本单位，以大众传播为支柱的国与国之间的传播。"国际传播的基本主体是国家，除了国家以外，还包括：

国际机构——以国家为单位建立的政府间常设机构，如联合国。

超国家机构——指其决定在某种程度上或范围内对成员国政府拥有约束力的国际机构，如欧盟、世界贸易组织等。

同盟或地区集团——制度化程度不如前二者高，主要以条约或共同声明形式结成的、具有期限性的联盟组织，如北大西洋公约组织。

跨国组织或运动——非政府的跨国组织或团体，如教会、国际红十字会、国际奥委会、世界环保组织、世界妇女大会等。

国内各种集团或组织——如政党、工会以及各种利益集团。在许多场合，这些团体、组织或集团直接或间接对国家对外政策以及各种国际问题产生重要的影响。

个人——尤指那些在国际问题上拥有广泛影响的社会活动家、知名专家学者或舆论领袖。 （郭庆光）

6. 国际传播为何有很强的政治性？

国际传播之所以具有很强的政治性，是因为它与国家或民族利益紧密联系在一起。国际传播充满着各国国家或民族利益的矛盾、冲突、妥协以及合纵连横的关系。在各种各样的国际机构中，传播主体大多是以国家社会代表的身份出现的，而大众传媒的国际报道也都是服务于本国利益的。国际新闻报道的"把关"研究和内容分析表明，西方传媒在国内政策上也许与政府有着这样那样的分歧，但在外交政策上却与政府保持着高度的一致，这也说明了国际传播的政治性。因此，日本学者生田正辉指出："国际传播的首要特征，是它与政治有着极为密切的关系，它是一种由政治所规定的跨国界传播。" （郭庆光）

7. 怎样理解全球传播？

20世纪，全球传播成了举世瞩目的新焦点，也成为传播学研究的一个新领域。一般认为，全球传播是国际传播的扩大和发展，它既包括传统的国际传播的各个领域，又拥有自己的全新课题。我们可以从以下几个方面来理解全球传播。

第一，全球传播的出现与跨国传播科技的发展和全球信息化的进程密切相关。卫星通信技术、跨国广播电视、计算机通信网络等新媒介的发达和普及，形成了一个全球性的信息传播系统。它们所带来的是远距离传播的信息量与质的飞跃以及不同国家、民族和个人之间的跨国界信息交流的普遍化和日常化。

第二，在传统的国际传播中，传播主体主要是国家社会及其代表以及各种各样的政府间国际机构。而在全球传播当中，在国家和政府间机构继续扮演重要角色的同时，传播主体出现了多元化的趋势。这里既包括各种各样的跨国活动团体，也包括以开拓世界市场为目的的企业，还包括活跃在电子网络上的众多个人。

第三，从目前的现状而言，全球传播的主要媒介依然是广播、电视、报刊等大众传媒，但与此同时，具有跨国传播功能的个人媒介，如国际电话、传真、个人电脑以及网上电子邮件、数据库等各种信息收集、处理和传输的手段和工具，也正在发挥着越来越重要的作用。

第四，在传统的国际传播中，不同国家之间的双边关系和多边关系是人们关注的焦点，而在全球传播中，许多全世界、全人类范围的问题也受到人们的重视。人们关心的对象与范围已经不再局限于本国和本民族，他们还必须作为"地球村"的一员而思考和行动。

第五，全球传播同样具有很强的政治性，国际政治和国际关系依然占据着核心地位。但与此同时，由于跨国界、跨文化的交往和信息传播日益频繁，不同国家、民族之间的文化接触、摩擦、碰撞和融合以及由此产生的世界影响等问题，越来越占据重要的位置。

全球传播研究的涵盖范围比传统的国际传播研究要大得多，它包含了全球信息化进程中的许多崭新课题。（郭庆光）

8. 怎样理解全球化与现代性？

一方面，全球化是一个极为复杂的研究领域，其中包含着许多深刻的理论课题。吉登斯认为，当今世界的"现代性"具有四个突出的制度特性：信息管理与社会监控、资本与市场经济、产业化（自然界变化和人工创造环境的发达）和以战争的产业化为特点的"军事实力"（对危机状况的强制性管理）。现代世界的基本结构就是由这四个特性及其相互关系所规定的。

另一方面，全球化则是现代社会的一个必然趋势，它与"现代性"的四个制度特性密切结合在一起。吉登斯为全球化下了这样一个定义：所谓全球化，就是某个场所所发生的事物受到遥远地方发生的事物的制约和影响，或者反过来，某个场所发生的事物对遥远地方发生的事物具有指向意义。以此种关系将远隔地区相连接，并在全世界范围内不断加强这种关系的过程。他认为，全球化的基本契机是以产业化为动力的信息传播技术的发展，它对"国家社会系统"、"世界市场经济"、"国际分工"和"世界军事秩序"四个领域的全球化都起着巨大的推动作用。在这个意义上，它也在有力地推动着整个人类文化的全球化进程。（郭庆光）

9. 简述世界信息生产和流通的失衡状况

人类世界是由不同国家、民族和文化构成的多元世界。如果说，国际传播和全球传播的终极目的是为了加深不同的国家、民族和文化之间的相互沟通和理解，实现全人类的共同繁荣和发展，那么，每一个国家和民族、每一种文化都应该拥有均等的传播机会，这种传播应该是双向的、对等的。然而现实并非如此，当今世界的信息生产、提供和流通系统，存在着严重的失衡状况。具体表现在：（1）尽管全球信息化过程在不断加速，但由于各国的经济和社会发展程度不同，当今世界存在着严重的"信息富有国"和"信息贫困国"两极分化现象。（2）少数西方发达国家，凭借着自己强大的经济、技术和资本实力，控制着当今世界的信息生产和传播，造成了世界信息单向流通的不平等结构。

少数发达国家尤其是美国控制和垄断着当今世界的信息生产和流通，这是一个不可否认的事实。甚至美国学者弗里德利克也承认："美国在世界上生产、处理、储存、输出的信息最多，这个国家，从电视节目到数据库，支配着全世界的信息。美国通过赢得技术上的优势，今天已成了地球上最发达的信息社会。美国控制着世界上的电影和电视节目，并且将美国的文化和思想深深地渗透到全世界人的意识当中。"美国不仅通过它的信息优势维护自己的政治、经济和军事利益，而且还在进行着大规模的文化扩张。

三、论述题

1. 试述全球信息化的影响和冲击

全球传播发展的前提条件是全球性信息传播系统的形成。全球性信息传播系统的形成，正在使人类世界发生着巨大变化。

第一，经济全球化的发展。随着经济信息的全球性实时传播的实现，体现在生产、流通和消费各个领域中的全球经济一体化关系越来越密切，牵一发而动全身。

第二，政治全球化的加速。政治全球化表现在两个方面：一是国内政治与国际政治的界限变得越来越模糊；二是地理政治向全球政治的变化。就前者来说，封闭的信息系统曾经是极权主义、专制和独裁政治存在的重要基础，但在今天开放的信息系统中，国内政治的几乎所有重要举措都被置于国际社会的广泛监督之下。本国的事件往往会产生广泛的国际影响，而外国的事件也往往在国内引起强烈的反应，这可以说是信息时代的特色。就后者而言，国家的地理位置、国与国之间边界距离的远近等曾经是国际政治中的一个决定性变量。而在科学技术和信息传播高度发达的今天，物理距离的远近已经失去了决定性的意义。在过去，地区纷争演化为世界性问题需要一定的时间，而现在，任何一个小小的地区纷争在它发生的瞬间就会引起全球的重视。除此之外，诸如人口等需要在全世界范围内形成共识的政治议题的出现，也加速着人类政治全球化的进程。

第三，文化的交流、融合、摩擦和冲突的全球化。在传统社会里，人们很少有机会接触到异民族文化，而在今天，我们对地球上几乎所有的国家和民族都不再有陌生感。

全球性信息传播系统的发展，也正在改变着传统的国际传播媒介的形式和内容。我们知道，直到20世纪80年代末，国际广播曾是国际传播中最重要的电波媒介，它的基本特点是：首先，它特指短波电台的对外播音。其次，运营机构一般是政府或公共机构。再次，节目一般是专门为外国人或海外侨民制作的，内容以新闻为主，主要目的是为了宣传本国政策，介绍本国情况。这种国际广播的传播作用和影响，正在受到新兴的跨国卫星广播电视的冲击。新的跨国卫星广播电视以影像传输为主，其运营和节目提供者除少数政府或公共结构外，主要是商业媒介。与传统的国际广播相比，卫星电视的节目一般不是为海外观众专门制作的，大多是直接转播国内频道，节目内容除了新闻和信息服务以外，电视剧等占据了主要部分。这里的一个明显变化是，国际传播媒介过去主要执行对外宣传功能，而在今天，则担负起了全面的文化输出的任务。

文化输出和文化传播比重的增大是当今时代全球传播的一大特色。但是，文化传播的扩大所带来的并不仅仅是不同文化之间的沟通和理解，它还伴随着激烈的摩擦和冲突。文化传播的背后，还有着复杂的政治、经济和意识形态的利益关系。（**郭庆光**）

2.论述关于"新世界信息秩序"论争

"新世界信息秩序"这一概念的提出，有着深刻的历史背景。"第二次世界大战"以后，亚、非、拉美许多弱小国家从殖民统治下获得了解放。但是，由于长期的世界殖民体制的影响，发展中国家与发达国家之间的差距是巨大的。与此同时，发达国家对新闻和信息生产、流通的控制，依然在顽固地维持着发展中国家在政治、经济和文化等各个领域对发达国家的依附关系。发展中国家逐渐认识到，要真正改变受压榨、受控制的局面，必须改变现行不平等的信息传播体制。1973年，第四次不结盟国家首脑会议在阿尔及尔召开，会上通过了下述宣言："现存的传播渠道不仅是罪恶的殖民地时代的遗产，而且阻碍着各国之间自由、直接而迅速的传播与沟通。发展中国家必须共同采取行动，来改变现存的传播渠道。"

一般认为，《阿尔及尔宣言》是"新世界信息秩序"之争明朗化的开端。从那以后，在长达十余年的时间里，以联合国教科文组织为主要舞台，在各种国际机构和国际场所，展开了一场以美、英等发达国家为一方，以社会主义国家和发展中国家为另一方的两大阵营的激烈论战。

这场论战可以分为三个阶段。第一阶段以1973年的《阿尔及尔宣言》为起点，到1978年的教科文组织发表《大众传媒宣言》。这个阶段是发展中国家力量的集结时期，不结盟运动在这个过程中发挥了重要作用。例如，在1976年不结盟运动突尼斯研讨会发表的最后报告中，不结盟国家对现行的世界信息秩序进行了严厉批判，提出了"消除信息领域的殖民化"和"创造新型国际传播秩序"的口号。同年，不结盟国家还在印度举行首脑会议，并发布了《关于信息非殖民化的新德里宣言》。这个宣言的内容，包含了以下几个要点：

第一，世界上的信息流通处于严重的不合理和不平衡状态，信息传播手段集中在极少数发达国家手中，绝大部分国家只是发达国家传播的信息的被动的接受者。

第二，这种状况，有使殖民地时代的统治与依附关系恒久化的危险。换句话说，它导致着极少数国家对"传播什么"以及"怎样传播"的信息决断权的绝对控制。

第三，世界的信息发布掌握在发达国家的极少数几家大通讯社手中，绝大多数发展中国家了解外界的情况必须依赖于它们，甚至连自己的形象受到歪曲也只能被迫忍受。

第四，政治、经济的依附关系是殖民地时代的产物，而阻碍第三世界国家政治和经济发展的现行信息依附关系也是殖民制度的后遗症。

第五，在信息手段受到少数国家控制和垄断的状况下，所谓"信息自由"只是少数发达国家根据自己的意志选择和传播信息的自由，不仅如此，它还意味着其他绝大多数国家和民族客观、正确地传播信息和获得信息的权利在事实上受到剥削和否定。

这个宣言在世界上产生了广泛的反响，成为团结广大发展中国家的重要指针。1976年联合国教科文组织大会在内罗毕召开，自此，争论的中心舞台移到了教科文组织。

第二阶段是从1978年联合国教科文组织大会发布《大众传媒宣言》起，到1980年"麦克布莱德委员会"报告书《多种声音 一个世界》的发表，这是争论不断走向激化的时期。

"麦克布莱德委员会"设立于1977年，附属于教科文组织，正式名称是"国际传播问题研究委员会"。委员会由16个国家的著名传播学者组成，主席是荷兰人麦克布莱德，因此又称为"麦克布莱德委员会"。委员会设立的目的，在于研究全球性传播问题、调查信息流通的现状并提出具体行动的建议、探讨建立"新世界信息秩序"的方法和途径。在该委员会内部，主张信息自由流通的西方国家和主张改变不平衡现状的发展中国家进行了激烈交锋，但由于发展中国家的代表居多数，西方国际（英国未参加）处于相对孤立的境地。

1980年，委员会终于以《多种声音 一个世界》为题提出了最终报告，并在同年于教科文组织贝尔格莱德大会上获得通过。大会决议包含了以下要点。

（1）不平衡是现行国际信息秩序的基本特征，必须加以改变。

（2）不管是公共还是私人性质的，过度的集中垄断都会产生负效果，必须加以解消。

（3）为了保证信息与观念的自由和平衡的流通，必须从内部和外部清除某些障碍。

（4）必须保障信息来源与传播渠道的多元化。

（5）应保障传播媒介中的新闻工作者的自由，而这种自由与责任是不可分割的。

（6）发展中国家必须通过整备自己的信息设施和媒介、训练人才等措施来提高自己改变现状的能力。

（7）发达国家应该为实现上述目标而显示自己真正的诚意。

（8）必须尊重不同民族的文化特点以及各民族向世界人民传达自己的利益、愿望以及社会和文化价值的权利。

（9）必须尊重所有国家的人民在平等、公正、互惠的基础上参与信息的国际交流与交换的权利。

（10）任何民族、种族、社会群体以及个人都拥有接近信息来源以及积极参与传播过程的权利。

从上述内容可以看出，麦克布莱德委员会的报告书以及教科文组织大会决议在许多方面反映了发展中国家的立场、观点和要求。可以说，报告和决议的通过，意味着发展中国家在"新世界信息秩序"之争中取得了重大胜利。

这个结果，当然是美英等西方发达国家所不甘心接受的。1981年，代表西方国家垄断大媒介利益的国际性院外活动集团——"世界自由出版委员会"（WPFC）在法国的塔罗瓦尔召集了"自由之声"集会并发表宣言，认为教科文组织决议将会导致各国政府对新闻出版自由的控制，关于新世界流通秩序的"论争本身对报道自由和言论自由的基本原则就是有害的"，西方国家在这个问题上付出了过于昂贵的代价，必须坚决予以抵制和反对。当时美国的里根政府对《塔罗瓦尔宣言》明确表示了支持的态度。1983年，美国以联合国教科文组织充满了反西方论调，具有危及新闻自由和自由市场的因素，其活动"过于政治化"为由，表明了退出的意向。1984年和1985年，美国和英国先后退出联合国教科文组织。

第三个阶段，是从美、英退出教科文组织直到现在。在这个时期，由于美国的退出，教科文组织财政发生了困难，不得不做出某些让步。但是，关于建立"新世界信息秩序"的基本原则，一直得到了广大发展中国家的坚定支持。

20世纪80年代后期到90年代，世界格局发生了重大的变化。苏联和东欧社会主义阵营解体，在这个过程中西方传媒的活动起了重要的作用。1991年发生海湾战争，西方尤其是美国传媒对这场战争报道的绝对控制，使得"信息主权"以及"文化冲突"等问题受到更广泛的关注。这些变化，为"新世界信息秩序"问题赋予了新的内容。

总之，"新世界信息秩序"之争的核心，是如何看待信息的"自由流通"问题。少数发达国家主张世界信息流通应该是绝对自由的，不应受到各国政府的人为干预。对此，发展中国家并不一概地反对信息自由，但主张自由首先应该表现为对各国各民族的传播权利和机会的尊重和保障。在信息的生产和流通结构不平等且少数发达国家对信息技术和媒介保持着高度垄断的现状下，所谓"自由流通"也只能是少数传播大国的特权。因此，这场争论并不是单纯的理念上的争议，它体现了国际传播和全球传播中政治、经济、文化和意识形态现实利益的尖锐矛盾和冲突。 （郭庆光）

3. 论述国际报道中的新闻价值问题

在流通于世界的众多信息中，新闻是一种最基本的信息。通过新闻，我们了解环境和周围世界的变化，形成我们对事物的印象和态度，并在此基础上作出行为决策。在超出我们直接经验范围的国际问题领域，我们对媒介新闻报道活动的依赖程度更高。

但是，新闻并不是一种纯客观的信息，它是对新近发生的事实的报道。既然是"报道"，那么它就是一种人的活动，不可避免地要包含着人的认识和判断。这里的认识和判断包括两个方面：一是新闻的选择，即在众多新近发生的事实中挑选哪些事实来加以报道；二是新闻的加工，即从什么角度来报道事实，或者赋予事实以什么样的意义。因此，一件事实能否称为新闻，并不出于纯粹的偶然性，而是基于一定标准或尺度的选择和加工过程的结果。这些标准或尺度，通常称为新闻价值。构成新闻价值的因素是复杂的，其中既包括某些客观因素，也包括记者或编辑的社会背景和个人心理因素，同时还包括传媒组织的政治、经济、文化的目标和利益。新闻价值体系决定着传播媒介选择和加工新闻的立场、态度和方针，不同的价值体系形成报道活动的不同的倾向性。

国际新闻通常体现着传播媒介的政治立场和态度，国际新闻的选择和加工具有一定的价值标准。在 20 世纪 70 年代末 80 年代初，国际传播学会曾进行了一项题为"媒介中的外国新闻"大型研究。这项以 29 个国家为对象的研究揭示：（1）国际新闻报道具有一定的选择标准，这在全世界任何媒介中都可以发现。（2）所有的传播媒介，都突出强调报道本国的事件或人物。（3）在西方媒体支配着世界的新闻生产和流通的情况下，美国和西欧在世界各地都是最经常的新闻话题。（4）仅次于美国和西欧的，是关于纷争、灾难或混乱的"异常事件"话题。（5）第三世界和社会主义国家，除非作为"异常事件"的发生地得到报道，否则很少出现在国际新闻当中。（6）国际新闻的主要提供者是少数几家西方大媒介和通讯社，许多发展中国家的传播媒介只能从这样一些外部信源那里"选择"或"翻译"新闻，仅仅起到一种"二次把关"作用。

在西方传媒的报道中，发展中国家不仅存在感弱，而且往往受到歪曲性的报道。不少学者指出，西方传媒的新闻，往往把发展中国家与动乱、战争、落后等消极的概念和印象联系在一起。它们通常挑选发展中国家的"坏新闻"加以报道，而对这些国家的政府和人民为社会发展所作的努力及其成果视而不见。

在国际传播和全球传播研究中，新闻价值一直是一个备受关注的领域，有着丰富的研究积累。大量的研究成果揭示，西方资本主义媒介并不是"公正地"、"客观地"报道国际新闻的，而是有着自己的一套新闻价值体系。新闻信息的传播，不仅是少数发达国家维护自己现存的支配地位和利益的手段，而且是推行新的全球战略的工具。这些研究，有助于我们理解西方传媒国际报道活动的本质。　　　　　　（郭庆光）

4. 论述信息与国家主权问题

在少数发达国家支配着世界信息的生产和流通的情况下，大多数传播弱国所受到的并不仅仅是形象的伤害，严重时，它们甚至面临国家主权受到干涉的危险。这种危险产生的根源在于世界上还存在着霸权主义与强权政治。冷战时代结束后，个别超级大国并没有放弃争霸全球的战略，反而加快了实施这一战略的步伐。其主要战略是：（1）直接使用军事手段对其他主权国家实行高压政策。（2）使用经济制裁、经济掣肘或制造金融动荡来左右别国经济局势。（3）使用信息手段来干预别国内政，如利用民族矛盾来挑动他国内战和分裂等。在跨国传播技术十分发达的今天，信息手段可以说已经成了个别强权国家干涉别国内政的最廉价、最常用的手段。

跨国传播时代，信息与国家主权的关系已经密不可分。20世纪80年代中期，法国的"数据处理与自由委员会"曾发表过如下见解："信息就是力量，存储和处理数据的能力，意味着对其他国家的政治和技术优势。因此，跨越国家的数据流通也可能导致国家主权的丧失。"这个预言，已经为东欧剧变和苏联解体的事实所证明。在这一剧变的过程中，西方媒介绝不仅仅是起到了推波助澜的作用，它们的煽动式的宣传甚至是这场剧变的直接动因。

跨越国界的电子传播技术的飞速发展，正在为传统的国家主权赋予新的内容。按照国际法的一般原则，外国人的入境、外国商品以及物质形态的文化产品进口，都必须经过边防和海关的检查和许可，否则便被视为偷渡、走私等违法行为。但是，跨国的卫星直播广播电视、计算机通信网络等新的电子媒介却使这一切发生了重大变化。外国信息可以不受限制地穿越国界，对一国的政治、经济、文化、社会秩序甚至国家安全产生重要的影响，而国家和政府却对此缺乏有效的管理和控制手段，迄今为止的国际法体系也没有提供普遍公认的规则。这种状况导致了一个新的主权概念——"信息主权"的诞生。

信息主权，即一个国家对本国的信息传播系统进行自主管理的权利，这是信息时代的国家主权的重要组成部分。一般来说，信息主权包括三个方面的内容：一是对本国的信息资源进行保护、开发和利用的权利。二是不受外部干涉，自主确立本国的信息生产、加工、存储、流通和传播体制的权利。三是对本国信息的输出和外国信息的输入进行管理和监控的权利。其中第三项内容直接涉及跨国界传播，其功能包括保护国家机密和排除危及国家安全的有害信息等重要方面。

信息主权是在全球信息化和国家主权面临新的威胁因素的背景下提出来的。信息化使各国国内信息系统与全球信息系统连成一体，国内系统受到国外因素更为直接的影响。来自外部的信息干扰，有可能使一国的信息系统遭到破坏，使国家失去危机管理能力而陷于混乱。同时，世界上还存在以阻断信息和数据往来等手段来达到其政治目的的强权政治。

信息主权同样是一个与建立"新世界信息秩序"密切相关的问题。广大发展中国家认为，在世界信息单向流通的不平衡结构下，传播弱国的信息主权没有任何保障，这种状况使它们在政治、经济、文化各个领域处于极为不利的状态。发展中国家的学者主张，与拥有领土、领空、领海资源以及社会制度的主权一样，一个国家对自己的信息传播资源和传播制度同样应该拥有主权，这是在信息时代保障国家主权完整的重要条件。可以说，对信息主权的重视和保护，已经成了世界各国规划和建设本国信息系统的重要指导思想。

（郭庆光）

5. 论述文化帝国主义问题

世界上任何一个国家和民族，都拥有自主选择自己的文化制度、道德和价值体系、生活方式的权利，文化的整体性和综合性也是维持一个国家或民族生存和发展的前提条件之一。但是，在跨国界传播技术飞速发展的时代，由于世界信息流通的单向性，许多国家和民族的文化统合性正在面临着严重的威胁和挑战。

对这个问题的普遍关心，形成了国际传播和全球传播研究的另一个重要领域，这就是文化帝国主义研究。顾名思义，文化帝国主义研究，是把个别传播大国对世界信息流通系统的支配看做推行文化扩张主义的过程，而把发展中国家的牵制和反抗看做抵制文化侵略的过程。

文化帝国主义是在 20 世纪 60 年代反对"新帝国主义"的国际环境下诞生的。所谓"新帝国主义"，指的是在战后许多殖民地国家获得民族独立的条件下，帝国主义的扩张战略由以军事手段和直接的殖民统治为主，转向以经济和文化控制为主。如果说传统的帝国主义属于军事帝国主义，那么"新帝国主义"则属于经济帝国主义和文化帝国主义。

文化帝国主义并不是一个孤立的现象，而是现代帝国主义总过程的一部分。苏利文指出，文化帝国主义指的是来自发达国家，包含着与支配者利益相关的文化价值或观点的商品、时尚或生活方式等流向发展中国家市场，创造出某些特定的需求或消费形态，而发展中国家的民族文化在不同程度上受到外国（主要是西方）文化的侵害、取代或挑战，受支配程度越来越高的状况。另一位学者席勒认为，文化帝国主义就是"在某个社会步入现代世界系统过程中，在外部压力的作用下被迫接受该世界系统中的核心势力的价值，并使社会制度与这个世界系统相适应的过程"。

文化帝国主义虽有各种不同的定义，但概括起来说，它有三个特点：第一，它是以强大的经济、资本实力为后盾，主要通过市场而进行的扩张过程。第二，它是一种文化价值的扩张，即通过含有文化价值的产品或商品的销售而实现全球性的文化支配。第三，由于信息产品的文化含量最高（或者说信息本身就是文化产品），那么很明显，这种文化扩张主要是通过信息产品的传播而得到实现的。

在文化扩张的过程中，由于大众传播媒介是一种最有力的制度化手段，因此不少学者也把文化帝国主义称为"媒介帝国主义"。在探讨媒介帝国主义之际，人们更关注两个极为现实的问题：一是跨国传播媒介的高度集中和垄断；二是由这种垄断体制所形成的信息单向流通所产生的文化后果。就前者而言，目前世界传播媒介的集中垄断的程度仍在加剧。媒介的集中和垄断的加剧，意味着在世界上确保文化的丰富性和多元性的条件在继续恶化。就后者而言，在全球性文化市场形成和跨国传播媒介越来越大的状况下，对信息的单向流通所产生的文化后果表示深切关注和担忧的已不仅仅是发展中国家，不少发达国家也引起了警惕。随着以美国产品为主导的世界影像市场的形成，西欧各发达国家面对美国商业文化产品的冲击，基于保护自己的经济利益和维护"文化统合性"的双重目的，也开始采取一些必要的措施。

对文化帝国主义的担心由发展中国家扩大到美国自己的西方盟友当中，这说明美国的对外文化扩张已经到了十分严重的程度。美国当然不承认自己具有文化扩张主义的意图，相反，它以"自由市场"和"信息自由流通"的捍卫者自居。但是，我们在现实当中所看到的是，所谓维护"信息的自由流通"，实质上只不过是维护美国自己的政治、经济和文化利益。与此同时，美国在信息传播问题上的实用主义态度和双重标准也很难使人相信它没有文化扩张的意图。具体表现在美国在国内强调媒介的自由与社会责任的统一以维持本国传播秩序的平衡，但在世界信息流通领域却仅仅强调"自由"，丝毫不谈美国对国际传播秩序应尽的责任。

人类世界是一个由多元文化组成的社会，多种文化的存在，构成了我们这个丰富多彩的世界。各种不同文化模式之间的交流、沟通和互动，也是人类文化发展的基本动力。全球信息化的理性目标应该是各民族多元化的共同繁荣，而不是以一种文化吞并或取代其他文化。正像殖民时代的军事帝国主义未能实现独霸世界的野心一样，信息时代的文化帝国主义也必然会在世界各国和各民族的抵制下最终破产。尽管如此，我们仍不能不警惕它对人类文化的健康发展所带来的危害。

总之，全球信息化是当今世界的重要趋势，这个趋势正在把人类融入到一个联系越来越密切的"地球社会"中去。但是，全球信息化的发展所带来的并不都是光明的一面，正如"文化帝国主义"问题的讨论所揭示的一样，目前的全球信息传播系统中还存在着结构性的不平衡，存在着少数传播大国和多数传播弱国之间的控制与被控制、支配与被支配的不平等关系。改变这种不平衡、不平等的信息传播结构，建立公正的、平衡的"新世界信息秩序"是国际社会面临的重要任务。它的实现，不仅需要理论上的探讨，更重要的是广大发展中国家必须加速自己的经济与社会发展，建设独立自主的信息事业，增强自身的传播能力。　　　　　　　　　　　　　　　　（郭庆光）

四、考研真题

一、填空题

国际传播与全球传播的功能主要有（　　　），（　　　），（　　　）。（北京大学 2001 研）

二、名词解释

1. 哈钦斯委员会（Hutchins Commission）（北京大学 2003 研）

2.《阿尔及尔宣言》（武汉大学 2002 研）

3.《塔罗瓦尔宣言》（武汉大学 2002 研）

4. 跨文化传播（中国人民大学 2006 研，浙江大学 2001 研）

5. 麦克布莱德报告（南开大学 2007 研）

6. 信息主权（中国传媒大学 2005 研，武汉理工大学 2007 研）

7. 文化帝国主义（北京师范大学 2005 研，中国传媒大学 2005 研，武汉大学 2003 研，中国社会科学院 2004 研，深圳大学 2005 研，西安交通大学 2005 研，浙江大学 2002 研）

8. 霸权（Hegemony）（北京大学 2006 研）

9. 1947 年的"哈钦斯报告"（中国社会科学院 2006 研）

三、简答题

1. "国际传播新秩序"论争的背景、焦点和实质是什么？（北京大学 2001 研）

2. 简述"国际传播"与"全球传播"的联系与区别。（中国人民大学 2005 研）

3. 请简要说出施拉姆在国际传播方面的某一个开创性研究的内容。（北京师范大学 2007 研）

4. 简述席勒有关文化帝国主义的主要观点。（北京大学 2006 研）

5. 从传播学角度阐释当前西方媒体所有权集中现象。（复旦大学 2006 研）

四、论述题

1. 试论"全球信息化"给人类社会带来的冲击。（北京大学 2001 研）

2. 谈谈你对"世界信息秩序"论争的认识和理解。（武汉大学 2002 研）

3. 你认为日益扩大的跨文化传播将对民族文化产生什么影响？（武汉大学 2004 研）

4. 试论加入 WTO 对我国传媒生存环境的影响。（南京大学 2002 研）

5. 结合国内外实际，评传媒集团化趋势。（北京大学 2003 研）

6. 试论文化全球化与我国新闻传播的策略。（南京大学 2001 研）

7. 网络传播给国际传播带来什么问题？（复旦大学 2005 研）

8. 请针对国务院授权新华社 2006 年 9 月 10 日正式颁布的《外国通讯社在中国境内发布新闻信息管理办法》谈谈自己的看法。（北京大学 2007 研）

第十章　传播学研究史和主要学派

一、名词解释

1. 文本：指的是由一定的符号或符码组成的信息结构体，这种结构体可采用不同的表现形态，如语言、文字、影像等。文本是由特定的人制定的，文本的语义不可避免地会反映人的特定立场、观点、价值和利益。因此，由文本内容分析，可以推断文本提供者的意图或目的。　　　　　　　　　　　　　　　　　　　　　　（郭庆光）

2. 内容分析：是一种对明示的传播内容进行客观、系统和定量描述的调查方法。内容分析具有以下三个特点，即客观性——必须要有明确的客观规划，保证不同的分析者分析同一素材能够得出相同的结论；系统性——信息内容或类型的取舍选择要有首尾一致的标准，防止分析者仅选择支持自己见解的材料；普遍性——内容分析应该将信息属性和传播者以及受传者的特征联系起来，其目的是为了获得具有科学价值和理论意义的结果，而不是纯粹的"描述性"信息。　　　　　　　　　　（郭庆光）

【参考知识点】

内容分析：就是用一系列的方法和技巧评价以所有传播形式传播的内容，可以是定性分析，也可以是定量分析，或兼而有之。从方法论上来说，内容分析的特征是量化的。正如贝雷尔森所下的定义——内容分析就是"对传播内容进行客观、系统和定量的分析与描述的一种方法"。　　　　　　　　　　　　　　　（胡正荣）

3. 刻板成见：指的是人们对特定事物所持有的固定化、简单化的观念和印象，它通常伴随着对该事物的价值评价和好恶的感情。刻板成见可以为人们认识事物提供简便的参考标准，但也阻碍着人们对新事物的接受。　　　　　　　　　　（郭庆光）

4. 经验学派：是主张从经验事实出发、运用经验性方法研究传播现象的学派。
　　　　　　　　　　　　　　　　　　　　　　　　　　　　　　　（郭庆光）

5. 文化工业：指的是使用现代科技手段大规模生产文化产品的工业体系，它的产品是批量生产的、复制化的，也是标准化、齐一化的。它不仅扼杀了文化本身应具有的创造性和革命性，使得文化被"物化"，成为整个社会物化体系的一部分，而且它造就了社会大众的顺从和退化。用马尔库塞的话来说，将他们变成了"单向度的人"，只具有"肯定性"，而缺失了批判和否定的能力。　　　　　　　　　　（胡正荣）

6. 经验性方法：是运用一种可观察、可测定、可量化的经验材料来对社会现象或社会行为进行实证考察的方法，它出现于19世纪后期，在现代社会科学中有着广泛的应用。　　　　　　　　　　　　　　　　　　　　　　　　　　　　（郭庆光）

7. 多伦多学派：主要指的是两位加拿大裔的学者英尼斯和麦克卢汉，他们均从技术的角度探讨了媒介的特性，并认为这种技术的特性是社会结构与人类心智发展的基础。　　　　　　　　　　　　　　　　　　　　　　　　　　　　（胡正荣）

二、简答题

1. 传播学的形成要素是什么？

传播学形成于 20 世纪初至 40 年代的美国，它的形成是由许多因素促成的。第一，从传播媒介的发展情况来说，在这个时期的西方国家，大众报刊和电影已经高度普及，作为新的电子媒介的广播事业发展也十分迅速。媒介的增加和社会影响力的不断扩大，使得许多社会科学家越来越关注信息与传播问题，并开始从各自的学科背景出发来研究这些问题。第二，从历史和社会环境来说，这是一个世界范围的战争与革命的时代。在两次世界大战中，交战双方都利用各种传播媒介进行大规模的宣传，信息心理战发挥了前所未有的巨大影响，这使得社会科学家对传播尤其是大众传播在战争和社会变革中的作用产生了强烈的关心，对宣传的研究成了这一时期的热点课题。第三，在这个时期，与传播学有着许多衔接点的一些社会科学，如新闻学等都已经有了充分发展，为传播学提供了理论和研究方法的基础。

传播学之所以诞生在美国，也有两个直接的原因：一是美国是世界上传播事业最发达的国家，为媒介和传播研究提供了最合适的环境和社会条件。二是在 1933 年德国纳粹党执政后，大批欧洲学者为躲避法西斯迫害而逃亡到美国，推动了美国社会科学的发展和繁荣。许多著名的传播学家本人就是流亡者，其他学者在欧洲也有着深厚的学术思想根源。

（郭庆光）

2. 简述传播学的早期学术思想源流

传播学的早期思想源流包括两个方面：一是欧洲源流；二是美国源流。欧洲源流包括法国社会心理学家塔尔德和他的模仿理论，德国社会学家西默尔和他的网络理论。

塔尔德于 1890 年出版了《模仿的法则》一书，成为社会心理学中模仿理论的创始人。塔尔德认为，一切社会事务"不是发明就是模仿"，纯粹的发明是极少见的，大量的行为是模仿。模仿是通过人与人的接触和传播发生的，既然模仿是"最基本的社会现象"，那么传播也就是最基本的互动渠道。塔尔德的模仿理论，对后来从社会心理学角度研究传播在人格形成和人的社会化过程中的作用具有重要影响。此外，塔尔德还出版了《舆论与群集》一书，对舆论的结构及其形成、运动过程等做了严格界定。

西默尔是德国著名的社会学家，形式社会学的创始人，主要著作有《社会分化论》等。西默尔认为，社会学就是"关于人与人之间相互关系的科学"。他也是最早研究群体对个人行为影响的社会心理学家，并且最早提出了传播网络理论，认为社会上的个人都是由特定的信息渠道相互连接的，要解释人的行为，最根本的是要搞清个人在这个传播链中的位置，也就是与谁有着信息传播的关系。西默尔把这个传播网络描述为"舆论的厨房"。

在美国学术思想流派中，比较著名的学者有杜威、库利、帕克、米德等人。

杜威是美国著名实用主义哲学家和教育学家。他强调教育在社会改造中的作用，认为大众传播是变革社会的重要工具。他始终认为大众传播在改造社会方面具有强大的潜在力量，新的传播技术将会导致社会价值体系的重构。

库利是美国著名社会学家，他可以说是最早系统研究传播现象，并最早进行了理论化尝试的一位重要学者。库利关心的一个主要课题是人的社会化问题，并为社会学和传播学提出了两个影响深远的概念：一是"初级群体"，认为个人日常所处的基本群体是社会化的基础。二是"镜中我"，这个概念说明个人的行为在很大程度上取决于对"自我"的认识，而这种认识主要是通过与他人的社会互动形成的，他人对自己的态度或评价是反映"自我"的一面镜子。在库利看来，传播是"镜中我"形成的主要机制，它不仅是个人社会化的途径，而且是将整个社会连成一个整体的纽带。库利关心的焦点是人际传播，对大众传播没有给予充分关注，这与他对大众媒介的营利性感到不满有一定关系。

帕克和社会学芝加哥学派也对传播学的形成产生过重要的影响。1913 年他应聘任教于芝加哥大学社会学系，成为芝加哥学派的理论领袖。芝加哥学派在关于人的行为问题上反对本能论观点，提倡社会互动理论。他们认为人在出生之际并不具备社会性，使儿童成为社会性存在的是学习语言和感觉自我的过程，在这里，传播起着重要作用。

米德是芝加哥学派中影响仅次于帕克的二号领袖人物，也是社会心理学中的互动理论的创始人之一。米德关于人的社会化、社会角色取得以及社会自我理论，对现代社会信息学和传播学具有很大影响，提出的"主我"（I）和"客我"（me）理论，对理解人类传播的社会性具有重要意义。

李普曼对新闻学和大众传播学做出了很大贡献。他是美国著名的政治学家和新闻工作者，由于长期从事新闻活动，他很早就注意到了大众传播对社会的巨大影响。在《自由与新闻》、《舆论》等论著中，李普曼不仅对新闻的性质及其选择过程进行了深刻的分析，而且提出了两个重要概念：一个是"拟态环境"，这个概念阐述了现代社会"环境的双重性"和大众传播对现代人行为的影响；另一个是"刻板成见"。所谓刻板成见，指的是人们对特定事物所持有的固定化、简单化的观念和印象，它通常伴随着对该事物的价值评价和好恶的感情。刻板成见可以为人们认识事物提供简便的参考标准，但也阻碍着对新事物的接受。个人有个人的刻板成见，一个社会也有其社会成员广泛接受和普遍通行的刻板成见，因而它也起着社会控制的作用。李普曼特别强调大众传播的力量，认为大众传播不仅是"拟态环境"的主要营造者，而且在形成、维护和改变一个社会的刻板成见方面也拥有强大的影响力。可以说，李普曼是较早地探讨了大众传播的宏观社会效果的学者之一。

（郭庆光）

3. 简述传播学四大奠基人和学科创始人

尽管传播学有着悠久的学术思想渊源，但在 20 世纪 20 年代以前并没有人专门研究传播问题，许多学者只是从各自的学科关心出发，附带性地对传播现象做了某种程度的考察。20 年代以后，有四位学者的研究和学术活动对传播学的建立产生了直接的影响，被称为传播学四大奠基人，他们分别是拉斯韦尔、卢因、霍夫兰和拉扎斯菲尔德。

第一，拉斯韦尔的宣传与传播研究。

拉斯韦尔是美国现代政治科学的创始人之一，在宣传研究领域拥有很大的影响。1927 年，他出版了《世界大战中的宣传技巧》一书，对"第一次世界大战"中的宣传策略及其效果研究进行了全面的分析。这本书刺激了两次世界大战之间的宣传研究，使之成为当时学界和社会各界关注的热点。拉斯韦尔曾经为宣传下过这样的定义：宣传就是运用象征符号来控制人们的群体态度，广义的宣传，就是运用种种表态方式以影响人们的行动的技术，这些表态方式可以是口头的、书写的、图画的或音乐的等。

拉斯韦尔对传播学的许多基本理论问题进行过研究。在 1948 年发表的《传播在社会中的结构和功能》一文中，他最早总结了社会传播的三项基本功能：环境调控、社会协调、文化传承，并考察了传播的基本过程，将其解析为五个主要环节或要素（即著名的"谁"、"说什么"、"通过什么渠道"、"对谁说"、"产生了什么效果"）。这个过程模式虽然带有单向性和直线性的缺陷，但它明确勾勒出了传播学研究的五个主要领域（控制研究、内容分析、媒介研究、受众研究和效果研究），对形成传播学理论体系的基本框架具有重要意义。

第二，卢因与"把关人"研究。

卢因是德裔犹太人，主要专业领域是群体力学，他研究了不少群体传播的问题，如群体归属关系和群体规范对个人态度和行为的制约、独裁的和民主的领袖对群体运行效率的影响等。卢因的理论具有很强的实践性和应用性。

卢因对传播学的一个重要贡献是提出了信息传播的"把关人"概念。后来，这个概念被广泛应用到新闻和信息的选择、加工、制作和传达过程的研究当中，"把关"理论成为揭示新闻或信息传播过程内在的控制机制的一种重要理论。

第三，霍夫兰与说服效果实验。

霍夫兰是耶鲁大学的实验心理学教授，在"第二次世界大战"期间曾经受聘为美国陆军部心理实验室主任。霍夫兰和他的实验室的任务，是研究军内教育电影对提高士气所起的作用和效果，为此他们进行了一系列心理实验。霍夫兰的学术关心在于揭示传播效果形成的诸多条件，如信源的条件、传播方法和技巧的条件以及受传者本身的属性条件等，并为此进行了大量实验。霍夫兰对传播学的贡献，一是把心理实验方法引进了传播学领域；二是他的研究揭示了传播效果形成的条件性和复杂性，为否认早期的"子弹论"效果观提供了重要的依据。

第四，拉扎斯菲尔德与经验性传播学研究。

拉扎斯菲尔德是奥地利籍犹太人，德国法西斯上台后，他于 1933 年逃到美国，在洛克菲勒财团赞助的普林斯顿广播研究所担任负责人，在此期间进行了一系列的听众调查和研究。1939 年，该研究所迁移到哥伦比亚大学并改名为应用社会研究所，拉扎斯菲尔德也开始由广播研究转向范围更广的传播学研究。

在传播学四大奠基人中，拉扎斯菲尔德是对后来的传播学发展影响最大的一位。他是"两级传播"理论的提出者。1940 年，他和卡兹等人对总统大选中的宣传战进行了调查，以测定大众传播对选民态度的影响（史称"伊里调查"，1944 年出版了调查报告《人民的选择》）。在这项研究中，他们发现大众传播并没有力量左右人们的态度，决定选民投票意向的还有其他众多的因素，如"政治既有倾向"的作用、受众对不同媒介或内容的"选择性接触"机制、人际传播中的"意见领袖"的影响等。根据这项调查，拉扎斯菲尔德等人提出了"两级传播"的观点，以为大众传播只有通过"意见领袖"的中介才能产生影响。这项研究对否定"子弹论"起到了直接的作用，但也开创了"有限效果论"的传统。

拉扎斯菲尔德对研究方法也做出了重要贡献，被称为传播学研究的"工具制作者"。罗杰斯指出，拉扎斯菲尔德比其他任何人都更多地把传播学引向了经验性研究的方向，他通过不断改进抽样调查技术和量化分析方法，为传播学赢得了来自其他科学的尊重。不过，这种经验主义和数据主义同时也受到了其他学者尤其是批判学者的抨击。

第五，施拉姆与传播学科的创立。

一些学者认为，施拉姆使传播科学从梦想变成了现实，他应该是传播学的"第五位奠基人"，这主要是指施拉姆在传播学学科建设方面作出的贡献。

施拉姆于 1948 年在伊利诺伊大学创办了第一个传播学研究所，并开设了硕士和博士学位教育课程。1950 年，世界上第一个传播学博士学位在伊利诺伊大学获得通过，施拉姆成为该校传播系主任。他主编了最早的一批传播学教材，包括《大众传播学》(1949 年出版)、《传播过程与效果》（1954 年出版）等。施拉姆一生编写了近三十部论著，并开辟了几个新的研究领域，如电视对少年儿童的影响、国际传播中的信息流通、传播与第三世界国家发展等。他曾经于 20 世纪 70 年代末和 80 年代初数次访华，是最早向中国介绍传播学的外国学者之一。

从 50 年代以后，传播学作为社会科学的一个新学科逐渐建立和巩固了自己的学术地位。目前，世界各国的主要大学一般都设有传播学的院系专业或研究机构。传播学之所以获得迅速发展，既是由于它适应了信息技术革命和信息社会发展的需要，同时与传播学家们的不懈努力也是分不开的。

（郭庆光）

【参考知识点】

论述传播学的奠基人及创立者

1980 年，施拉姆在《美国传播研究的开端》一文中，高度评价了美国传播学的四位先行者，即政治学家哈罗德·拉斯韦尔、社会心理学家库尔特·卢因、社会学家保罗·拉扎斯菲尔德和实验心理学家卡尔·霍夫兰。他们自 20 世纪 20 年代便开始从自己研究的学科角度对传播进行了深入的研究。他们的研究内容和方法为后来的传播学奠定了一个基础。

第一，政治学家哈罗德·拉斯韦尔。

哈罗德·拉斯韦尔是美国著名的政治学家。他一生致力于运用心理学理论和方法探讨政治学，试图用一系列自然科学理论建立政治学体系。他的政治学著作受到政治学家们的重视，他自己也曾在政府部门担任过顾问。他对传播学研究作出了以下突出贡献：

（1）拉斯韦尔是美国系统研究政治传播的第一人，是分析研究宣传的权威。1927年，他的博士论文《世界大战中的宣传技巧》刊行于世，成为宣传学的经典之作。1935 年，他又与布卢门斯通合著出版了《世界革命的宣传》，进一步发展了对宣传进行分析的基本方法。1979 年，在拉斯韦尔去世后的第二年，他和勒纳等人合作编写的三卷巨著《世界历史中的宣传与传播》成为宣传学研究的又一里程碑。"他关于政治宣传和战时宣传的研究代表着一种重要的早期传播学类型。""宣传分析已被纳入传播研究的一般体系之中。"

（2）拉斯韦尔开创了内容分析方法，这是一种重要的传播研究工具。在对"第一次世界大战"的宣传研究中，他就运用了内容分析的方法。这"实际上发明了定性和定量测度传播信息的方法论"。

（3）拉斯韦尔在进行宣传研究的同时，其研究领域也逐步扩大至大众传播。1946

年，拉斯韦尔和史密斯合著的《宣传、传播与舆论》出版，书中第一次提出了大众传播的基本传播过程。他的这一模式成了传播学中经典的传播过程模式。后来，他又在1948年发表的《传播在社会中的结构与功能》一文中，对此传播过程、结构和功能作了一个较为全面的论述，成为早期传播研究的经典成果之一。

（4）在其《传播在社会中的结构与功能》一文中，拉斯韦尔还从外部功能上分析了传播活动的作用。他指出传播的三大作用或三大功能，即监视环境、联系社会、传承文明。这一观点经过后来学者的发展，也得到了丰富。

总之，拉斯韦尔在宣传分析领域的成就是巨大的，同样，他在对传播的内部结构和外部功能分析方面的影响也是深远的。他的这些开创性的研究奠定了传播学研究的基本范围和层面。拉斯韦尔一生著述颇多，除了上述的有关宣传、传播的著作外，还有许多政治学著作。

第二，社会心理学家库尔特·卢因。

库尔特·卢因是美籍德国社会心理学家，一生致力于人类行为的动力和控制的研究，是心理学中"场论"和"群体动力论"的最先提出者。他的学术成就主要体现在他最早创造性地提出了心理学中的"场论"和"群体动力论"，这些理论成果对传播学的研究影响较大。

卢因在自己的心理学研究中倾向于完形心理学，但是又超出了完形心理学的范围和领域。他借用物理学中的"场论"这一理论，与心理活动进行类比。物理学场论的基本观点是：一个场就是一个整体性的存在，其中的每一部分的性质和变化都由场的整体特征所决定，而这种特征并不等于场内各部分特征的总和或相加。换言之，场一旦形成便成为一种新的结构实体，而不再是形成场的那些个体元素的机械组合。

卢因将自己的"场论"应用于社会心理学的研究中，形成了"群体动力论"，这就是他对社会心理学的最重要的贡献。"群体动力论"主要研究群体和个体之间的关系，特别关注群体规范对个体行为的制约和影响。他认为，一个群体就是一个场，必须将群体视为一个整体，而不是成员个体的简单相加。在群体和个体的关系中起决定作用的是群体而不是个体，一个群体中最重要的便是凝聚力。所谓凝聚力就是群体成员相互利益的延伸。由于人们都关心自己的利益，因此他也就自然地倾向于维护群体的凝聚力这种自身利益的延伸。

从卢因的"群体动力论"可以看出：个体与群体的关系是如此的紧密，以至于群体的规范可以直接制约和影响个人的行为。传播者要想通过传播改变一个人的态度、认识和观念，不仅要考虑他的个人因素，更要考虑他所属的群体因素。卢因将自己的"群体动力论"应用到传播研究中。"第二次世界大战"期间，他和学生运用这一理论对军队士气问题进行研究，从中证实了群体可以影响士兵个体的观念、动机、愿望、行为和倾向。期间，卢因还进行了劝说人们改变饮食习惯的研究，这项研究也是在"群体动力论"的指导思想下进行的，研究结果也说明群体规范可以改变个体的饮食习惯，使之与所属群体相适应。

此外，卢因在有关改变食品习惯的实验中还发现：家庭主妇是家庭消费新食品的把关人。"把关"概念可以适用于范围广泛的各种传播环境。1947年，在卢因去世前的最后一篇文章《群体生活渠道》中，对传播体系的把关过程作了理论说明，这对于后来的研究来说，是一个有着广阔前景的贡献。

卢因的"群体动力论"及"把关"概念对美国传播学的建立起了一定的推动作用，也为传播学研究提供了一个新的层面和方法。

第三，社会学家保罗·拉扎斯菲尔德。

保罗·拉扎斯菲尔德是美籍奥地利社会学家。他在社会学，特别是应用社会学领域的影响相当深远。

拉扎斯菲尔德到美国后，在洛克菲勒基金会的资助下，在普林斯顿大学建立了一个广播研究中心。1940年移居纽约，得到哥伦比亚广播公司的资助，在哥伦比亚大学建立了一个应用社会学研究中心。在他的主持下，一些社会学家开展了失业、大众传播、竞选与政治活动、教育与心理、社会研究方法与程序、市场研究等方面的应用研究。

虽然传播研究只是拉扎斯菲尔德研究领域的一个部分，但是他在其中的研究对早期传播学的形成起到了极大的推动作用，其主要贡献有：

（1）他开创了媒体效果研究的传统，这一传统成为美国大众传播研究中占有统治地位的范式。他及其助手、合作者从社会学原理出发，将传播媒介置于完整的社会环境中去考察。他们认为受众不是彼此隔绝的抽象的个体，而是在现实生活中与其他人共同生活、互相影响的。1930年至1931年，他对广播听众的研究更侧重研究广播在社会中的影响力。

他继续将他对传播媒介社会影响的研究扩展到美国的政治生活中。1940年5月至11月的半年间，他们以总统选举为课题，进行了大规模的连续性调查，主要研究大选期间影响选民投票意向的因素。该项研究的结果显示，决定人们投票意向的，主要不是传播媒介的影响力，而是人际传播的影响力。1948年，该项研究的成果汇集出版，即《人民的选择》。

拉扎斯菲尔德及其助手在进一步的研究中还提出了"舆论领袖"和"两级传播"的概念。由此，拉扎斯菲尔德提出了两级传播理论，即信息和影响先由大众传播媒介传播给舆论领袖，然后再由舆论领袖扩散给社会大众。传播媒介的作用是间接的，并且会受到社会基层舆论领袖的影响而削弱。该理论一方面使研究者深入认识到传播环节中的众多因素；另一方面也推动了传播学的研究，特别是传播过程的研究。后来的学者在此基础上建立了新的"多级传播理论"。

（2）拉扎斯菲尔德试图将定性方法和定量方法、参与性观察和深度访谈、内容分析和个人传记、专题小组研究和焦点访谈结合起来。许多方法论的创新都是由拉扎斯菲尔德及其合作者所开创的。例如，拉扎斯菲尔德引入了异常情况的分析，在此个体案例得到分析，而这不适合于一般的统计模式。这种研究方法被用来对某些个人（他们的行为与研究中体现其他大部分人的特征的关系不相一致）进行较深层次的探讨。拉扎斯菲尔德还是三角测量法（即采用测量、收集资料和资料分析的多重方法，以获得对研究对象的多侧面了解）的一个早期提倡者。

（3）拉扎斯菲尔德还创造了以大学为基础的研究机构的原型。其位于哥伦比亚大学的应用社会学研究中心便发挥着其他许多大学的研究机构模式的作用。与大学的各系相比，研究机构更加灵活，更有侧重点，也不大容易因采纳了创新方向而受到批评。

拉扎斯菲尔德创造并通过某种组织形式，使传播学首次被引入几所大学。他创造了作为美国研究型大学的一个重要组成部分的研究机构。在这个过程中，拉扎斯菲尔德促使传播理论具有了行政研究的特色。更广泛地说，他使许多社会科学研究具有了这种特色。

总之，拉扎斯菲尔德因其对传播学的这三个贡献而成为著名的学者，尤其是1940年的总统选举研究，被称为大众传播研究史上的里程碑之一。"《人民的选择》中的广阔范围、先进方法和给人以深刻印象的发现使这次研究成为媒介研究中的一个重要里程碑。""《人民的选择》在关于大众媒介的思想领域开辟了一个新时代。"拉扎斯菲尔德的研究"似乎完全否定了所谓媒介无比强大的旧思想，而支持一个新架设，即媒介效果甚微，它只是许多种影响中的一种"。实际上，正是拉扎斯菲尔德的竞选研究及其发现结束了"枪弹论"理论统治传播学研究的时代，此后传播学效果研究可以说进入到了"有限效果论"年代。

第四，实验心理学家卡尔·霍夫兰。

卡尔·霍夫兰是美国实验心理学家，毕生研究人的心理对人的行为的影响，具体而言就是研究说服与态度的关系、态度的形成与转变、说服的方式、技巧与能力等。

卡尔·霍夫兰的学术成就集中在通过实验方法研究人的态度与说服之间的关系。他的研究生涯可以分为两个阶段：第一阶段，"第二次世界大战"期间；第二阶段，从"第二次世界大战"结束直到他去世。

"第二次世界大战"期间，美国军方计划实施美军的思想训练计划，于是召集了一批心理学专家组成专门的研究小组，由霍夫兰负责指导和研究美军这个题目。他们主要研究陆军部拍摄的军事教育影片对军人的影响，用严格的实验方法，试图找出影响说服效果的因素。他们研究发现军事教育影片确实使观众发生了变化，但变化有限。

"第二次世界大战"结束后，霍夫兰及一些心理学家继续进行"第二次世界大战"期间开始的态度与说服的研究，从多层面、更广泛的方向研究传播者的信誉、信息组织、群体适应效果、态度和观点变化的持续等问题，并将研究成果集结出版了关于态度问题的耶鲁丛书，如《传播与说服》《耶鲁大学关于态度和传播的研究丛书》等。

霍夫兰及其合作者并没有研究现实社会生活中的媒介运动和大众传播。另外，他们使用实验法进行研究，研究对象多为学生实验性对象，范围有限。虽然他在后期也发现了许多实验过程中没有发现的众多影响因素，但是"这项研究的结果对现实生活有无使用价值却不清楚"。

以上是对传播学四大奠基人的生平、学术成就及与传播研究的关系进行的简要介绍。我们从中可以看到早期传播研究的学术基础和领域大多是社会学、心理学、政治学等，这些学科和这些学者对传播学的最终形成贡献很大，但只是奠基作用而已，真正将传播研究系统化为传播学的人却是威尔伯·施拉姆。

第五，传播学家威尔伯·施拉姆。

威尔伯·施拉姆是人类历史上第一位传播学家。正是他创立了这一新兴学科，人们称他为"传播学鼻祖"、"传播学之父"。他将传播学作为一门单独的学科提出来，并力图使之系统化、正规化和完善化。

他在传播学领域的地位来自于他对传播学的巨大贡献。首先，他把美国的新闻学与社会学、心理学、政治学等其他学科综合起来进行研究，在前人传播研究的基础上，归纳、总结、修正并使之系统化、结构化，从而创立了一门新学科——传播学，这是他最大的功绩。自此以后，才有了学科意义上的传播研究，而且这门学科日益扩大、完善、成形。

他创立传播学的标志便是1949年由他编撰的第一本权威性的传播学著作——《大众传播学》的出版。这本书收录了政治学家、心理学家、社会学家、语言学家以及许多其他学科的专家关于传播的研究成果。施拉姆当时主要还仅限于挖掘前人和他人的传播研究成果，并加以整理，使之系统化。

其次，施拉姆不断著书立说，推进传播学的壮大。施拉姆一生共写作了三十多部传播学论著，约有五百多万字。他的著作基本可以分为两大类：一类是理论性著作；一类是应用性著作。他的代表作主要有《大众传播学》（1949）、《报刊的四种理论》（1956）等。

再次，施拉姆大力推进传播学教育，扩大传播学在教育及学术界的影响。他先后亲自创建过四个传播研究机构。通过这些教育、科研机构，施拉姆培养了一大批传播学研究生，造就了许多后起之秀。当今美国传播学者中许多知名者都是他的学生，形成了"施拉姆学派"。

施拉姆曾周游世界，推广美国的传播学。1982年，他到中国访问期间，曾对传播学的发展作了大胆的预测。他指出："在未来的一百年中，分门别类的社会科学（心理学、政治学、人类学等）都会成为综合之后的一门科学。在这门科学里面，传播的研究会成为所有这些学科里面的基础。讲话、编写、广播等技术都同传播的过程密不可分。因为要牵涉到这些基本的技术问题，所以综合之后的社会科学会非常看重对传播的研究，它将成为综合之后新科学的一个基本学科。"

需要说明的是施拉姆自己有关传播学的理论、观点、开拓和创新对传播学的贡献很大，但是他的最大成就在于融前人和他人有关传播的研究及相关学科的成果于一炉，提炼、整合，最终创立传播学。

（胡正荣）

4. 信息论和控制论对传播学的贡献有哪些？

传播学是一个多学科交叉的领域。传播学的发展，不仅从新闻学、社会学、心理学、政治学等传统社会科学中接受了丰富的营养，而且从与信息传播技术有关的通信工程学、信息科学和控制论等20世纪的新兴科学那里汲取了新的动力。

1946年，世界上第一台电子计算机的在宾夕法尼亚大学工学院诞生，标志着计算机革命的开始。数年后，贝尔实验室的几位科学家发明了对电子通信具有重大意义的晶体管技术。1948年，贝尔实验室的电信工程师香农提出了他的信息论。麻省理工学院的数学家诺伯特·威纳出版了《控制论》一书。几乎与此同时，信息论和控制论的诞生，对传播学的科学化起到了巨大的推动作用。

第一，香农的信息论与传播学。

香农于1948年在《贝尔系统技术学刊》10月刊上发表了两篇文章，较全面地提出了他的信息论。香农的论文，主要是用数学表达式来考察和解决电信系统中的信息传输问题，但具有重要意义的是，在香农的眼中，信息已经不是单纯的物理信号，而是适用于自然界和社会一切领域的一个普遍概念。坎贝尔曾经对此做过如下评价：

由于香农信息论的诞生，"信息开始作为在整个世界起作用的普遍原理展现在我们面前。它赋予无形以有形，阐释各种运动形态的特性，甚至能够解释以特殊符码的形式表现出来的人类思维的形态。因此，信息概念可以说是将太空时代的计算机与传统物理学、分子生物学以及人类传播、语言的进化与人的进化等不同领域相互连接起来的一座桥梁"。

香农认为，所谓信息，也就是"在人们需要进行决策之际，影响他们可能的行为选择之概率的物质—能量的形式"。换句话说，我们对事物的反应或决策都是基于对事物的认识进行的，任何事物都具有自己内在的属性或规律，这些属性或规律通过一定的物质或能量的形式表现出来。这些表现形式，便是反映事物内部属性的信息。在我们获得这些信息之前，对象事物具有不确定性，而我们的行为决策也是盲目的。只有获得了这些信息，我们才能作出正确的行为决策。因此，信息具有帮助我们消除对事物的不确定性的功能，并影响着我们选择或不选择某种行为的概率。

不难看出，香农的信息论使信息与人的行为发生了密切的联系，从而为传播学研究开辟了更广阔的视野。因为按照香农的信息概念，人类传播或交换的符号，包括语言、文字等，也不外乎是表达事物内在属性的物质—能量的形式，也都属于信息的范畴，只不过人类社会的信息具有更复杂的精神内容（意义）罢了。

现今的传播学已经发展成为一个文理交融的学科，香农的信息概念可以说是这种交融的起点。传播学家罗杰斯认为，信息理论是建立在电子技术、计算机技术以及大众传播发展的基础之上的，"只有在电子传播时代的曙光照临世界之际，信息才成了一个科学的概念"。对作为社会科学的传播学来说，香农信息理论的一个直接冲击就是使传播学学者感受到了传播的普遍性。所谓传播，无非是信息的传递和交流，信息是普遍的，传播也必然是普遍的。信息的传递和交流无论是通过物理系统、生物系统还是社会系统来进行，都属于传播的范畴，而作为社会科学的传播学的任务，就是在考虑到人类的社会传播与其他形态传播的共性和共通规律的同时，研究和揭示它的个性和特殊规律。这样一种认识，无疑大大开拓了传播学学者的视野，并坚定了对传播学的科学意义的信念。

香农的贡献并不仅仅是为传播学提供了一个具有普遍意义的信息概念。在1949年发表的《传播的数学理论》中，他和韦弗还提出了一个传播过程基本模式。这个模式，虽然因其直线性和缺乏反馈机制而受到人们的批评，但它也给予了传播学不少有益的影响。首先，它开辟了以图解方式建构传播模式的先河，自此之后，图解方式成为建构传播模式的基本方法，它的好处是比以前的文字描述更为直观，概括性更强，也更能揭示和说明问题。其次，香农—韦弗模式提出了过去传播学研究中尚未充分关注的一些新课题，如"噪音"以及由此产生的"冗余信息"的问题等，给予了传播学尤其是传播效果研究不少新的启示。除此之外，香农的信息理论还解决了信息的亮度问题，为传播学的定量研究提供了新的方法。

第二，威纳的控制论与传播学。

控制论的创始人威纳被称为"传播学的另一位伟大的工程师"。1948年，他出版了《控制论》一书，使控制论成为与信息论具有同等重要影响的20世纪新兴科学。

控制论是关于系统内秩序维持的一般法则的科学。按照威纳的观点，任何系统

（包括物理、生物和社会系统）都是按照一定的秩序运行的，但由于系统内部以及环境中存在着许多偶然和随机的偏离因素，因此任何系统都具有从有序向无序、从确定状态到不确定状态的变化倾向。为了保持系统的正常运行和系统目标的实现，就需要对系统进行控制。

威纳认为，信息反馈是实现这种控制的重要方法。换句话说，系统输出物反映了系统的秩序状态和功能执行的结果，把输出物的全部或一部分作为反馈信息回送到系统中，并对系统的运行进行再调整，就可以起到修正偏差的作用。由此可以看出，信息在控制论中也是一个核心概念。

但是，威纳的信息概念与香农的信息概念有着重要的区别，香农主要考察的是离散信息，而威纳考察的则是连续信息，即信息的不停流动。

威纳所创建的控制论对 20 世纪后半叶的科学研究产生了巨大的影响。现代控制论已经形成了四大领域，即工程控制论、生物控制论、智能控制论和社会控制论。传播学研究对控制论的运用也是非常普遍的。现代传播学中的制度与规范、法规、政策与管理，受众与传播效果等几乎所有的宏观、中观和微观研究领域，无不渗透着控制论的观点。控制论对传播学的另一个重要贡献是把反馈的概念引进了传播过程研究，这对于认识人类的社会传播过程的双向性和互动性具有极为深刻的意义。　（郭庆光）

5. 经验性方法的意义及其局限性有哪些？

经验学派是主张从经验事实出发，运用经验性方法研究传播现象的学派。所谓经验性方法，是运用一种可观察、可测定、可量化的经验材料来对社会现象或社会行为进行实证考察的方法，它出现于 19 世纪后期，在现代社会科学中有着广泛的应用。经验性方法论有三个基本前提。

（1）普遍存在的社会现象具有自身的客观性，这些客观性可以通过一定的科学方法加以揭示。

（2）人类有能力开发或设计出揭示社会现象的客观性的科学方法。

（3）任何关于社会现象的理论和假设，都能够通过一定的科学方法得到证明或否定。因此，经验性方法论与社会科学中的实证立场是联系在一起的。

经验性研究方法的主要原则是：

（1）研究程序应具有客观性和可重复性，用于调查和分析的方法与技术不能随意变更，以便为其他学者提供验证的手段。

（2）社会科学家的首要目标，是收集和提供关于理论假设的无可争议的科学数据和材料。

（3）通过公开的学术讨论，建构关于社会现象的一般理论模式或"定理"。

经验性研究方法反对从观念到观念地对社会现象做纯主观抽象的说明，强调切实可靠的经验材料或客观数据的重要性，主张从环境或外部条件的变量出发来揭示社会现象和社会行为的原因和客观规律。从这个意义上来说，经验性研究方法也是社会科学的一种必不可少的重要方法。

但是，经验性方法并不是研究社会现象的唯一方法，它本身也存在着严重的缺陷。

首先，社会现象和人的行为无限复杂，而可观察、可测定、可量化的经验材料是有限的，尤其是作为社会实践主体的人的理性和精神活动，在许多情况下并不能单纯地用经验材料就能够加以说明。

其次，在目前的情况下，经验性研究所依赖的程序或技术主要是问卷调查或控制实验。就前者而言，仅仅具有"概率论意义上的科学性"，并不具备自然科学的精确和严谨。控制条件下得出的结论，往往说明不了丰富多彩和复杂的社会现实。因此，苏利文指出："对任何一种关于这种研究与现实生活之联系的假设，都必须给予严肃的质疑。"

再次，经验性研究所依赖的主要是个人或小群体层面上的经验材料，在研究现实的社会微观现象方面具有一定的效用，但在考察社会的历史过程以及宏观社会结构方面缺乏有效的手段。

最后，尽管经验性方法论者主张用"纯客观"的态度来研究社会现象，但这一点在现实当中很难做到。每一个学者都有自己的文化背景、社会价值和意识形态，这使得他们的学术立场或多或少都具有特定的倾向性。所谓用"纯自然科学的方法和态度"考察社会，只能是一种幻想。 　　　　　　　　　　　　　　　　（郭庆光）

6. 简述美国经验学派的特点

经验学派是西方传播学的主流学派，以美国学者为代表。美国的经验学派除了在方法论上坚持经验性实证研究立场之外，还有以下两个重要特点：一是实用主义的研究目的；二是多元主义的社会观。

实用主义是西方社会广为流行的一种思维模式和哲学流派。实用主义认为，"真理就是效用"，而社会科学研究必须立足于社会现实生活，解决实际问题。

实用主义哲学通过皮尔士、杜威、米德等人的学术思想深刻地影响了美国的传播学研究。经验学派的学者，如拉斯韦尔和他的宣传研究、拉扎斯菲尔德等人的"传播流"研究等，无不带有明确的实用目的。他们的着眼点在于考察传播过程的结构与功能，传播对人的心理、态度和行为的影响以及如何通过传播来达成个人或群体的目标，这使得传播效果问题一直是经验学派关注的核心和焦点。

经验学派也被称为管理学派，这与他们的多元主义社会观是分不开的。经验学派否认西方资本主义社会是阶级支配的社会，认为它是一个由多元利益相互竞争、相互制衡的社会，因此，传播学研究的重要任务不是为了变革现存的资本主义制度，而是通过改进传播机制来实现社会管理。经验学派的这种多元主义意识形态，决定了他们不可能从批判的立场上研究资本主义制度下的大众传播，也不可能触及资本主义社会的基本矛盾。他们只能基于维护现存制度的目的，从"管理"的角度做一些修修补补的工作。经验学派的这些倾向，受到了来自批判学派的激烈抨击。　　　（郭庆光）

7. 简述法兰克福学派

法兰克福学派是以 1923 年在德国法兰克福大学成立的社会研究所为基地而形成的。自 1930 年霍克海默担任所长之后，聚集在这个研究所及其周边的阿多诺、马尔库塞、洛文塔尔、弗洛姆、本雅明等人，以马克思主义为思想的出发点，对现代资本主义社会的思想状况、社会状况和文化状况进行了广泛和深刻的批判，形成了一个开放而具有一致方向的学派。纳粹党在德国上台之后，社会研究所及其主要成员先后迁往美国，更进一步观察和剖析了成熟的资本主义文明，并在众多社会批判领域获得了丰硕的思想成果。

大众文化作为资本主义文明的重要代表产物，也获得了法兰克福学派诸位学者的关注和剖析，他们对大众文化的剖析也成为所有相关讨论不可逾越的起点。法兰克福学者的启发主要集中在对"文化工业"问题的批判上。

阿多诺在《文化工业：作为大众欺骗的启蒙》（与霍克海默合著）、《反思文化工业》等文章中认为，大众文化就等同于文化工业。这种文化工业指的是使用现代科技手段大规模生产文化产品的工业体系，它的产品是批量生产的、复制化的，也是标准化、齐一化的。它不仅扼杀了文化本身应具有的创造性和革命性，使得文化被"物化"，成为整个社会物化体系的一部分。而且，它造就了社会大众的顺从和退化。用马尔库塞的话来说，将他们变成了"单向度的人"，只具有"肯定性"，而缺失了批判和否定的能力。

因此，在法兰克福学派看来，大众文化成为巩固整个资本主义体制的"社会水泥"，它将人们的头脑牢牢浇固在意识形态的控制之中，使得威权主义可以获得并再造它的追随者。

法兰克福学者们的批判有两个方面的意义：

首先，他们真正把大众文化作为一个值得研究的对象提出来，并且把它和整个资本主义社会结合在一起进行思考，这种宏观的视角正是实证研究所缺失的。

其次，他们对大众文化的悲观态度，并非源于对所谓高雅文化的保护，而是出于对社会精神状况的反思。这种悲观的态度一直延续到20世纪60年代，直到文化研究的学者们开始发掘大众文化所可能具有的抗争力量。 （胡正荣）

8. 简述文化研究学派

文化研究学派起源于英国，以1964年在伯明翰大学成立的当代文化研究中心（CCCS）为核心，其代表人物包括霍加特、威廉斯、汤普森、霍尔、莫利、费斯克等人。这个学派的学者延续法兰克福学派的思想，认为大众传播生产了大众文化，其中容纳了丰富的意识形态内容，反映了斗争之下形成的权力关系。但是，与法兰克福学派的悲观态度不同，文化研究者更多地关注对受众的解读，认为由于符号的多义性以及受众社会背景的多样性，受众可能对文本做出偏好性、妥协性、对抗性等不同的阅读，这其中就蕴含着反抗的可能性。

关于这两个学派的差别，肖小穗做了总结。他指出："两个学派都是他们各自时代的产儿。文化工业理论产生于法西斯统治猖獗的年代，理论的提倡者当然会比较关心文化的压制功能。英国的文化研究适逢战后小人物造反的年代，对研究者来说，更加触目的是文化的抗争功能。"

早期的伯明翰学者如霍加特、威廉斯、汤普逊做了开拓性工作，确定了民族志和文本分析的方法，将目光转向日常生活中的大众文化，认为它是阶级、性别、种族、民族等社会关系抗争的结果，并再生产了这种社会关系。这三点（民族志与文本分析、关注大众文化、社会关系的生产与再生产）成了伯明翰学派思想的核心。

霍尔是整个文化研究学派的理论领袖。他在《电视话语的编码与解码》中将电视和媒介的生产与消费过程分开，并认为在解码过程中受众有三种态度：偏好阅读、妥协阅读和对立阅读，这就摆脱了阿尔诸赛式的"意识形态控制"论，指出大众也有自己的想法，不会完全被媒介即主流意识形态操纵。从此，伯明翰学派形成了对于大众文化的乐观态度。

大卫·莫利沿着霍尔的足迹，将文化研究直接转移到受众身上。1980年他对电视节目《举国上下》做了民族志的研究，发现在三种受众态度中，妥协态度是最主要的方式，他同时也指出，阶级并非阅读电视时最重要的影响因素，而"受众所采用的话语范围"这个因素更为活跃。莫利提醒我们一个重要的方面，即除了宏观的权力关系外，在观察受众对电视文本解读的过程中必须考虑他们的生活情境。另一位学者洪美恩通过对肥皂剧《达拉斯》进行的民族志研究，从这个电视剧的"迷"、反对者和讽刺者的态度中发现了"大众文化意识形态"和"平民主义意识形态"之间的矛盾，并肯定后者在社会文化实践中的力量。

如果说霍尔等人对大众文化表示嘉许，那另一位文化研究学者约翰·费斯克简直是在为大众文化欢呼。他引用法国学者德塞都的"双重经济"理论，认为大众媒介生产出牛仔裤、肥皂剧、摔跤比赛等文化产品只是第一重经济过程，随后受众通过"多义的"电视文本生产出自己的"愉悦（快感）"，这是第二重经济过程。这个过程更为重要，因为它直接为受众所控制，受众由此进行了创造性的和抵抗性的消费。

费斯克走得太远，受到的批评也最烈。传播政治经济学学者文森特·莫斯可一语中的，他指出这种过于乐观的态度使得贫富差距和其他不平等不被重视，现实的反抗活动也被消解了："按这种观点，政治性的抵抗充其量不过是用一揽子专用符号来标新立异，反抗正统。它的后果是使我们不再关注物质分化，而只看到文化差异。"

总之，文化研究者对于大众文化的观点提醒我们反思人类文化实践的复杂性，并寻求社会公众可能在大众文化中获得的真正的力量。 （胡正荣）

9. 批判学派在方法论、社会观和传播观上与经验学派有什么分歧？

传播学派的研究兴趣主要集中在传播与人的行为问题上，着意探索如何通过传播来控制和修正人的行为，这些研究对社会管理来说具有很高的应用价值。但是，由于经验学派的方法论和学术立场的倾向性，他们有意无意地忽视和回避了传播学研究的许多重大课题，如信息生产和传播与宏观社会结构、信息传播与社会的上层建筑和经济基础的关系、传播制度与社会制度的关系等。这些问题，正是传播学的另一个主要学派——批判学派研究的重点。

批判学派是在社会科学的法兰克福学派的影响下，以欧洲学者为主形成和发展起来的学派。与经验学派相比较，两者在方法论、社会观和传播观上，存在着对立和分歧。

第一，在方法论上，经验学派采取经验主义立场，主要采用量化和实证方法来考察传播现象，而批判学派在研究方法上以辩证分析法为主，反对实证主义态度，但并不一概地排斥经验调查和量化研究。

第二，在社会观上，经济学派坚持多元主义观点，否认资本主义社会的阶级支配关系，强调社会是一个由多元利益相互竞争、相互制衡的共同体，认为传播学的首要任务是通过改进传播机制来实现社会管理。而批判学派对现行的资本主义制度和社会传播结构持否定和批判态度，并把它们作为变革的对象。

第三，在传播观上，经验学派的研究兴趣主要集中在传播与人的行为问题上，着意探索如何通过传播来控制和修正人的行为，在研究目的上持实用主义态度，焦点集中于考察微观、个人层面的传播过程，尤以传播的说服效果为核心领域。而批判学派在理论研究上，更多地将传播理论与社会理论结合在一起，着重考察与社会结构和意识形态相关的宏观问题，如信息生产和传播与宏观社会结构、信息传播与社会的上层建筑和经济基础的关系、传播制度与社会制度的关系等。　　　　　　　　　（郭庆光）

10. 简述批判学派中的主要流派

经过一定时间的积累和成熟，到了20世纪60年代批判学派成了与经验学派相抗衡的学派，其影响扩大到整个欧洲和世界的传播学界。在这个过程中，由于学者们研究的对象、分析问题的角度和方法的差异，批判学派中也形成了各种各样的流派。

第一，政治经济学派。其代表是英国累斯特大学大众研究中心的默多克和格尔丁等。该学派依据马克思关于一个阶级是社会上占统治地位的物质力量，同时也是社会上占统治地位的精神力量；支配着物质生产资料的阶级同时也支配着精神生产资料的观点，从经济基础对上层建筑的决定作用出发来揭示资本主义社会大众传媒支配与控制的现状。

政治经济学派关心的一个焦点问题是现代媒介高度集中和垄断的趋势及其带来的社会后果。他们认为，这种高度的独占和集中正是垄断资本控制着文化生产和流通的明证，大众传媒的活动最终是为了维护垄断资本的利益、意识形态和统治权力。政治经济学派学者主要从所有制关系和经济结构上来揭示资本主义大众传播的内在矛盾和制度的非合理性，对于传播内容本身没有给予更多的关注。

第二，文化研究学派，也称为伯明翰学派，以英国伯明翰大学现代文化研究所的霍尔、莫利等人为代表。该学派继承了阿尔诸赛等新马克思主义者的观点，反对简单的"经济基础还原论"，主张从上层建筑和意识形态的相对独立性出发来研究资本主义社会的大众传播。阿尔诸赛的关于大众传媒是从事"合意"的生产和再生产的"国家意识形态装置"的观点，对"文化研究"有着重要影响。根据阿尔诸赛的观点，一个国家要维持其统治秩序，必须要有维持、形成和创造社会"合意"的机制或"装置"。过去，这种装置主要是由学校、家庭和教会来充任的，在现代社会其重心移向了大众传媒。在资本主义社会中，"国家意识形态装置"具有二律背反的功能：一方面，它以"不偏不党"或社会纠纷"仲裁者"、普遍利益"代表者"的面目出现，提高社会成员对现存制度的向心力；另一方面，它通过消除统治阶级内部矛盾以保证其对政治权力的支配，与此同时则通过阻碍被统治阶级的觉醒和组织化过程而把他们排除在政治权力之外。

霍尔登等"文化研究"学者认为，大众传媒之所以能够作为"国家意识形态装置"从事"合意"的生产与再生产，是因为它有一种"赋予意义"的独特功能。大众传媒通过新闻和信息的选择、加工、结构化等活动，为社会事务赋予这样那样的"意义"，但"赋予意义"活动并不是客观中立的，其背后有着利益和意识形态的驱动。资本主义媒介的一种突出倾向，就是把统治阶级的特殊利益作为似乎得到广泛社会"合意"的普遍利益加以提示。

简单地说，文化研究学者的主要观点概括如下：

（1）大众传播是资本主义社会系统的一个重要组成部分，它在规定社会关系、行使政治统治方面发挥着重要的意识形态功能，并具有相对的独立性。

（2）大众传播可以分为两部分，一是文化产品的生产过程；二是文化产品的消费过程。前者是媒介通过象征事物的选择和加工，将社会事务加以"符号化"和"赋予意义"的过程，后者是受众接触媒介信息，进行符号解读、解释其意义的过程。

（3）信息符号是与一定的价值体系或意义体系结合在一起的。在资本主义社会中，既有促进现存不平等关系的"支配性的"价值体系，又有推动人们接受不平等、甘居较低社会地位的"从属性"价值体系，还有不满于阶级支配现状、号召社会变革的"激进的"价值体系。大众传媒的符号化活动，在本质上来说是按照支配阶级的价值体系为事务"赋予意义"。

（4）尽管如此，受众的符号解读过程却不是完全被动的，由于符号的多义性和受众社会背景的多样性，受众可以对文本信息作出多种多样的理解。霍尔认为，受众对媒介信息有三种解读状态，一是同向解读或"优先式解读"，即按照媒介赋予的意义来理解信息。二是妥协式解读，即部分基于媒介提示的意义、部分基于自己的社会背景来理解信息。三是反向解读或"对抗式解读"，即对媒介提示的信息意义作出完全相反的理解。霍尔认为，大众传媒的符号化和受众的符号解读过程，体现了资本主义社会中占统治地位的文化和各种从属性文化之间支配、妥协和反抗的关系，体现了"意义空间中的阶级斗争"。

"文化研究"学者采用的研究方法主要有文本分析和受众调查两种，前者主要是为了揭示大众传媒为占有统治地位的利益和意识形态服务的倾向，后者则是为了考察受众符号解读的多样性。20世纪70年代以来，"文化研究"成了批判学派中最有影响的一个学派。

第三，意识形态"霸权"理论。格拉姆西把现代国家的形成看做作为"强制装置"的政治社会和作为"霸权装置"的市民社会的融合，认为市民社会主要是通过"合意"或"同意"的组织化过程来维持统治的社会，随着市民社会的发展，它将吸收政治社会而形成新型的国家。

批判学派的学者继承了格拉姆西的这个观点，把"霸权"看做支配阶级在一定历史时期内为维护自身利益而行使社会主导权的能力，而实现"霸权"的手段不是通过直接的高压政策，而是通过决定国家的经济、政治和文化方向，使被支配阶级对现有权力结构和社会关系产生认同或从属意识。换句话说，批判学者认为，在现代资本主义社会，支配阶级不再依靠国家、军队、法院等"强制装置"，而主要是通过意识形态"霸权装置"来维护自身利益。以私有制为基础的大众传播制度就是重要的意识形态"霸权装置"之一，大众传媒通过日常的新闻报道、宣传和广告活动，把支配阶级的特殊利益描述为社会的"普遍利益"。其目的是操作形成"同意"或"社会合意"，但这归根到底只不过是一种"虚假的合意"，因为它掩盖了阶级支配的实质。一些批判学者认为，资本主义大众传媒的一种明显的倾向，就是把支配阶级的意识形态"自然化"，把它表现为"正常的"产物，而把对立的政治和社会意识描述为"无意义的"东西。他们从事传播学研究的一个宗旨，就是揭露这种"虚假的合意"，唤起受众的觉醒，推动社会变革。

第四，哈伯马斯的批判理论。哈伯马斯是德国哲学家和社会学家，法兰克福学派第二代旗手。"第二次世界大战"后，哈伯马斯在批判地继承阿多诺等第一代学者观点的基础上，针对后期资本主义社会状况的变化，试图建构一种新的社会理论，其代表作是《公共性的结构转换》和《传播行为理论》。在这两部著作中，哈伯马斯提出通过改善"传播的合理性"来实现社会变革的观点。他认为，近代以来的资本主义追求的是一种"工具合理性"，这一合理化过程不仅带来了对自然的支配和操作能力的扩大，而且也强化了社会的支配结构和支配关系。哈伯马斯反对导致人的异化的片面追求"工具合理性"的立场，提倡"综合的合理性"，即主张通过扩展"没有支配和强制的传播关系"来改革社会，建立基于"理性合意"的新型社会关系。哈伯马斯主要以社会哲学和语言哲学的方法来探索传播与社会变革问题，其中包含着对现行资本主义社会的否定和批判，但也有不少学者指出，它的传播观中带有明显的"普遍主义"和"伦理主义"的色彩。

批判学派中还有其他一些流派，在此不再一一介绍。总的来说，批判学派具有以下几个特点：首先，他们都对现行的资本主义制度持否定和批判态度，这也是他们之所以被称为批判学派的最主要理由。其次，他们更多地将传播理论和社会理论结合在一起，着重考察与社会结构和意识形态相关的宏观问题，这些问题在经验学派的研究中大多有意无意地被忽视或回避，但它们本身的重要性和启发意义是不容置疑的。最后，批判学派在方法论上以思辨为主，反对实证主义态度。不过，批判学派并不一贯地排斥经验调查和量化研究，近年来，辩证分析和经验调查相结合的方法，已开始为不少批判学者所接受。

（郭庆光）

三、论述题

论述传播学研究方法体系

传播学研究方法基本分为定性和定量两类。这两类研究方法体系是建构在传播学两大基础学科之上的。传播学研究受现代社会科学和人文科学的影响至深。社会科学所采用的研究方法多为定量研究方法，亦称实证研究方法、量化研究方法。而人文科学采用的研究方法多为定性研究方法，亦称思辨研究方法、质化研究方法。

因而，传播学研究就形成了两个方法系统，两种方法系统有着一定的差异。定性研究方法和定量研究方法的最大差别在于定性研究方法操作的是概念体系，而定量研究方法操作的是量化事实体系。可以说，这两种方法的分野通常可以在以下四个分析层次上体现出来：

首先，分析课题——理清研究脉络及目的，进而找寻分析客体，并赋予特征。

其次，分析及其方法——具体操作研究步骤，包括资料的搜集、验证和归类。

再次，方法学——研究过程的整体设计。在所使用的理论参考架构下，设计资料搜集和分析方法，证明资料选择的正确，并进行资料的诠释。

最后，理论框架——理论概念的组成，点出其他层次的知识论成分，赋予方法论在分析客体层面的解释力。

然而，我们必须看到，尽管两个系统有着较大的差异，但是仍然难以将这两种方法截然分开。事实上，在实际的传播学研究活动中，两种方法的互通性也很明显地存在。因此，我们进行传播学研究之前，还要认清这样的事实：首先在本质上，我们必须了解任何分析客体都无法被划分、归类为"量化"或"质化"的分析客体，而这种划分主要是由研究者使用的分析机器所决定的。针对这个已经公开了的论点，有人表示量化分析的中介体是数字以及数字之间的相对关系。而质化分析的中介体，则是以人类语言表达出每日经验的概念，将人们带到一个更细致的脉络中。而每个分析方法的中介体是否恰当，则完全以探索的目的和区域为依归。其次，狭义上来说，在理论架构的层次方面，质化和量化的分野并不是很重要。基本上，质化和量化传统只是强调重点不同的理论形态。不过，在本质层次上，所有理论都属于质化的，不管它是否再现出相关概念如何组合的形态。换句话说，在理论层面上，地质学、统计学和艺术理论，都属于质化研究的范畴，只是大部分的理论还是引用形式化、数据化、图像化的再现方式。的确，也许所有洞见都必须依靠质化分析的程序，才能连接不同的分析层次。

实际上，定性和定量的划分多半存在于方法论层次上，"代表不同的结构化研究程序和工具，而大众传播的经验现象更可以作为这种分野的引述与诠释"。

第一，定性研究方法系统。

定性研究就是建立一套概念体系，借助理论范式，进行逻辑推演，据此解释或解构假设的命题，最后得出理论性结论。

将定性研究（质化分析）方法应用于社会与文化过程的分析，成为近年来国际学术界的一个趋势，即转向定性研究。这种转向现象在传播研究中尤为明显。之所以如此，是因为一方面科学研究内部出现了激荡。人们越来越认识到一味以量化形式测量成果，回答提出假设—演绎模型的问题，并没有完全解释许多重要的问题。另外人文科学、人类学、文化研究等研究传统也纷纷提出不同的、互补的分析类型，以区别于大量的量化分析。另一方面，社会发展变化也使得科学研究要适应这种变化。人类正在进入"后工业社会"、"信息社会"，传统社会形态逐步消亡，新社会形态的变动要求研究者立即寻找新的理论和方法，关注社会和文化的变化。

定性研究方法可以补充传统定量方法的不足，也可以修正传统研究中的理性角度。不过需要指出的是，尽管传播学研究中定性研究逐渐增多，但是定性研究的方法论仍处在萌芽阶段，在整个传播学研究中仍然相当微小。然而，这种定性研究的取向呈现出了很大的发展前景和理论价值。

定性研究方法的历史相当久远。它不仅应用于人文科学领域，而且也应用于社会科学领域。

（1）人文科学的定性研究方法

若按当代的角度看，人类历史上人文科学始终研究的，正是人际传播和大众传播中的文本。过去在人文科学对文学作品和其他主要文化形式的研究中，大部分只对文本中所包含的文化传统、意境、时代精神和意识形态提出解读和注释，而没有从文化角度对文本中出现的概念、词汇进行分析，而这些概念和词汇本身的变化具有相当丰富的意义。

包括文学历史研究、符号学和文化研究在内的人文科学视传统为意义的社会生产。所谓意义的社会生产，从人文科学的角度来看，就是内容，而内容既是特定主体性与美学的"表现"，也是对特定语境的"再现"。这种意义的社会生产与三个基本传播过程要素密切相关，这三个基本要素便是社会科学术语中的信息、传播者及其再现的社会结构。如果用人文科学的术语来说，这三个基本要素便是话语、主体性和语境。

"话语"概念是从西方哲学、神学和其他人文科学研究中对文本进行的研究中诞生出来的。提出"知识话语理论"的法国思想家米歇尔·福柯认为：话语实践是指严肃语言行为。这种行为产生的言语，被称为"陈述"。严肃言语是权威性主体以某种被人们接受的方式所说的话（包括写作、绘画等）。这些话要求人们承认其真理性。换言之，陈述是专家们以专家身份说的话，是一种有价值的东西。其实，除了福柯的话语论述外，话语还有一些特点值得说明："首先，话语是知识的载体和工具。话语的原意是指进行理性思维的能力，又指交流这种思想的手段，前者是形成思想的条件，后者是表达思想的媒介。这两者所依赖的话语既不是思想者、说话者的个人所属物，也不是与主体无关的客观差异体系。其次，话语的真理性不仅在于它说什么，而且还在于它怎么说，换言之，话语被接受为真理，不仅与它的内容有关，而且还与话语使用者的意向有关。再次，话语与权力（不仅是狭义的"政权"，还是广义的支配力和控制力）之间存在着复杂多样的关系，所谓说话，归根结底说话的权利，意义也就是具有自称为意义的权利。"话语的作用就是使人实际上不能在话语之外进行思想。"

话语的基本材料便是语言及其他符号。在当代人文理论家的研究中，"话语"已经包含所有日常生活的互动和意识层次，因此"话语"成为社会真实建构的媒介。通过语言，真实才得以进入社会。同样的，也只有通过语言，真实才可以进入主体范围之内，并且可以经过分析，得到解释。由此，语言和其他符号系统就成了人文科学重要的分析客体和分析工具。

"主体性"是指不同于传统哲学对主体的认识而提出的一个概念。传统哲学认为，主体是相对对立的一方，可以做出道德和美学的判断。然而，新近的人文科学研究认为："人生活在世界上并认识世界，这并不是一种主观和客观的封闭性双向关系，人在认识过程中随时受到现存的各种思想体制的制约和束缚。人的主体是一个受到各种限制的，早已由一系列为世界的代表系统所决定了的'屈从体'"，"已经被安置在意识形态结构为我事先排定的位置上"。这个位置也是由语言来决定的。语言就是"世界的代表系统"。

"语境"是指我们在分析文本时所必须考虑的某种情境和历史过程。正是语境使得文本成其为文本。因此，我们从人文科学角度研究传播时，实际上也将传播视为某种"语境"。传播是历史变化过程的结果。因此，我们的分析焦点要转到受既定社会或文化主导的文本的深层结构。

可以说，话语是人文科学进行研究时共同面对的客体。构成话语和文本的语言，则成了多年来人文科学研究的核心。从早期的结构主义、符号学到后来的文化研究、后结构主义与解构主义等，都重视对文本的诠释和解读。

在众多的、复杂的研究方法中较为基础的方法便是语言话语分析。它包括三个分析层次：第一，话语的最基本元素是不同形态的发音和陈述。通过语言，人们可以展现许多日常行为。而这些发音和陈述实际上就是完成了一种社会结合的动作。维特根斯坦认为：语言的意义正是在于使用。第二，语言可以在传播者之间建立一种"互动"模型。双方都处在沟通状态，引入并发展某些主题，同时关闭某些话语空间。可对这种互动形式进行语言分析。第三，在话语层次，各种语言范畴都可以被看做一个连贯的结构，是一个带着信息、可被诠释的文本。对这个文本，可以进行多层次的分析，以此指出并说明某种隐于其中的社会特性。值得注意的是，尽管人文科学的定性研究已对语言、文字传播进行了大量的说明和研究，但是对其他视觉传播的研究还相当薄弱。

总之，在人文科学定性研究的视野中，大众传播既是社会现象，又是话语现象。符号是人类与真实互动的主要模型，它进入一个连续的生产过程后，便将社会真实建构成政治、经济和文化活动等方面。因此需要建立如何描述符号的社会使用情况的研究结构——社会符号学。

（2）社会科学的定性研究方法

社会科学的定性研究方法是以长期的、第一手观察的形式，从近距离观察社会即文化层面的现象的过程。这个过程实际上是对"意义"的理解过程。社会科学的定性研究方法由来已久，从 19 世纪末到 20 世纪 30 年代，社会科学中的社会学家结合人类学的成果，采用参与观察法，对获得的第一手观察资料进行研究，强调定性研究。30年代后期直到 60 年代，社会学研究采用了自然科学家使用的方法，进行量化和实证研究。60 年代以后，社会科学领域又重新出现质疑量化研究的倾向，许多学者再次将定性研究方法作为社会研究的方法。

定性研究的诸多方法中，诠释取向的研究方法引人注目。其中较有代表性的有符号互动论、民族志和小组座谈、投影技法等。

符号互动论是社会学中的一种理论，在 20 世纪 60 年代至 70 年代，这种理论影响很大。这种理论认为，人们展现行为的基础是他们赋予物体和情境的意义。意义是人们在互动中衍生出来的，而这个意义在互动的诠释过程中会进一步得到强化。

民族志学方法源于人类学。这种研究方法有三个原则：第一，从广义上说，民族志学研究应该关注所有的文化形式，包括日常生活、宗教或艺术。第二，由于研究者本身就是最基本的研究工具，有必要从事长期的参与观察。第三，必须采用多重资料收集法，以核对观察中发现的资料。

小组座谈法一般由经过训练的主持人组织引导 6～12 人的一个小组针对某个主题互相自由地讨论。"作为一种研究技巧，小组座谈会方法曾在'第二次世界大战'时期用于宣传。然而，在很长一段时间内，它都被用来做市场研究。传播学（和其他社会科学）学者都瞧不起这种方法。直到 20 世纪 80 年代至 90 年代，大众传播学开始关注意义的生成和媒介内容与技术的阐明，这种方法才得以在传播学领域中复兴。""群体动力"所提供的互动作用是小组座谈会成功的关键。

投影技法是一种间接的（隐蔽性的）定性研究方法，其主要特点有：①有隐蔽的调查目的。②采用无结构的、非直接的询问形式。③可以鼓励被调查者将他们对所关心问题的潜在动机、信仰或感情投射出来。④不要求被访者描述自己的行为。⑤在解释他人的行为时，将自己的动机、信仰、态度或感情投射到了有关情境之中。⑥类似心理咨询分析患者的心理，分析被访者所投影的态度。投影技法主要包括联想技法、完成技法、结构技法和表现技法四种类型。

不论何种定性研究方法，利用它们进行研究一般都要遵循下列程序。

①资料收集：收集资料时，可以采用各种方法，如深度访谈、文献分析和观察等。

②分析定性材料：辅助分析主要是实地调查或访谈。对资料进行选择、筛选，用矩阵、图形或表格等形式，重新安排资料等。分析程序包括分析归纳法和理论建立法两项程序。前者有以下基本步骤：首先对所研究的对象进行一般描述。其次，针对研究者原先假定的最为重要的特征，进行微观的检验与探索，然后以某个案例的检验结果，来验证这些假设是否成立。一个程序可以一直不断重复，一直到所有案例分析完毕。后者便是在经验资料的基础之上，发展出新的理论体系。

③定性研究报告：这种定性研究报告，可以有三种形式：单纯的描述；分析讨论，以研究中产生的概念为主；实质说明，以对理论有所贡献。这种研究报告应该贴近材料，真实、准确、可信，从现有的研究资料中提出引述和描述素材，详细说明资料分析程序。简言之，传播学研究方法中的定性研究已经成为60年代以来传播学研究中相当重要的方法。许多学者都在应用这种方法系统开拓传播学研究的新领域。

第二，定量研究方法系统。

定量研究方法又称量化研究方法和实证研究方法。它是在占用大量量化事实的基础上，描述、解释和预测研究对象，通过逻辑推论和相关分析，提出理论观点。

传播学的定量方法源自于社会学、心理学等行为科学。常用的方法有实地调查法、内容分析法、实验法与个案研究法。所有这些方法都以数理统计为工具并利用日益发展起来的计算机，进行资料量化数据的精确统计，从对这些数据的分析中验证某些理论假设或提出某些观点。所有这些研究方法都遵循一套严格、周密的操作程序，即确立研究假设—确定研究方法—收集各种数据—整理、分析数据—提出研究结论，以验证最初的假设。传播学定量研究方法包括如下几种。

（1）实地调查法

这种方法最早起源于19世纪后期的欧洲。到20世纪初，数理统计学科的成熟使得实地调查法更加准确和科学。实地调查法是美国传播学研究中的传统方法。传播学的奠基人之一保罗·拉扎斯菲尔德是最早将这种方法引入传播学研究的学者。他在1940年总统大选期间，对选民进行调查，分析他们的投票意向与接触大众传播媒介之间的关系。这已经成为传播学定量研究中的经典。

实地调查法的研究步骤包括：

首先，提出研究假设，即根据现有的基本理论，对某一传播现象提出一项有待证实、说明的理论问题。这个假设可以是正命题，也可以是反命题，还可以包含正反相对的两个命题。

其次，按照研究假设的需要，确定本项实地调查的总体范围和样本数。一般来说，实地调查分为全面普查与抽样调查两种。前者由于要对符合假设要求的总体范围内所有成员进行普遍调查，虽然这可以准确地反映总体情况，但是成本过大，所以传播学研究者常常采用的是后者，即抽样调查法。这种方法既可以以很小的误差准确地反映出总体的情况，又可以节省成本和时间消耗。

接着，确定抽样方案。抽样方法一般有两种：随机抽样和非随机抽样。随机抽样就是严格按随机原则，使总体的每个成员都有可能被选中做样本。非随机抽样就是按照调查者的意图抽样。这种方法主观色彩浓厚。传播学一般采用抽样中的随机抽样。

随机抽样还有不同的方式，如单纯随机抽样、机械随机抽样、分层随机抽样和整群随机抽样。传播学多采用后两者之一或两者相结合。样本要达到一定的数量，才可以保证样本具有代表性和典型性。一般来说，样本数应占总体数量的万分之一到千分之一。

然后，设计调查问卷。实地调查主要是通过记录现场的观察或谈话，或请调查对象填写调查问卷等方式进行资料收集。因此，问卷的结构设计，将直接影响到资料的收集，其作用至关重要。问卷一般包括两部分内容，一是调查对象的特征指标；二是调查对象的意见、态度和行为倾向等。前者在日后的分析处理中，一般被视为自变量；后者一般被视为因变量。问卷中的问题分三种类型：开放式问题、封闭式问题和混合式问题。问卷设计中多为封闭式问题。问卷设计完成后，先在一定范围内试行填答进行测试，这是为了发现问卷中不合理的、含糊不清的指标以进行修正。最后将修正完的问卷通过面谈、邮寄、电话等方式进行实际调查。

最后，统计分析调查结构。将收回的问卷整理分组，进行统计计算，然后对结果进行分析，看统计的结果是否验证研究开始时提出的假设。这种分析分为三种：描述性分析，即对统计结果进行初步归纳、描述。推断性分析，即分析各结果之间的关系。结果性分析（或结论性分析），即提出最后的研究结论，可以证实或是证伪先前提出的假设。

实地调查法强调实地的考察，基本不受人为控制因素的影响，比较客观、准确和全面，但是它对实际对象中的复杂的相关性仍显得不尽如人意。

（2）内容分析法

内容分析法就是用系统的方法分析传播的信息内容。美国传播学家伯纳德·内雷尔森认为，内容分析就是"对传播内容进行客观、系统和定量的分析与描述的一种方法"。

早期的内容分析主要用于对印刷媒介内容的分析。到了20世纪20年代，传播学的奠基人之一哈罗德·拉斯韦尔使用精确和系统的内容分析法进行"第一次世界大战"时期宣传技巧的研究。继而在"第二次世界大战"期间，拉斯韦尔又与其他学者共同对战时军事宣传进行内容分析。

内容分析适用于一切传播的信息内容。内容分析一般分为两个层次，即"说什么"（传播内容）和"怎么说"（传播形式）。一般情况下，对这两个层次都要进行分析。

内容分析法的实施程序与其他方法近似。首先，提出研究假设，并根据这个假设确定研究范围。可以根据时期、媒介种类、传播的信息等指标确定要分析的范围。如果确定的范围中研究对象过多，也可以采用随机抽样方法，抽取其中一部分进行研究。

其次，制定分类表。目的是将分类表作为观察和测量信息内容的统一标准尺度。一般分类表要包括两个层次：一是将分类表分成若干大类。二是在各大类之下，再确定若干个"分析单元"。所谓"分析单元"是进行内容分析的最小单位，一般以特定的单词、词组、句子、任务、事件名称等作为分析单元。分类表中必须对所使用的分类标准进行明确而严格的界定。分类表的制定一定要仔细、周密，并进行必要的测试与校正后，方可使用。

再次，将信息内容按照分类表的分类方式编码归类，然后计算出各种类别所占的比例，各种分析单元出现的频数，用相应的统计方法进行分析。

最后，验证先前的假设，提出结论。内容分析法可以科学检验假设，描述传播内容的倾向，说明信息来源的特征，检查传播中不符合标准的内容，分析说服的方法，分析文本，说明读者对信息的意见，描述传播的模式。

内容分析也有其不足之处，一是如果研究者的判断失误，他所选择的材料不能如实地反映问题的真实情况，那么在后来的研究中，无论其研究步骤和方法如何精确，也不能得出与事实相符的结果。简言之，内容材料（即分析的对象）必须能代表总体，能反映总体的真实情况。因此，要对所有分析的内容材料进行事先的审核。二是研究者的主观因素影响了分类表的严密与科学。这将影响到分析结果的客观和准确。因此，要对分类表进行事先的单独评价。

（3）实验法

实验法源自于实验心理学。实验法分为两种：控制实验法（室内实验法）和自然实验法（室外实验法）。

控制实验法是指研究在室内进行，而且在研究进行时对某些实验因素加以人为的控制。这种方法适用于微观的、探究因果关系的研究。因此它们的实验对象人数不多，通常为几十人。在实验中，"试验者控制并操纵着某一变数，并通过客观、系统的方法观察和测量其结果"，"实验设计是研究因果关系的最佳方法"。

传播学的奠基人库尔特·卢因和卡尔·霍夫兰最早在传播研究中使用实验法。霍夫兰在"第二次世界大战"及战后的研究中，就是利用控制实验法对说服与态度进行研究的，此项研究成为传播学研究中的经典之一。

实验法中的控制实验需要在一个特殊设计的实验室中进行。这个实验室内装有实验研究所需要的必要设备和仪器，如阅读机、录音机、放映机、记录和测量研究对象反应的仪器，有时还对室内的装修有专门的要求。

实验研究第一步仍是提出假设。

第二步，简化众多的影响因素，选择具有重要影响的因素，确立其中一对为自变量和因变量。

第三步，控制、实验，将选择出来的研究对象分为"控制组"和"实验组"，两组人数相同，特征相似。给实验组提供经过简化并确定的自变量，给控制组提供的则是普通的、非研究所用的自变量。

第四步，统计、分析，对实验所得的大量的变量数据进行记录、统计。从中得出某些结论，以此结论对假设进行检验。

控制实验法的优势在于研究者可以主动控制实验因素，而且实验本身具有严密的逻辑性。但是，这些实验都是人为制造出来的，实验情境被简单化了，其发现还要经过人来演绎，因此现实生活中复杂多变的众多因素都被忽略了，其结论必然带有误差。

为了弥补控制实验法过于"纯粹"、人为的缺陷，后来的传播学研究中又出现了将实验放置在社会环境中自然进行的趋势。这种方法就是"自然实验法"。这种方法相对控制实验法而言，真实可靠，客观准确，但是在社会真实背景中进行实验，难于控制。进行自然实验，可以使用"分别进行"的方法，用两种方式、途径或媒介将信息发送出去，随后通过电话访问、上门询问等方法测定实验的结果；也可以事先设计好一个研究方案与程序，然后等候一个合适的时机，当事件一旦发生，研究者便进入，对调查对象进行研究。这种结果就非常可靠。

（4）个案研究法

个案研究法是心理学所用的一种研究方法。传播学中个案研究法使用得不是很多。所谓个案研究就是检验某一对象的多方面特征。一般是研究某一特定对象或案例在一定时期内的全面情况。而前面的实地调查法、内容分析法、实验法都只对总体的某几种特征进行研究描述。

1950年，怀特首次用个案研究法对"把关人"进行实际研究。个案研究只涉及某一个别事例，它不能像抽样调查那样，可以据此作出合乎逻辑的科学推论。因此，个案研究一般没有事先的研究假设，其结果都是从案例研究中得出的，也不证实什么假设。这种方法的价值在于它详细、深入、全面地占有研究对象的资料，可以提供许多材料、观点、见解，可以作为其他研究的基础，经过后续的其他类型的研究得出一般性结论。

除了上述四种定量研究方法以外，传播学在自己的发展过程中仍在不断与其他学科相互渗透和吸收。近年来，又发展出了新的定量研究方法，如"传播网络分析法"、"多元坐标定比法"等。

需要强调的是，传播学的研究方法是一个系统，到目前为止，我们还没有办法将定性方法与定量方法截然分开。在现实的传播学研究实践中，人们也是将定性方法与定量方法综合使用的。

（胡正荣）

四、考研真题

一、简答题

1. 简述传播学的四大奠基人及其侧重的方向。（复旦大学2004研）

2. 简述传播学四大创始人及其对传播学的贡献。（浙江大学2006研，上海大学2003研，华东师范大学2005研）

3. 请谈一下芝加哥学派对传播学早期发展的影响。（北京大学2006研）

4. 传播学学派中，经验学派和批判学派在方法论、社会观以及传播观方面的分歧有哪些？（武汉大学2004研）

5. 英国文化研究学派的代表人物和基本观点有哪些？请简述之。（中国传媒大学2006研，南开大学2007研）

二、论述题

1. 谈谈"霍夫兰"及其"耶鲁研究"。（武汉大学2001研）

2. 批判学派主要有哪些学派？它与经验学派有什么区别？（清华大学2001研）

3. 什么是传播研究的定性方法和定量方法？你怎样看待定性研究与定量研究？（中国传媒大学2002研）

4. 论传播学研究中的定量研究方法和定性研究方法。（南京大学2004研）

5. 试析传播学研究中经验性方法的意义与局限。（武汉理工大学2006研）

6. "文化工业"是法兰克福学派学者阿多诺和霍克海默自创的一个词汇，并在学界获得了广泛使用。试述由法兰克福学派学者提出的"文化工业"的基本特征。（武汉大学2007研）